Luigi Giussani

Kann man so leben?

Christsein
als Lebensform

LUIGI GIUSSANI

Kann man so leben?

Christsein als Lebensform

SANKT
ULRICH
VERLAG
GmbH

Bibliographische Information der Deutschen Bibliothek

Die Deutsche Bibliothek verzeichnet diese Publikation in der Deutschen Nationalbibliographie; detaillierte bibliographische Daten sind im Internet über http://dnb.ddb.de abrufbar.

Luigi Giussani: *Si può vivere Così?* (L'Opera)
© Fraternità di Comunione e Liberazione

Übersetzung: Andreas Centner
Guido Horst
Christoph Scholz

© 2007 by Sankt Ulrich Verlag GmbH, Augsburg
Alle Rechte vorbehalten
Umschlagbild: akg images und KNA
Umschlaggestaltung: uv media werbeagentur
Mediengruppe Sankt Ulrich Verlag, Augsburg
Druck und Bindung: Ludwig Auer GmbH, Donauwörth
Printed in Germany
ISBN 978-3-86744-022-6
www.sankt-ulrich-verlag.de

INHALT

Zur Einführung		7
Einleitung		8
Erster Teil	**Glaube**	
Kapitel 1	**Der Glaube**	14
Kapitel 2	**Die Freiheit**	55
Kapitel 3	**Der Gehorsam**	99
Zweiter Teil	**Hoffnung**	
Kapitel 4	**Die Hoffnung**	131
Kapitel 5	**Die Armut**	193
Kapitel 6	**Das Vertrauen**	205
Dritter Teil	**Liebe**	
Kapitel 7	**Die Liebe**	242
Kapitel 8	**Das Opfer**	289
Kapitel 9	**Die Jungfräulichkeit**	316
Anmerkungen		336
Anhang 1		349
Anhang 2		351

Zur Einführung

Dieses Buch gehört zu einer eigentümlichen literarischen Gattung; es ist eine Art „Roman". Dies sagten jedenfalls ganz spontan die Ersten, die die Druckfahnen gelesen haben. Das Leben als Berufung zu entdecken: Das geschieht hier nicht, weil man Schlußfolgerungen zieht, sondern weil sich darin eine Erfahrung zeigt, die man gemäß der Vernunft und innerhalb des göttlichen Geheimnisses lebt.

Es handelt sich um die Arbeit eines Jahres, um einen Dialog zwischen Don Luigi Giussani und etwa einhundert Jugendlichen, die sich entschlossen haben, Christus im eigenen Leben eine Rolle spielen zu lassen – in Form einer vollkommenen Hingabe an das Geheimnis und an dessen Bestimmung in der Geschichte: Die Kirche nennt das „Jungfräulichkeit".

Woche für Woche haben Don Giussani und die Jugendlichen die wesentlichen Inhalte des christlichen Glaubens und ihre menschlichen Gründe entfaltet. Dies geschah zum einen aufgrund eines Vorschlags, der der Erfahrung des Autors dieses Buchs entsprang. Anschließend ergab sich dann jeweils ein Austausch von Fragen und Antworten, die dieser Vorschlag bei den Jugendlichen hervorgerufen hatte – bei Jugendlichen, die auf diese Weise in ihrer menschlichen Erfahrung an Bewußtsein und Entschiedenheit wuchsen.

Der Stil der wöchentlichen Treffen wurde in dem Buch beibehalten. Es ist somit Zeugnis einer Art und Weise, sich dieser Frage als der entscheidenden Frage des Menschen zuzuwenden. Es ist Zeugnis dafür, wie eine Überzeugung reift und aus ihr eine Zuneigung hervorgehen kann.

Das Buch will nicht den gesunden Menschenverstand auf die Probe stellen. Es tritt auch nicht mit einem vermessenen Anspruch auf. Es ist die getreue Mitschrift von Gesprächen und Dialogen und damit ein Zeugnis, das Wort für Wort in seiner materiellen Unmittelbarkeit mitgeschrieben wurde. Es belegt, wie man den christlichen Glauben als etwas Interessantes, als die Bestimmung des Lebens wahrnehmen kann. In diesem Sinn entspringt die Wiederholung von Ideen und Formeln der psychologischen Erfahrung, daß das Gedächtnis von ihnen angefüllt sein sollte, damit etwas „hängenbleibt", das auf die Dauer auch verstanden und in seinen Gründen entdeckt werden kann.

Das Buch kann als beispielhafte Erzählung aufgefaßt werden, in der die Spontaneität, die Aufrichtigkeit und Ernsthaftigkeit in der Betrachtung der eigenen Existenz sogar das als anziehend erscheinen läßt, was die allgemeine Mentalität vollkommen zensiert und, wenn auch aus einer abstrakten Angst heraus, mißachtet.

Einleitung

DIE LEUTE MACHEN SICH NICHT AUFGRUND VON WORTEN AUF DEN WEG, SONDERN SIND VIELMEHR VON ETWAS GEGENWÄRTIGEM BETROFFEN.

Die Vernünftigkeit des Beginnens

Heute beginnt ihr etwas, das ihr noch nicht kennt. Also ist es richtig, daß wir beginnen, indem wir Gott um Seine Hilfe bitten; denn schließlich ist es ein Weg, den wir nicht kennen. Tatsächlich mögt ihr dieses Neue in einer noch undeutlichen Weise ersehnen. Das genügt aber nicht. Wir müssen also darum bitten, daß diese Sehnsucht erhellt wird und daß wir ihr nachgehen. Wenn ihr aber diesen Weg nicht kennt, wenn ihr das nicht kennt, was jetzt in eurem Leben beginnt, warum beginnt ihr dann? Wenn ihr diese Sache nicht kennt, wieso fangt ihr dann damit an?

Weil das, was ich bis jetzt gesehen habe, genügt, um anzufangen.*
Meines Erachtens ist dies eine sehr richtige und vernünftige Antwort. Sie könnte aber vielleicht in noch deutlicherer Weise beschrieben oder neu beschrieben werden, mit Begriffen, die sie noch bewußter zum Ausdruck bringen. Was er gesagt hat, könnte bedeuten: „Es ist etwas passiert, was mich dazu gebracht hat, anzufangen." Und meiner Meinung nach ist dies genau die Antwort: Es ist seine Antwort, nur vereinfacht. Wir beginnen mit etwas, das wir nicht kennen. Warum beginnen wir damit? Weil da etwas passiert ist, das uns dazu bringt, anzufangen.

Was aber war dieses „Etwas"? Für mich war es, wie ihr wißt, mein Lehrer aus der fünften Grundschulklasse. Er sagte mir voraus, ich würde Kardinal werden. Er trat an meine Schulbank heran – ich saß in der ersten Reihe – und sagte zu mir: „Hör mal zu, du bist intelligent. Wenn du ins Priesterseminar gehst und die Priesterlaufbahn einschlägst, machen sie dich zum Kardinal!" So begann für mich der Grund für diesen Weg aufzuscheinen (sicher nicht wegen des Kardinalshutes ... ich wußte ja nicht einmal, was das ist) ... Manchmal ist Gott ein richtiger Schelm – damals war Er wirklich ein Schelm –, denn ich hatte nie zuvor daran gedacht. Mein seliger Vater war eifernder Sozialist und vollkommen dagegen, meine Mutter war eine fromme Frau aus dem Volk, die darüber sofort glücklich war, wenn sie auch noch kleine Zweifel hatte. Ich aber bestand darauf, zu gehen, und hatte nie zuvor daran gedacht: Ich war nicht einmal in der Jugendgruppe der Pfarrei!

So ist jedem von euch etwas geschehen: eine Begegnung. Das Wort Begegnung beschreibt das auf eine allgemeine Weise und ist daher am besten für die verschiedensten Fälle geeignet. Denn diese Sache mit Herrn Fossataro, meinem Lehrer in der fünften Grundschulklasse, ist auch eine Begegnung gewesen: Das ganze Jahr über war ich in seiner Klasse. Gegen Ende des Jahres gab es dann diese Begegnung. Für jeden von euch hat es eine Begegnung gegeben, etwas, aufgrund dessen ihr gesagt habt: „Ich fange an." Dieses „Etwas" kann ein Schrei aus dem Munde von Don Giorgio sein, das Beispiel eines Freundes oder einer Freundin, ein Gedanke, der euch eingefallen ist, aber kein Gedanke an sich, sondern die Reaktion auf etwas Schönes oder Häßliches, auf Leben oder Tod, auf Freude oder Leid.

Seid ihr etwa nicht damit einverstanden, daß es ausnahmslos für jeden von euch hier etwas gegeben hat, aufgrund dessen er sich gesagt hat: „Ich fange an"? Irgendetwas ... und daher habt ihr angefangen, obwohl ihr den Weg nicht wißt und diese Sache nicht kennt. Und auch weil, wie ihr zugeben müßt, das ein allgemeines Prinzip ist: Bevor man etwas kennenlernen kann, um etwas kennenzulernen, muß man damit anfangen.

Hier aber handelt es sich weder um Neugierde noch um eine wissenschaftliche Untersuchung. Es geht um die Hingabe des Lebens, um einen Einsatz, bei dem man das ganze Leben ins Spiel bringt. Daher kann es sich nicht einfach um eine Hypothese handeln – „Sehen wir halt mal, ob ... " Es war mehr als ein schlichtes „Sehen wir halt mal, ob ... " Es geht um etwas Überzeugendes, wie um eine Überzeugung, die noch keine klaren Umrisse hat: Es ist, als verstünde man, daß tief drinnen etwas sein muß, daß dort etwas Schönes ist, etwas Gerechtes, daß es dort eine Erfüllung zu entdecken gibt. Man hat eine Ahnung davon, auch wenn man nicht in der Lage ist, sie zu begründen. Und deshalb beginnt jemand damit, er entschließt sich, damit anzufangen. Nicht aus Neugierde, nicht um einer wissenschaftlichen Untersuchung willen, nicht nach dem Motto „Sehen wir halt mal, ob ... ", sondern weil darin das Eigentliche sein muß, weil es dort stecken muß.

---

* Das Kursivgedruckte steht für die Beiträge und Fragen der jungen Leute oder anderer Personen.

Ich erinnere mich an den 2. Oktober jenes Jahres ... Mein Lehrer hatte mich Anfang Juni oder Ende Mai darauf angesprochen, und am 2. Oktober desselben Jahres 1933 (stellt euch vor, in welchem Winkel des Herzens Gottes ihr damals verborgen wart) habe ich meine Köfferchen gepackt und bin mit meiner seligen Mutter ins Priesterseminar gegangen. Wer hätte aber gedacht, was daraus werden würde – aus jenem Abend, in dem großen Saal, wo wir zu 150 Jungs schliefen. Als meine Mutter und die Mutter des Jungen, der neben mir sein Bett hatte, darüber sprachen, ob man besser die dicke oder die dünne Steppdecke herrichten sollte. „Anfang Oktober ist es noch warm", sagte die andere. „Nein, ich denke, es ist schon frisch", antwortete meine Mutter (und sie hatte Recht!). Dann hat sie die dicke Steppdecke auf das Bett gelegt: Wie gut, daß sie mir die dicke Steppdecke gegeben hat! Dann haben wir uns am Abend alle getroffen und mir war sehr nach Weinen zumute. Ich kann mich aber wirklich nicht mehr entsinnen, ob ich geweint habe oder nicht. Jahre danach habe ich dann wirklich geweint, als ich von zu Hause wegging und fünf Jahre älter war. Wenn ich mir vorstelle, was sich aus diesem Tag ergeben hat, alles, was sich entwickelt hat ...

Das Leben gehört wirklich nicht uns. Nein, das ist falsch, schreibt das nicht auf! Das Leben gehört uns, aber sein Bestand, seine Entwicklung sind nicht unsere Sache. Das, woraus unser Leben gemacht ist, ist nicht unser. Das Leben ist dein; woraus es aber gemacht ist, ist nicht dein. Nicht du kannst dem morgigen Tag befehlen, wie er zu sein hat. Dir kann alles mögliche geschehen. In jenem Jahr war da zum Beispiel ein Kamerad, den ich sehr gerne hatte. Er kam aus einem Dorf am Lago Maggiore. Ich entsinne mich noch, er hieß Edo, Edo Malnati (wir waren zehn Jahre alt): Er ist gestorben. Er ist überraschend an einer galoppierenden Lungentuberkulose erkrankt und nach einem Monat verstorben. Das Leben ist meines. Damals war ich nicht imstande, solche Überlegungen anzustellen, aber man nimmt es so wahr, auch ohne solche Überlegungen anzustellen. So fangt auch ihr an, diesen Weg zu gehen, ohne Überlegungen über das Warum und Wie anzustellen. Ihr nehmt aber etwas wahr, ihr nehmt etwas wahr, das für euch ist.

In diesem Sinn hat der Gestus, den ihr vollzieht, nicht einen hypothetischen Wert im Sinne von „Sehen wir halt mal, ob ... " Sondern er ist zutiefst vernünftig. Ihr versteht nämlich, daß hier etwas sein muß, das zutiefst eurem Herzen, dem Hunger und dem Durst eures Herzens, der Bestimmung des Lebens entspricht. Demzufolge bindet euch das, was hier beginnt. Es bindet euch an das letzte Ufer, an dem euer Schiff anlegen wird, wenn die Stunde gekommen sein wird. Es bindet euch aber auch an die ganze Welt, in die ihr jeden Tag mehr vordringen werdet. Es ist nämlich kennzeichnend für diesen Weg, daß man sich auf ihm notwendigerweise immer mehr auf die Beziehungen mit den Leuten, mit allen Leuten, die man sieht, einläßt. Zunächst mit denen, die euch nahe stehen, dann aber, durch den Nächsten, mit denen, die ihnen nahe stehen, dann mit denen, die denen nahe stehen, die euren Nächsten nahe stehen. Und dann weitet ihr den Kreis weiter aus, ihr weitet ihn so weit aus, bis er die ganze Welt einschließt. Es ist die Umarmung der Welt, eine Leidenschaft für die Welt.

Kurz gesagt: Was ihr jetzt beginnt, ist nicht hypothetisch, weil ihr euer Leben dafür einsetzt, euer Leben ins Spiel bringt. Und das Leben kann man nur dort ins Spiel bringen, wo man die Intuition oder die Vorahnung einer Antwort auf das in sich trägt, wonach das Leben verlangt: Das Leben ist für das Glück geschaffen. Ihr seid auf diesem Weg dazu bestimmt, das zu finden, zu entdecken und zu verstehen, wofür euer Leben geschaffen ist – und das um so mehr, je weiter ihr auf diesem Weg vorangeht. Aus diesem Grund ist es vernünftig, anzufangen. Aus diesem Grund ist alles vernünftig, was der Sehnsucht des Lebens entspricht.

Leider haben noch nicht alle von euch den ersten Band des *Seminars der Gemeinschaft*[1] studiert. Das *Seminar der Gemeinschaft* selbst dient aber der Vorbereitung für diesen Schritt. Das *Seminar der Gemeinschaft* ist nicht speziell für diejenigen da, die die Berufung zur Jungfräulichkeit haben. Andererseits gibt es nichts, was einen so sehr auf den Weg der Berufung zur Jungfräulichkeit vorbereitet wie das *Seminar der Gemeinschaft*.

Es ist vernünftig, daß ihr heute angefangen habt, weil es etwas gegeben hat, das euch ahnen ließ, wie sehr das Bedürfnis eures Herzens – das Bedürfnis eures Herzens nach Glück, Gerechtigkeit, Wahrheit und Schönheit – auf diesem Weg eine Antwort finden wird. Wann ist etwas vernünftig? Wenn es den Bedürfnissen eures Herzens entspricht. Wenn ihr erahnt habt, daß ihr auf diesem Weg die Antwort auf die Bedürfnisse eures Herzens finden könnt, dann ist es also vernünftig, diesen Weg einzuschlagen, auch wenn ihr ihn noch nicht kennt.

Was heute gesagt wird, ist wie ein Same, den man in die Erde legt. Den Samen in der Erde kann man nicht von den anderen Erdkrumen unterscheiden: Ein Same sieht wie eine Erdkrume aus. Wenn ihr einen Samen in die Erde legt, ihn mit Erde bedeckt und nach drei Tagen nachschaut, könnt ihr ihn nicht von der Erde unterscheiden, die ihn umgibt, denn er sieht wie eine Erdkrume aus. So ist der heutige ein Tag wie alle Tage, ja er ist sogar ein bißchen mühseliger als die anderen ... er ist wie alle anderen Tage, aber er ist wie ein Same in der Erde jedes Tages. Wenn wir nun Schritt für Schritt das entwickeln werden, was wir uns heute zu sagen beginnen, werdet ihr bald etwas vorfinden, das wächst. Dort ist dann kein kleiner Kieselstein mehr, sondern etwas, das mit zwei Blättern die Erde durchbricht, dann mit vier Blättern, dann mit noch mehr. Und vielleicht wird es sogar zu einer großen Pflanze, vielleicht ist es dazu bestimmt, eine große Pflanze zu werden.

Welchen Mutes bedarf es, die Hoffnung der Menschen zu stützen! Denn das, was sie beginnen, beginnen sie in ernsthafter Weise: Ihr fangt damit in ernsthafter Weise an, zwar mit einem gewissen Rest an Trägheit, aber ihr fangt damit in ernsthafter Weise an. Aber welchen Mutes bedarf es, um die Entfaltung dieser Hoffnung, dieser Erwartung zu stützen!

Mir stand klar vor Augen, was ich euch sagen mußte. Aber ich bin in der Klemme, ich bin so etwas wie verlegen. Es ist nämlich, als wollte ich euch wie eine Mutter führen, die ihr Kind an der Hand nimmt und ihm so die ersten Schritte beibringt. Ich wäre gerne in der Lage, euch Schritt für Schritt zu führen, ein Schritt nach dem anderen, so daß der zweite Schritt mit größerer Überzeugung getan werden könnte als der erste, und der dritte mit größerer Überzeugung als der zweite, und der vierte mit größerer Überzeugung als der dritte ... Aber es ist nicht einfach, ein derartiges Fortschreiten beizubehalten.

Wir haben auf jeden Fall den ersten Schritt genannt. Welches ist der erste Schritt? Die Einsicht, daß es vernünftig ist, hier zu sein. Es ist vernünftig, daß ihr hierhergekommen seid. Warum ist es vernünftig? Mit dem Wort „vernünftig" bezeichnet man etwas, das den Bedürfnissen des Herzens entspricht. Die Bedürfnisse des Herzens sind letztlich und zutiefst Bedürfnisse nach Glück, nach Erfüllung und Glück, nach Vollkommenheit und Glück; sie sind Bedürfnis nach der Bestimmung, für die wir gemacht sind. Es gibt etwas, aufgrund dessen wir gesagt haben (ohne es uns zu sagen!), aufgrund dessen wir verspürt haben, daß die Bestimmung, für die das Herz gemacht ist, die Bedürfnisse des Herzens, die wahrsten Bedürfnisse des Lebens auf diesem Weg eine Antwort finden könnten: Auf diesem Weg findet sich diese Entsprechung. Daher ist es vernünftig, wenn man gesagt hat: „Ich bitte um Aufnahme (in das Noviziat der *Memores Domini*,* Anm. des Übers.)." Es ist vernünftig, daß ihr heute euer Haus verlassen habt, wo ihr drei Stunden länger hättet schlafen können – ich sage „schlafen", weil das mein Ideal ist! In der Tat habt ihr heute euer Haus verlassen und habt die Unannehmlichkeit auf euch genommen, hierherzukommen. Ihr habt die Mühe nicht gescheut, hierherzukommen, und jetzt scheut ihr nicht die Mühe, Dinge zu tun, euch für Dinge zu interessieren, an die ihr aufgrund bestimmter vorangegangener Geschehnisse gewöhnt seid – wie zum Beispiel die Versammlungen der *Verifica*² oder aber das gemeinschaftliche Gebet ... Aber es ist mühseliger als sich ein Fußballspiel im Stadion, zum Beispiel im Stadion „San Siro" anzuschauen, oder, besser noch, zu Hause im Sessel zu sitzen und das Spiel im Fernsehen anzuschauen.

---

* Begriffe, die sich im weiteren Sine auf die Bewegung *Comunione e Liberazione* beziehen, sind in den Anhängen S. 349 ff. erläutert (Anm. des Übers.).

Erster Teil
Glaube

Kapitel 1
Der Glaube

1. Eine zutiefst vernünftige Methode der Erkenntnis

Wenn ich sage: „Aber, ist denn Anna nicht hier?", und Carlo mir antwortet: „Ich habe sie dort hinten gesehen" und ich sie nicht sehen kann, weil ich zu klein bin und außerdem sitze, sage ich dennoch: „Gut, sie ist da", ich hake sie auf der Anwesenheitsliste ab. Ist das vernünftig? Ja, denn es ist richtig, daß ich Carlo vertraue. Wenn es nicht Carlo wäre, sondern ein Feind, der mir das Haus angezündet und das Geld geraubt hat, der schlecht über mich geredet hat und mich nicht riechen, nicht ertragen kann ... wenn er kommt und sagt: „Anna ist hier", dann zweifle ich noch mehr daran, daß sie da ist, denn ich kann ihm nicht vertrauen. Ich habe Gründe, um Carlo zu vertrauen; ich habe keine Gründe, um dem anderen zu vertrauen. Jemandem zu vertrauen, bringt eine mittelbare Erkenntnis hervor, eine Erkenntnis, zu der man durch Vermittlung, durch einen Zeugen gelangt.

Direkte und indirekte Erkenntnis

Wie verstehst du, ob etwas den Bedürfnissen deines Herzens entspricht? Wie verstehst du das? Durch einen Vergleich. Du vergleichst diese Sache mit deinem Herzen. Wie vollziehst du diesen Vergleich? Was für eine Art Handlung ist das? Es ist ein Urteil: Einer erkennt an, daß die Sache seinem Herzen entspricht, ihm selbst entspricht; man erkennt es an, es ist eine Anerkennung.

„Das ist ein Kieselstein": Mit diesem Satz erkenne ich etwas an, und der technische Ausdruck dafür ist das Urteil. Diese Anerkennung erfolgt als Urteil, sie hat die Form eines Urteils.

„Anna ist nicht hier" – aber Carlo kommt und sagt: „Nein, schau, ich habe sie dort hinten gesehen." „Ah, alles klar!", antworte ich, „dann hake ich sie auf der Liste ab": Diese Gewißheit entsteht ebenso wie die zuvor; sie entsteht als Anerkennung. Ich erkenne an, daß mir diese Sache paßt. Es ist eine Anerkennung.

Wie nennt man den Vorgang, aufgrund dessen jemand weiß, daß eine Sache existiert, weil jemand anderes es ihm gesagt hat?

Nadia und ich sind Schulkameraden. Dann ist die Schulzeit vorüber. Ich gehe meiner Wege, und auch sie geht ihrer Wege. Wir sehen uns nicht mehr. Es vergeht Jahr um Jahr. Eines Sonntagabends bin ich am Flughafen Fiumicino bei Rom, um ein Flugzeug nach Buenos Aires zu nehmen, das gerade aus Beirut kommt. Ich steige ins Flugzeug ein, und wer sitzt da neben mir? „Nadia! Hallo, Nadia! Was machst du denn hier? Was nicht alles geschieht im Leben! Woher kommst du jetzt?" „Ich komme aus Beirut." „Aus Beirut? Und was machst du so" „Ich arbeite für eine Versicherung." „Und bist du alleinstehend?" „Nein, ich habe Familie: Ich habe sechs Kinder." „Da hast du aber viel zu tun; wie geht es denn deinen Kindern?" „Bestens." „Möchtest du eine Zigarette?" Und irgendwann sagt sie: „Erinnerst du dich an Carlo?" „Ah, der größte Spaßvogel aus unserer Clique; er war immer am Schwätzen, er spielte den Lehrern immer Streiche ... Ja dieser verrückte Kerl, wer weiß, wo der wohl ist! Seit zwanzig Jahren habe ich ihn nicht mehr gesehen." „Stell dir vor, als ich zum letzten Mal in São Paolo war – das Flugzeug machte dort eine Zwischenlandung, bevor es nach Buenos Aires weiterflog –, verließ ich den Flughafen, um ein Taxi zu nehmen. Und da stand auch Carlo, um ein Taxi zu nehmen!" „Was macht er? Ist er endlich vernünftig geworden?" „Und ob! Er hat eine große Firma aufgemacht, er ist wirklich vernünftig geworden und – wer hätte das je gedacht – er ist sogar richtig reich geworden, macht in der ganzen Welt Geschäfte. Und nachdem wir uns einmal getroffen haben, sehen wir uns sogar öfter. Manchmal verabreden wir uns, nehmen die gleichen Flugverbindungen; oder ich nehme einen anderen Flug, damit ich ihn kurz treffe."

Das Flugzeug landet in São Paolo, ich verabschiede mich – Nadia steigt in São Paolo aus – und ich steige in Buenos Aires aus. Ich steige in Buenos Aires aus, und wen sehe ich da (das ist nicht so rein zufällig, es ist jemand, der mir häufiger über den Weg läuft)? Einen anderen Schulkameraden, er heißt Guido. Guido handelt in ganz Europa mit Tabak aus dem Paraná, aus Brasilien und Argentinien. Auch er hatte es geschafft, ihm ging es prima, es war die Zeit, in der Tabak sehr gut ging. Ich treffe ihn und sage: „Tag, Guido. Hör mal, erinnerst du dich noch an den Carlo?" „Und ob ich mich erinnere!" „Stell dir vor, er hat jetzt Familie, hat ein riesiges Unternehmen gegründet, handelt in der ganzen Welt ... er ist ein wichtiger Mann geworden! Und es geht ihm bestens, er ist richtig vernünftig geworden." „Das freut mich", sagt

Guido. „Ich hätte darauf geschworen, daß er mittlerweile vollkommen den Verstand verloren hat, so verrückt, wie er immer war. Das freut mich wirklich. Aber wo kann man ihn treffen?" „Tja, er fliegt immer wieder nach São Paolo. Dort hat er sein Hauptquartier für Südamerika. Schau doch mal im Telefonbuch von São Paolo nach."

Ich erzähle Guido von Carlo, dabei habe ich den seit zwanzig Jahren nicht gesehen. Ich erzähle ihm Sachen, die mir Nadia erzählt hat, so, als hätte ich selbst alles gesehen – einverstanden? So, als hätte ich Carlo gesehen, als hätte ich alle Einzelheiten seines Lebens persönlich verfolgt. Was geschieht dabei? Nehmen wir eine Zeichnung zu Hilfe.

Abb. 1 Erkenntnis durch einen Zeugen

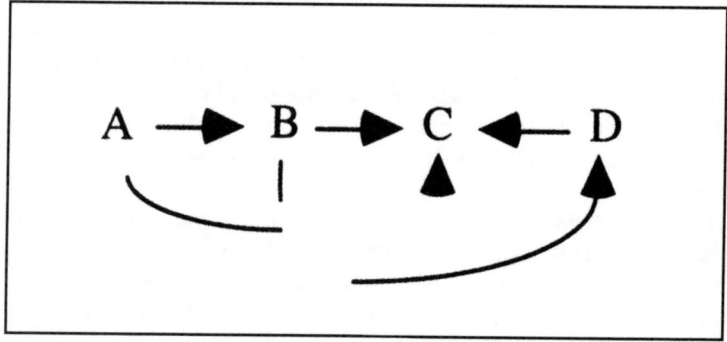

A bin ich. B ist Nadia. Ich trete in Beziehung zu Nadia, die neben mir im Flugzeug sitzt; von ihr erfahre ich etwas über Carlo (C). Dann treffe ich Guido (D). Ich erzähle ihm, was Nadia mir gesagt hat, so als hätte ich alles selbst gesehen. Dabei bin ich es, der Nadia sieht und ihr zuhört. Ich kenne sie gut, ich weiß, ob ich ihr trauen kann oder nicht. Ich vertraue ihr, ich weiß, daß ich ihr vertrauen muß: Sie redet nicht einfach so ins Blaue hinein, sie erzählt mir alle Einzelheiten, und schließlich ist sie meine Klassenkameradin gewesen ... Aber Carlo habe ich schon seit zwanzig Jahren nicht mehr gesehen, und Guido habe ich von Carlo erzählt, als hätte ich ihn gestern noch gesehen, als hätte ich selbst sein Leben zwanzig Jahre lang verfolgt, während es doch Nadia ist, die seit zwanzig Jahren mit ihm die Verbindung gehalten hat. Versteht ihr mich? Das ist eine vernunftgemäße, vernünftige, indirekte Beziehung.

Es gibt einen besonderen Begriff, mit dem wir einen Faktor benennen, durch dessen wir zur Erkenntnis von etwas anderem gelangen: nicht direkt, sondern durch diesen Faktor. Wie heißt er? Zeuge. Durch ein Zeugnis erfahre ich etwas über Carlo. Ein Zeuge. Es geht um zwei verschiedene Verfahren: Zwischen A und B ist die gegenseitige Anerkennung wie eine Evidenz, da sie direkt und unmittelbar ist. In meinen Augen und in meinem Bewußtsein ist diese Anerkennung evident. Im Verhältnis zwischen A und C stützt sich die Erkenntnis vollkommen auf B.

Direkte und indirekte Erkenntnis. Erstere nennt man auch „direkte Erfahrung", die zweite ist eine „indirekte Erfahrung": Man lernt eine Sache durch einen Mittler kennen, den man als Zeugen bezeichnet.

Erkenntnis durch den Glauben

Wie bezeichnet man diese zweite Art der Erkenntnis? Glaube. Man nennt sie Glaube. A erfährt etwas über C. Er ist sich dessen so gewiß, daß er es D weitersagt. Erfahren hat er es von B, durch einen Zeugen. Es handelt sich um eine indirekte Erkenntnis, die man als Erkenntnis durch den Glaubens bezeichnet: Man erkennt ein Objekt, eine Wirklichkeit durch das Zeugnis. Und dieses wird von einem Zeugen gegeben.

Ist das bis hierher klar? Wenn ich etwas mit eigenen Augen sehe, ist das eine Sache. Wie kann ich mir aber dessen, was Nadia mir sagt, genauso sicher sein? Ich kann es, wenn ich angemessene Gründe habe, ihr zu vertrauen. Wenn ich angemessene Gründe habe, um Nadia zu vertrauen, und ich vertraue ihr nicht, dann handle ich in unvernünftiger Weise, also gegen mich selbst. Wenn ich angemessene Gründe habe, um Nadia zu vertrauen, dann ist es vernünftig, wenn ich ihr vertraue. Daher ist es in der Folge richtig, daß ich, sofern ich angemessene Gründe habe, Nadia vertraue und anerkenne, was sie sagt. Wenn ich nämlich keine Gründe habe, Nadia zu mißtrauen, und ich mißtraue ihr, dann handle ich gegen die Vernunft.

Man bezeichnet es als Glaube, Erkenntnis durch den Glauben, wenn jemand eine Wirklichkeit durch das Zeugnis eines anderen, den man eben Zeugen nennt, anerkennt. Durch das Zeugnis von jemandem: Es handelt sich also um eine Person. Es ist ein Problem, das sich nur auf der Ebene von Personen stellt. Es geht um eine Erkenntnis der Wirklichkeit, zu der man durch die Vermittlung einer Vertrauensperson gelangt, einer Person, der man mit angemessenen Gründen vertraut. Ich sehe die Sache, um die es geht, nicht; ich sehe nur den Freund, der mir diese Sache sagt, und dieser Freund ist eine vertrauenswürdige Person. Daher ist für mich das, was er gesehen hat, so, als hätte ich es selbst gesehen. Habt ihr diesen Satz verstanden? Das, was sie gesehen hat, ist für mich so, als hätte ich es selbst gesehen. Da ich ihr vertrauen kann – ich weiß, daß ich Vertrauen haben kann –, ist das, was sie gesehen hat, so, als hätte ich es selbst gesehen.

Folglich ist vor allem der Glaube nicht nur auf religiöse Dinge anwendbar, sondern er ist eine natürliche Form der Erkenntnis, eine natürliche Form indirekter Erkenntnis: Aber eine Form von Erkenntnis! Wenn er eine indirekte Erkenntnis ist, bleibt das Problem der Gewißheit voll bestehen. Wenn es sich um eine indirekte Erkenntnis handelt, ich aber wirklich Vertrauen haben kann, dann bin ich gewiß. Es ist wie das Beispiel meiner Mutter, die mir damals, als ich nach Hause kam, sagte: „Weißt du denn, was hier an der Kreuzung mit der Via General Cantore geschehen ist? Ein Jugendlicher fuhr mit seinem Motorrad wie ein Verrückter, ein anderer Jugendlicher kam mit dem Motorrad aus der anderen Richtung, sie sind zusammengestoßen, beide tot." Und mir tat es leid, da ich einen von ihnen kannte; ich esse hastig, komme in der Schule an und sage den anderen Jungs: „Gebt acht, wenn ihr Motorrad fahrt, denn einer meiner Freunde ist soeben gestorben." Ich hatte nichts gesehen, meine Mutter hatte es mir gesagt. Ich hatte aber keinen Grund, daran zu zweifeln, und jede Menge Gründe, um es zu behaupten. Ich gehe daher zu den Jungs und erzähle es ihnen, als hätte ich es selbst gesehen.

Der Glaube ist also eine natürliche Erkenntnismethode, eine indirekte Methode der Erkenntnis, das heißt eine Erkenntnis, zu der man durch die Vermittlung eines Zeugen gelangt. Daher bezeichnet man sie auch als eine Erkenntnis durch das Zeugnis. Es handelt sich dabei nicht notwendigerweise um religiöse Dinge. Ich spreche von der Erkenntnis, die Eier wiegt und den Kilometer in tausend gleiche Teile zu je einem Meter teilt; ich spreche von jener Vernunft, die wir in der Mathematik, der Physik, bei allem anwenden, es ist immer dieselbe Vernunft. Die Vernunft hat viele Methoden: Die Vernunft, aufgrund der ich, wenn etwas hier steht, hierhin gehe, wenn etwas dort steht, dorthin gehe ... Ich benutze immer wieder eine andere Methode, aber ich erkenne mit Gewißheit, daß dort ein Pfeiler steht, und ich erkenne mit Gewißheit, daß hier eine sehr liebe Freundin ist.

Die Vernunft ist lebendig. Daher hat sie für jedes Objekt eine eigene Methode, eine eigene Art und Weise und entwickelt eine eigene charakteristische Dynamik. Sie entfaltet auch eine Dynamik, um Dinge zu erkennen, die sie nicht direkt sieht und nicht direkt sehen kann. Sie kann sie durch das Zeugnis anderer erkennen: die indirekte Erkenntnis durch Vermittlung.[3]

Eine für Kultur und Geschichte grundlegende Methode

Entschuldigt die Frage: Was ist wichtiger, die Evidenz oder die durch ein Zeugnis vermittelte Erkenntnis? Wenn ihr die durch ein Zeugnis vermittelte Erkenntnis abschafft, müßt ihr die ganze menschliche Kultur abschaffen, die ganze. Die ganze menschliche Kultur gründet nämlich auf der Tatsache, daß man von dem ausgeht, was ein anderer entdeckt hat und von da aus fortfährt. Wenn man dies nicht vernünftigerweise tun könnte, dann gäbe es die weitreichendste Folge der Vernunft, die Kultur nämlich, überhaupt nicht.

Gäbe es diese Methode nicht, wüßte man nicht mehr, wie man vorwärtskommen soll. Man wüßte sich allenfalls noch auf der Fläche von einem Quadratmeter zu bewegen. Mit der oben genannten Art der Erkenntnis kann man sich hingegen durch die ganze Welt bewegen.

Die Kultur, die Geschichte und das menschliche Zusammenleben gründen in dieser Art Erkenntnis, die man Glauben nennt. Es ist eine Erkenntnis durch Glauben, eine indirekte Erkenntnis, die Erkenntnis einer Wirklichkeit durch die Vermittlung eines Zeugen.

Ich habe nicht verstanden, warum auch das menschliche Zusammenleben in der Erkenntnis durch Glauben gründet.

Entschuldige bitte, wie kannst du mit Vertrauen Brot kaufen gehen und dabei sicher sein, daß man kein Gift hineingetan hat, wenn nicht aufgrund der Tatsache, daß Tausende von Personen immer zu diesem Bäcker gehen? Und es ist die Summe des Vertrauens aller dieser Leute, die dir ermöglicht, beruhigt dorthin zu gehen. Wenn ich dich mit der Einkaufstasche in der Hand direkt vor der Bäckerei stehen sähe und sehe dich zittern, würde ich sagen: „Hallo du! Was machst du da?" „Ich muß da hinein, um Brot zu kaufen." „Dann geh halt hinein!" „Und wenn sie Gift ins Brot getan haben?" Dann würde ich sagen: „Warte einen Augenblick, ich rufe dir den Krankenwagen."

Eine entscheidende Vorbemerkung

Warum habe ich euch das gesagt? Weil alles, worin wir unseren Blick versenken werden, alles, zu dem wir unsere Zuneigung vertiefen werden, alles, worauf wir aufbauen werden, von dem Wort Glaube definiert wird. Es ist der Bereich des Glaubens, es ist die Wirklichkeit, die im Glauben betrachtet und versuchsweise angegangen wird. Worüber ich zu euch sprechen werde, betrifft den Glauben. Unser Glaube aber, der Glaube, von dem ausgehend wir unsere ganze Arbeit entwickeln werden, geht mit derselben Methode vor wie all das, was ich bisher angeführt habe: Es ist die Erkenntnis einer Wirklichkeit aufgrund einer Vermittlung. Eine Wirklichkeit, die du nicht siehst und durch eine Vermittlung erkennst. Aber das Wort Glaube wird nicht nur in diesem Bereich angewandt und gebraucht: Das Wort Glaube bezeichnet eine Methode, die die Vernunft aufgrund der ihr eigenen Natur in ihrem ganzen Leben anwendet und verwirklicht.

Wir werden dieses Wort Glaube auf einer bestimmten Ebene benutzen und entwickeln müssen, auf der wichtigsten aller wichtigen Ebenen im Leben; es ist die großartigste Ebene des Lebens: Sie betrifft unsere Bestimmung.

Würde ich euch betrügen, so wäre das ein Betrug, mit dem ich eure Bestimmung angreifen würde. Wenn ich hier spreche, um euch zu helfen, dann geht es darum, euch in bezug auf eure Bestimmung zu helfen. Was uns in unserem Gespräch miteinander interessiert, ist deine und meine und seine Bestimmung und die aller anderen. Die Bestimmung, wer sieht sie? Wer hat sie gesehen? Wer hat schon einmal den Schirm aufgespannt, weil es regnete, ist mit seinem neuen weißen Mantel – so ein ganz leichter – über den Gehweg gegangen und an einer bestimmten Stelle, so nach 34 Schritten, seiner Bestimmung begegnet? Man kann sie nicht finden! Die Bestimmung kannst du nicht sehen. Die Bestimmung ist aufgrund ihrer Natur ein Geheimnis.[4]

Könnte man sagen, daß die Methode des Glaubens diejenige ist, bei der die Vernunft am meisten zur Geltung kommt?
Vollkommen richtig! Niemals sonst kommt die Vernunft so grundlegend, in so lebendiger und kraftvoller Weise zum Einsatz wie beim Glauben, wie bei der Methode des Glaubens.

Warum? Weil A, um B vertrauen zu können, sich mit seiner ganzen Person einsetzen muß, nicht nur eine seiner Hirnwindungen. Wie wenn man in der Mathematik seine Vernunft gebraucht: Dann setzt man eben eine Hirnwindung ein. Hier aber sind es alle Hirnwindungen und alles, was an Leib und Seele hängt und damit verbunden ist: Mein ganzes Ich vertraut Nadia. Ich bin es, der vertraut. Wenn ich „ich" sage, meine ich damit: Vernunft, Augen, Herz, alles.

Daher ist die Beobachtung unserer Freundin sehr zutreffend, die sagt, daß die Vernunft niemals so sehr zur Geltung kommt wie in diesem Fall. Sicherlich! Sie wird nicht beiseite gelegt, die Vernunft. Sie wird zur Geltung gebracht. Es handelt sich um die Vernunft, die aufs engste verbunden ist mit der ganzen organisch zusammenhängenden Wirklichkeit des Ich. So stimmt es auch, daß dann, wenn das

Ich beispielsweise böse wäre, es viel mehr Mühe hätte, Vertrauen zu schenken; es würde viel weniger Dinge kennenlernen. Wenn das Ich krankhaft wäre, so hätte es Mühe, Vertrauen zu schenken, es könnte kein Vertrauen schenken und würde viel weniger Dinge kennenlernen.

Es handelt sich hierbei um einen Vorgang, an dem notwendigerweise der ganze Organismus des Ichs mitarbeitet. Es handelt sich um das Ich „mit vollem Einsatz". Dieser Gestus der Vernunft, die erkennt, weil sie einem anderen vertraut, beinhaltet, daß es sich um eine vollständigere Vernunft handelt, um eine Vernunft, die mit allen anderen Aspekten der Persönlichkeit verbunden ist. Ich sage beispielsweise zu jemandem: „Weißt du, ich habe etwas Wunderbares gesehen!"; er hat jedoch so sehr Bauchweh, daß er sich den Bauch halten muß, und er antwortet: „Ja, ja, ja ..." Danach erinnert er sich nicht einmal mehr, daß ich es ihm gesagt hatte, weil die Bauchschmerzen zu stark waren, um meinen Worten Aufmerksamkeit zu schenken; er hört mir nicht aufmerksam zu und versteht mich deshalb nicht. Um verstehen zu können, dürfte er keine Bauchschmerzen haben. In der Schule forderte ich die Schüler mit dem Sprichwort heraus: „Vertrauen ist gut, Kontrolle ist besser." Es gibt kein dümmeres Sprichwort als dieses. Seht, wenn in der Klasse scharfsinnige, intelligente Lehrer, wirklich intelligente Lehrer, unterrichten, dann verstehen sie sofort, worum es geht. Sie begreifen sofort und sind mit viel größerer Leichtigkeit fähig, ein zutreffendes Urteil über den Schüler X oder den Schüler Soundso abzugeben.

Wer sich selbst besitzt, wer sich mehr in der Hand hat, wer sich selbst mehr in Besitz hat, wer im Organismus seines Ichs mehr eins ist, wer in sich mehr eins ist – diese Person, in der alles auf seinem Platz ist, muß sich wesentlich weniger anstrengen, um zu verstehen, ob sie dem anderen vertrauen kann oder nicht. Wer hingegen krankhaft ist, traut niemals und niemandem. Er vermag es nicht mehr, auf überhaupt irgendetwas zu vertrauen. Er schneidet sich vom Leben ab. Die Fälle können tausendfach abgestuft vorkommen, in Tausenden von Schweregraden. Aber es ist in allen Fällen dasselbe Problem: Man kappt sich von den Vernetzungen des Lebens ab.

Im Glauben setzt sich die Vernunft in viel reicherer und kraftvollerer Weise ein als in allen anderen Bereichen der Vernunft. Alle anderen Formen sind nämlich partiell. Sie betreffen nur eine Art von Objekt. Stellt euch einen Mensch vor, der alles über die Stubenfliege weiß und in einem Wälzer mit 1.500 Seiten über die Fliege alle denkbaren Fliegenarten beschreibt und dafür den Nobelpreis der Wissenschaften bekommt; seine Frau versteht er aber nicht im mindesten, seine Kinder hassen ihn, weil er sie schlecht behandelt. Das ist ein armer Kerl, kein Nobelpreisträger, denn seine Frau und seine Kinder bedürfen einer Vernunft, die auf natürliche Weise vollständig und befriedet ist. Er ist höchst scharfsinnig auf einem Gebiet der Wirklichkeit, einem übrigens reichlich kleinen Gebiet der Wirklichkeit, nämlich dem der Fliege, des Phänomens der Fliege. Über sie weiß er alles. Er weiß hingegen nichts über seine Bestimmung oder über das Befinden anderer. Er ein bedauernswerter Kerl, obwohl er ein Nobelpreisträger ist.

Oder denkt an den Chemieprofessor, von dem ich immer spreche. Vor vielen Jahren meldete er sich im Laufe einer Diskussion unter Universitätsdozenten unvermittelt zu Wort und sagte: „Wißt ihr, wenn ich die Chemie nicht hätte, würde ich mich umbringen." Er hatte Frau und Kinder: Unmenschlicher geht es wirklich nicht. Das kann nicht vernünftig sein – und doch ist er ein großer Chemiker.

Meine Mutter war keine große Chemikerin. Sie hatte nicht Chemie studiert. Aber, wie sie mit meinen Vater in allen seinen Eigenarten umging, wie sie mit uns Kindern umging ... Mein Gott, wie gerne wäre ich wie sie! Diese Frau war umsichtig im Umgang mit allem, was sich im Hause abspielte; und sie war eine intelligente Frau, was man an der Art und Weise erkannte, wie sie über das sprach, was sie in den Zeitungen gelesen hatte.

Das Entscheidende habe ich als Voraussetzung vorangestellt. Jetzt werden wir über den Inhalt des Glaubens sprechen. Über Christus, über die Seele, über unsere Bestimmung und über das Geheimnis zu sprechen heißt, über den Glauben zu sprechen. Man kann den Inhalt aller dieser Dinge, über die wir sprechen werden, nicht sehen; man kann sie jedoch durch ein Zeugnis, durch Zeugen kennenlernen.

Darum stützt sich all das, was wir zusammen in dieser Lehr- beziehungsweise Diskussionsstunde machen, auf die Vernunft und deren kennzeichnende Dynamik, nämlich den Glauben. Alles wird sich auf die Vernunft stützen, insofern sie zum Glauben fähig ist, denn der Glaube ist die höchste Fähigkeit der Vernunft. Die „höchste" deshalb, weil ohne Glauben das Menschliche an sich nicht existieren würde. Es gäbe keine Geschichte mehr, es gäbe keine Kultur mehr, es gäbe kein Zusammenleben mehr, und folglich gäbe es keine Erkenntnis der Bestimmung mehr.

Habe ich mich deutlich ausgedrückt? Wir haben darüber gesprochen, weil wir uns auf dieser Ebene bewegen werden. Wir werden als erstes über den Glauben sprechen, wie man normalerweise diesen Begriff verwendet: das heißt als Anerkennung eines unsichtbaren Inhalts der Wirklichkeit (die Wirklichkeit in ihrem unsichtbaren Aspekt). Zweitens sprechen wir darüber, wie man durch die Vernunft zu diesem Inhalt gelangt, anhand ihrer charakteristischen Methode, der Methode des Glaubens: Es geht um die Erkenntnis durch das Zeugnis.

Wenn ihr den ersten Band des *Seminars der Gemeinschaft* lest, findet ihr in der dritten Vorüberlegung diese grundlegende Beobachtung. Je moralischer ein Mensch ist, um so mehr ist er fähig, zu vertrauen; je unmoralischer ein Mensch ist, um so weniger ist er fähig, zu vertrauen. Denn Unmoralität ist eine Art Schizophrenie, eine psychische Spaltung.[5] Dies zeigt sich zum Beispiel bei den Jugendlichen, in denen die Unsicherheit am größten ist. Sie setzen sich irgendwann etwas in den Kopf – denn es ist notwendig, im Leben eine Gewißheit zu haben –, sie setzen sich, um eine Gewißheit zu haben, je nach ihrer Laune etwas in den Kopf. Man setzt das als den Weg zur Gewißheit fest, was am leichtesten ist beziehungsweise was am leichtesten zu sein scheint. Und das, was man nicht sieht, scheint etwas zu sein, das nicht existiert. Und da das, was existiert, unbeständig und vergänglich ist, ist alles nichts. Das ist im Grunde die Philosophie aller Menschen heutzutage.

Einladung zum Gebet

Deswegen sage ich zum Schluß, daß wir nicht anfangen können über diese Dinge zu diskutieren, ohne daß im Herzen ein Stück unseres Herzens betet und das Geheimnis des Seins um das Licht, die Zuneigung, die Aufrichtigkeit und die Einfachheit bittet, „ja" zu dem zu sagen, was wahr ist, und „nein" zu dem, was nicht wahr ist.

Wir müssen zu Gott beten, daß wir so wahrhaft moralisch sein mögen, „ja" zu dem zu sagen, was positiv ist, und „nein" zu dem, was negativ ist. Man muß zu Gott beten, denn der Mensch ist böse, und da er böse ist, sagt er „nein", sogar wenn etwas offensichtlich ist.

Ein Kind ist bockig. Du hältst ihm ein Glas vor die Nase und fragst: „Das ist ein Glas, oder? Karlchen, sag, daß das ein Glas ist. Ist das hier ein Glas?" „Nein!" „Ist das ein Glas?" Er sagt „nein", weil er bockig ist. Dies ist die Haltung, die die Menschen angesichts des Lebens in all seiner Bedeutung einnehmen. Das Wort Bestimmung will auf die Bedeutung des Lebens hinweisen. Das griechische Wort dafür bezeichnet in der Tat die letzte Bedeutung, die Bestimmung als Bedeutung, *eimarméne*.

Zumindest war es meine Absicht, reinen Tisch zu machen, und Brot zum Brot und Wein zum Wein zu sagen. Ihr wißt nun, worüber wir sprechen wollen und welches Instrument der Vernunft wir dazu heranziehen. Und ihr wißt auch, wer ich bin, ein Zeuge, ein Mittler wie all eure älteren Freunde. Wer mit euch zusammen ist, weil er euch von einem, der größere Verantwortung trägt, an die Seite gestellt wurde, nimmt meinen Platz ein. Auch er ist ein Zeuge, ein Mittler. Wenn man ihm vertraut, erreicht man das Wahre, man erreicht das Wahre, das man anderenfalls niemals mit Gewißheit bejahen könnte. Wenn es um die Bestimmung geht, wenn das, was man nicht sieht, die Bestimmung und die Bedeutung des Lebens ist, dann bedeutet es, daß man sein Leben zerstört, wenn man nie dorthin gelangt.

Nur auf dem Felsen kann man etwas aufbauen, auf einer Gewißheit. Ohne Gewißheit kann man nichts aufbauen. Oder doch! Man kann die kleine, tägliche Handlung „bauen" – ohne das Bestreben, in einem anderen Phänomen oder in einer anderen Handlung eine freundschaftliche Gegenwart zu erkennen, zu der man sagen kann: „Wir sind zusammen: Laß uns ein weiteres Stockwerk errichten! Steigen wir höher auf diesem Berg! Gehen wir den Dingen tiefer auf den Grund!" Und dann steht man mit zitternden Beinen da – man zittert und zittert und zittert – bis man umfällt und stirbt. Man stirbt. Spät erst, wünsche ich euch, aber man stirbt, ob später oder früher, darauf kommt es nicht so an.

Zusammenfassende Wiederholung

Die meisten Leute würden nicht im Traum daran denken, zusammenzukommen, um einen Teil der Woche in Stille zu verbringen. Die Woche ist der Maßstab, das Grundmaß der Zeit, in der der Mensch sich ausdrückt. Und wodurch drückt sich der Mensch aus? Durch die Arbeit. Die Arbeit ist der Ausdruck des Menschen, insofern sie den aktiven Bezug darstellt zwischen mir – der ich lebe, Vorstellungen habe, denke, fühle und auf Grund meines Denkens und Fühlens handle – und der Wirklichkeit. Deshalb benutzt der Mensch die Wirklichkeit, die Zeit und den Raum, und gestaltet sein Leben. Nach dem, wie er es gestaltet, wird er gerichtet werden. Innerhalb einer Woche, die das Grundmaß für die Arbeit, das heißt die Ausdrucksweise der Person ist, opfert man keine Minute dafür, an die eigene Bestimmung zu denken, an das zu denken, wofür man arbeitet und folglich lebt. Man „lebt", im konkretesten Sinn des Wortes, das heißt man leidet, man freut sich, man benutzt die Dinge und man schafft sich das, was einem richtiger und gefälliger erscheint. Kurz, das Wort „Bestimmung" beherrscht das Leben, wie das Gesicht die Gestalt einer Person beherrscht; und kein Mensch denkt daran. Die Versammlung hier am Samstag ist der größte Beweis dafür, daß uns dagegen diese Bestimmung – das heißt an sie zu denken, über die Bestimmung unserer Existenz nachzudenken – sehr am Herzen liegt. Das, was in den Begriffen und in der Art und Weise zum Ausdruck kommt, mit der wir miteinander umgehen werden, mit der ihr miteinander umgehen werdet – das heißt der Inhalt dieses Weges mit seinen Worten und seinen Verhaltensweisen –, ist Angst und Bangen um die Bestimmung, ist Sehnsucht nach der Bestimmung und Erwartung einer freudenvollen Bestimmung.

Wenn wir die Mittagshore[6] oder irgendeines der Stundengebete verrichten, wenn wir beten, wenn wir die heilige Kommunion empfangen, wenn wir zur Beichte gehen, was man mindestens alle zwei Wochen tun kann, dann rufen wir uns immer in Erinnerung, daß das, was die jeweilige Handlung bestimmt, die Leidenschaft und das Interesse für die eigene Bestimmung ist. Findet bitte, wenn es das gibt, einen anderen Zielpunkt, irgendein anderes Ziel, das würdiger ist, das menschlicher ist als dieses, und sagt, ob es menschlich ist, zu leben, ohne daran zu denken.

Wie oft haben wir diesen Vergleich gezogen: Wenn du jemanden auf der Straße laufen sehen würdest, der dir verwirrt oder durcheinander vorkäme, und du ihn festhalten und fragen würdest: „Was machst du? Was suchst du? Wohin gehst du?"; und er dir sagen würde: „Ich weiß es nicht!". Und du würdest sagen: „Aber du läufst doch!" – „Ich laufe" – „Und wenn du dich jetzt umdrehst und in eine andere Richtung gehst?" – „Ich drehe mich um ... " – dann wäre das wirklich verrückt. Und in der Tat, wenn jemand ernsthaft so sprechen würde, würde das bedeuten, daß er im Kopf nicht ganz in Ordnung ist. Es wäre verrückt, es ist verrückt zu leben, ohne an die eigene Bestimmung zu denken. Für Tiere würde es nicht bedeuten, daß sie verrückt sind, weil sie nicht dazu fähig sind, aber für das Tier Mensch ist es verrückt. Ohne Sinn ... der Sinn des Lebens ist seine Bestimmung.

Wenn ihr die Mittagshore betet, das Stundengebet verrichtet oder auf andere Weise betet, müßt ihr darauf achten, daß es immer ein Wort oder einen Ausdruck gibt, bei dem die Seele innehalten kann, um den Sinn aus ihm „herauszudestillieren", weil sie von dem Sinn dieses Wortes getroffen ist. Da ist ein Wort, das dich mehr trifft als die anderen; man muß darauf achten. Wenn ihr beginnt mit „O Gott, komm mir zu Hilfe", wird vielleicht in dem einsetzenden Gebet ein Wort auftauchen, das euch betroffen machen kann, auch wenn ihr oft zerstreut seid. Zum Beispiel hat mich jetzt, während ich dort hinten war und mit euch die Mittagshore gebetet habe – und überlegt einmal, wieviele tausend Male ich diesen Psalm gelesen habe –, dieser Satz getroffen: „Selig, die seine Weisung befolgen, die von ganzem Herzen ihn suchen."⁷ Selig heißt, frohen Sinnes, mit einem anderen Gemüt als alle zu leben. „Die seine Weisung befolgen." Was ist seine Weisung? Die Ordnung der Wirklichkeit: Die Gravitation ist eine seiner Weisungen. Die Erdanziehung ist eine seiner Weisungen. Daß die Pflanze gerade wächst, auf eine bestimmte Art wächst – denn es gibt auch Pflanzen, die schief wachsen –, ist eine seiner Weisungen. Das Wort „Weisung" bezeichnet die Wirklichkeit als Plan, als Ordnung, „Selig, wer befolgt", wer dem zustimmt, wie die Dinge von Natur aus, das heißt ursprünglich, das heißt göttlich angelegt sind. Selig, wer mit ganzem Herzen diese Weisungen sucht, diese Bedeutung der Dinge, diese Form der Dinge.

Jener Professor, der während einer Diskussion sagte: „Wenn ich nicht die Chemie hätte, würde ich mich umbringen", erschien in der Tast ein wenig tragisch, auf tragische Weise beschränkt. Aber richtig ist: Als er Chemie studierte, als er sich der Chemie widmete, fühlte er sich ein wenig erleichtert. Einer der Gründe, warum es keine Arbeitslosigkeit geben darf, ist der, daß ein Arbeitsloser ein armer, unglücklicher Mensch ist – nicht wegen des Geldes, sondern in psychologischer Hinsicht. Es war richtig, daß sich jener Chemieprofessor mit dem Leben versöhnter fühlte, als er Chemie studierte, weil die Chemie „seine Weisungen" sind, und er erforschte mit ganzem Herzen die Weisungen Gottes. Denn die Chemie als ein Gesichtspunkt der Wirklichkeit ist ein Teil von Gottes Plan, und seine Gesetze mit Leidenschaft zu erforschen, ist etwas Schönes. In diesem Sinn ist jede wirkliche Arbeit etwas Schönes.

„Selig, die seine Weisung befolgen, die von ganzem Herzen ihn suchen". Aber es besteht ein Unterschied zwischen „seiner Weisung" und „von ganzem Herzen ihn suchen". Gott, das Geheimnis, für das wir gemacht sind, findet man im Plan über die Dinge; wenn man Gottes Plan treu ist, findet man in diesem etwas anderes.

Also: „Meine Augen wende ab, daß sie Eitles nicht schauen, in deinen Wegen laß mich leben."⁸ „Meine Augen wende ab, daß sie Eitles nicht schauen", von dem vergänglichen und daher trügerischen Anschein der Dinge; entziehe mich dem Trug der Dinge. Man kann die Wirklichkeit Gottes so anschauen, daß sie nicht in ihrer Wahrheit aufscheint. Daher, oh Herr, befreie mich von dem Trug der Dinge, gib, daß ich die Dinge nicht mit trügerischen Augen anschaue. Wenn ich sage, ich will diese eine Sache haben, die ich mir wünsche, ansonsten bin ich nicht glücklich, dann ist das eine Lüge, denn auch mit ihr werde ich nicht glücklich sein. „In deinen Wegen laß mich leben": Also, laß mich den Dingen, so wie Du sie gemacht hast, immer treuer werden, jenen Dingen, die gemäß dem Plan, mit dem Du sie gemacht hast, verfolgt und gebraucht werden – und so werde ich glücklicher sein.

Die Meditationen, die wir halten werden, wollen diesen beiden Bitten entsprechen, die wir während der *Mittagshore* in unbewußter Weise ausgesprochen haben. Gewiß hat der größte Teil unter uns, haben wir sie alle unbewußt ausgesprochen, ich nicht – aus Zufall – aber ihr alle habt sie unbewußt ausgesprochen.

Die Meditationen, die wir samstags halten werden und die ihr unter der Woche zusammen mit euren älteren Freunden wieder aufgreifen werdet, um zu versuchen, sie zu verstehen, sie zu lernen, das heißt, um sie euch anzuzeigen, wollen ein Versuch sein, um das Trügerische in unserem Leben in Grenzen zu halten, um den Gehorsam gegenüber dem Plan Gottes in unserem Leben zu vermehren. Und daher wollen sie eine Hilfe für die *laetitia* in unserem Leben sein, für eine größere *laetitia* unseres Lebens. Und dies wird auch das Symptom für die Richtigkeit der Art unserer Nachfolge sein: ob die Nachfolge uns froher macht oder nicht.

2. Die Dynamik des Glaubens

Erinnert ihr euch noch, worüber wir das letzte Mal gesprochen haben? Über die Methode und über den Glauben. In welchem Sinn „Methode"? Die Methode ist „die Art, mit der etwas getan wird": Der Glaube ist eine Art der Erkenntnis.

Wer erkennt? Meine Vernunft. Diese dem Menschen eigene Energie, durch die der Mensch erkennt, heißt „Vernunft". Der Glaube ist also eine Methode der Vernunft, eine Art der Erkenntnis der Vernunft oder, kürzer gesagt, eine Erkenntnismethode. Was für eine Erkenntnismethode ist er? Eine Methode der indirekten Erkenntnis. Warum indirekt? Weil sie wie durch einen Filter läuft, weil sie durch die Tatsache vermittelt wird, daß sich die Vernunft auf einen Zeugen stützt: Sie sieht das Objekt nicht direkt, nicht unmittelbar, sondern sie erfährt von dem Objekt durch einen Zeugen.

Wir haben gesagt, daß diese Methode die wichtigste aller Methoden der Vernunft ist, viel wichtiger als die Evidenz, die auf den Sinnen gründet, und viel wichtiger als die Wissenschaft, die auf der Analyse und der Dialektik gründet.

Die anderen Methoden der Vernunft machen nur von einem Teil des Menschen Gebrauch. Diese Methode dagegen, die Methode des Glaubens, gebraucht den ganzen Menschen. Warum? Weil man dem Zeugen vertrauen muß. Um einer Person in rechter und vernünftiger Weise vertrauen zu können, muß man sich mit der ganzen Redlichkeit der eigenen Person einsetzen, muß man den Scharfsinn der

Beobachtung anwenden, muß man eine gewisse Dialektik mit einbeziehen. Man braucht eine Aufrichtigkeit des Herzens. Die Liebe zur Wahrheit muß stärker sein als zum Beispiel die Antipathie, die entstehen kann; man braucht eine Liebe zur Wahrheit. Die ganze Person setzt sich hier ein, während beim Verlegen einer elektrischen Leitung nicht alle Faktoren der Person ins Spiel kommen müssen. Deshalb ist der Glaube eine Erkenntnismethode, die dann, wenn sie sich ereignet, die Gesamtheit der Person handeln läßt. Deshalb ist das die würdevollste und wertvollste Methode. In der Tat könnte ohne die Anwendung dieser Methode das ganze menschliche Zusammenleben nicht existieren: die Entwicklung des Zusammenlebens als der Existenz der Gesellschaft, einer kleinen Gesellschaft wie die der Familie oder einer Gesellschaft in ihrer Gesamtheit.

Welches ist die Methode der Erkenntnis? Das ganze Zusammenleben gründet in der Methode des Glaubens. Wenn wir uns nicht alle gegenseitig vertrauen würden, was würde geschehen? Tatsächlich läuft man dort, wo diese Dinge nicht von Natur aus vorhanden sind, mit Messern und Pistolen in der Gegend herum: Keiner kann mehr irgendeiner Sache vertrauen.

Die Kultur (die Kultur ist die Weiterentwicklung der Erkenntnis, aber du entwickelst die Erkenntnis weiter, wenn du der Entdeckung, die dir von dem, der dir vorausging, gegeben ist, vertraust und ihr deine eigene hinzufügst – und der, der nach dir kommt, vertraut dem, was du ihm gibst, und fügt seine eigene Entdeckung hinzu), die Gesellschaft (die Existenz der Gesellschaft) und die Geschichte (die Fortsetzung der Gesellschaft, die Gesellschaft, die unterwegs ist), sie alle – Kultur, Gesellschaft und Glaube – gründen auf dieser Methode: auf der Methode des Glaubens.

Was war das letzte Mal die größte Überraschung für euch? Es war eine Überraschung, über den Glauben sprechen zu hören, ohne daß Gott, die Muttergottes oder die Heiligen dabei vorkommen. Es war eine Überraschung, etwas über den Glauben zu hören als einem Aspekt der Vernunft, dem wichtigsten Aspekt beim Gebrauch der Vernunft. Warum ist er der wichtigste Aspekt? Weil das Zusammenleben, die Geschichte und die Kultur auf ihm gründen; aber vor allem deshalb, weil diese Methode beinhaltet, daß sich die Person in ihrer Gesamtheit ins Spiel bringt.

Die Glaubwürdigkeit des Zeugen

Alle diese Dinge müßten euch bekannt sein aus der Arbeit im *Seminar der Gemeinschaft.* Dort hat man euch bei der Arbeit am ersten Band des Textes auch gesagt, wann man einem anderen vernünftigerweise vertrauen kann. Denn man kann auch jemandem unvernünftigerweise vertrauen, wie es normalerweise der Fall ist: So wie die Leute angesichts der richtigsten Dinge störrisch und verunsichert sind, so lassen sie sich an der Nase herumführen, das heißt betrügen, weil sie ihr Vertrauen törichterweise in diejenigen setzen, die meinungsführend sind, in die Journalisten und ins Fernsehen.

Wann kann man wirklich einem Zeugen vertrauen? Dies ist das einzig wahre Problem: Wann kann man dem Zeugen vertrauen? Denn wenn der Glaube die Erkenntnis durch einen Zeugen ist, und wenn der Zeuge dich betrügt ... Und im Text des *Seminars der Gemeinschaft* steht auch ein witziger Vergleich. Theresia, eine sehr redegewandte und vernünftige Person, geht auf der Straße spazieren, den Kopf voller Probleme zu Hause und in den Beziehungen zu ihren Freunden, und bemerkt nicht, wie ein Mann auf sie zukommt, mit einem Hut, dem die Krempe fehlt und einem halb abrasierten Bart, und mit einem großen, löchrigen Mantel und mit Schuhen, bei denen die Zehen herausschauen. Und wie dieser Mann so auf sie zukommt, hält er sie an und sagt zu ihr: „Fräulein!" „Was wollen Sie?" (sie meint, es sei ein armer Mann, der etwas will ... ihr Geld). Und der Mann sagt: „Nein, nein! Wissen Sie, was passiert ist?" „Nein, was ist denn passiert?". „Man hat Clinton umgebracht!". Sie interessiert sich nicht sehr für Politik, aber soweit kennt sie sich auch aus und sagt: „Das tut mir aber leid!" Weil sie sich ganz zu Recht denkt: Wenn so etwas passiert, ist das ein Zeichen dafür, daß es nicht gut um die Gesellschaft steht und daher alles Mögliche passieren kann. Und sie sagt ihm: „Danke für diese Nachricht." Tschüß, tschüß und sie geht weiter und denkt: „Oh Gott, man hat Clinton umgebracht ... Wer ist es wohl gewesen? Vielleicht einer aus Haiti, einer aus Santo Domingo, ein Rechter oder ein Linker? Was wird nun wohl passieren? Der Botschafter der Vereinigten Staaten in Italien – eine sehr wichtige Persönlichkeit in der italienischen Politik –, steht der wohl auf der Seite derer, die ihn umgebracht haben, oder auf der anderen Seite? Wird derjenige, der ihn umgebracht hat, der Kirche positiv gegenüberstehen, wird er die diplomatischen Beziehungen mit dem Heiligen Stuhl aufrechterhalten oder nicht?" Alles Fragen, die sich eine so intelligente Person wie sie stellt. Aber sie macht einen Fehler. Warum macht sie einen Fehler? Weil sie dieser dunklen Gestalt vertraut hat, diesem armen Individuum, das offensichtlich verrückt ist, dem sie zum ersten Mal auf der Straße begegnet ist und der ihr etwas sagt, dem weder etwas vorangeht noch etwas folgt. Und wenn sie die Abendzeitung kauft, wird sie diese Nachricht nicht finden. Das heißt, man kann jemandem unvernünftigerweise oder vernünftigerweise vertrauen, auf falsche oder auf richtige Weise. Wann ist es richtig, einer Person zu vertrauen? Wenn diese Person wirklich weiß, was sie sagt, und wenn sie nicht betrügen will. Dies sind die zwei Kategorien, die so alt wie die gesamte Scholastik sind, aber von gesundem Menschenverstand zeugen: Wenn ich sicher bin, daß dieses Individuum weiß, was es sagt, und mich nicht betrügen will.

Wie kann man diese Gewißheit erlangen? Wer das *Seminar der Gemeinschaft* gelesen hat, erinnert sich an die dritte Vorbemerkung, in der es um die Moralität geht.[9] Wenn jemand moralisch ist, gelangt er zu dieser Gewißheit, wenn einer nicht moralisch ist, gelangt er niemals zu dieser Gewißheit. Oder er gelangt auf unvernünftige Weise zur Gewißheit, er vertraut, wem er nicht vertrauen darf.

Von einem rationalen Gesichtspunkt aus ist es klar, daß man einer Person vertrauen muß, wenn man die Gewißheit hat, daß diese Person weiß, was sie sagt und einen nicht betrügen will. Denn wenn man ihr nicht vertraut, geht man gegen sich selbst an und gegen das Urteil, das man getroffen hat, nämlich daß diese Person weiß, was sie sagt, und einen nicht betrügen will. Das Vertrauen ist ein Problem der Kohärenz, der Übereinstimmung einer Evidenz mit der Vernunft, einer Evidenz, zu der man direkt oder durch einen Zeugen, sofort oder erst in Folge eines Zusammenlebens gelangt ist. Ein Beispiel: Du steigst in den Zug ein. Man weiß nie, wen man da trifft! In deinem Abteil sitzen drei Personen, und du sagst nichts, paßt auf deinen Geldbeutel auf und sagst nichts. Dann kommt ein Gespräch auf, und dir wird klar, daß es drei gute Personen sind, drei gute Personen aus dem Volk, und du vertraust ihnen und sagst: „Ich geh mal kurz raus", und läßt dein Gepäck mitsamt deinem Geld im Abteil. Und tatsächlich: Du kommst zurück und findest es wieder ... auch, weil es in der Zwischenzeit keine Haltestelle gab!

Der Anfang eines neuen Geschehens in der Welt

Wir haben gesagt, daß der einzige Beweggrund für diesen Weg Christus ist. Kein anderer Beweggrund würde ausreichen, um diesen Weg zu gehen. Und Christus ist der umfassende Gegenstand unseres Glaubens. Wie können wir dahin gelangen, Christus so gut zu kennen, daß sich das ganze Opfer unseres Lebens auf ihn stützen kann? Auch die anderen, die nicht diese Berufung haben, müßten sich diese Frage stellen, weil sie ihnen früher oder später begegnet; ob sie wollen oder nicht, alle kommen einmal an diesen Punkt, müssen an diesen Punkt kommen. Was nützt es dir, wenn dir alles gelingt und du dann deine Seele verlierst? Wenn du mit einer unreinen Seele vor mir erscheinst? Was hast du fertiggebracht? Du hast das Leben verloren.

Wie kann man dahin kommen, Christus zu kennen? Offensichtlich wird man hier von den erwähnten Methoden, derer sich die Vernunft bedient, die Methode des Glaubens anwenden. Wir kennen Christus nicht direkt, weder durch eine Evidenz noch durch eine Analyse der Erfahrung.

a) Eine Begegnung. Lest noch einmal die Seite, auf der dieses Problem auftaucht – wer ist dieser Mensch? Er sagt von sich, er sei der Messias: Stimmt das oder nicht? Er sagt, er sei der Retter der Welt, der Befreier des Menschen und der Welt. Er sagt, er sei Gott: Stimmt das oder nicht? Schaut euch dazu noch einmal die erste Seite an, wo dieses Problem auftaucht. Man kann diese Seite nicht oft genug lesen! Vor allem, als ihr den zweiten Teil des Textes des *Seminars der Gemeinschaft* gelesen habt.[10] Aber da euch das *Seminar der Gemeinschaft* nichts oder fast nichts gebracht hat, weil ihr nicht viel gelernt habt, weil ihr es nicht verstanden habt, weil ihr es nicht behalten habt, weil ihr Gott nicht gebeten habt, daß er es euch leben läßt, hat sich das *Seminar der Gemeinschaft* von vor zwei Jahren im Wind verloren. Gott sei Dank bleibt uns noch diese Gelegenheit, es wiederaufzunehmen!

Welches ist der erste Augenblick in der Geschichte, der erste Moment in chronologischer Hinsicht, als Uhrzeit – es gab noch keine Uhr, aber wenn es eine gegeben hätte, hätte sie es angezeigt –, also der erste Augenblick in chronologischem Sinn, in dem sich dieses Problem gestellt hat? Es ist die Stelle im Evangelium, an der von den ersten beiden Männern gesprochen wird, jenen jungen Männern, deren Herz ein neuer Eindruck erfüllte: Sie haben das Neue von einem erfahren, der vor ihnen sprach, sie haben von Dingen aus einer anderen Welt gehört. Genauer gesagt sprach er von den Dingen, die wir vorher erwähnt haben, die ihnen an für sich nicht fremd waren, denn in der Geschichte ihres Volkes waren sie bekannt. Ihr ganzes Volk wartete auf den Messias. Ihr ganzes Volk wartete auf einen Befreier, auf einen, der das Volk befreit, das ganze Volk. Deswegen waren die Worte als solche ihrer Mentalität nicht fremd. Aber sie von jemandem zu hören, der da vor ihnen war, vor ihnen saß, der sie in sein Haus eingeladen hatte … Er hatte sie eingeladen, weil sie ihn unterwegs gefragt hatten: „Wo wohnst du?", und weil sie ihm neugierig gefolgt waren. Denn Johannes der Täufer sah, wie ein Mann wegging. Und plötzlich, vom Geist erleuchtet – er war ein Prophet, daher hatte er seinen seltsamen Augenblick –, begann er laut zu rufen: „Seht, das Lamm Gottes, das hinwegnimmt die Sünde der Welt." Alle Leute, die dort versammelt waren, schenkten dem Ganzen nicht einmal Beachtung, weil sie gewohnt waren, daß er ab und zu mit seltsamen Worten losplatzte. Aber zwei, die dort waren, haben den Mann gesehen, in dessen Richtung der Täufer die Hand ausgestreckt hatte, und dann haben auch sie sich entfernt und sind ihm nachgegangen, sind ihm heimlich gefolgt. Diese beiden waren ganz einfache Männer, die einfachsten, die dort waren: Sie waren zum ersten Mal hingegangen und waren deshalb die aufmerksamsten. Sie waren so aufmerksam wie Kinder, die von einer Geschichte ergriffen sind und mit offenem Mund zuhören. Sie sind ihm heimlich gefolgt – und er hat sich heimlich verfolgt gefühlt und dann umgedreht. „Was wollt ihr?" „Meister, wo wohnst du?" „Kommt und schaut." Und so sind die beiden den ganzen Nachmittag geblieben und haben ihn sprechen hören, haben ihn sprechen sehen, weil sie nichts von dem verstanden, was er sagte. Aber die Art, wie er sprach, war so überzeugend, es war so offensichtlich, daß jener Mann die Wahrheit sagte, daß man seine Worte fast nicht für sich behalten konnte. Sie sind weggegangen und haben der ersten Person, die sie trafen haben, gesagt: „Wir haben den Messias gefunden." Sie haben einige seiner Worte wiederholt, deren Sinn sie nicht wirklich verstanden; aber jedenfalls war der Sinn dieser Worte auch den Leuten schon geläufig und so haben sie sie wiederholt.

Als damals zum ersten Mal die Frage aufkam, wer Jesus sei, war das der Augenblick, in dem das Problem des Glaubens in die Welt kam. Nicht des Glaubens als einer einfachen Methode der Vernunft, sondern als Methode der Vernunft, die auf etwas angewendet wird, das „über-vernünftig" ist, das über die Vernunft hinausgeht sowie undenkbar und unfaßbar ist: der Glaube als eine Methode der Vernunft, die auf etwas Unfaßbares angewendet wird, denn alles, was jener Mann sagte, war unfaßbar.[11]

Das zweite Kapitel des Johannesevangeliums schließt mit den Worten: „Angesichts jenes Wunders glaubten seine Jünger an ihn." Es war das Wunder der Umwandlung des Wassers in Wein. Aber wie, hatten sie nicht schon im vorherigen Kapitel geglaubt? Und tatsächlich ist dies ein Refrain, der im Evangelium immer wieder auftaucht: Wenn ein großes Wunder geschieht, dann wiederholt sich dieser Refrain: „Und seine Jünger glaubten an Ihn." Richtigerweise ist diese Wiederholung nicht nur nicht unnötig, sondern sie bekräftigt die Wahrheit dessen, was das Evangelium sagt, denn es ist das Spiel einer Vertiefung der Gewißheit, die wir haben.[12]

Ein Junge ist häufig mit einem Mädchen zusammen und versteht, daß sie nicht nur ganz nett, sondern auch ganz in Ordnung ist. Er kann ihr vertrauen, also beginnt er, sich mit ihr anzufreunden, weil er sie heiraten möchte. Aber erst mit den Monaten, die vergehen – sie sind nicht immer gleich, nicht ohne Neuheit, nicht immer monoton –, mit den Jahren, die vergehen, wird dieses Gefühl der Überzeugung tiefer, bis es so klar wird, daß er beschließt, sie zu heiraten: „Am 24. Dezember heiraten wir." Er ist vom ersten Augenblick an davon überzeugt, aber er sagt nicht gleich im ersten Moment, in dem er davon überzeugt ist: „Am 24. Dezember heiraten wir", sondern durch das Zusammensein mit ihr vertieft sich dieser Eindruck. Er ist sich dessen von Anfang an gewiß, aber es ist eine Gewißheit, die immer größer wird. Und wenn sie ganz groß wird, wird sie zum Fundament des Lebens. Genauso ist es für diese Leute hier.

Welches ist also das Kennzeichen dieses Faktums? Welches ist das erste Kennzeichen des Glaubens an Christus? Welches ist für Andreas und Johannes das erste Kennzeichen ihres Glaubens an Christus? Sie haben ihr ganzes Leben mit dem seinen verbunden, und deshalb sind wir jetzt hier, wir verdanken ihnen, hier zu sein. Wenn sie damals nicht gewesen wären, wären wir nicht hier. Was ist das erste Kennzeichen? Das erste Kennzeichen ist ein Faktum! Was ist das erste Kennzeichen der Erkenntnis? Der Zusammenprall des Bewußtseins mit einer Wirklichkeit; wenn es keine Wirklichkeit ist, ist es ein Traum, nicht eine Erkenntnis. Ist das verständlich? Es war ein Faktum, ein Faktum, das das Gesicht einer Begegnung hatte. Die Begegnung ist die Ausdrucksform eines bestimmten Faktums: Maisbrei zu essen ist keine Begegnung, aber ein Faktum. Hier wurde kein Maisbrei gegessen, sondern es fand eine Begegnung statt! Eine Begegnung ist ein Faktum. Das erste Kennzeichen des christlichen Glaubens besteht darin, daß er von einem Faktum ausgeht, von einem Faktum, das die Form einer Begegnung hat.

b) Eine außergewöhnliche Gegenwart. Was ist das zweite Kennzeichen? Das zweite Kennzeichen ist die Außergewöhnlichkeit des Faktums. Johannes und Andreas saßen dort zwei Stunden mit offenem Mund da und sahen ihn sprechen. Damit der Glaube sein Objekt erreicht, muß sich dieses Objekt auf außergewöhnliche Weise darstellen. Der Glaube geht von einem Faktum aus, einem Faktum, das letztlich die Gestalt einer Begegnung hat; der Glaube geht von einer Begegnung aus, die ein

Faktum ist, eine Wirklichkeit: Die Vernunft geht immer vom Wirklichen aus. Das zweite Kennzeichen ist, daß es ein nicht normales Faktum ist, es ist eine nicht normale Begegnung. Es ist eine Begegnung im vollen Sinn des Wortes. Das heißt, sie ist so außergewöhnlich, daß sie die ganze Aufmerksamkeit auf sich zieht.

Wenn du mit der Trambahn fährst, und da sitzt ein ganz gewöhnlicher Trambahnfahrer, und du bahnst dir den Weg nach vorne, du gehst nach vorne, weil es dir gefällt, in der Trambahn vorne zu stehn, und du stehst dort vorne und schaust dem Fahrer zu, wie er „tra-trak, tra-trak" macht ... er betätigt den Hebel – dann gehst du nicht nach Hause und sagst zu deiner Frau: „Du, ich hatte eine Begegnung!" „Was für eine Begegnung?" „Mit dem Trambahnfahrer." Anders ist es, wenn der Trambahnfahrer, während du dort stehst, plötzlich bremst, weil jemand schnell vor der Trambahn rübergelaufen ist, und er das Fenster öffnet und „Cornuto!" (Gehörnter) ruft ... Dieser läuft der Trambahn hinterher und bei der nächsten Haltestelle steigt er ein. Er bahnt sich einen Weg durch die Menge nach vorne und stellt sich neben dich und den Fahrer, der ein bißchen zu zittern anfängt, und der Mann fragt ihn: „Entschuldigung, aber warum haben sie mich ‚Cornuto' genannt? Wie können Sie wissen, daß ich ein betrogener Ehemann bin?" Der Fahrer antwortet ihm: „Entschuldigung, aber ich war so erschrocken, als Sie so plötzlich vor der Trambahn rübergelaufen sind, daß mir das Schimpfwort einfach herausgerutscht ist ... aber Sie hätten auch mehr aufpassen können." „Aber nein, Sie haben völlig recht! Ich bin ein betrogener Ehemann! Denn, wissen Sie, ich habe geheiratet. Dann bin ich für zwei Jahre nach England gegangen, nach London, um zu arbeiten, und als ich zurückkam, hatte meine Frau ein Kind. Was hätten Sie da gemacht?" Der Fahrer zuckt mit den Achseln. Und der Mann: „Nun ja, ich habe es behalten! Armes Kind, es war ja nicht seine Schuld, ich habe es behalten. Nur, das Kind wurde größer und man mußte es zunächst in den Kindergarten schicken ... und meine Frau sagt: ‚Schicken wir es zu den Schwestern, da können wir beruhigt sein.' Was hätten Sie gemacht? Ich habe zu ihr gesagt: ‚Schicken wir es zu den Schwestern!' Und nach dem Kindergarten kam die Grundschule. Und meine Frau sagte zu mir: ‚Lassen wir ihn doch bei den Schwestern' ... und das kostet mich einiges, das kostet mich einen Haufen Geld, Sie wissen ja, wie teuer Privatschulen sind ... Aber ich habe ihn weiterhin zu den Schwestern geschickt. Nach der Grundschule kam die Mittelschule. Und auch die machte er bei den Schwestern ... Was soll man machen ... Ich hab' ein viel zu gutes Herz, und ich habe ihn weiter dort bei den Schwestern gelassen, und gezahlt und gezahlt, Unmengen! Und meine Frau verdient das alles nicht. Nach der Mittelschule hat mich meine Frau überredet: ‚Schikken wir ihn aufs Gymnasium!' Was hätten Sie gemacht? Ich habe ihn aufs Gymnasium geschickt ... auf eine Privatschule wohlgemerkt! Und so hat mich dieser Sohn einiges gekostet! Aber letzte Woche habe ich nur noch rot gesehen! Meine Frau sagt zu mir: ‚Du, er hat das Gymnasium ganz gut abgeschlossen. Lassen wir ihn doch studieren.' ‚Oh nein!', hab ich gerufen. ‚Das geht nun wirklich zu weit!' Denn der Sohn einer Dirne kann höchstens Trambahnfahrer werden!!!"' Ich und die anderen um mich herum, die das gehört hatten, brechen in Lachen aus ... Dann, wenn ich nach Hause komme, sage ich zu meiner Frau: „Du, ich hatte heute eine nette Begegnung!" Das stimmt doch, oder? Denn es ist ein bißchen außergewöhnlich, daß einem so etwas passiert.

Zweites Kennzeichen des Glaubensaktes: Das Faktum, von dem man ausgeht, die gemachte Begegnung, hat etwas Außergewöhnliches an sich. Aber gebt hier acht: Wann kann man etwas „außergewöhnlich" nennen? Dies ist wirklich eine Beobachtung, von der ich nicht weiß, ob sie eher dramatisch oder komisch ist – wißt ihr, die Natur, wie sie von Gott erschaffen ist, kann manchmal komisch sein –, denn wir empfinden eine Sache als außergewöhnlich, wenn sie den tiefsten Bedürfnissen entspricht, für die wir leben und uns bewegen.

Es gibt tiefe Bedürfnisse, die dem Leben, dem Denken, dem Handeln ein Ziel geben: Wenn etwas dem Kriterium entspricht, für das man lebt und aufgrund dessen man alles beurteilt – wenn es den Kriterien entspricht, mit denen man das Leben lebt, leben wollte, wenn es den tiefsten Wünschen des Herzens entspricht, wenn es dem entspricht, was das *Seminar der Gemeinschaft* „Grunderfahrung"[13] nennt, wenn es den tiefsten Bedürfnissen des Herzens entspricht, das heißt jenen, mit denen man alles lebt und alles beurteilt, wenn es den natürlichsten und vollkommensten Bedürfnissen des Herzens entspricht, wenn es das verwirklicht, was das Leben erwartet – dann ist es außergewöhnlich.

Damit eine Begegnung außergewöhnlich ist, muß sie dem entsprechen, was du erwartest. Das, was du erwartest, müßte natürlich sein, aber es ist so unmöglich, daß sich das ereignet, was du erwartest, daß es, wenn es dann doch geschieht, etwas Außergewöhnliches ist. Ihr versteht mich doch, oder nicht?

Einen außergewöhnlichen Menschen zu finden bedeutet, einen Menschen zu finden, der dem entspricht, was du dir wünschst, der dem Bedürfnis nach Gerechtigkeit entspricht, dem nach Wahrheit, nach Glück, nach Liebe. So natürlich dies eigentlich ist: Es trifft aber nie ein, es ist unmöglich, es ist unvorstellbar. Damit ein Mensch oder eine Begegnung eine Antwort auf das sein kann, was unser Herz sucht, dem Ziel entspricht, für das wir leben und aufgrund dessen wir alles beurteilen, dem Kriterium, mit dem wir alles leben und alles beurteilen, muß er oder sie außergewöhnlich sein. Versteht ihr, daß in diesem Sinn „außer-gewöhnlich" gleichbedeutend ist mit „göttlich"? Göttlich, weil Gott die Antwort auf die Bedürfnisse des Herzens ist. Etwas wahrhaft Außergewöhnliches ist etwas Göttliches: es enthält etwas Göttliches. Denn wenn es dann nicht wirklich zu Gott führt, verdirbt es.

Also, das zweite Kennzeichen des christlichen Glaubens, des Glaubens an Jesus, ist, daß er von einer außergewöhnlichen Begegnung ausgeht, die dem Kriterium, mit dem wir leben und alles beurteilen, auf eine unbegreifliche Weise entspricht, wie wir uns das nicht ausgemalt haben, es nie gesehen und nie getroffen haben. So eine Begegnung habe ich noch nie gehabt, so eine Begegnung war unmöglich.

Bedenkt, daß es grundlegend ist, wie ihr das erste Kapitel des Johannesevangeliums lest. Für Johannes und Andreas, die dort waren und diesen Mann sprechen sahen, war es unfaßbar. Das hätten sie sich nie ausmalen können. Und später sagten es auch alle Leute: „Noch nie hat ein Mensch so gesprochen", und: „Dieser Mann spricht wirklich mit Vollmacht."

Ich wollte einfach betonen, daß das „Außergewöhnliche" ein Synonym für das Wort „Göttlich" ist: etwas Göttliches ist also etwas, das man sich nicht vorgestellt hat, etwas Unvorstellbares, etwas nie Erlebtes.

c) Das Staunen. Drittes Kennzeichen. Das Faktum, von dem der Glaube an Christus ausgeht, die Begegnung, von der der Glaube des Johannes und des Andreas ausgeht, hat in ihnen ein großes Staunen geweckt. Sie erweckte in ihnen einen absolut außergewöhnlichen Eindruck und daher die Vorahnung von etwas Übermenschlichem, das sie sich nie vorgestellt hatten, das unvorstellbar war. Drittes Kennzeichen: das Staunen. Aber das Staunen ist immer eine Bitte, zumindest im Geheimen. Das Staunen birgt eine tiefe Bitte in sich, die die letzten Fasern unseres Seins berührt. In der Tat, als sie zwei oder drei Monate später diesen Mann wiedergesehen haben, diesen Mann da ...

Johannes und Andreas sahen ihn nach jenem Tag immer wieder einmal. Sie sind nach Kapharnaum auf den Markt gegangen und haben gesehen, daß viele Menschen Jesus zuhörten. Am Mittag zieht er sich in ein Haus zurück, wo man ihm etwas zu Essen anbietet, aber die Leute blieben dort an der Tür stehen, dicht gedrängt, und Er konnte sich nicht losreißen; er war wie einer, der sich nur ungern von ihnen losriß. Ganz vorne standen die Pharisäer, die Oberhäupter der Synagoge, die dort waren, weil sie ihn auf frischer Tat ertappen wollten. Nach zwei oder drei Monaten waren sie schon in Alarmbereitschaft, weil sich die Leute zu sehr für ihn interessierten. Während er dort so spricht, kommen zwei mit einer Tragbahre an, auf der ein armer Mann liegt, seit zwanzig Jahren gelähmt, ganz gekrümmt, und sie bitten die Menge, sie durchzulassen (wie wenn die Sirenen vom Roten Kreuz auf der Straße ertönen, aber die Straßen voll sind), und die Leute gehen nicht zur Seite. Also gehen sie hinter die Hütte, die, wie viele der Häuser dort, ein Dach aus Stroh und Schlamm hatte, und sie reißen das Stroh weg, entfernen einen Teil des Daches und lassen ihn hinter ihm herab.

Jesus wendet sich um ... jener Mann, der auf sie jenen Eindruck gemacht hatte, so daß sie nach Hause gegangen sind und gesagt haben: „Wir haben den Messias gefunden." Und der älteste dieser Gruppe von Freunden, die alle Fischer waren, Nathanael, war skeptisch. Und Philippus, der ein anderer aus dieser Gruppe war, hatte ihm gesagt: „Komm und sieh! Komm und sieh ihn dir an!" Er ist hingegangen, um ihn zu sehen, und wie er sich ihm näherte, sagt ihm dieser Jesus aus Nazareth: „Da kommt ein echter Israelit, ein Mann ohne Falschheit!" Und Nathanael weicht einen Augenblick zurück, verteidigt sich („Der will mich täuschen! Ich habe ihn nie kennengelernt, wie kann er sagen, daß ich gut bin?"). „Schon bevor dich Philippus rief, habe ich dich unter jenem Feigenbaum gesehen." „Rabbi, du bist der Messias!" Und der heilige Johannes sagt nicht einmal, was passiert war. Es war wie etwas ganz Offensichtliches, was alle wußten, ein Gebet, eine gute Geste. Jedenfalls hat jener gefühlt, daß er gesehen worden war, obwohl er Ihn nicht einmal von weitem gesehen hatte. „Rabbi, du bist der Messias!" ...

Also gut, dieser Mann, Jesus, merkt, wie hinter ihm der Gelähmte heruntergelassen wird. Er dreht sich um und sagt zu ihm Worte, die großes Aufsehen erregten, da er die körperliche Schwäche, durch die lange Krankheit verursacht, mit der moralischen Schwäche in Zusammenhang bringt. Die Krankheit führt immer auch zu einer moralischen Schwäche, wie es später auch in der *Nachfolge Christi* heißt: „Kranksein macht wenig Menschen besser", *pauci ex infirmitate meliorantur*,[14] aber das ist auch psychologisch belegt. Und Christus sagt ihm, scharfsinnig wie er ist, kaum daß er ihn anschaut: „Hab Vertrauen, deine Sünden sind dir vergeben." „Was?", denken die Pharisäer, die ganz vorne stehen, und sie blicken sich gegenseitig an, ohne ein Wort zu sagen. „Wer außer Gott kann die Sünden vergeben? Dieser hier lästert Gott." Und Jesus, der soeben diese Worte gesagt hat, wendet sein Gesicht von jenem ab und richtet seinen Blick auf sie: „Hört mal, ist es denn größer, diesem Mann zu sagen: ‚Deine Sünden sind dir vergeben' oder diesem Mann zu sagen: ‚Steh auf und geh umher'? Damit ihr aber wißt, daß ich Macht habe, die Sünden zu vergeben, sage ich dir: ‚Steh auf und geh umher!'" Und jener steht auf und geht umher, nach zwanzig Jahren.

Stellt euch die Leute vor, die Zeugen dieser Dinge sind, die diese Dinge einen Monat, zwei Monate, alle Tage sehen; ein Jahr lang, zwei Jahre lang, alle Tage.

Zu einem bestimmten Zeitpunkt, etwa nach sechs bis sieben Monaten, nach einem halben Jahr, sind sie mit Ihm eines nachts im Boot – lest diesen Abschnitt in Matthäus 8,23–27. Sie sind mit ihm in einem Boot, weil sie ab und zu zusammen zum Fischen gingen. Es kommt ein furchtbarer Sturm, und er war so müde, daß er nicht einmal wach wurde. Er befand sich am Heck des Bootes und schlief. Das Boot war schon voller Wasser, überall kam Wasser hinein, sie gingen fast unter. Dann geht einer zu Jesus und sagt ihm: „Meister, wir gehen unter: Rette uns!" Und er: „Warum fürchtet ihr euch, ihr Kleingläubigen? Nach all dem, was ich getan habe, was fürchtet ihr euch noch, wenn ihr bei mir seid?" Und er befahl dem Wind und dem Meer, und plötzlich trat völlige Windstille ein. Diese Männer – völlig entsetzt, heißt es im Evangelium, erschrocken – diese Männer sagen sich (stellt euch vor, wie sie es leise zueinander sagen, weit weg von ihm): „Aber wer ist dieser Mensch?" Sie, die sie wußten, woher er kam, die sie seine Mutter kannten, sie waren mit ihm auch auf der Hochzeit gewesen ... sie wußten alles, sie wußten genau, wer er war. Aber sein Benehmen und seine Art, sich zu verhalten, waren so außergewöhnlich, daß diejenigen, die seine Freunde waren, nicht umhin konnten zu sagen: „Aber von wo kommt dieser Mensch? Was ist das für ein Mensch, daß Ihm sogar der Wind und das Meer gehorchen?" Eine derartige Außergewöhnlichkeit ... denn bis zu einem gewissen Punkt kann man eine Außergewohnlichkeit erklären, sie kann ein Glücksfall sein. Aber es gibt eine Ebene, in der die Außergewöhnlichkeit so stark wurde, daß sich ihnen diese seltsame Frage aufdrängte – ihnen, die ihn kannten und die alles von ihm wußten, weil sie ihn seit Monaten begleiteten: „Was das denn für ein Mensch?" Es war unerklärlich. Es war unmöglich, sich jemanden vorzustellen, der so etwas macht.

Und die gleiche Frage stellten Ihm zwei Jahre später seine Gegner, die Pharisäer: „Wie lange willst du uns noch so hinhalten? Sag uns, wer du bist und woher du kommst!" Wie bitte? Da habt ihr ihn doch. Er ist doch im Einwohnerregister von Bethlehem eingetragen! Aber die Außergewöhnlichkeit ist so groß, daß sie sagen: „Sag uns, wer du bist und woher du kommst." Sie konnten diese Überbietung nicht mehr ertragen. Das Überbietende an dieser Gegenwart ist für sie unerträglich, sie konnten diese ins Uferlose gehende Außergewöhnlichkeit nicht mehr dulden. Das heißt, die Außergewöhnlichkeit ist ein Synonym für die Entsprechung mit dem, wonach sich das Herz sehnt, und mit den Kriterien, anhand derer das Herz das Leben und alles beurteilt. Die Außergewöhnlichkeit ist letztlich ein Synonym für etwas Göttliches; dies war es, was seine Freunde im Boot beeindruckt hatte, und dies war es, was seine Feinde, die Pharisäer, erschreckte: Eine Außergewöhnlichkeit, die etwas Göttliches war und die unvermeidlich ein Staunen hinterließ.

d) Was ist das für ein Mensch? Vierter Faktor. Der Glaube beginnt mit genau dieser Frage: „Was ist das für ein Mensch?" Hier stellt sich das Problem des Glaubens, die Antwort auf diese Frage ist die Antwort des Glaubens: Der eine sagt „ja", der andere „nein".

Als ihm seine Gegner, die Pharisäer, gesagt haben: „Wie lange willst du uns noch so hinhalten? Sag uns, wer du bist und woher du kommst!", als sie diese Frage gestellt haben, warfen sie das Problem des Glaubens an diesen Mann auf.

Es tut mir leid, daß es schon so spät geworden ist, und deshalb kann ich nur ganz kurz darauf eingehen – und wir werden es am nächsten Einkehrtag erzählen – ‚nämlich auf den Abschnitt, wo das Evangelium all dies zusammenfaßt: Als Jesus den Hunger von fünftausend Personen stillt. Da können sie es nicht länger erwarten – das berührt ihren Geldbeutel! – und sie wollen ihn zum König machen: „Das ist der, der kommen soll, das ist der, der unser Leben zum Schlaraffenland machen soll und uns die Macht über die Welt geben soll." Daraufhin ergreift er die Flucht, er flieht. Und jene vermuten ihn am nächsten Tag – es war ein Sabbat – in der Synagoge von Kapharnaum, und tatsächlich war er da. Sie laufen um den ganzen See herum, um ihn wieder einzuholen. Er befindet sich in der Synagoge und sagt gerade: „Eure Väter haben das Manna gegessen und sind gestorben; mein Wort ist wie das Manna, aber wer mein Wort ißt, wird nicht mehr sterben." Und alle Leute waren etwas bestürzt, als sie ihn so sprechen hörten, aber mittlerweile hatten sie sich schon ein bißchen daran gewöhnt. Während er so sprach, öffnet sich die hintere Tür und all die Leute, die auf der Suche nach ihm um den See herumgelaufen waren, platzen herein. Sie suchten ihn aus einem falschen Grund, nämlich, weil er ihren Hunger gestillt hatte, aber sie suchten ihn. Er ist daraufhin im Innersten gerührt, wie er die Leute sieht, die ihn suchten, denn er, Jesus, war ein Mensch. Die Ideen kamen ihm in den Sinn, wie sie uns in den Sinn kommen: durch die Umstände, die Erfahrung. Er war gerührt, und plötzlich fällt ihm das Größte, das ihm je in seinem Leben eingefallen ist, ein; er ändert den Sinn der Worte, die er benutzt: „Ihr sucht mich, weil ich euren Hunger mit Brot gestillt habe. Ich werde euch mein Fleisch zu essen geben, nicht mein Wort – wie er es bis dahin gesagt hatte – ich werde euch mein Fleisch zu essen geben, ich werde euch mein Blut zu trinken geben." Endlich finden die Pharisäer den Anlaß und die Intellektuellen und die Journalisten finden den Anlaß: „Er ist verrückt. Er ist verrückt. Er ist verrückt." Sie verbreiten überall, daß er verrückt ist: Wie kann jemand sein Fleisch zu essen geben? Wenn er etwas sagte, was Anstoß erregte, weil die Leute es nicht verstanden, erklärte er es gewöhnlicherweise nicht, sondern wiederholte: „Wahrlich, wahrlich ich sage euch: Wer mein Fleisch nicht ißt und mein Blut nicht trinkt, kann das Leben nicht in sich haben."

Daraufhin wurde das Geflüster zu lautem und tönendem Geschrei, und die Leute sagten, aufgehetzt von den Pharisäern: „Er ist verrückt. Er ist verrückt." Alle gehen hinaus, so daß die Synagoge – die ungefähr so groß war wie dieser Saal – sich leert – und zurück bleiben dort seine *aficionados* (seine Anhänger, Anm. des Übers.), die Üblichen. Alle schweigen. Und im Halbschatten des Abends bricht Jesus selbst das Schweigen und sagt: „Wollt auch ihr weggehen?" Er zieht das, was er gesagt hat, nicht zurück: „Wollt auch ihr weggehen?" Da ergreift Petrus das Wort – und dies ist der Punkt, der alles zusammenfaßt, wie ich zuvor sagte: dieses ganze dramatische Sich-Schenken Christi und das Entstehen des Glaubens in der Welt; dies ist der Moment, in dem der Glaube an Christus in der Welt entsteht und bis zum Ende der Welt andauern wird. Petrus, Simon Petrus, sagt, wie immer ein wenig ungestüm: „Meister, auch wir verstehen nicht, was du sagst, aber wenn wir von dir weggehen, wohin sollen wir dann gehen? Du allein hast Worte, die das Leben erklären. Es ist unmöglich, anderswo jemanden wie dich zu finden. Wenn ich dir nicht glauben kann, dann kann ich nicht mehr meinen eigenen Augen glauben, dann kann ich an gar nichts mehr glauben." Es ist die große, wahre, wirkliche Alternative: Entweder das Nichts, in dem alles endet – das Nichts dessen, was du liebst, das Nichts dessen, was du schätzst, das Nichts deiner selbst und der Freunde, das Nichts des Himmels und der Erde, das Nichts – alles ist Nichts, weil es schließlich zu Asche wird – oder dieser Mann dort hat recht, er ist das, was er zu sein behauptet. So hat ihm Petrus gesagt: „Du allein, du allein erklärst alles." Das heißt, du richtest alles wieder auf und zeigst den Zusammenhang zwischen allem auf und gibst dem Leben Größe, Intensität, Nützlichkeit und läßt uns seine Ewigkeit erahnen. Das sechste Kapitel des Johannesevangeliums, Vers 66 bis 68, stellt wirklich den Gipfel all der Dialektik dar, die wir vorher beschrieben haben.

e) Die Verantwortung angesichts des Faktums. Letzter Punkt: die Antwort. Hört mal, welches ist das höchste Kennzeichen der menschlichen Handlung – jedweder wirklich menschlichen Handlung, aber vor allem, wenn die menschliche Handlung vor ihrer Bestimmung steht? Erinnert euch an Charles Péguy: Gott zwingt nie jemanden. Die Freiheit!

Angesichts dieses Faktums, wo alles so klar ist – „Wenn ich nicht an Dich glaube, traue ich meinen eigenen Augen nicht": dies ist das Wesen der Haltung des heiligen Petrus, angesichts der Frage „Was ist das für ein Mensch?" und angesichts der Antwort, die Petrus gibt, kann man „ja" oder „nein" sagen, dem, was Petrus sagt, zustimmen oder weggehen, wie alle anderen weggegangen sind.

Das einzig Vernünftige ist das „Ja". Warum? Weil die vorgeschlagene Wirklichkeit der Natur unseres Herzens mehr entspricht als jede Vorstellung, die wir uns machen könnten. Sie entspricht dem Durst nach Glück, den wir haben und der der Grund ist, für den wir leben, in dem die Natur unseres Ichs besteht: das Bedürfnis nach Wahrheit und Glück. Christus entspricht all dem in der Tat mehr als jede Vorstellung, die wir uns ausmalen können. Denke, was du willst: Aber nenne mir jemanden, der mehr ist als dieser Mensch, wie ihn das Neue Testament beschreibt! Nenne mir jemanden, wenn du es schaffst, ihn dir auszumalen! Man schafft es nicht. Er entspricht dem Herzen mehr als jedwede mögliche Vorstellung, die wir haben.

Das „Nein" erwächst nie aus Gründen, niemals. Es entsteht aufgrund eines Ärgernisses, eines „Skandals". „Skandal" ist ein griechisches Wort und bezeichnet einen Stein auf einer Straße, ein Hindernis. Das Hindernis auf dem Weg zur Wahrheit ist eine Form der Lüge und heißt Vorurteil. Man hat sich schon seine Meinung über Ihn gemacht, gebildet. Christus ist dem, was ich gerne hätte, entgegengesetzt: Ich, der Politiker, ich, der Verliebte, ich, der ich Hunger nach Geld habe, Karriere machen und ein gesundes Leben führen will. Er ist dem entgegengesetzt, auf das man seine Hoffnung setzt: vergeblich, denn keine der Hoffnungen geht dann in Erfüllung. Das „nein" erwächst nur aus dem Vorurteil.

Ich gönne mir noch das Vergnügen, folgendes vorzulesen. Das Stück, das wir zum Abschluß lesen, ist Johannes 11,38–48: „Jesus ergrimmt nun wiederum in seinem Innern und kommt zum Grabe. Es war eine Höhle, und ein Stein lag davor. Jesus sagt: ‚Hebt den Stein weg.' Martha, die Schwester des Toten, sagt zu ihm: ‚Herr, er riecht schon. Er ist schon vier Tage tot.' Jesus sagt zu ihr: ‚Habe ich dir nicht gesagt, daß du die Herrlichkeit Gottes sehen wirst, wenn du glaubst?' Nun hoben sie den Stein weg, Jesus aber erhob seine Augen und sprach: ‚Vater, ich danke dir, daß du mich erhört hast. Ich wußte ja, daß du mich allezeit erhörst. Aber wegen des ringsum stehenden Volkes habe ich es gesagt, damit sie glauben, daß du mich gesandt hast.' Und nach diesen Worten rief er mit lauter Stimme: ‚Lazarus, komm heraus!' Da kam der Tote heraus, Füße und Hände in Binden gewickelt, und sein Gesicht war mit einem Schweißtuch umbunden. Jesus sagt zu ihnen: ‚Bindet ihn los und laßt ihn gehen.' Viele nun von den Juden, die zu Maria gekommen waren und gesehen hatten, was er getan, glaubten an ihn. Einige aber von ihnen gingen zu den Pharisäern und erzählten ihnen, was Jesus getan hatte. Da riefen die Hohenpriester und Pharisäer den Hohen Rat zusammen und sagten: ‚Was tun wir? Dieser Mensch wirkt so viel Zeichen. Wenn wir ihn so weitermachen lassen, verlieren wir unsere Macht.'" Viele Juden glaubten an ihn, und einige beeilten sich, ihn anzuklagen. Dasselbe außergewöhnliche Faktum, dieselbe außergewöhnliche Begegnung, hat bei vielen ein „ja" und bei einigen ein „nein" zur Folge. Es gibt keinen Grund. Sie sagen nicht: „Das ist eine Illusion!" ... Nein, nein, nein, sie beeilten sich, ihn anzuklagen: das „nein" entsteht immer aus einem Vorurteil, aus der Tatsache, daß Jesus zum Ärgernis wird, zu einem Hindernis für das, was du gerne hättest.

Nehmt, als Frucht dieser Meditation, den zweiten Band des Textes des *Seminars der Gemeinschaft* zur Hand, *Am Ursprung des christlichen Anspruchs*, und lest die Geschichte vom König von Portugal. Sie ist ein Symbol für die Dynamik des Glaubens in der menschlichen Seele.[15]

Die Erkenntnis durch den Glauben ist wirklich der Beweis für die Ernsthaftigkeit und Würde des Menschen. Zum Glauben „nein" zu sagen, kommt wirklich nur daher, weil man an etwas gehindert wird, was man gerne wollte, etwas, was man gerne wollte und was nicht mit dem ursprünglichen, tiefen Bedürfnis des Herzens, mit der Grunderfahrung, übereinstimmt.

GESPRÄCH ÜBER DEN GLAUBEN

Wenn wir uns treffen ohne die übliche Lektion, die ich gebe, was machen wir dann?

Eine Versammlung zum Gespräch
Ja gut, man macht eine Versammlung. Aber was macht man in so einer Versammlung?

Man stellt Fragen.
Fragen zu was, zum Wetter?

Nein!
Fragen zu dem, was gesagt worden ist. Um Fragen zu dem Gesagten zu stellen, reichen Fragen nicht aus, die man nicht spürt oder zumindest nicht ernst meint. Wie ein ganz spezieller Freund von mir, Msgr. Manfredini, der spätere Erzbischof von Bologna: In der Schule im Priesterseminar meldete er sich immer, um den Unterricht in die Länge zu ziehen. Er brachte andere Bücher mit, die mit der Schule nichts zu tun hatten. Und während er eins anschaute, meldete er sich oft. Der Lehrer sagte: „Was willst du?", und er merkte es gar nicht! Aus diesem Grund zog es uns in die Schule: Weil wir uns sagten: „Schauen wir mal, was Manfredini heute wieder anstellt!" Aber er war auch mein Freund, der eines Abends, als wir zur Kirche eilten, weil wir zu spät waren – die Treppe war ziemlich schmal –, sich neben mich drängte, mich plötzlich am Arm packte und mir sagte: „Hör mal! Daß aber Gott Mensch geworden ist, ist wirklich etwas aus einer anderen Welt." Und das war typisch er: In der Schule machte er diese Scherze, aber jetzt sagte er solche Dinge. Er hatte mir das nicht gesagt, weil er den Satz „Fleisch geworden" gelesen hatte, sondern weil er etwas gespürt hatte. Wenn er las, verstand oder verspürte er das. Ansonsten fragte er: „Wer weiß, wer weiß, wie man das hier verstehen kann?"

Deshalb soll man keine Fragen stellen, wenn sie sich nicht auf etwas beziehen, das man gespürt hat, das heißt, wenn sie nicht Gefühle ausdrücken, die man gespürt hat. Dadurch vermeidet man zwei Dinge: Erstens, daß man liest und zu verstehen glaubt, während man gar nichts versteht (die meisten Menschen glauben zu wissen, was das Christentum ist und wissen es gar nicht; sie glauben, die christlichen Worte zu kennen, und kennen sie nicht); zweitens vermeidet man vor allem eine künstliche Abstraktion, das abstrakte Sprechen, das fast das gleiche ist, wie ins Blaue hineinzureden.

Denn es gibt kein Wort, das wir uns sagen – gerade weil wir es von Christus gelernt oder gehört haben, direkt oder durch die Kirche –, das nicht etwas mit dem zu tun hat, was wir leben, mit dem Leben, und das sich folglich nicht auch an das Herz richtet. Das Herz, der eigentliche Ort der Vernunft. Die Vernunft ist ins Herz eingebettet, andernfalls ist sie ein Drachen, wie der Drachen von Pascoli, der fortfliegt – aber ihr kennt das Gedicht *Der Drachen*[16] von Giovanni Pascoli wahrscheinlich nicht, und deshalb gehen wir auf diesen Vergleich nicht weiter ein. Man lernt leider heute nichts mehr auswendig. Dahinter steht eine Macht, die möchte, daß ihr stattdessen das auswendig lernt, was sie sagt. Wenn ihr aber ein Stück von Leopardi auswendig lernt, kann die Macht sagen, was sie will, aber dieses Stück von Leopardi läßt euch keine Ruhe, läßt euch nicht zu Sklaven dessen werden, was die Leute vom Fernsehen sagen. Auswendiglernen heißt, sich hineinzuversetzen. Es heißt, eine großartige und höchst menschliche Erfahrung, die sich auf eine uns bis dahin unbekannte und wunderschöne Weise ausdrückt, zum Teil seiner selbst werden zu lassen, zum Teil des eigenen Blutes, das heißt daran teilzuhaben.

Du hast von der Außergewöhnlichkeit der Begegnung gesprochen. Wie kann man vermeiden, das Außergewöhnliche mit dem emotional Aufregenden zu verwechseln?

Bei einer Begegnung ist das *Außergewöhnliche* die Erfahrung einer Entsprechung dessen, dem du begegnest – von Worten, die du hörst, einer Haltung, die du siehst – mit den Bedürfnissen deines Herzens. Eine Entsprechung mit dem Herzen, die im Vergleich zu den alltäglichen Beziehungen außergewöhnlich ist. Aber je außergewöhnlicher sie ist, desto mehr ist sie eigentlich undenkbar und läßt dich voller Staunen zurück. Es ist das Staunen über die Wahrheit, *veritatis splendor,* über den Glanz der Wahrheit, der dich voll Staunen erfüllt. Also, was ist nun das Außergewöhnliche? Die Begegnung mit etwas, das deinem Herzen in solch einer Weise entspricht, daß es dich sagen läßt: „Das ist unmöglich, es ist etwas passiert, das unmöglich war." Bei allen Fragen, die in euch aufkommen, müßt ihr die erste Seite des Johannesevangeliums heranziehen und euch Johannes und Andreas vorstellen, zusammen mit Jesus, der spricht, und sie, die ihn sprechen sehen: „Es ist unmöglich, daß es solch einen Menschen gibt." Sie sprachen es nicht aus, aber sie empfanden es so. Auf dem Heimweg haben sie dann zueinander gesagt: „Aber es ist unmöglich, so einen Menschen zu finden!". Dort haben sich es nicht zueinander gesagt, weil sie ihm gespannt zugehört hatten.

Was ist Emotion? *Emotion* ist die psychologische Reaktion auf etwas, dem du begegnest – Emotion war das liebliche und zärtliche und überraschte panische Gefühl, das Johannes und Andreas spürten – aber ohne jene Eigenschaft, die im Gegensatz dazu das Außergewöhnliche besitzt. Das Außergewöhnliche ist eine Erfahrung, die etwas beinhaltet, das nicht in der Emotion enthalten ist: das Urteil mit dem Kopf, die Anerkennung mit dem Kopf. In der Emotion ist noch nicht die Anerkennung mit dem Kopf enthalten, das heißt das Urteil. Emotion ist etwas, das dir zufällt, das du empfindest. Das Außergewöhnliche ist etwas, das du empfindest und das du beurteilst, das du denkst. Es ist ein Gedanke, genauer noch, ein Urteil.

Was ist das Urteil? Es ist der Vergleich zwischen den Kriterien unseres Herzens und der Wirklichkeit, der du begegnest. Die Kriterien des Herzens sind wie feststehende Grundsätze, Grundsätze, aufgrund derer du das beurteilst, was du findest, und sagst: Das ist schön, das ist wahr.

Du spürst, daß es schön ist und daß es wahr ist, aber du urteilst noch nicht darüber, es ist wie ein *frissonnement*, etwas, wovon du ergriffen wirst. Du hörst etwas und dir kommen die Tränen. Das ist Emotion. Die Außergewöhnlichkeit hingegen ist ein Urteil. Du sagst: „Es kann nichts geben, das mehr als das hier ist, ich bin so etwas noch nie begegnet." Ist das nicht klar?

Ich habe das Wort „Entsprechung" im Sinne von Urteil noch nicht ganz verstanden. Vor allem in den Beziehungen sind diese Bedürfnisse nicht so klar.

Die Bedürfnisse sind wohl sehr klar. Nicht klar ist, wie du ihnen nachkommst. Nicht klar ist, wie man sie anwenden soll, was man aus ihnen machen soll. Was mußt du benutzen, um ein Urteil zu fällen? Die Bedürfnisse, die in dir stecken. Wenn du etwas anderes benutzt, entfremdest du dich, wird es zu einer Entfremdung. Wenn du andere Kriterien benutzt, sind das die Kriterien der Kultur, die dich umgibt, und deshalb bist du entfremdet, bist du Sklavin der Kriterien eines anderen.

Die Kriterien sind immer recht klar und sie befinden sich in dir. Sie heißen Herz, Bedürfnis nach Glück, Wahrheit, Güte. Wie auch immer du dich dem gegenüber fühlst, dem du begegnest, diese Bedürfnisse hast du in dir, du mußt sie gebrauchen.

Diese Begegnung, entspricht sie meinen Bedürfnissen nach Glück, nach Wahrheit, nach Schönheit, nach Güte? Es kann sein, daß man einen Weg zurücklegen muß. Du kannst spontan „ja" sagen. Dann neigt die Emotion dazu, zum Urteil zu werden. Dies trifft für alle Menschen heutzutage zu (es gefällt mir, es gefällt mir nicht). Dies ist das Ende des Menschen. Die animatische Seite des Menschen überwiegt.

Denn die Emotion ist eine psychologische Reaktion, oder besser noch, eine psychische, die beurteilt werden muß. „Was für ein schöner Kopfsalat!", aber stattdessen ist es ein giftiges Kraut, das wie Kopfsalat aussieht. Und in der Tat steht da ein Schild: „Giftige Pflanzen!", das die Gemeinde aufgestellt hat. Wenn du dich nicht umsiehst und nicht achtgibst ... aber du gibst acht, wenn du schon weißt, daß irgendetwas Gefährliches da ist. Wenn du es nicht weißt, gibst du nicht acht. Jesus ist gekommen, um uns gerade dies zu sagen: „Gebt acht, seid wachsam!".

Jedenfalls ist das Urteil die Anwendung der Kriterien, die du im Herzen hast, auf das Objekt, das in dir eine Emotion hervorruft. Es kann sein, daß es eine intensive und gefällige Emotion ist. Zum Beispiel verliebst du dich in einen Jungen. Das Sich-Verlieben in einen Jungen ist ein Gefühl, das du empfindest. Ist es richtig, weil du es empfindest? Du empfindest es, was machst du? Entspricht die Emotion, die du für diesen Jungen empfindest, der Bestimmung, die mir Gott gegeben hat? Entspricht sie dem Ruf, der Berufung, die mir Gott gegeben hat? Und deshalb: Entspricht sie dem Weg zu meinem Glück? Denn der Weg zum Glück ist die Bestimmung, zu der dich Gott berufen hat, ist die Berufung, zu der dich Gott gerufen hat, ist die Aufgabe, die dir Gott anvertraut hat.

Einmal, als ich um 11 Uhr die Messe in einer Kirche in Mailand gelesen hatte, ging ich, nach dem die Messe beendet war, in die Sakristei – es war eine sehr kleine Sakristei, da die Kirche bombardiert worden war. Und es kommt eine blasse Frau hinter mir her – ich hatte sie nie zuvor gesehen –, mit einem Kind auf dem Arm, und sagt zu mir: „Pater, mein Mann ist heute morgen von zu Hause fortgegangen." Ich bleibe abrupt stehen: „Was? Und warum ist er fortgegangen?" „Er ist fortgegangen, weil er sich in die Sekretärin verliebt hat." „Aber habt ihr den Streit gehabt?" „Nein, nein, nein. Im Gegenteil, er ging weinend weg und sagte: ‚Ich bin tief betrübt wegen des Schmerzes, den ich dir zufüge, es tut mir leid, aber ich muß es tun, ich bin verliebt!'" Und er hat die Tochter genommen und sie ununterbrochen geküßt – seht, wie weit man kommen kann! – innerlich zerrissen, weil er die Tochter zurücklassen mußte, aber er mußte es tun, weil er verliebt war. Dies ist ein Beispiel dafür, wenn die Emotion zum Urteil erhoben wird. Ist das verständlich? Wenn die Emotion zum Kriterium für die Handlung wird, ohne ein Urteil.

Was heißt Urteil? Du hast dich verliebt, du hast dich in die Sekretärin verliebt, wie es so vielen passieren kann, wie es, besonders heute, allerorts passiert. Entspricht dies dem Plan, den Gott für dein Leben entworfen hat, und entspricht es folglich dem Weg zu deinem Glück oder nicht? Schauen wir mal: Du bist verheiratet und hast auch schon eine Tochter. Wenn du also deine Frau und deine Tochter verläßt, verrätst du die Aufgabe, die Gott dir gegeben hat, und du bist folglich nicht mehr auf dem Weg zu deinem Glück. Und obwohl es dir dein Glück zu sein scheint, dich mit der Sekretärin davonzumachen, obwohl sie dir mehr Glück zu sein scheint, ist es genau umgekehrt, es führt dich in die andere Richtung: Du bist verrückt. Der zitierte Fall ist verblüffend verrückt, aber er zeigt eine Haltung, die allgemein vorherrscht. Der Grund, der angeführt wird, um jeden Fehler zu begehen, den die Menschen in dieser Welt machen, wird auf diese Art und Weise mehr oder weniger kaschiert. Die Emotion, die nicht beurteilt wird. Der Weg zur Bestimmung wird durch das Verliebtsein jenes armen, unglücklichen Menschen in die Sekretärin weder beschrieben, noch um so weniger gerettet, sondern durch die Tatsache, seiner Frau und seiner Tochter treu zu sein, das heißt, seiner Berufung und der Aufgabe, die Gott ihm gegeben hatte. Es wäre ein enormes Opfer gewesen, überlege dir, was für ein Opfer es für diesen Mann gewesen wäre, das Bedürfnis, sich mit der Sekretärin davonzumachen, abzuschneiden, um mit Frau und Tochter zu bleiben. Es ist ein Opfer, das fast zum Tode führen könnte ... man muß soweit gehen, daß man stirbt, „denn was wird es dem Menschen nützen, wenn er die ganze Welt gewinnt, aber sein Leben verliert?"[17], sagte Jesus.

Das Urteil besteht darin, die Entsprechung mit den Bedürfnissen des Herzens zu bemerken. Die Bedürfnisse unseres Herzens – die grundlegenden, die immer gelten – weisen auf die Verbindung mit der Bestimmung hin, auf die Beziehung zur Bestimmung, auf die Beziehung zu Gott. Wenn du dich gegen diese Bedürfnisse stellst, wenn du dich gegen den Plan Gottes stellst, wenn du dich gegen den Willen Gottes stellst, wenn du dich gegen das Gesetz Gottes stellst, stellst du dich gegen die Bedürfnisse des Herzens. Deswegen kann kein Gefühl menschlich bleiben, wenn man es nicht beurteilt. Die Emotion ist eine Reaktion. Die Entsprechung ist ein Urteil, das die in uns geweckte Emotion mit den Bedürfnissen des Herzens vergleicht, welche den Weg zur Bestimmung bezeichnen. Die Emotion ist dann beurteilt, wenn man ihr so begegnet, daß man sie mit den Bedürfnissen des Herzens vergleicht, die das letzte Kriterium sind, dem es zu folgen gilt, die der Wille Dessen sind, der uns gemacht hat und am Ende auf uns wartet. Sie beschreiben den Weg zur Bestimmung. Aber so steht es im Evangelium: „Wer sein Leben will, wird es verlieren." Wer sich an seine Emotion klammert, an seine Art, zu fühlen, wird sich verlieren.

Was heißt es, daß das „ja", das ich zu Christus sage, die Ganzheit meiner Person mit einbezieht? Auch wenn mir die Vernünftigkeit meiner Zustimmung klar ist, so fühle ich mich in viele Stücke zerteilt und meine Affektivität stimmt diesem nur zögernd zu.

Mein Haus befindet sich in einer bestimmten Stadt, ist auf einem schönen Hügel gelegen, an einem wunderschönen Ort, man sieht auch das Meer, die Berge ... es ist alles da! Ich bin verbannt und muß nach Hause zurückkehren. Was muß ich tun? Einen Weg zurücklegen. Es ist ein langer Weg, den ich gehen muß, um zu meinem Haus zu gelangen. So mußt du, meine Liebe, um Christus in allem zu sehen, einen langen Weg gehen. Fang an! Fang damit an, dich darum zu sorgen, jeden Morgen, wenn du aufstehst, an Christus zu denken, und so oft wie möglich tagsüber. Aber es kann nicht ein Vorhaben von dir sein, es muß deine Bitte sein: „Herr, komm heute oft in meinen Sinn!", „Komm, Herr Jesus", sagt die Bibel. Du bereitest dich vor, in die Schule oder zur Arbeit zu gehen, und hast den Wunsch, oft an ihn zu denken.

Was wird es wohl bedeuten, oft an ihn zu denken? An ihn zu denken: Zum Beispiel, indem du dir vorstellst, wie Johannes und Andreas zu sein, als sie vor diesem Menschen standen, der redete. Oder indem du etwas beurteilen mußt, etwa das Verhalten der anderen, und dabei von der Tatsache ausgehst, daß Gott eine Gegenwart geworden ist, daß er bei dir gegenwärtig ist, daß er bei allen gegenwärtig ist, und kaum einer es weiß. Und du nimmst es dir zu Herzen, wenn du daran denkst, daß es keiner weiß. Und das läßt uns mit der Zeit in allen Dingen zur Reife kommen.

Hier sieht man den Wert der Weggemeinschaft und vor allem desjenigen, der in der Gemeinschaft schon ein Stück Weg hinter sich gelegt hat und dich an diese Sachen erinnert. Die wahre Freundschaft ist jene, die dich daran erinnert, so daß möglichst viel von deiner Zeit von dem Wissen um die gewaltige Gegenwart Christi erfüllt ist. Deswegen haben sich die, die Christus folgten, zusammengetan. Sie kannten sich nicht einmal und sind Freunde geworden. Es gibt keinen größeren Grund als diesen, der uns zu Freunden macht. Denn wenn ich eine Sympathie empfinde oder eine Vorliebe habe, so werden sie gerade dadurch dauerhaft: Das Wissen um Christus verleiht ihnen Dauerhaftigkeit.

Wie ich es immer den Studenten sage: Mein Freund, das Mädchen, das du lieb hast, aus was ist sie gemacht? Sie ist nicht aus Maisbrei gemacht, nicht aus Asche, sie ist nicht aus Gold. Stell dir vor: Ich mag ein Mädchen, das ganz aus Gold ist ... Oh Gott! Und auch wenn es Platin wäre! Leute! Johannes und Andreas verstanden beim Anblick

Christi, daß es eine andere Welt war, die sich vor ihnen auftat, es war eine andere Welt! Das, was unser Leben ausmacht, ist eine andere Welt – das, wodurch wir Menschen sind, die Quelle des Glücks und des Friedens, die Quelle der Faszination und der Kreativität: Es ist eine andere Welt. Wir müssen an diese andere Welt herantreten. Gott hat uns an ihre Schwelle herangeführt. Er hat uns an ihre Grenze gestellt. Man muß diese Grenze überschreiten und eintreten. Und leben bedeutet, in diese wahre Welt einzutreten. Und tatsächlich werden die Dinge hundertmal schöner. So ist der Bestand des Mädchens, das du lieb hast, ein anderer: Christus – „Alles hat in ihm Bestand"[18]. Der Körper dieses Mädchens besteht aus einem anderen, denn allein wäre sie nichts, nichts.

Wer hat sie dich finden lassen? Der Herr der Zeit, dem die Zeit gehört, der Herr der Geschichte. Wer gibt sie dir für immer? Wer sichert dir die ewige Dauer der Beziehung, ohne die man entweder nicht daran denken sollte (und wenn, dann wäre man dumm) oder stirbt, erstickt. Denn wenn du dir vorstellst, daß eine geliebte Beziehung zu Ende geht, so wird dieses Ende wie eine Mauer vor deinem Gesicht, die deinem Gesicht immer näher kommt, bis sie dich erstickt. Sie erstickt dich, es ist die Verzweiflung. Und nicht nur der oberflächliche Mensch verzweifelt, auch der rohe, der zerstreute – also alle Menschen ... Deswegen besteht das größte Bedürfnis, das alle haben, darin, etwas zu hören, das alles übertönt. Und das Schlimmste, was es gibt, ist die Stille, denn die Stille bringt diese Dinge an den Tag.

Deswegen möge es, wie der heilige Thomas sagt, zum *habitus* werden, zur Gewohnheit, daß wir in allen Dingen – in allem, vom Laub der Bäume bis zu den Haaren der Person, die du gern hast – die Gegenwart des Geheimnisses wahrnehmen, das ein Mensch aus Fleisch und Knochen geworden ist, also die Gegenwart Christi („Ich bin bei euch alle Tage bis ans Ende der Welt"[19]). Sich daran zu gewöhnen, dies in allem zu sehen, ist eine Geschichte, die dich Gott hat beginnen lassen: Bitte die heilige Jungfrau, sie nicht zu verraten, sei dieser Geschichte treu.

Die große Hilfe in dieser Geschichte ist die jeden Morgen an Gott gerichtete Bitte, wenn du aufwachst. Deshalb bestehe ich auf dem *Engel des Herrn* – ihr müßt es euch zur Gewohnheit machen, den *Engel des Herrn* ständig zu beten –, denn er erinnert an den Punkt, an dem alles begonnen hat, er erinnert an den Punkt, an dem das, was dir in dem betreffenden Moment bevorsteht, begonnen hat. Denn der Mensch geht von der Gegenwart aus, er kann nicht von der Vergangenheit ausgehen. Wenn er von der Gegenwart ausgeht, sieht er, daß die Vergangenheit eine Bestätigung der Gegenwart ist, und daß diese Gegenwart auf der Vergangenheit gründet. Und die Stärke dieser Gegenwart macht uns dazu fähig, die Vergangenheit zu beurteilen. Betet den *Engel des Herrn* aufmerksam: „Mir geschehe nach deinem Wort." In den Beziehungen mit allen Menschen in der Arbeit, in der Beziehung mit all den Menschen, die ich in der Straßenbahn oder auf der Straße sehen werde, in den Beziehungen mit den Dingen, mit dem Regen, der lästig ist, und mit der Sonne, die zu heiß ist ... man muß bitten.

Es gibt hierzu eine menschliche Hilfe, und das ist die Weggemeinschaft. Aber nicht irgendeine beliebige Weggemeinschaft: Die Weggemeinschaft, die aus Personen besteht, die dazu berufen sind, das gleiche wie du zu suchen. Und du verstehst dann, daß diese Gemeinschaft die einzige Wirklichkeit auf der Welt ist, die wahrlich menschlich ist, die ganz und gar menschlich ist. Alles andere in der Welt ist so menschlich wie eine große Wunde, die danach schreit, geheilt zu werden, wie eine große Einsamkeit, die danach verlangt, von einer Erleuchtung überrascht zu werden, von einem Schutz, der von anderen kommt, die so sind, wie man selbst ist. Und so wird der Gefährte wirklich zu dem, was man selber ist, und unter einander fremden Menschen wie uns entsteht eine größere Zuneigung als die, die man zur Mutter oder zum Vater hat. Denn das Urteil der Entsprechung reift, bis es mit der Emotion einhergeht. Es gibt eine emotionale Zuneigung zur Weggemeinschaft, die dir Gott auf den von dir entdeckten Weg mitgegeben hat, auf den Weg der Berufung, die zu einer größeren Zuneigung wird als diejenige zu deinem Vater und deiner Mutter. Wie es übrigens das Evangelium sagt. Nicht, weil du deinen Vater oder deine Mutter vergißt, sondern weil du zu verstehen lernst, daß die Bedeutung deines Vaters und deiner Mutter darin liegt, daß sie in gewisser Weise zu diesem Weg beigetragen haben – zum Beispiel, indem sie dich zur Welt gebracht haben –, so daß, wenn sie (entschuldigt die Hypothese) zwei Verbrecher wären, du sie wie deine Gefährten lieben würdest. Das ist ganz anders!

Die Anerkennung dieser Entsprechung ist nicht immer spontan, sie erfordert von mir oft eine Mühe und ein Opfer. Zum Beispiel in der Arbeit: Anzuerkennen, daß man auch weniger arbeiten muß, um Christus mehr Zeit und Raum zu geben, erfordert ein Opfer. Ich wollte fragen, ob es richtig ist, diese Mühe zu spüren.

Die Anerkennung stellt immer eine Erleichterung dar, wie wenn man aus einem dunklen Tunnel ans Tageslicht kommt. Es ist immer ein Licht und es ist immer eine Freude, es ist immer eine Sicherheit. Wegen der Art, wie dein Leben und das der Welt angelegt ist, wird es zu einer Mühe – zu einem unvermeidbaren Opfer –, diese Anerkennung anzuwenden.

Eine Anmerkung. Die Anwendung dieses Urteils der Entsprechung, die Anwendung des Gedenkens Christi kann nie eine Schmälerung deiner Pflicht zur Folge haben. Sie darf zum Beispiel nicht zu einer unvorgesehenen, unloyalen und nicht geordneten Schmälerung deiner Arbeit führen. Deine Arbeit mußt du vollständig verrichten. Es ist etwas, das die Art, wie du arbeitest, beeinflußt, und zwar während du arbeitest. Mit der Zeit, die verstreicht, wird dir das zur Gewohnheit werden. Wie wenn ich ein Glas nehme, um zu trinken, und im Augenwinkel sehe, daß zu meiner Rechten Carlo in seiner vollen Größe sitzt. So wird Christus wie zu einer Gegenwart im Augenwinkel, zu einer ständigen Gegenwart ... aber mit der Zeit. Leute, wir sind gerade am Anfang. Was macht den Anfang vernünftig? Die Suche nach einer Entsprechung mit den Bedürfnissen des Herzens (und es gibt kaum eine Philosophie, keinen Vorschlag für das Leben, keine Gefühle angesichts des Lebens, wo am Anfang das berücksichtigt wird, was das Wesentlichste für die Vernunft ist).

Die Entsprechung mit den Bedürfnissen des Herzens ist entweder eine Entsprechung, die die Totalität herausfordert, oder sie ist keine. Sie muß alles miteinbeziehen. Deswegen legt sie einen Weg fest. Aber nur wenn ihr anfangt, findet ihr den Ursprung. Niemand erinnert euch daran. Niemand. Nur euer Vater und eure Mutter haben es in sich. Wenn ein Mann und eine Frau Vater und Mutter werden, haben sie sie in sich – ohne daß sie sich dessen bewußt werden, ohne auch nur daran zu denken: Sie tragen in sich die Leidenschaft für die Bestimmung des Kindes, dem sie das Leben schenken. Sie werden sich dessen nicht einmal bewußt, aber sie haben sie in sich. Daß ist so wahr, daß sie dann, wenn sich der Sohn oder die Tochter zu einem Weg entschließen, der dem entgegengesetzt ist, was sie vorgesehen hatten, aus einem einzigen Grund nachgeben: Damit ihr Kind glücklich ist. Denn wenn sie sehen, daß ihr Kind glücklich ist, wehren sie sich zunächst, sie wehren sich und wehren und wehren sich – aber dann geben sie nach. Es wird ein schönes Fest sein, wenn sie nachgeben! Aber sie geben nach, alle geben nach, wenn sie sehen, daß ihr Kind froh ist. Denn es ist unmöglich, eine Situation nicht gut zu heißen, in der der Sohn zehn Jahre lang froh ist, es ist unmöglich.

Das Staunen, die tiefe Bitte, die das dritte Kennzeichen des Glaubens ist, hat mich sehr stark betroffen gemacht, und ich möchte dies besser verstehen. Denn ich habe immer geglaubt, daß die Bitte von mir ausginge, aber davor kommt erst noch das Staunen.

Sicher, du kannst nicht um etwas bitten, wenn du nicht davon angezogen wirst. Irgendetwas fasziniert dich, und dann strebst du danach. Nach etwas streben bedeutet zu bitten. Deswegen muß, damit du nach etwas streben kannst, erst etwas da sein, das dich anzieht, du mußt von etwas angezogen sein. Um nach etwas zu streben, mußt du angezogen werden. Du bist angezogen, und dann bittest du.

Johannes und Andreas kannten ihn nicht, sie hatten ihn nie kennengelernt. Sie gehen ihm furchtsam hinterher und bleiben den ganzen Nachmittag dort, um ihn sprechen zu *sehen,* denn sie verstanden nicht einmal richtig, was er sagte. Und es war so offensichtlich, daß jener Mann wahre Dinge sagte, auch wenn sie sie nicht verstanden, daß sie, nachdem sie weggegangen waren, vor anderen das wiederholten, was Er gesagt hatte, als ob es ihre eigenen Gedanken wären. Versetzt euch immer in jene Situation: Als sie jenen Mann sprechen sahen – und je mehr er sprach, um so mehr geschah es –, war es der natürliche Wunsch von Andreas und Johannes, ihn kennen zu lernen, mit Ihm zu bleiben, ihn weiter sprechen zu sehen. Und dieser Wunsch war eine Bitte, war wie eine Bitte. In ihnen kam die Bitte auf: „Laß uns mit dir bleiben, sprich weiter, sprich immer zu uns." So daß es Simon an einem bestimmten Punkt, in der Synagoge von Kapharnaum, mit jenem Satz deutlich aussprach, der die Geschichte überdauert: „Wenn wir von dir weggehen, wohin sollen wir gehen? Du allein hast Worte, die das Leben erklären."

Die Kennzeichen, die den Glauben definieren, können auch auf die Begegnung angewandt werden. Ich würde gerne den Zusammenhang zwischen diesen beiden Dingen verstehen.

Die Kennzeichen, durch die sich dir die Wahrheit des Glaubens offenbart, sind die Kennzeichen, die du auch bei einer Begegnung vorfindest. Das Instrument, das Phänomen, durch das du dich dem Glauben näherst, ist eine Begegnung. Deswegen kommt ihr, wenn ihr in die Kirche geht und uns Priester eine Stunde oder anderthalb Stunden ununterbrochen predigen hört, voller Groll gegenüber dem Glauben hinaus statt mit einer Faszination für den Glauben. Hingegen nur durch eine Begegnung – und somit eine Gegenwart, denn die Begegnung ereignet sich jetzt –, nur durch eine Begegnung kannst du den Eindruck, die Überzeugungskraft, die vernünftige Wahrheit, die Quelle der Affektivität verstehen, die dem Glauben innewohnen.

Aber, was diese Dinge angeht, müssen wir so klar wie möglich sein. Der Glaube an sich ist keine Begegnung. Glaube bedeutet, anzuerkennen, daß in der Welt und in der Weltgeschichte Gott gegenwärtig ist, der Fleisch geworden ist, der Mensch geworden ist, das heißt: Er ist der Urheber der Geschichte, der Urheber der gegenwärtigen Wirklichkeit.

Dies ist der Glaube: Als Jesus zum Vater des Epileptikers sagte: „Wenn du glaubst, kann dein Sohn gerettet werden", antwortete dieser mit dem schönsten Satz, mit dem er hätte antworten können: „Ich glaube, Herr, hilf meinem Unglauben!"[20] Er bekräftigte seinen Willen, zu glauben, die Evidenz, daß es Gründe gab, um zu glauben, und gleichzeitig die Demut seiner Schwäche. Und Jesus war angesichts dieser Dinge am Ende ... entwaffnet!

Und die schönste Seite im Evangelium ist die Seite, die das Gebet Christ wiederholt. Im elften Kapitel des Matthäusevangeliums sagt er: „Ich preise dich, Vater, weil du diese Dinge denen verborgen hast, die sich für intelligent halten, und daß du sie den Einfachen geoffenbart hast. Ja, Vater, denn so hat es dir gefallen."[21] Einem einfachen Menschen offenbart man sich. Jemandem, der in logischen Gründen und intellektuellen Kriterien verwickelt ist, kannst du dich nicht einfach offenbaren, weil er sagt: „Aber, schauen wir mal, wenn, jedoch, wer weiß, wie nur, es kommt drauf an ..."

Das ist der Glaube. Wie entsteht der Glaube auf vernünftige Weise? Der Glaube ist ein menschlicher Gestus, also muß er auf menschliche Weise entstehen. Er wäre nicht menschlich, wenn er ohne Vernunft entstehen würde. Er wäre unvernünftig, das heißt nicht menschlich. Die Art und Weise, in der der Glaube vernünftigerweise entsteht – weil er für den Menschen, für jeden Menschen, die Evidenz seiner Konsistenz, die Evidenz seiner Vernunft in sich trägt –, ist eine Begegnung, ist das Ereignis einer Begegnung. Einer Begegnung zwischen dem Bewußtsein – der Intelligenz, Sensibilität und Affektivität – des Menschen und einer außergewöhnlichen, menschlichen Gegenwart.

Ich wollte zwischen der Definition des Glaubens – Glaube heißt, in der Erfahrung der menschlichen Geschichte die Gegenwart von etwas anderem anzuerkennen, das heißt einen Faktor, der über das Menschsein hinausgeht und sich daher als außergewöhnlich herausstellt – und der Beschreibung, wie der Glaube entsteht, unterscheiden. Der Glaube entsteht und bezeugt sich auf menschliche, vernünftige und somit affektiv wahrnehmbare und lebbare Weise, auf kreative Art, nur als Frucht einer Begegnung, in der sich die große Gegenwart selbst als Quelle einer Außergewöhnlichkeit offenbart, einer großartigen Wirkungskraft, die absolut unvorhersehbar ist. So daß der Mensch das sagt, was die Apostel gesagt haben: „Wenn wir nicht an diesen Menschen glauben, können wir nicht einmal mehr unseren Augen trauen."

Aber diese Dinge muß man lesen und wieder lesen, man muß darüber sprechen und wieder darüber sprechen, zehnmal, hundertmal. So werden sie *mens*, das heißt das Maß aller Dinge, Mentalität, Maß aller Dinge schlechthin, sie werden zur Mentalität.

Haltet euch vor Augen, daß die Arbeit, die wir machen, wenn wir uns treffen, nur die ersten Notizen von etwas sind, was in euch klarwerden muß. Ihr müßt die Schritte noch einmal tun, ihr müßt die Zusammenhänge verstehen, die Beziehungen zwischen den einzelnen Worten wiederholen, so daß es euch klar wird. Sonst kommt nicht der wahre Mensch in euch zum Vorschein, das heißt der Mensch, der frei von der Entfremdung dieser Welt ist, von der Sklaverei der allgemeinen Mentalität. Das Gegenteil dieser Dinge ist die allgemeine Mentalität: Jene Mentalität, mit der ihr bis jetzt gelebt habt, von der ihr alle Tage eures Lebens versucht sein werdet. Aber der *Engel des Herrn*, den ihr am Morgen beten werdet, wird wie ein Schwert sein, das in den Spalt saust, er wird einen Riß in die Mauer der allgemeinen Mentalität hauen und ihn jeden Tag ein wenig vergrößern. Ihr müßt die Dinge wiederholen und versuchen, die Zusammenhänge zu verstehen. Vor allem muß euch die ganze Logik der ersten Lektion mit ihren fünf grundlegenden Schritten präsent sein.

Kapitel 2
Die Freiheit

Die fünf Schritte des Glaubens

Also, welches sind die fünf Punkte, mit denen wir die Dynamik des Glaubens beschrieben haben?

Erstens: Es handelt sich um ein Geschehnis, das sich ereignet und das die Gestalt einer Begegnung hat. Es ist die Auswirkung dessen, was geschieht und dich etwas Neues entdecken läßt, es ist nicht das Ergebnis einer Überlegung, es ist nicht das Ergebnis eines Weges, sondern es ist das Ergebnis einer Begegnung, eines Moments, der dich trifft. Ein Schüler von Guido hatte sich vor einiger Zeit unseren Leuten von CL angeschlossen, und einer unserer Freunde aus Bologna lud ihn zur Hochzeit ein. Er kam aus der Kirche heraus und sagte zu Guido: „Weißt du was? Zum ersten Mal fühle ich mich zu Hause." ‚Wie meinst du das, zu Hause?" „Das ist zum ersten Mal mein Zuhause! Und ich habe verstanden, warum mein Freund Unrecht hat: Weil er glaubt" – und er sprach von dem Intelligentesten der Klasse –, „daß er durch eine Überlegung die Wahrheit entdecken kann, er wartet auf eine Überlegung, die ihn zur Entdeckung der Wahrheit führt. Die Wahrheit dagegen entdeckt man unverhofft, in einem Augenblick, in einem bestimmten Moment." Das ist genau das, was wir sagen.

Johannes und Andreas. Sie führten das Leben anständiger Hebräer, sie meditierten über die Propheten und besaßen alle Fehler und Vorzüge von anständigen Hebräern. Sie haben jenen Mann dort gesehen und auf den Hinweis Johannes des Täufers hin sind sie ihm gefolgt. Und als er zu sprechen begann, als er sprach, je mehr er sprach, waren sie um so mehr erschrocken. Erschrocken im Sinne von „auf den Boden geworfen", überwältigt. Das Schönste auf der Welt ist es, von diesen Begegnungen überwältigt zu werden.

Aber genauso ist es auch mit den Dingen, die im Menschlichen das Schönste sind – das wenige Schöne, das es im Menschsein gibt: Wenn man entdeckt, etwas Gutes getan zu haben (zum Beispiel, wenn man ein Leben gerettet hat) – denn es wird zu einer Entdeckung –, oder wenn du auf eine Person stößt, von der du dich geliebt fühlst. Denn wir können Christus nicht verstehen und Christus nicht nachfolgen, wenn wir nicht auch durch all diese menschlichen Gefühle hindurchgehen. Denn nur in der Nachfolge Christi werden sie hundertmal größer, wahrer, nichts wird außerachtgelassen, alles wird wahrer. Wahrer im Hinblick auf den Ursprung, auf die Gegenwart und ihr Ziel, wahrer im Hinblick auf die Bestimmung.

Zweitens, die Außergewöhnlichkeit dieser Begegnung. Was heißt Außergewöhnlichkeit? Außergewöhnlich ist das, was dem Herzen entspricht. Seltsamerweise ist das, was dem Herzen entspricht, etwas, das man nie findet. Wenn man es aber findet, ist das ein Zeichen einer ganz großen Außergewöhnlichkeit. Bis zu diesem Moment würde man nicht so urteilen: „Also ist es Gott!", man würde es nie tun! Wir beschreiben das, was Johannes und Andreas fühlten, das sie auch als inneres Urteil spürten.

Drittens: Diese Außergewöhnlichkeit ruft ein Staunen hervor. Das Staunen führt immer zu einer geheimen Frage: Wie kann er so sein? Wer ist dieser Mensch? Wie kann so was geschehen? Und dies ist der vierte Punkt.

Fünftens, und an diesem Punkt beginnt die Handlung zu deiner Verantwortung zu werden. Bis hierher bist du begnadet, ist es eine Gnade. An diesem Punkt beginnt deine Verantwortung, hier mußt du beginnen, deinen Kopf zu beugen und ins Spiel zu kommen. Du – was ist das menschliche Du, das ins Spiel kommt? Es ist die Freiheit. Denn wir haben auf jener furchtbaren Seite gesehen, daß genau in dem Augenblick, als Christus sein größtes Wunder gewirkt hat – das so offensichtlich war wie der Tod –, viele gesagt haben: „Das ist wahr!" – und einige andere hingingen, um ihn anzuklagen.[1]

Um dem anzuhängen, genügt es, aufrichtig zu sein, die Entsprechung zu bejahen und folglich vernünftig zu sein. Die Vernünftigkeit ist die Bejahung der Entsprechung zwischen dem, dem man begegnet ist, und sich selbst und dem eigenen Herzen. Um zu verneinen, braucht man eine vorgefaßte Meinung. Man muß an etwas festhalten, das man verteidigen möchte. Wenn man angesichts der Wahrheit und Evidenz etwas zu verteidigen hat, sieht man die Evidenz nicht mehr, sieht man die Wahrheit nicht mehr. Man versucht verbissen, das zu retten, was man retten möchte. Zum Beispiel wurde einer der Wissenschaftler, die den Lauf der menschlichen Geschichte auf den Kopf gestellt haben, Louis Pasteur, der die Mikroben entdeckt hat (die revolutionärste Entdeckung der Geschichte der Medizin), so bekämpft, daß man ihn sogar in die Irrenanstalt stecken wollte – heute hätten sie ihn umgebracht! Von wem? Von den Wissenschaftlern der Akademie der Wissenschaften in Paris, von denjenigen, denen seine Entdeckungen eigentlich eher als anderen hätten einleuchten müssen. Aber mit der Wahrheit seiner Entdeckungen hätten sie sich von ihrem Lehrstuhl, von ihrem Gehalt am 27. des Monats, von ihrem Ruf

... von all dem hätten sie sich verabschieden müssen! Am Tag darauf hätte jeder zum Pult gehen und sagen müssen: „Liebe Leute, ich hab euch bisher nur Unsinn erzählt!" Das wäre demütigend gewesen. Und um sich diese Demütigung zu ersparen, haben die Wissenschaftler als allerletzte nachgegeben, denn sie hielten an etwas Vorhergehendem fest, an einer vorgefaßten Meinung[2].

Aber ich habe ein Wort verwendet, das für alles paßt, das Wort „Anstoß, Skandal", das aus dem Griechischen kommt, *skandalon*, das soviel wie „Hindernis" bedeutet, wie ein Felsbrocken im Gebirge, der auf den Weg fällt. Du mußt ins Dorf rennen und einen Kran holen, wenn du es schaffst. Skandal, Anstoß ist der Einwand, der von einem Interesse herrührt, das nicht im Namen der Wahrheit verfolgt wird, nicht als Suche nach der Wahrheit.

1. Was ist die Freiheit?

Jetzt müssen wir uns dessen klar bewußt werden, was ich das „Eingreifen des Menschen" genannt habe, dein Eingreifen, das heißt das Eingreifen deiner Freiheit. Es ist wichtig, daß wir gut verstehen, was Freiheit bedeutet. Das Wesen des menschlichen Ichs ist die Freiheit. Die Freiheit, die Gehirn und Herz mit einschließt, die Intelligenz und die Willenskraft, die Energie des Willens. Nur wenn wir verstehen, was die Freiheit ist, können wir wissen, wie wir sie anwenden können.

Worin besteht also für uns die Schwierigkeit, eine klare Vorstellung von bestimmten Worten zu haben, die für das Leben grundlegend sind? Die Worte, die den Menschen definieren, gerade die Worte, die den Menschen im Gegensatz zum Tier definieren, sind für uns schwer zu verstehen. Warum? Weil die vorherrschende Mentalität sie uns hat fremd werden lassen. Das Wort Freiheit bedeutet normalerweise, das zu tun, was einem gefällt und richtig erscheint. Und das ist richtig, wie ich zeigen werde! Aber nicht so, wie es alle meinen. Denn alle verwenden die Definition „Freiheit bedeutet, das zu tun, was einem gefällt und richtig erscheint" auf oberflächliche Weise.

Was bedeutet es, das zu tun, was dir gerade gefällt und richtig erscheint? Es gibt nur einen Nachteil bei der Nachfolge Christi, wenn man Christ ist, wenn man zur Kirche gehört. Den Nachteil, daß man gezwungen ist, sich aller Dinge bewußt zu werden, die man tut, also den Nachteil, intelligent sein zu müssen. Aber nicht intelligent, wie man es in der Schule bezeichnet, sondern intelligent in dem Sinne, daß man die Intelligenz so gebraucht, wie es im Grunde der Satz ausdrückt, den Christus immer wieder wiederholte: „Seid wachsam!"[3]

Alle leben, als hätten sie einen Sack über dem Kopf und machten irgendwas nach ... Gestern fuhren wir mit dem Auto und sahen mitten auf der Straße einen Jungen auf einem Rad. Er ließ die Zunge weit heraushängen, während er sang: „Oooooooh! ..." – ein Höhlenbewohner. Aber auch wenn die meisten Jungen äußerlich nicht ganz so sind – sehr viele sind auch äußerlich so, immer mehr – sehen doch im Inneren so aus. Im Inneren rufen sie „Ooooooh! ..." Sie wiederholen die Lieder, die sie hören, oder – noch schlimmer – sie bewegen nur den Kopf ... Das ist die maximale mechanische Reduktion dessen, was sie hören. Sie wiederholen nicht einmal das, was sie den ganzen Tag hören.

Die Erfahrung der Erfüllung

Was muß man dagegen machen, wenn man die Worte verstehen will, die unser Leben betreffen? Zum Beispiel das Wort Gerechtigkeit, das Wort Liebe, das Wort Glück, das Wort Leben, das Wort Freiheit ... Was müssen wir tun, um zu verstehen, was die Freiheit ist? Wir müssen von der Erfahrung ausgehen, bei der man sich frei fühlt, wenn man sie macht. Es gibt eine bestimmte Erfahrung, bei der man sich frei fühlt, und eine andere, bei der man sich nicht frei fühlt.[4] Wann fühlt man sich frei? Wenn man einen Wunsch erfüllt bekommt.

Nehmen wir einmal an, einer von den *Memores Domini* möchte in die Karibik fahren (neun Tage im Club Mediterranée in der Karibik) und fragt Carlo: „Darf ich für neun Tage in die Karibik fahren? Einen Tausender gibt mir meine Tante und die anderen gebt ihr mir!" Und Carlo erwidert in einem freundlichen Ton, so ist er immer, auch wenn er einen fertig macht – freundlich macht er einen fertig und sagt: „Nein." Ich schwöre euch, daß dieser Junge sich fühlt, als wäre er verleugnet, er fühlt sich wie erstickt, er fühlt sich abgetötet, wie ein Sklave, er fühlt sich nicht frei. Aber wenn Carlo für einen Moment wahnsinnig wird und sagt: „Ja, geh nur!" – „Aaah ..." Er fühlt sich frei.

Man geht von einer Erfahrung aus: Dies ist das große Joch. Merkt es euch daran, daß der Mensch nur von einer Gegenwart ausgeht, den die gerade verstrichene Minute ist nicht mehr, und die Minute danach ist noch nicht da. Wir gehen immer von der Gegenwart aus, der Gegenwart als einer Erfahrung, sonst ist es eine falsche Gegenwart, eine Abstraktion.[5] Man geht immer von der Gegenwart aus. Deswegen wollte Christus in der ganzen Geschichte gegenwärtig sein. Und um zu Christus zu gelangen, geht man von der Gegenwart aus. Man muß Christus als Gegenwart finden. Nur dann versteht man, wer er ist. Und man versteht auch, wer derjenige von vor zweitausend Jahren war – unsere Erfahrung sagt uns, daß wir uns erleichtert und frei fühlen, wenn ein Wunsch von uns in Erfüllung geht. Und sie sagt uns, wenn einer unserer Wünsche nicht in Erfüllung geht (wenn man ein „nein" zur Antwort bekommt), fühlt man sich zumindest einen Moment schlecht, unterdrückt, wie ein Sklave.

Alle, die das Elternhaus verlassen, tun dies aus diesem Grund. Und all diejenigen, die im Elternhaus bleiben und am Abend ziemlich lustlos nach Hause kommen (und dies gilt für fast alle von uns), tun dies aus diesem Grund: Weil sie gefühlt haben, daß ihre Wünsche unterdrückt werden.

Was wird aus dieser Bemerkung also deutlich? Daß uns die Erfahrung lehrt – denn der Mensch geht von einer Erfahrung aus und wahr ist, was von einer Erfahrung ausgeht, denn auch Gott hat sich den Menschen durch die fleischliche Erfahrung mitteilen wollen, im Raum und in der Zeit –, die Erfahrung sagt uns, daß Freiheit einen Augenblick von mir bezeichnet, ein Bewußtsein von mir, in dem eine Erleichterung vorherrscht, die von einem erfüllten Wunsch herrührt. Freiheit ist gleich Erfüllung, *satisfacere* (erfüllen), der erfüllte Wunsch. An Stelle von Erfüllung kann man einen metaphysischen Ausdruck verwenden: Perfektion. Freiheit ist Perfektion. Auf Lateinisch bedeutet *perficere* (vollenden) genau *erfüllen*: Ein erfüllter Wunsch ist ein vollendeter Wunsch, ein perfekter Wunsch.

Leute! Ich habe den Wunsch, in die Karibik an Meer zu fahren, und Carlo sagt mir „ja", und ich teile es strahlend, glücklich und frei den anderen mit: „Übermorgen fahre ich ab!" Ich fahre in die Karibik und danach komme ich schlecht gelaunt zurück, mir geht es schlechter als vorher: „Wie denn? Warst du nicht in der Karibik?" „Na ja, ich weiß nicht ..."

Wenn diese Erfüllung, diese Perfektion nicht eine völlige, eine totale Erfüllung ist, wenn sie ein Loch hat, durch das das Wasser entweicht, wenn sie ein Loch hat, wenn etwas offen bleibt, dann ist das nicht Freiheit, sondern Traurigkeit. Das Loch ist die Traurigkeit. Wie auch Dante in einem Vers sagt: „Ein jeder fühlt ein unbestimmtes Gutes, / in dem die Seele sich zur Ruhe sehnet; / Dies zu erreichen mühen wir uns alle"[6]. Das Herz des Menschen ist so gemacht. „Ein jeder fühlt ein unbestimmtes Gutes": Er spürt die Existenz von etwas Gutem, das Glück, die Erfüllung, „in dem die Seele sich zur Ruhe sehnet": Die Suche, die Suche des Menschen ist immer eine Frage, und wir mühen uns alle (sind ganz daraufhin ausgerichtet, wie das italienische *con-tende* – mit-ausgestreckt – andeutet: mit allen Faktoren des Lebens und auch mit dem Kreis der Freunde und der menschlichen Begleitung. Man ist ganz daraufhin ausgerichtet, dieses Gut zu erreichen, es – um dieses Guten willen – zu erreichen, im Sinne des französischen *joindre* – sich anschließen.

Der Weg der Freiheit

Helfen wir uns mit einem Bild (Bild 2): **X** ist der Punkt, von dem der Mensch ausgeht, die Existenz beginnt hier:

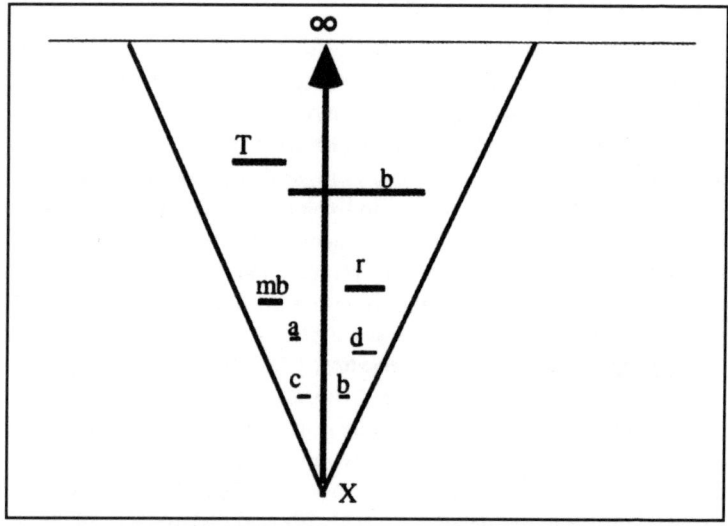

Bild 2: Der Weg des Menschen zu seiner Erfüllung hin

Der Mensch besitzt eine Dynamik, auf Grund derer er nie still steht. Es gibt keinen Moment, der genau wie ein anderer ist. Ein Mensch, der stehen bleibt, ist verloren – das heißt er ist tot!

Wir beschreiben den Menschen mit einem offenen Dreieck. Die Dynamik des Menschen strebt immer nach vorne und nach immer mehr Erfüllung und danach, die Wünsche seines Innersten zu erfüllen. Somit ist die letzte Definition des Begriffs „Freiheit" – wenn Freiheit Erfüllung und Perfektion ist – „ein Gutes, in dem die Seele sich zur Ruhe sehnet", wie Dante sagt, das Gut, in dem sich jedes Problem gelöst hat. Dieses Gut, in dem sich jedes Problem gelöst hat, ist unendlich. Denn angesichts der Dinge, die der Mensch vor sich hat, sagt er: „Und dann?" Alles, was der Mensch erreicht, stellt die Frage: „Und dann?" Alles, was der Mensch genießt … „Das, was ich in heftigstem Verlangen mit der Hand umklammert hielt, zerging wie die

Rose unter dem Gewölbe der Ewigkeit ... , am meisten das, was mir am meisten gefiel."[7]

Je mehr jemand liebt, um so wichtiger ist für diesen Menschen Christus, damit er ihm für immer denjenigen bewahrt, den er liebt. Wir müssen Christus wenigstens von diesem Standpunkt aus annehmen. Entweder man liebt nichts, oder, je mehr man liebt, desto notwendiger wird Christus, um den zu retten, den man liebt, um den, den man liebt, zu bewahren. Sonst verlieren wir ihn, übermorgen ist er nicht mehr da.

Das Ich ist Beziehung zum Unendlichen (das Zeichen ∞ in der Abbildung). Die ganze Dynamik, der ganze Dynamismus des Ich entwickelt sich und strebt nach Perfektion, das heißt nach der Erfüllung seiner selbst, die es in all dem, was es erreicht, nie findet, wie ich schon in *Der Religiöse Sinn* gesagt habe. Denn das Herz ist Bedürfnis nach Wahrheit, Gerechtigkeit, Glück, und in all dem, was der Mensch erreicht, findet sich dies niemals. Deswegen ist das, wonach der Mensch strebt, etwas, das jenseits ist, immer jenseits ist. Es ist transzendent. Demnach nimmt das Bewußtsein seiner selbst die Existenz von etwas anderem wahr, das heißt Gott, das Geheimnis, Gott als Geheimnis. Zunächst einmal halten wir es so fest: Gott (∞) ist die äußerste Grenze, zur der das Verlangen des Menschen strebt. Die Freiheit ist um so größer, je mehr sie sich (∞) nähert. Oder besser: Die Freiheit ist die Beziehung zu ∞, die Freiheit wird sich ereignen, sie ist noch nicht da. Die Freiheit wird sich ereignen, wenn der Mensch glücklich sein wird. Insofern die Freiheit der Wunsch nach Glück ist, wird das Ereignis der Freiheit dann vollendet sein, wenn der Wunsch nach Glück erfüllt sein wird. Die Freiheit – so sagt die gesamte Philosophie des Thomas von Aquin, und das ist auch die Auffassung der Kirche, das sagt Jesus im Evangelium – ist die Beziehung zum Unendlichen, zu Gott, die realisierte Beziehung zum Geheimnis. Die Freiheit ist die Fähigkeit, die Bestimmung zu erreichen, die Freiheit ist die Verbindung, die Beziehung mit der letzten Bestimmung; sie ist die Fähigkeit, Gott als letzte Bestimmung zu erreichen. Wir leben die Freiheit als die Fähigkeit zu etwas, das am Ende kommen soll.

Die Fläche, die in diesem Winkel eingegrenzt ist, ist das Leben des Menschen. Bei **a** ist die Freiheit noch nicht erfüllt, bei **b** ist sie nicht erfüllt, bei **c** ist sie nicht erfüllt, bei **d** ist sie nicht erfüllt: Sie wird erst hier (∞) vollendet sein. Unerfüllt, das heißt unvollendet: Wir leben die Freiheit in einem unerfüllten Zustand.

Wenn Freiheit die Erfahrung von Erfüllung ist, von Vollendung, so ereignet sich diese Vollendung, diese Erfüllung in ihrem vollständigen Sinn in der Beziehung zum Geheimnis, zum Unendlichen. Vor der vollständigen Verwirklichung der Beziehung zum Unendlichen ist die Freiheit etwas Unvollendetes, noch nicht Abgeschlossenes, etwas noch nicht Verwirklichtes, das aber dabei ist, sich zu verwirklichen. Das Leben ist also die Freiheit, die auf dem Weg ist, die dabei ist, sich zu verwirklichen. Aber es ist eine unvollendete Freiheit.

2. Die Dynamik der Freiheit

Jetzt gibt es zwei fundamentale Begriffe.

a) Durch die Geschöpfe hindurch. Zunächst einmal: Wie bewegt sich diese Dynamik der Freiheit, die in der Grafik mit **X** gekennzeichnet ist? Wenn die Freiheit die Beziehung zum Unendlichen ist, wie kann sie sich bewegen? Das Unendliche muß sie erreichen, um sie herauszufordern. So wie man es bei einer schlafenden Person machen muß, um sie aufzuwecken. Wie weckt mich das Unendliche auf, wie weckt es die Freiheit? Wie bewegt sich die Freiheit? Die Enzyme bewegen sich, wenn man Hunger bekommt. Ein Stimulus reizt sie. Wie wird Gott zum Stimulus, damit sich der Mensch bewegt? Durch die Geschöpfe. Die Geschöpfe sind die Art und Weise, wie das Unendliche im Herzen des Menschen gegenwärtig wird und den Durst nach ihm erweckt. Es macht sie durstig, es weckt das Bedürfnis nach Glück, nach Gerechtigkeit, nach Wahrheit, nach Liebe. Das Bedürfnis nach Gerechtigkeit, nach Wahrheit, nach Liebe wird durch etwas Geschöpfliches angestoßen, in Bewegung gesetzt. Es ist jenes Stück Zeit und Raum, jener Teil einer Sache (**a, b, c, d** ...), durch das dich das unendliche Geheimnis anrührt, denn alle Dinge sind ein Zeichen für Gott.

Ein Beispiel: Wenn man diesen Punkt erreicht hat, findet man einen Berg, den Montblanc (**mb**) und der Mensch – man müßte die Zeichnung auf zwei Ebenen machen, aber das ist jetzt egal – sagt, wenn er den Montblanc sieht: „Wie schön! Wenn man eine Beziehung haben könnte zu dem, das so etwas macht! Wenn man den Montblanc umarmen könnte!" Und dann wächst der junge Mann auf, und nachdem er den Montblanc gesehen hat, sieht er einen ganz anderen „weißen Berg": Er sieht die junge Frau (**r**); die junge Frau ist für ihn attraktiver als der Montblanc!

Also halten wir zunächst fest: Die Freiheit setzt sich in Bewegung, der Dynamismus der Freiheit setzt sich in Bewegung, weil die Person von den Geschöpfen berührt wird (mehr oder weniger berührt, je nach dem, ob ihm das Geschöpf mehr oder weniger entspricht). Und sie folgt so, wie ihr Gott erscheint, er erscheint ihr im Zeichen der Dinge.

Aber eine Voraussetzung ist unabdingbar: Man muß aufmerksam sein, ehrlich. Versteht ihr, warum Jesus sagt: „Selig die Armen"? Versteht ihr, warum Jesus die Kinder liebt und auf sie als Zeichen hinweist? Man darf kein vorgefaßtes Urteil haben. Man muß vor den Dingen stehen und spüren, worauf sie im Ursprung hinweisen, in ihrer Reinheit. „Ich danke dir Vater, daß du diese Dinge nicht denen offenbart hast, die glauben etwas zu sein, sondern den einfachen."[8] Der Einfache ist derjenige, der Brot zu Brot und Wein zu Wein sagt.

Was ist das Gegenteil davon? Die Lüge. Die Lüge ist gegen die Freiheit: Das Gegenteil der Freiheit ist die Lüge. Und die Sünde, die das Gegenteil der Freiheit ist, wird auch im Johannesevangelium mit der Lüge gleichgesetzt. Die Sünde ist eine Lüge. Was ist die Wahrheit von diesem **r**? Seine Beziehung zum Unendlichen. **r** ist ein Stückchen, das das Unendliche verkörpert. Dieses **r** ist ein größeres Stückchen als das **mb**, das das Unendliche verkörpert.

b) Die unvollkommene Freiheit. Was passiert also? Nehmen wir an, die Freiheit wäre eine Lokomotive, ein Pferd, ein Flugzeug ... sie wäre irgendein beliebiges Transportmittel. Sie kommt hier an und sagt: „Wie schön!" Sie bleibt stehen, um Gott zu loben, weil sie den Montblanc sieht. Wenn sie an diesem Punkt r ankommt, fühlt sie sich zu ihm hingezogen.

Dieser Mann hier, von dem ich spreche (**X**) ist Arzt in Tanganjika, weil er von der Idee, als Missionar nach Tanganjika (**T**), zu gehen, fasziniert war. Er hat sein Leben dieser Sache hingegeben, ist Ordensmann geworden, um nach Tanganjika zu gehen. Jetzt müßt ihr eure Phantasie etwas mehr anstrengen. Als Ordensbruder begegnet er in Tanganjika einer Blondine (**b**), versteht ihr mich? (Deshalb bräuchte man zwei Ebenen hier, als ob **T** und **b** gleichzeitig erscheinen würden). Während er also in Tanganjika – er hat bereits die ewigen Gelübde abgelegt – als Ordensbruder arbeitet, begegnet er einer Blondine und sagt: „Die Blondine zieht mich mehr an, das Leben mit ihr mehr als die Arbeit als Ordensbruder. Wenn mich also die Blondine mehr erfüllt, habe ich das Recht, mit der Blondine zu gehen." Wie der Mann jener Frau (die Ärmste!). Wenn er sich mehr zu der Sekretärin hingezogen fühlte, warum hätte er dann nicht mit der Sekretärin gehen dürfen? Weil ihn im Plan seines Lebens das Geheimnis Gottes gebeten hat, diese Aufgabe gegeben hat, es hat ihm diese Berufung gegeben, auch wenn es ihn dieser Frau beggnen ließ.

Welches ist das grundlegende Gesetz? Das grundlegende Gesetz ist, daß der Mensch hierhin strebt (∞): zu seiner Bestimmung hinstreben. Wenn das Gesetz darin besteht, nach dem Unendlichen (∞) zu streben, so ist **T** näher, er wäre dort näher als bei **b**, er würde weitergehen. Ist das klar geworden? Aber diese **b** ist anziehender. **T** entspricht den Bedürfnissen seines Herzens mehr, auch wenn es anders erscheint, denn das Bedürfnis des Herzens ist das ganze Glück, die Bestimmung. Aber die stärkere Emotion empfindet man hier bei **b**, und man gibt dieser Emotion nach und wendet sich hier ab. Offensichtlich verliert er den Weg. Dies wird mit dem Begriff der Sünde umschrieben. Die Dynamik der Freiheit schließt die Möglichkeit der Sünde ein. Man kann angesichts eines Geschöpfes das wählen, was einen unmittelbar mehr zu befriedigen scheint. Oder man nimmt das Geschöpf als Möglichkeit wahr, um mehr nach der gemeinsamen Bestimmung zu streben. Die Sünde bedeutet, vom Weg zur Bestimmung abzukommen, um bei etwas zu verhalten, das für den Augenblick mehr interessiert. Ist das nicht klar? Na ja, ihr werdet darüber noch einmal nachdenken.

Aber warum kann die Freiheit diesen Fehler begehen? Wenn sie nachdenken würde, wenn sie wie Sokrates oder Seneca wäre, wenn sie wie ein großer Stoiker oder ein großer Philosoph wäre, würde sie dann diesen Fehler nicht mehr begehen? Nein! Auch sie machten die Fehler. Jeder macht Fehler, jeder begeht so oder so eine Sünde. Warum ist die Freiheit so? Weil sie noch nicht vollendet ist. Erst wenn die Freiheit hier (∞) ankommt, im Angesicht ihres vollständigen Objektes, wird sie nicht mehr wählen können, sondern sie wird ganz sein, sie wird ganz erfüllt sein, sie wird nicht mehr versucht sein, etwas anderes zu wählen. Aber ich habe bereits die zweite wichtige Sache gesagt: Da die unvollendete Freiheit auf dem Weg zur Bestimmung ist, kann sie Fehler machen. Eine Sünde begehen bedeutet, einer Sache nicht nachzukommen, *amartànein*, von einem Weg abzuweichen und einen anderen einzuschlagen. Wie in einer Wüste: Wenn die Karawane die Richtung verfehlt, kommt sie vom Kurs ab.

Die Wahlfreiheit ist unvollendet, und gerade weil sie unvollendet ist, kann sie etwas wählen, das nicht richtig ist. Die Wahlfreiheit ist Merkmal einer Freiheit, die noch unterwegs ist, einer noch unvollkommenen Freiheit. Die Wahl gehört nicht zur Definition der Freiheit: Freiheit ist vollkommene Erfüllung. Der Fehler, die Möglichkeit des Fehlers gehört zu einer Freiheit, die noch nicht frei ist, die noch nicht befreit ist, die noch nicht die vollkommene Erfüllung erlangt hat. Deswegen nennt man dies Mangel oder Defekt. Das lateinische *deficere* bedeutet auch „in Ohnmacht fallen", wie wenn einer einen Kollaps bekommt, eine gefährliche Unterzuckerung, wenn der Blutdruck auf einmal stark sinkt und man zu Boden fällt: Dies ist die Sünde.

Die Anziehung oder Emotion, hervorgerufen durch ein Geschöpf, das unmittelbar einen stärkeren Einfluß als etwas anderes ausübt, das die Freiheit weiter bringen würde, das die Freiheit weiter voranschreiten ließe – das ist der Fehler. Nicht die Anziehung, die man spürt, ist ein Fehler. Der Fehler ist, diese Anziehung der schwächeren Anziehung vorzuziehen, die dagegen aktiver und sicherer zur Bestimmung führt, die irgend etwas ins Herz hineindrückt, dem Herzen vorschlägt.

Die Berufung, das heißt der vollständige Plan Gottes für euer Leben, schlägt euch am Anfang normalerweise Dinge vor, die von Natur aus weniger attraktiv sind als Diskotheken, Mädchen, das Zusammensein, wie es eure Freunde leben (auch die der Bewegung). Aber es sind Dinge, durch die ihr, wenn ihr ihnen folgt, auf eure Bestimmung zugeht. Je mehr ihr weitergeht, um so anziehender werden die Dinge, die eure Bestimmung verkörpern. Je weiter ihr geht, um so großartiger wird eure Berufung.

Es ist genau das Gegenteil von dem, was bei den weltlichen Dingen der Fall ist: Hier ist die Attraktivität am Anfang am größten, und dann vergeht sie. Könnt ihr mir folgen oder nicht? Man kann diese Dinge nicht oft genug wiederholen. Entweder man entdeckt sie in sich selbst, oder, wenn man sie beigebracht bekommt, muß man sie sehr oft wiederholen, um sie in sich selbst zu entdecken. Man muß sie sich wiederholen, um sie zu verstehen.

Die Freiheit als Dynamik wird von den Geschöpfen stimuliert, also sind *omnis creatura bona*,[9] heißt es bei Paulus: Jedes Ding ist gut, weil dir jedes Ding den Schöpfer in Erinnerung ruft; jedes Ding, alles. Aber einiges kann anziehender als die übrigen sein für dich. Wenn du die Wahl hast zwischen zwei Dingen, und das zweite weniger anziehend ist, dich aber näher zur Bestimmung führt, bist du vernünftigerweise gezwungen, dem zweiten zu folgen und nicht dem ersten. Wenn du nicht so handelst, ist das die Sünde, der Fehler. Dies geschieht, weil die Freiheit noch nicht vollkommen ist: Denn sie muß von den Geschöpfen stimuliert werden und sie kann auch Fehler machen. Sie ist noch nicht vollkommen, sie ist unterwegs. Die Wahlfreiheit ist nicht die Freiheit: Sie ist eine unvollkommene Freiheit. Denn die Freiheit wird vollkommen sein, erfüllt sein, wenn sie vor ihrem Objekt steht, das die völlige Erfüllung ist. Dann wird sie völlig frei, ganz und gar Freiheit sein.

3. Die Voraussetzungen der Freiheit

Jedoch, Leute, als Schlußanmerkung: Wenn sich jemand mehr zu etwas anderem hingezogen fühlt und stattdessen will ihn Gott hier, was braucht er, um auf das Attraktivere zu verzichten und hierherzukommen?

a) Das Bewußtsein der Bestimmung. Erstens: ein klares Bewußtsein seiner Bestimmung, die Liebe zur Bestimmung. Wenn jemand seine Bestimmung aus den Augen verliert, macht er Fehler. Alle leben so. Wir müssen aufpassen, denn auch wir leben so. Dies ist das Schlimmste, dies ist gegen den Menschen, dies ist Unmenschlichkeit, dies ist der Mensch, der einem Kriterium folgt, das gegen den Menschen ist. Es scheint so, und die ganze Welt sagt: „Das ist richtig, es ist bequem, es bringt dir Gewinn, du möchtest das, also mach das!" Nein! Denn die Bestimmung des Lebens ist nicht das, was wir wollen, sondern das Geheimnis Gottes, das Wissen um das Geheimnis, das Bewußtsein von der Bestimmung.

b) Die Selbstbeherrschung. Zweitens: Man braucht eine Kraft, um sich loszureißen, eine Kraft, um dich von dieser Attraktivität loszureißen, so daß du deine Energie dafür einsetzen kannst, auf die Bestimmung zuzugehen. Man nennt das Abtötung, die Fähigkeit zur Abtötung oder zur Buße. Buße, was auf Griechisch metànoia heißt, das heißt „Änderung der Richtung": Statt in diese Richtung zu gehen, die für dich anziehender ist, mußt du eine Anstrengung unternehmen, um die Richtung zu ändern, um den *nous* zu ändern, um die zu treffende Entscheidung zu ändern.

Die Gemeinschaft

Also: Bewußtsein der Bestimmung – religiöser Sinn – und Energie in der Selbstbeherrschung – Selbstbeherrschung –, deren kritischster Aspekt Abtötung oder Buße heißt. Sagt mir, ob diese beiden Dinge für eine isolierte Person möglich sind. Dies ist der äußerlichste und sichtbarste, am allereinfachsten sichtbare Wert der Gemeinschaft: Sie verweist dich auf den religiösen Sinn, auf die Bestimmung ...

Junge, diese Dinge hörst du nicht einmal von deiner Mutter! Der Verweis auf die Bestimmung und der Aufruf zur Selbstbeherrschung, zur Beherrschung seiner selbst. Du beherrschst dich gemäß der Bestimmung, der du dir bewußt bist. Dies beinhaltet immer ein Sichlosreißen, eine Wunde. Mit christlichem Vokabular heißt das Buße oder Abtötung. Abtötung bedeutet, daß es wie ein Tod aussieht, es scheint ein Verzicht zu sein, aber es ist nicht so! Denn wenn jemand dieses **T** wählt, dann sieht er dieses **b** in einem anderen Licht, er verliert es nicht; er sieht es in dem dauerhaften, ewigen Licht, in dem wahren und ewigen, und er liebt mit einer wahren und ewigen Liebe. Er verliert es nicht mehr, vielmehr verliert es der andere, aber er selber nicht. Habt ihr mich verstanden?

Ich wollte mich ein bißchen beim Problem der Freiheit aufhalten, weil der Glaube, der das Ereignis des menschgewordenen Geheimnisses betrifft, eine Person unter den Dingen wird, unter den anderen und den Dingen ... Jesus war ein Mensch unter den anderen, er war ein Mensch auf den Straßen der Stadt, er war ein Mensch auf den Feldwegen, er war ein Mensch in der Menge von Jerusalem, er war ein Mensch unter anderen. Denkt an Johannes und Andreas: Nachdem sie diesem Mann begegnet waren, sind sie nach Hause zu Frau und Kindern gegangen, zum Fischen – denn auch im letzten Kapitel des Johannesevangeliums heißt es, daß sie nachts zum Fischen gingen. Zum Fischen, mit den anderen in die Synagoge, nach Jerusalem oder sonst wohin – sie machten das gleiche wie vorher, aber nicht so wie vorher. Denn zwischen ihnen und dem, was sie taten, war diese Gestalt. Er stand zwischen ihren Augen und dem, was sie sahen, er war zwischen ihrem Herzen und allem, was sie taten.

Womit hat dieses ∞ zu tun? Mit allem! Mit den Haaren ... „Bei euch aber sind sogar alle Haare eures Hauptes gezählt"[10], das hat er gesagt. Das ist das Schönste, was er gesagt hat, denn nichts beschreibt die unmittelbare, banale, konkrete, materielle und vergängliche Gegenwart so wie ein Haar am Kopf, das herunterfällt. So auch der Blick, mit dem er von der Blume auf dem Feld sprach oder von dem Vogel, der zur Erde fällt. Und um wieviel mehr noch von dem Menschensohn, dem Kind: „Wer aber einem von diesen Kleinen, die an mich glauben, Ärgernis gibt, dem wäre es besser, wenn ihm ein Mühlstein an den Hals gehängt und er in die Tiefe des Meeres versenkt würde."[11] Einem Kind etwas zuleidetun, im materiellen als auch im moralischen Sinn: Im materiellen Sinn hüten sich alle, einem Kinde weh zu tun. Aber im moralischen Sinn tun alle dem Kind weh, es ist ihnen egal, auch dem Vater und der Mutter. Niemand liebt mehr als dieser Mensch. Er nahm ein Kind in den Arm, drückte es an seine Brust und sagte diesen Satz. Angesichts dieser Szene gibt es keine Möglichkeit, sich eine größere Liebe für den Menschen vorzustellen als diese. Eine Mutter, die Mutter dieses Kindes, dürfte sich, wenn sie genügend Weitblick besaß, nicht „zurückgesetzt" gefühlt haben, sondern als Zuschauerin einer Liebe zu ihrem Kind, die größer ist als die ihre.

Der Ruf Jesu impliziert immer, daß ihr euch einer Gemeinschaft anvertraut. Die Zugehörigkeit zu Jesus bedeutet immer die Zugehörigkeit zu einer Gemeinschaft. Diese Gemeinschaften sind wie die Arme Christi auf dem Kind, das Auge Jesu, das die Haare auf dem Kopf zählt, wie das Auge Jesu, das bemerkt, wie der Spatz zur Erde fällt, oder das die Blume auf dem Feld bemerkt, die mächtige Energie, mit der Jesus den toten jungen Mann der Witwe von Nain auferweckt. Aber worauf zielt Jesus vorher und nachher ab? Jesus zielte darauf ab, die Seele dieser Frau aufzuerwecken: „Frau, weine nicht."

Die Gemeinschaft ist wörtlich, physisch Jesus, der diese Dinge macht, Jesus, der gegenwärtig ist. In der Gemeinschaft lernst du also, was deine Bestimmung ist. Und sie gibt dir den Glauben, sie erhält dich im Glauben, sie führt und erzieht deinen Glauben. Sie läßt dich verstehen, was Freiheit ist und erzieht deine Freiheit, im Bewußtsein des entwickelten religiösen Sinns und im Bewußtsein des Opfers, das man bringen muß, und somit in dem demütigen Wissen um deine Sünde, ohne unnötig daran zu verzweifeln, in dem Bewußtsein, daß du Sünden begehen kannst und wie leicht es ist, zu sündigen. Es wird dir bewußt, wie leicht man sündigen kann, denn im Menschen findet sich eine riesengroße Wunde, das Zeichen einer riesengroßen Wunde, so daß der Arm, der dreißig Kilo hätte heben können, keine drei Kilo heben kann. Er ist wie geschwächt, als ob er eine Kinderlähmung hatte. Das heißt Erbsünde. Deswegen sagt dir die Gemeinschaft, daß du keinen Anstoß an der Versuchung, die dich überkommt, nehmen sollst, und nicht einmal an dem Fehler, den du begehst. Aber unerschüttert nimmst du wieder den Weg auf. Und gemeinsam erkennen wir das an, was uns zur Bestimmung führt, erkennen wir das an, was im Leben groß ist – groß im Leben ist das, was zur Bestimmung führt –, wir erkennen aber auch die Faszination, die uns täuscht, das Illusorische der Faszination. All das ist die Erziehung, die dir die Gemeinschaft gibt.

Was muß man also mit seiner Freiheit tun? Das gleiche, was man mit dem Glauben tut. Wie haben die Apostel gelernt, diesem Menschen zu glauben? Sie sind ihm gefolgt. Wenn Johannes und Andreas nur an diesem Tag zu ihm gegangen wären, wäre ihnen ein starker Eindruck geblieben und nach zehn Jahren hätten sie ihren Kindern erzählt: „Wir haben einen Mann gesehen ..." Aber sie hätten kein Vertrauen zu diesem Menschen gehabt. Stattdessen sind sie ihm gefolgt. Und wie kann man in der Freiheit erzogen werden, so daß die Freiheit wirklich die Kraft unseres Lebens wird und somit die Würde unseres Lebens (die Würde des Menschen besteht in der Freiheit, weil diese die Beziehung zum Unendlichen ist)? – In der Nachfolge: Wenn man der Gemeinschaft folgt, in die uns der Herr durch seinen Ruf gestellt hat. Nachfolgen. Es gibt nichts Intelligenteres als nachzufolgen.

Eine Zusammenfassung

Wir haben also gesehen, was Freiheit ist. Die Situation der Freiheit als Unvollkommenheit, eine Freiheit, die unterwegs, unvollkommen ist. Deshalb kann sie wählen ... Warum kann sie wählen? Weil sie unvollkommen ist.

Ich machte diese Bemerkung in der Schule: Wenn die Freiheit einmal an diesem Punkt (∞) ankommt, ist sie nicht blockiert, sondern ganz weit geöffnet, sie ist vollkommen. Bei (**b**) ist die Freiheit in gewissem Sinne blockiert, auch wenn (**b**) eine große Anziehung ausübt, und deshalb hat sie einen Spielraum, wird sie hin- und hergeworfen, wie ein Mechanismus, der nicht richtig eingerastet ist.[12] Da sie dort hin- und hergeworfen ist, kann sie etwas anderes wählen. Die Möglichkeit zu wählen gründet in der Tatsache, daß die Freiheit noch unvollkommen, noch nicht sie selber ist.

Also, wir haben gesehen, was Freiheit ist, was die Bedingung der Freiheit ist. Denn die Freiheit besteht nicht in der Möglichkeit zu wählen, sie schafft nur deshalb die Möglichkeit zu wählen, weil sie nicht vollkommen ist. Die Freiheit als Wahlfreiheit kann auf eine Sache hinzielen, die sie nicht tun soll. Denn sie *muß* nur das, was sie zur Bestimmung führt. Das Gesetz der Moral besteht darin: das zu wählen, was die Freiheit zur Bestimmung führt. Stattdessen wählt sie etwas, das sie nicht zur Bestimmung führt, das sie der Bestimmung entzieht. Und das ist die Unvollkommenheit, der Fehler, die Sünde. Als ob man sagen würde: „Der Junge hätte ganz patent sein können, schade ... er ist es nicht gewesen."

Um aber die richtige Wahl zu treffen, braucht man eine Klarheit im Bewußtsein der Beziehung zu Christus, der Beziehung mit Bestimmung: den gelebten, religiösen Sinn. Lest das Johannesevangelium, Kapitel 1 und 21, wie sie dort an jenem Morgen alle beisammen sind ... und Jesus hatte für alle etwas zu Essen vorbereitet – welche Aufmerksamkeit! Und niemand wagt zu sprechen, weil alle wissen, daß er der Herr ist. Er ist dort neben Simon und sagt leise zu ihm, ohne daß es die anderen bemerken: „Simon, liebst du mich mehr als diese da?" Dies ist der Höhepunkt der christlichen Moral. Der Beginn und das Ende der christlichen Moral. Er sagt ihm nicht: „Simon, du hast mich verraten. Simon, denk daran, wie oft du einen Fehler gemacht hast. Simon, überleg einmal, wie oft du mich verraten hast! Simon, denk daran, daß du auch morgen noch einen Fehler machen kannst, und übermorgen ... Überleg einmal, wie zerbrechlich und feige du mir gegenüber bist." Aber wo denn?! „Simon, liebst du mich mehr als diese da?" Er sieht über all dies hinaus, alles miteinbezogen. Und dieses *„über alles hinaus"* ist mitreißend. Und Petrus in seiner Liebe zu ihm ist am Ende auf die gleiche Weise wie Er gestorben. Lest im Buch *Un avvenimento di vita, cioè una storia* auf Seite 408 den Satz vom heiligen Thomas von Aquin, der etwa sagt, daß der Mensch seine Würde in der Wahl dessen findet, was er am meisten im Leben schätzt und von dem er die größte Erfüllung erwartet.[13]

Wenn du dir die Erfüllung von etwas erwartest, das morgen Staub sein kann, wirst du Staub haben. Aber wer verweist auf diese Sache? Niemand kann auf sie verweisen, keiner von uns hat die Kraft, sich diese Sache in Erinnerung zu rufen. Nur gemeinsam. So ist die Kirche, die in der Welt auf die Welt hinweist. Es könnte eine große Persönlichkeit dasein, edler als Sokrates und ein größerer Redner, als es Demostenes war: Er redet ins Blaue hinein! Am nächsten Tag veröffentlichen alle Zeitungen seine Rede, alle schätze ich, aber keiner folgt ihm. Nur in der Gemeinschaft werden diese Abtötung oder diese Faszination des Seins, das heißt der religiöse Sinn wachgerufen – diese Faszination des Seins oder das Bewußtsein der eigenen Zerbrechlichkeit, die man der Wahlmöglichkeit verdankt. Es ist gut, wählen zu können, aber es ist nicht gut, etwas Schlechtes wählen zu können, also hat es zwei Seiten. Die Freiheit führt nicht in eine böse Situation, sie führt in eine Position, die zwei Seiten hat: Sie kann das Gute wählen und sie kann das Böse wählen. Die Gemeinschaft hilft einem, dies zu verstehen, sich dessen bewußtzuwerden, wenn man schlecht wählt, und anzuerkennen, daß man schlecht gewählt hat, und die Kraft zu haben, sich selbst zu beherrschen, um sich vom Bösen loszureißen – durch die Abtötung, Buße oder *metànoia*, die Änderung der Mentalität –, um dem anzuhängen, was zur Bestimmung führt, und um die Bestimmung jeden Tag zu erwarten, jeden Tag zu erwarten, daß sie komme.

Einladung zum Gebet

Deshalb müßt ihr euch ab jetzt so oft wie möglich die Wiederholung des kurzen Gebetes *Veni Sancte Spiritus, veni per Mariam,* zu eigen machen. Es ist das Emblem der *Memores Domini*. Komm, Geist des

Unermeßlichen, des Geheimnisses, denn der Geist des Geheimnisses, der Geist Christi läßt uns die Dinge verstehen, gibt uns die Energie, den richtigen Dingen nachzufolgen. Und wie hilft uns der Geist Christi? Durch den Schoß einer Frau. Christus ist aus dem Schoß eines siebzehnjährigen Mädchens geboren, das heißt durch den Schoß unserer gemeinsamen Erfahrung, einer Erfahrung in der Gemeinschaft. Aus dem Schoß einer konkreten Erfahrung teilt uns der Heilige Geist das Licht und die Hilfe mit.

EIN GESPRÄCH ÜBER DIE FREIHEIT

Worte, die ihr als Vortrag gehört habt, oder Worte, die als Gebet gesprochen wurden. Ihr habt Schwierigkeiten, sie zu verstehen. Wir lassen sie euch nicht deswegen wiederholen, weil wir dumm sind und euch etwas wiederholen lassen, das ihr nicht versteht. Wir wissen, daß sie schwierig sind. Auch wir haben sie nicht verstanden, als wir so klein waren wie ihr. Aber nur wenn man sie wiederholt, versteht man sie. Das, was das Kind mit zwei Jahren „Mama" nennt, wird es, auch wenn es einmal fünfzig Jahre alt sein wird, mit dem gleichen Wort bezeichnen. Aber dasselbe Wort, nicht ein anderes Wort, wird zutiefst anders sein, viel tiefer verstanden, viel tiefer geliebt, viel tiefer beurteilt ... Aber man hat es das ganze Leben lang wiederholt. Und das ist die Methode, mit der wir zu Gott gehen, mit der wir uns mit Christus verstehen.

Dies ist mir in den Sinn gekommen, als ich folgenden Satz gehört habe: „Darum kennen wir von jetzt an niemanden mehr dem Fleische nach."[14] Erinnert ihr euch noch daran? Nein?! „Wenn einer in Christus ist, so ist er ein neues Geschöpf." Ich denke, keiner könnte mir diesen Satz hinreichend erklären; wenn ich fragen würde: „Erklärt mir diesen Satz", könntet ihr ihn mir alle nicht erklären – es sei denn er wäre Genie, irgendein noch unbekanntes Genie. Ist jemand da, der mir diesen Satz erklären könnte?

Wenn ihr nicht hinreichend wißt, was er bedeutet, warum wiederholt ihr ihn dann? Weil man ihn euch wiederholen läßt! Und warum läßt man euch ihn wiederholen? Weil er eine Form des Bittens ist. Man weiß sehr wohl, um „wen" man bittet, man bittet um Christus. Man versteht nicht die Formel, mit der man um ihn bittet. Diese wird sich mit eurer Erfahrung ergeben, die mit der Zeit reift.

Habe ich mich nicht klar ausgedrückt? Diese Formel, die du nicht verstanden hast, ist eine Gebetsformel, eine Bitte um Christus. Ist es richtig, daß du um Christus bittest? Ist es richtig, ja oder nein? Ja! Aber diese Bitte wurde mit einem solchen Bewußtsein formuliert, daß es eine gewisse Reife erfordert, sie zu verstehen. Du wirst sie also verstehen, wenn du reifer wirst.

Aber wenn du sie verwendest, weil du um Christus bitten willst, verwendest du sie nicht ins Blaue hinein. Du verwendest sie, weil du um Christus bittest. Wichtig ist nicht die Formel, sondern um Christus zu bitten. Denn das Größte, was der Mensch mit all seiner Intelligenz machen kann, mit all seiner Freiheit, was ist das? Bitten, oder betteln, was dasselbe ist. Denn der Mensch ist ein armer Kerl! Und ein

wirklich armer Kerl kann nichts anderes tun, als zu bitten, ein ganz armer Kerl oder ein kleines Kind. Das kleine Kind bittet mit allem, was es sagt und tut: Ob es nörgelt, weint, etwas will, das Händchen ausstreckt, an den Kleidern der Mama zieht ... es bittet.
Schauen wir mal, was war das Thema der letzten Lektion?

Die Freiheit.
Ihr könnt euch glücklich schätzen, in eurem Alter eine Unterweisung in Sachen Freiheit zu erhalten. Wer von euren Freunden hat schon dieses Glück? Hattet ihr dieses Glück schon mal? Niemand hat zu euch je über Freiheit gesprochen! Alle sprechen zwar von Freiheit und meinen, sie verstanden zu haben, doch das ist nicht der Fall. Auch mit dem, was wir gesagt haben, habt ihr nicht schon etwas gelernt. „Gesagt" ist nicht schon gelernt. Man muß die Dinge wiederholen, und durch das Wiederholen klären sie sich, wenn man aufmerksam hinhört. Zu einem bestimmten Zeitpunkt wird euch ein Licht in euch aufgehen, das jetzt noch nicht da ist oder kaum wahrgenommen werden kann.
Aber worauf kommt es an? Worauf kommt es auch bei dieser Erläuterung an? Auf den Wunsch zu verstehen, das heißt zu bitten, darum zu bitten, daß man versteht, zu bitten, immer zu bitten. Es gibt keinen anderen Reichtum als den, zu bitten. Bitten bedeutet nicht, einen Anspruch zu erheben. Wenn man etwas beansprucht, bittet man und stellt bestimmte Bedingungen. Man gibt schon eigene Maßstäbe vor. Man kann keine Ansprüche an etwas stellen, das man nicht kennt, man kann nur bitten.

Was bedeutet es, daß alle Geschöpfe nicht in der Lage sind, die Weite meines Wunsches zu erfüllen?
Weil sie nicht das gleiche sind wie die vollkommene Verwirklichung meines Wunsches. Deswegen schweift mein Wunsch zunächst hin und her und kann eine Wahl treffen. Und man neigt dazu, das zu wählen, was am meistens anziehend ist, das heißt die Emotion wiegt mehr als die Entsprechung. Die momentane Emotion zählt mehr als die Entsprechung mit der eigenen Bestimmung. Das ist natürlich!
Aber das Schönste ist das Verständnis vom Loslassen oder der Abtötung. Dich loszureißen von dem, was die größere Emotion in dir hervorruft, und zwar aus Liebe zu dem, was dir am meisten entspricht und was richtiger ist, die Abtötung also, um das moralische Gesetz zu bejahen (das heißt die Beziehung zur Bestimmung an Stelle von dem, was dich instinktiv anzieht), diese Abtötung schließt nichts aus: *Omnis creatura bona* (jedes Ding ist gut). Dieser Satz, so sagt Charles

Moeller in der Einführung von *Saggezza greca e paradosso cristiano*,[15] ist der großartigste Satz in der ganzen Geschichte des menschlichen Denkens. Denn die ganze Geschichte des menschlichen Denkens unterscheidet das, was gut ist, von dem, was böse ist. Das Christentum hingegen sagt: Nichts ist schlecht, es gibt kein böses Geschöpf. Die Bosheit besteht in der Wahl dessen, was im Widerspruch zu deiner Bestimmung steht. Das Böse ist nur dort, wo sich die Wahl in Freiheit vollzieht. Deswegen ist der Urheber der Sünde der Mensch, die Freiheit des Menschen. Aber auch diese wird von etwas anderem beherrscht und umgewälzt: von der Tatsache, daß dich die Bestimmung wiederaufnimmt und erinnert. Sie gibt dir die Energie, um dich wieder zu fangen und dich wieder zu erinnern. Um dir diese Energie zu geben, durch die du dich wieder fangen kannst und besinnen kannst, ist Er direkt gekommen. Es ist die Gemeinschaft, in der du innerhalb der Kirche lebst, zu der du gehörst. Er läßt dich einer Gemeinschaft angehören, in der Er dir so hilft. Die Gemeinschaft ist das, dem man angehört: Sie ist mehr als der Vater, die Mutter und die Familie.

Besteht die unvollendete Freiheit auch zu Christus?
Die unvollkommene Freiheit ist die unvollkommene Freiheit. Die Freiheit ist gegenüber jeder Sache unvollkommen. Gegenüber sich selber, gegenüber der Bestimmung, gegenüber Christus, gegenüber der Mutter, dem Vater, der Freundin ... sie ist unvollkommen gegenüber allem. Ihre Unvollkommenheit gilt allem gegenüber und somit ist die Freiheit auch gegenüber Christus unvollkommen.

Gerade deshalb kann Christus ohne all die Anziehung erscheinen, die er haben müßte. Denn die Freiheit läßt die Augen zu etwas anderem hinschielen, und somit erscheint Er nicht als das, was Er ist. Um zu verstehen, wie er ist, müßte man ihn gut anschauen. Haben Andreas und Johannes, als sie dort waren, etwa die Möbel im Haus angeschaut, während er redete? Schauten sie die Bilder an, die an der Wand hingen? Sie waren dort und schauten ihn an. Sie schauten ihn an, wie er sprach. Und da ihre Freiheit unvollkommen war, war das Anhängen an das, was er sagte, ein zitterndes, es war schwach, aber es war vorhanden, es war gewollt.

Auch gegenüber Christus sind wir unvollkommen, gewiß. Ihm gegenüber sind wir sogar viel unvollkommener als anderen gegenüber. Warum? Wegen der Erbsünde. Wir tragen diese Wunde in uns, diese Kinderlähmung, die um so größer wird, desto größer das Objekt ist, mit dem wir in Beziehung treten. Je größer und würdiger es ist, desto mehr kommt diese Wunde zum Vorschein. Die Erbsünde ist kein Mangel, so als ob Gott ein fehlerhaftes Geschöpf gemacht hätte. Die

Erbsünde ist vielmehr eine Handlung des Menschen, die Gott mit allen anderen Menschen so verbunden hat, daß der verfehlte Beginn auf alles zurückwirkt.

In der Schule machte ich immer ein Beispiel. Stellt euch diese Schnur auf diesem Tisch vor. Wenn sie auf dem Boden liegt, kannst du ganz einfach auf der Schnur gehen, fast ohne sie anzusehen. Aber wenn du die Schnur nimmst und sie hundert Meter über dem Boden aufspannst, dann dreht sich dir der Kopf und du schaffst es nicht mehr, wenn du nicht gerade ein guter Seiltänzer bist, der viel geübt hat. Aber wenn du sie tausend Meter über dem Boden aufspannst, fällt sogar der Seiltänzer hinunter.[16] Die Erbsünde ist eine existentielle Bedingung, an der der einzelne Mensch keine Schuld trägt, aber deren Konsequenzen er trägt. Schuldig ist, wer sie begangen hat. Und wie er sie begangen hat und worin sie bestanden hat, dies ist ein Geheimnis, das Geheimnis des Anfangs. „Geheimnis" ist etwas Unangenehmes, aber wenn man dieses Geheimnis nicht zugibt, versteht man vom Unglück des Menschen nichts mehr. Der Mensch ist ein Unglück. Die Lehre von der Erbsünde erklärt dieses Unglück in der angemessensten Weise, die man sich vorstellen kann.

Wie kann man die Freiheit ins Spiel bringen, wenn die Arbeit anstrengend und ermüdend ist?

Wenn ich eine anstrengende Pflicht zu erfüllen habe, wie bringe ich in einer so anstrengenden Angelegenheit meine Freiheit ins Spiel? Sag mir mal das Schwierigste, was es gibt. Der Tod. Du weißt, daß Jesus umgebracht wurde, und das zu Unrecht. Wie hat er da seine Freiheit verwirklicht?

Indem er es angenommen hat! Indem er den Plan eines anderen angenommen hat, der der Wille Gottes war: „Vater, wenn es möglich ist, laß mich nicht sterben (hat er gesagt, und somit gezeigt, daß er ein Mensch ist, wie ich). Doch nicht mein, sondern dein Wille geschehe (und hat bewiesen, daß er eine viel mächtigere Freiheit hatte als die meine)."[17] Und somit hat er auch mich fähig gemacht, bei einer anstrengenden Arbeit zu sagen: „Dein Wille geschehe." Ist das klar? Ist diese Haltung intelligent oder ist es eine sklavische Haltung? Ist es eine intelligente Haltung, zu sagen: „Ich akzeptiere etwas Schweres, Anstrengendes" als Kreuz Christi? Warum ist es richtig oder – noch besser – vernünftig, den Willen Gottes mit dieser Anstrengung zu erfüllen, die dich bis zum Tod führen kann?

Weil es entspricht.
Wem oder was entspricht es?

Deinen Bedürfnissen nach Glück.
Aber entspricht es deinen Bedürfnissen nach Glück, zu sterben?

Es entsprach der Sendung, die ihm gegeben worden war.
Also ist die anstrengende Arbeit, die es zu verrichten gibt, eine Sendung, die dir anvertraut worden ist. Von wem? Von Gott. Durch den Herrn, von Gott; von Gott wurde Christus diese Aufgabe durch Pontius Pilatus, damals einige wenige Jahre lang der Herr des jüdischen Volkes, anvertraut. Deswegen ist es etwas Intelligentes, das heißt Vernünftiges, was genau dem Herzen entspricht, weil es dem Willen Gottes entspricht. Wenn etwas dem Willen Gottes entspricht, so heißt es, daß es der eigenen Bestimmung entspricht und daß man auf dem Weg seiner eigenen Bestimmung ist. Was dich auf deine Bestimmung zugehen läßt, ist vernünftig. Und deine Bestimmung ist das Geheimnis Gottes.

Aber entschuldigt, jetzt bin ich gezwungen, es euch zu fragen: „Was ist Freiheit? Die Fähigkeit zur Beziehung mit der Bestimmung. Die Bestimmung, was ist die Bestimmung? Stellen wir eine leichtere Frage: Wo befindet sich die Bestimmung? Die Bestimmung findet sich am Ende des Lebens. Autobahn Mailand-Como. Wo beginnt Como? Wo die Autobahn nach Como endet! Die Straße von Mailand nach Pavia. Die Straße endet dort, wo Pavia beginnt. Das Ziel ist das erste, das man vor Augen hat. Wenn man beginnt, eine Straße zu bauen, hat man zuerst das Ziel vor Augen, den Bestimmungsort (der Pavia ist). Dann bauen sie die Straße, sie arbeiten und arbeiten und arbeiten ... sie kommen bis nach Pavia: Die Arbeit ist beendet! Die Bestimmung liegt am Ende der Straße, das heißt jenseits des letzten Teils der Straße, sie ist jenseits des Todes. Vernünftig ist all das, was dich dem Ziel näher bringt, der Bestimmung. Nicht der Instinkt, den du verspürst, entspricht dem Herzen, sondern das, was dein Herz seiner Bestimmung näher bringt. Und das, was dein Herz seiner Bestimmung näher bringt, kann ein Leben voller Entbehrungen und Schmerzen sein.

Man hat euch bestimmt nicht empfohlen, den Roman *Leben und Schicksal*[18] zu lesen. Vermutlich kennt ihn keiner von euch. Nehmt in zur Hand, und in drei Jahren habt ihr ihn durchgelesen! Dort wird das Leben des russischen Volkes unter Stalin beschrieben, es ist ein historisches Buch, schrecklich, wunderschön. Ein Buch, das eines Dostojewskij würdig wäre. Es sind alles niedergemetzelte und getretene Leben. Und doch: War es richtig, sich das Leben zu nehmen oder zu leben? Es war richtig, daß sie lebten, denn wenn sie lebten, dann akzeptierten sie, ohne es zu wissen, den Weg, der zu ihrer Bestimmung führte. Es ist vernünftig, zu leben. Sonst wäre es nur vernünftig, sich in die Schläfe zu schießen, wenn die Dinge nicht so gehen, wie man möchte. So einfach ist das nicht!

Sie haben gesagt: Das Unendliche muß den Menschen erreichen, um seine Freiheit anzuziehen. Also ist diese Bestimmung schon jetzt gegenwärtig. Ich würde gerne wissen, ob die Erfahrung der vollkommenen Freiheit als dem Anhängen an die Totalität schon jetzt möglich ist, auch innerhalb der Wahl.

Das Anhängen an die Bestimmung ist der Sinn eines jeden Schrittes, den man auf dem Weg macht. Weg: Du kannst deine Schritte auf die Bestimmung hin vielleicht ein wenig langsamer, ein wenig schüchterner, ein wenig schwächer machen, auf jeden Fall machst du Schritte auf deine Bestimmung hin. Jeder Schritt auf deine Bestimmung hin ist ein Schritt auf deine vollendete Bestimmung hin (es gibt kein halbe oder drei Viertel Bestimmung), aber das unmittelbare Objekt deines Willens und deiner Handlung ist nicht die Gegenwart der Bestimmung in ihrem vollendeten, letzten Ausdruck. Folglich kann dich das nicht zufrieden stellen. Es kann dich höchstens zufriedener machen, als wenn du das Gegenteil machen würdest: „Wer mir nachfolgt, wird das ewige Leben haben (und das ist die Bestimmung) und das Hundertfache hier auf Erden."[19]

Die Art und Weise, mit der wir im Paradies jemanden oder etwas lieb haben werden, ist eine Art und Weise, die nur von jemandem geahnt und verstanden werden kann, der wirklich, intensiv und treu, mit seiner ganzen Person in diesem Moment andere Menschen liebt. Wer den eigenen Nächsten mit seiner ganzen Person, mit seiner ganzen Treue, mit seiner ganzen Willenskraft, mit seiner ganzen Fähigkeit zum Opfer, also mit seiner ganzen Affektivität liebt, kann etwas mehr erahnen, sich etwas mehr vorstellen, wie das Paradies sein wird, aber es ist noch nicht das Paradies.

Deswegen wird, wer ihm nachfolgt, das Hundertfache hier auf Erden erhalten. Ich sagte vom ersten Jahr an, als ich im Gymnasium Religion unterrichtete: „Das Hundertfache hier auf Erden bedeutet, daß ihr hundertmal mehr eure Freundin lieben werdet. Ihr werdet hundert Mal mehr euren Freund lieben, ihr werdet hundert Mal mehr euren Vater und eure Mutter lieben, ihr werdet hundert Mal mehr eure Schulkameraden lieben. Denn ihr seid schon fünf Jahre zusammen und es herrscht eine völlige Fremdheit unter euch, es gibt keine Freundschaft unter euch, es gibt nur ein Nebeneinander. Die stillschweigende Übereinkunft, eine Übeltat zu begehen, oder die stillschweigende Übereinkunft, zusammen am Samstag oder Sonntag in die Berge zu gehen. Aber es gibt keine Freundschaft, denn Freundschaft bedeutet, die eigene Existenz in das Leben des anderen hineinzugeben." Deshalb gilt: Wer mir nachfolgt, wer der Bestimmung nachgeht, wer zur Bestimmung hinstrebt, wird die Bestimmung haben, wird seine Bestimmung erreichen und wird auch das Hundertfache hier auf Erden erhalten.

Ich hoffe, ihr kennt die ersten beiden Bücher von Guido Clericetti, mit ihren Witzen, die so oft Beobachtungen mit einem großartigen Humor sind, und der große Humor ist immer eine Traurigkeit. Zum Beispiel diesen hier: „Jahrestag: Ich lese in deinen Falten …"[20] Das bringt einen zum Weinen. Ich lese in deinen Falten. Na ja, jedenfalls ist ein dritter Band erschienen, und alle Sätze sind so wie dieser, fast alle. In diesem Band befindet sich auf der letzten Seite des Einbandes eine Zeichnung, die den Sternenhimmel zeigt, und darunter steht: „Verbindet alle diese Sterne mit einem Strich und ihr bekommt das fertige Bild." Die Bestimmung ist es, den Verbindungsstrich zwischen allen Dingen zu zeichnen, und dies vollzieht sich erst am Ende, denn es ist nur von einer anderen Perspektive aus möglich. Aus der Perspektive dessen, der die Sterne macht. „Wer mir nachfolgt, wird das ewige Leben erlangen und das Hundertfache hier auf Erden", wird die Sterne hundert Mal mehr genießen können.

Dies ist mir einmal passiert, als ich Kaplan der Mailänder Siedlung war, die sich in Celle Ligure befindet. Ich war dort seit dem Winter Kaplan, weil ich erkrankt war, und habe dort sehr schöne Erfahrungen gemacht. Zum Beispiel ging ich jeden Abend von Celle Ligure nach Varazze und dann wieder zurück. Dort befindet sich eine Meeresbucht, die Küste macht eine Schleife, eine niedrige Mauer steht dort, und dann sind dort der Strand und das Meer. An dem Frühlingsabend saßen auf der kleinen Mauer eine große Zahl von Pärchen, und ich ging so oft vorbei und sagte zu mir: „Wer weiß, diese armen, diese wirklich armen Leute hier, die leben ohne zu wissen, warum sie leben, wodurch sie leben, und deshalb leben sie instinktiv (aber alle Leute sind so)." An einem Abend war kein Mond zu sehen, aber der Himmel war völlig klar und mit Sternen übersät. Genau an der Wegbiegung habe ich, wie es noch nie jemand gesehen hat, etwas am Meer gesehen – ich weckte die Kinder am Morgen mit den Worten auf: „Kommt, wir gehen ans Meer, um die Brücke über dem Meer zu sehen! Die Brücke überm Meer!"[21] Daraufhin wachten alle schnell auf, denn sonst brauchten sie eine halbe Stunde. Also gut, ich habe die Brücke auf dem Meer gesehen, die durch die Milchstraße entsteht, und ich starrte wie gebannt auf dieses Phänomen. Und dann habe ich gedacht: „Es ist wahr, daß es das Hundertfache hier auf Erden gibt. Wer kann schon die Dinge bis zu diesem Punkt beobachten? Normalerweise niemand." Versteht ihr mich? Die Milchstraße, die die Brücke auf dem Meer bewirkt, ist kaum sichtbar, aber klar zu sehen, ohne die Kraft der Brücke des Mondes, die wie die der Sonne ist. Es ist nicht irgendein beliebiger Widerschein, sondern wirklich eine Lichtbrücke. Die Lichtbrücke auf dem Meer, durch die Milchstraße entstanden, hat keiner von euch jemals gesehen, jemals beobachtet oder jemals entdeckt. Und keiner würde sie jemals entdecken, wenn er den Dingen nicht die Aufmerksamkeit schenken würde, zu der die Liebe zur Bestimmung, die Christus ist, befähigt.

In diesen Tagen ist mir bewußtgeworden, daß ich den Personen gegenüber eine gößere Freiheit verspürt habe, da ich die Möglichkeit hatte, ihre Bestimmung mehr in den Blick zu nehmen. Aber gerade dadurch, daß ich mir bewußt wurde, daß meine Freiheit, wie die aller Personen, begrenzt ist, wollte ich fragen, ob mit dieser Erfahrung der Freiheit auch die Erfahrung der Gnade eng verbunden ist!

Die Erfahrung der Freiheit, bei der du ein Geschöpf in Beziehung zu seiner Bestimmung anblickst – und folglich zu deiner Bestimmung, denn für alles gibt es nur eine einzige Bestimmung –, ist eine Handlung, die du vollziehst. Du verstehst, daß es deine Handlung ist, denn vielleicht wärest du versucht, die Person auf eine andere Weise anzuschauen, und du schaust sie nicht auf eine andere Weise an, weil du urteilst und sagst: „Ja, auf eine andere Weise ... und was dann?"

Aber wenn du nicht bestimmte Menschen gefunden hättest, die dir eine Wegbegleitung geworden sind, wenn du nicht gewisse Dinge zu hören bekommen hättest, wenn deine Mutter dir nicht das Vaterunser beigebracht hätte, wenn der, der dich gemacht hat, dir nicht eine bestimmte Sensibilität der Seele gegeben hätte – auch wenn du ungelenk und rüpelhaft bist wie der größte Teil deiner Altersgenossen. Und du hättest von diesen Geschöpfen mit der gleichen Rüpelhaftigkeit, dem gleichen Widerwillen gesprochen, die bei so vielen Menschen aufkommen, wenn sie sprechen (bei soviel Jungen, wenn sie von den Frauen sprechen und so weiter ...). Das heißt also, daß es nicht nur eine reine Wahl deiner Freiheit ist, ausschließlich nur deiner Freiheit, sondern es ist deine Freiheit, die sich einer Reihe von Indizien und guten Anreizen, die sie schon in sich hat, zuwendet. Dies ist die Freiheit. Sich dem zuzuwenden, das dich zum Richtigen und Guten drängt.

Das, was dir dies ermöglicht, heißt Gnade. Es ist Gnade, einen Charakter mit einer bestimmten Sensibilität zu besitzen, mit einem gewissen instinktiven Widerwillen gegenüber Grobheit. Es ist Gnade, das Vaterunser gelernt zu haben, es ist Gnade, bestimmte Freunde getroffen zu haben, es ist eine Gnade, gesagt bekommen zu haben: „Komm doch", eine unvergleichliche Gnade, so daß ihr jetzt etwas erahnen könnt. Aber wieviel Zeit braucht es, um es besser zu verstehen! Die Zeit, die verstreicht, das ist Gnade!

Aber auch wenn du diese Gnade erhalten hast, kann deine Freiheit so widerspenstig sein, so rebellisch, so nihilistisch, so unruhig, so instinktiv, sie kann die Instinktivität, die immer im Inneren ist, so lieben, daß sie „nein" zu all dem sagt, wozu dir die Sensibilität, das Vaterunser und die Gemeinschaft raten.

Daß du „ja" sagen kannst, ist deshalb Folge einer vorangegangenen Gnade (der von vorhin) und Folge einer immanenten Gnade im Augenblick der Wahl, im Augenblick des Vollzugs, in dem Augenblick, wo du es annimmst, an die Bestimmung zu denken. Es ist immer eine Gnade, die dich in dem Augenblick bereitet und stützt. Deshalb besteht deine Freiheit viel mehr in der an Christus gerichteten Bitte um die Gnade, die dich im fraglichen Augenblick erleuchten und stützen möge anstatt zu sagen: „Christus, laß mich schon machen. Ich kümmere mich darum. Wenn der Augenblick kommt, mach ich das schon." Dies ist eine Anmaßung, die dich teuer zu stehen käme.

Das, was einen Geist ausmacht, welcher die den Dingen eigene Bestimmung liebt, das heißt ein freier Geist, der die Dimension der Freiheit lebt, ist eine äußerst menschliche Eigenschaft, die sich in denen findet, die ein einfaches Herz haben, sie findet sich oft in den Armen. Und wenn sie sich in einem Reichen findet oder in einem intelligenten und gebildeten Menschen, dann ist es wirklich ein Wunder: die Dankbarkeit … die Dankbarkeit, ein Hauch Dankbarkeit, wie ein Saum, ein Rand der Dankbarkeit, ein Hauch von Dankbarkeit in der Handlung selber, aber in allem, was er macht. Und dies ist das Schönste, was man in einem Gesicht und in der Haltung der Menschen bemerken kann. Mir ist etwas in Erinnerung geblieben, was in einem etwas kläglichen Theaterstück im Seminar ein kleiner Mönch sang: „Der Herrgott sieht die Güte mehr als das Gesicht." So auch der Mensch. Der Mensch sieht die Güte mehr als das Gesicht, da sie realer ist, konsequenter und berührbarer. Die Güte ist wichtiger als die solide oder dünne Quadratur der *façade*, der Fassade.

Das letzte Mal haben Sie uns in der Lektion über die Freiheit gesagt: „Sagt mir, ob diese Dinge für eine isolierte Person möglich sind." Ich wollte also fragen, welche Aufmerksamkeit wir dieser neuen Begleitung für uns während der Woche (die Versammlungen fanden am Samstag statt) schenken sollen. Auf welche Weise ist sie ab sofort Teil der Natur der Dinge, über die wir jetzt sprechen.

Also, zunächst – der erste Aspekt der Frage – kann diese Freiheit anerkannt und gelebt werden, wenn man alleine ist? Theoretisch ja, existentiell ist es unmöglich – es sei denn durch ein Wunder –, denn alleine ist der Mensch eine Beute des Umfeldes, in dem er lebt. Und nur ein staunenerregender Eingriff Gottes kann das Individuum vor seinem Umfeld retten, vor seinem äußeren Aspekt und vor der Mentalität, vor den normalen Gewohnheiten des Umfeldes, in dem er lebt. Zunächst einmal also ist es alleine – sagen wir mal – schwieriger, daß die Freiheit auf solch eine Weise wahrgenommen und begriffen wird, daß sie gelebt wird.

Wenn es alleine so schwierig ist, wird es gemeinsam leichter. Was heißt gemeinsam? Wenn es passiert, mit anderen denselben Weg zu gehen. Und wenn diese Gemeinschaft mit anderen eine Führung und eine Form bekommt, wenn sie geführt und unterstützt wird durch den Verweis auf das, was richtig ist, was wahr ist, durch einen Verweis auf das, was Freiheit wirklich ist, durch einen Verweis auf die Bestimmung, für die wir gemacht sind, durch einen religiösen Verweis, durch einen christlichen Verweis. In einer Gemeinschaft, in der man einen christlichen Verweis macht und wo die Leute der Gemeinschaft zustimmen, weil sie eben diesen Verweis in sich trägt. Noch mehr: Wo die Leute hingehen, weil sie die gleiche Berufung gespürt haben. Und so wird es leichter, das, was Freiheit ist, zu verstehen und vor allem sie zu verwirklichen.

Anna wohnt an einem bestimmten Ort, sie unterrichtet in einer Schule und arbeitet in einem bestimmten Kurs an der Universität mit. Wenn sie den Telefonhörer in die Hand nimmt, und du bist zu Hause, weil du am Mittwoch bis zwölf Schule hast oder am Samstag, weil du da nicht arbeitest, sagt sie dir: „Wie geht's?" Du bist überrascht, daß dich eine Person, die du bisher nicht gesehen hast, jetzt anruft. Du hast dich nicht einmal daran erinnert, daß sie die Leiterin eurer kleinen Gruppe war, und freust dich sehr, daß sie dich angerufen hat. Sie sagt dir: „Nur Mut, hej! Schau, auch ich habe meinen Mut zusammennehmen müssen, nicht nur gestern, sondern auch jetzt. Also hab Mut, bitte die Gottesmutter, bitte den Heiligen Geist um die Gnade, zu verstehen. Zum Beispiel das, was wir das letzte Mal über die Freiheit gehört haben." Vielleicht warst du gerade in einer etwas schwierigen Situation mit deinem Vater, mit der Mutter, mit dem Jungen, dessen Nase dich anzog ... und du dankst ihr. „Ciao", „Ciao". Du legst den Hörer auf und sagst: „Nein, ich muß entschiedener sein." Und du wirst entschiedener im Umgang mit dem Jungen, dessen Nase du attraktiv fandest. Ist das klar geworden?

Die Gemeinschaft – wie wenn man in den Bergen wandert –, die Gemeinschaft als gegenseitiger Aufruf (wenn man in einer Gemeinschaft ist, ruft man sich gegenseitig auf: „Paß hier auf, paß dort auf", man spricht mit dem einen und mit dem anderen), die Gemeinschaft als gegenseitiger Aufruf zur Bestimmung, zum Ziel oder zur Freude oder zur Reinheit der Dinge: Sie hilft dir, mit Freiheit zu handeln, sie läßt dich besser verstehen, was Freiheit ist.

„Weißt du, Anna, ich habe das hier mit der breiten und schmalen Linie nicht verstanden: Die enge Linie ist die weiter oben, die breite Linie ist die weiter unten, rechts, und ich bin mehr zu dieser breiten hier unten hingezogen. Wie kann ich die Linie weiter oben links wählen, die schmaler ist?" Dann erklärt sie dir, warum die Zeichnung nicht perfekt ist – und das hat auch derjenige gesagt, der sie gemacht hat, daß man zwei Ebenen bräuchte, daß auch er nicht dumm ist. Und während sie dir erklärt, wirst du von dieser Auffassung von Freiheit immer mehr ergriffen. So lernt man. Nach Jahren in dieser Gemeinschaft wird man anders, anders als die anderen: In der Arbeit ist man anders, in der Schule ist man anders, in der Universität ist man anders, in der Familie wird man anders als die anderen. Man versteht, denkt, fühlt, handelt und geht die Dinge anders an als die anderen. Er ist ein Mensch – würde der heilige Paulus sagen – er ist ein neuer Mensch, denn in Christus Jesus zählt es nichts, ob man Grieche oder Jude ist (die große, ideale Unterscheidung von damals), sondern das, worauf es ankommt, ist das neue Geschöpf, eine neue Art zu denken und zu fühlen.[22] Nach ein paar Jahren ... aber was, Jahren: von Monat zu Monat wird man anders, auch wenn man nicht versteht, wie.

Ich habe die *Gioventù Studentesca* in der ersten Klasse des Berchet-Gymnasiums begonnen, und während des ganzen Jahres ist kein einziger zu meinen Treffen gekommen. Deshalb machte ich mein Treffen mit einigen Jungen des Gymnasiums – es waren sieben bis acht – die ich auf der Straße getroffen hatte und die mir treu waren. Am Ende des Jahres bin ich zum Direktor gegangen und habe ihm gesagt: „Herr Direktor, die Physiklehrer machen ihre Übungen im Physiksaal, aber für Religion gibt es keine Übungsraum. Also mache ich die Übungen zur Religion am Ende des Jahres, ich nehme sie drei Tage mit mir mit." Ich habe ihm nicht gesagt, daß es sich um geistliche Übungen, um Exerzitien, handelte. Ich habe gesagt, daß es sich um „religiöses Experimentieren" handelt. Und ich habe sie an einen wunderschönen Ort gebracht, in einen maurischen Palast am Ortasee, bei Orta. Es waren etwa sechzig. Einmal sagte ich, daß das Leben langsam wächst, daß man das Leben nicht wachsen sieht ... Wie meine Mutter: Wenn wir in Ferien fuhren, stellte sie mich bei der Ankunft immer zunächst an einen ganz bestimmten Baum und ritzte mit einem Messer in die

Rinde, um zu sehen, wie groß ich war. Drei Monate später stellte sie mich wieder an den Baum, und man konnte sehen, wieviel ich in drei Monaten gewachsen war. Und so ging das jedes Jahr. Und der Baum war voller eingeritzter Stellen. Das Leben wächst, aber du siehst es nicht wachsen. Alle schauten etwas verstört, sie verstanden es nicht. „Wie, ihr versteht das hier nicht? Alle raus!" Und dann habe ich sie nach draußen gebracht. Dort war ein wunderschönes Beet mit noch nicht ganz aufgeblühten, holländischen Tulpen. „Schaut euch diese Blumen genau an: Sind sie tot oder lebendig?" „Lebendig" „Wenn sie lebendig sind, bewegen sie sich, das Leben bewegt sich. Schaut sie euch genau an. Wenn ihr sie sich bewegen seht, dann sagt es mir." Sie blieben dort ... und ich bin weggegangen! Sie standen dort fassungslos, und ich bin nach zwei Minuten zurückgekommen, nach anderthalb, und habe gesagt: „Ich könnte euch den ganzen Tag, heute und morgen, hier lassen, ihr würdet zu Karyatiden werden. Aber ihr könntet nie sehen, wie das Leben emporwächst, und dennoch kommt es hoch." Der Schritt der Entwicklung ist unendlich klein. Die Entfaltung des Lebens ist wie eine Maske, die das Geheimnis verbirgt, das Geheimnis des Lebens als solches.

So werdet ihr dank dieser Dinge mit den Monaten und Jahren dazulernen; wenn man nachfolgt: All diejenigen, die mit uns gekommen sind und an einem bestimmten Moment gesagt haben: „Es mag sein, daß Sie recht haben, aber ich habe es satt, ich gehe weg", haben nichts mehr gelernt. Wer dabei geblieben ist, hat dazugelernt. Das ist ungeheuer: Wer dabeibleibt, lernt dazu, wird er selber. Wer nicht dabeibleibt, verliert sich selber.

Die Geschöpfe ziehen die Freiheit an. Mir kommt es oft vor, als würden mich so viele Dinge aufrufen, es sind so viele Dinge, die ich gerne tun würde, Gelegenheiten, Situationen, in denen ich mich ganz einsetzen möchte, und ich möchte, daß die Wirklichkeit für einen guten Plan weitergehe. Wie kann der Blick aber reiner werden, so daß man bittet, in den Dingen ein Instrument zu sein? Was hat die Berufung mit dieser Lust zu tun, überall miteinbezogen zu sein?

Wenn das Geschöpf, wie wir das letzte Mal gesagt haben, ein Widerschein der unendlichen Perfektion des Seins oder des Geheimnisses ist, wie auch der Grashalm, auch die Pinie, die Piniennadel ...

Als ich ein kleiner Junge in der Grundschule war, quälte ich meine Mutter im Sommer in den Bergen mit dieser Frage: „Aber kennt der Herr die Zahl von allen diesen kleinen Blättern, die auf allen Bäumen der Welt sind?" Meine Mutter sagte etwas verlegen: „Na ja, so ist es!" Und für mich war das wirklich ein unüberwindbarer Widerspruch, daß jemand die Zahl aller Piniennadeln von allen Pinienbäumen auf der Welt kennen könnte. Aber das Prinzip bleibt das gleiche. Jedes erschaffene Ding ist ein Widerschein der Vollkommenheit, des Ozeans an Vollkommenheit, der endlosen Perfektion des Geheimnisses des Seins. Und es ist auch nicht nur wie der Widerschein des Lichts, wie ein Projektor. Es ist nicht wie ein Projektor, vor den du etwas stellst und der dir dann die Form projiziert. Nein. Das Wesen der Piniennadel ist ein Widerschein des Geheimnisses. Die Piniennadel macht sich in keinem Moment selbst.

Wenn also jedes Geschöpf der Widerschein des Reichtums Gottes ist, so wirst du, je mehr Sensibilität du besitzt, um so mehr in alle Richtungen hingezogen. Von den großen, von den kleinen Dingen, von dem, was dich nach vorne drängt, von dem, was dich niederdrückt, was dich von hinten stößt ... von allen Seiten.

Erstes Problem: Wie wissen wir, was wir in dem Augenblick wählen sollen, in einem bestimmten Augenblick? Das ist das Problem, wie du gesagt hast, der Berufung. Du bist verpflichtet, das zu wählen, was Gott für dich als nützlich aufzeigt – wenn nicht sogar notwendig – als Aufgabe, die von deiner Berufung herrührt, die er dir gegeben hat. Ein Beispiel: Wenn du dein Leben dem Herrn geweiht hast und Lehrerin für Naturwissenschaft in der Schule bist, besteht deine Berufung darin, dich ganz dem Herrn hinzugeben, auch als Lehrerin für Naturwissenschaften in der Schule. Wenn du Lehrerin für Naturwissenschaften bist, wirst du die Piniennadel so gut wie möglich erklären müssen. Es ist also deine Berufung, die festlegt, daß du dich für die Piniennadel interessieren mußt, statt das Glück und die Gnade zu haben, dich, wie unsere Lehrerin Vera, für Mozart und Beethoven zu interessieren und dafür, wie man das unterrichtet. Es gibt keine andere Antwort: Die Umstände legen das fest. Wenn du in deiner Seele verfügbar und Gott gegenüber aufmerksam bist, dann läßt er dich sehen, was für deine Berufung nützlich oder besser ist, die Arbeit miteinbegriffen, weil die Arbeit ein wesentlicher Teil der Berufung ist.

Kann man sagen, die Freiheit ist die Entscheidung oder die Haltung, bei der man wünscht, daß jenes Staunen bleibt, das die erste Begegnung hervorgebracht hat?

Ich würde sagen, die Freiheit ist die aktive und affektive Verfügbarkeit, in allen deinen Beziehungen immer wieder den Vorschlag dieser Außergewöhnlichkeit und Größe der Beziehung zu sehen, aus der die erste Begegnung bestand. Diese Beobachtung ist sehr wichtig. Die Begegnung, wegen der jemand in die Bewegung oder in die *Memores*

Domini eingetreten ist, war vielleicht etwas kaum Sichtbares, fast Unbewußtes. Aber niemand kann sagen, jemand hat dich am Hals festgebunden und gezogen. Nein! Wenn du hier bist, dann, weil dich etwas aufgerüttelt hat, schwach nur, aber es hat dich gerüttelt. Was dich aufgerüttelt hat, war zumindest eine Vorahnung, eine Vorahnung von etwas Außergewöhnlichem, oder, wie die Bibel sagt, eine Verheißung des Glücks. Eine Verheißung, die für die Mentalität der Juden von damals das Gleiche war wie die Vielzahl der Fruchtbarkeit.

Freiheit besteht darin, die intellektuelle, affektive und kreative Verfügbarkeit so zu fördern, daß man die Gegenwart, die deinen Anfang bewirkt hat, wahrnimmt und ihr entspricht. Und egal, was du in der Welt anschaust, und egal, unter welchen Bedingungen du lebst: An jedem beliebigen Tag, an dem du aufstehst, auch am Tag deiner schlimmsten Prüfung, wird diese Gegenwart immer wahrgenommen. Der Grund, warum die Mühe des Studiums vernünftig ist, ist der gleiche wie der, weswegen du dich in Christus verliebt hast.

Ich möchte auf die Zeichnung zurückkommen, die Sie für uns das letzte Mal gemacht haben. Wir haben uns gefragt, wo Christus in dieser Zeichnung ist, weil – wie Sie vor kurzem gesagt haben – er Gott ist, der konkret an der Geschichte teilhat, mit Fleisch und Blut. Und dort wird der Weg der Freiheit beschrieben, die auf ihre Bestimmung zugeht und den Geschöpfen begegnet.

An jeder Stelle der Zeichnung. Christus ist nichts anderes als die Fleischwerdung – das Fleischwerden: Er wurde von einer Frau geboren – der letzten Linie, das heißt des letzten Ziels, das die Freiheit definiert. Die Freiheit ist Fähigkeit zur Beziehung mit dem Unendlichen. Das Unendliche haben wir mit einer letzten Linie bezeichnet. Diese Linie ist das Wort, das Geheimnis, das Fleisch geworden ist. Fleisch bedeutet ein kleines Kind, also auch ein kleiner, ein Zentimeter langer Strich. Oder auch: Er hat dadurch, daß er Fleisch wurde, solch einen Eindruck hinterlassen, daß du den Sternenhimmel anders siehst, und es scheint ein größerer Strich zu sein.

Die Tatsache, daß das Unendliche Fleisch geworden ist, bedeutet jedenfalls, daß das Unendliche in die einzige große Erfahrung der Geschichte eintritt, die die Wirklichkeit des Seins ist, die Wirklichkeit des Geheimnisses, die der Mensch lebt, mit dem menschlichen Maß. Deshalb findest du in allen Dingen den konkreten Widerschein Christi. Denn woraus bist du gemacht? Woraus ist eine Pinie gemacht? Woraus ist ein kleiner Vogel gemacht? „Alles hat in ihm seinen Bestand." Wenn du also einen kleinen Vogel so ansiehst, wie ihn Christus ansah, erfüllt dich die Sache mit Staunen, mit Bewunderung. Genauso wie du damals gestaunt hast, als du von einer Person, ich weiß nicht welcher, etwas gelesen oder gehört und dann verstanden hast, daß Christus wahr ist. Es ist in gleicher Weise etwas Großes.

Würdest du einen kleinen Vogel, zum Beispiel eine Nachtigall, so hören, wie ihn der Missionar hörte, mit dem ich meine erste Reise nach Macapà gemacht habe, am Ufer des Amazonas, wo es weder Straßen noch sonst etwas gab – es gab dort nur Schlangen ... Er erzählte mir seine Geschichte, während wir im Jeep fuhren. Er wohnte zwei Stunden mit dem Jeep entfernt von der Missionsstation, einer kleinen Stadt mit dreißigtausend Einwohnern, Macapà. Und ich sagte zu ihm: „Aber haben Sie keine Angst, dort zu sein?" „Aber nein, man paßt sich an, und außerdem kehre ich alle zwei Wochen in die Missionsstation zurück" – für einen Tag der Erholung mit seinen Mitbrüdern. Er besaß damals eine sehr seltene Guzzi 750, es gab nur wenige davon, und er liebte sie sehr, so sehr, daß er, wie er erzählte, sein Motorrad mit dem Regenmantel bedeckte und nicht sich selbst, wenn es zu regnen begann (denn dort regnet es von einem Moment auf den anderen und dann hört es wieder auf). Eines Abends, als er so dalag, müde, das Motorrad neben sich angelehnt und der Regenmantel darüber, hörte er einer Nachtigall zu. Denn „auch hier gibt es Nachtigallen und sie singen die gleiche Melodie wie bei uns, nur fehlt ihnen der letzte Teil", sagte er mir. Er hatte bemerkt, daß bei der Melodie der Nachtigall ein letzter Teil der Melodie fehlte, es klang wie die Unterbrechung einer Melodie. Während er so der Nachtigall zuhörte, hörte er einen Leoparden brüllen, der sich näherte. Also sprang er hastig auf das Motorrad und war nichts wie weg. Und während er davonfuhr, sprang der Leopard mit einem Satz an die Stelle, wo er vorher gelegen hatte. Aber ein solcher Missionar, der alle Dinge so ansah, nicht nur die Nachtigall, sondern alles, war selbst offene Freiheit, verfügbar dafür, das Geheimnis Christi in allen Dingen anzuerkennen. Und die Wirklichkeit der Schöpfung wurde allmählich für ihn etwas Wunderbares, in allem, auch in dem Grashalm. Wie für Christus auch die Zähne des verwesten Hundes.[23]

Deswegen bedeutet die Tatsache, daß Gott Mensch geworden ist, nicht etwa, daß er der Mensch dort – Christus nämlich – geworden ist, und damit Schluß. Dieser Mensch dort bringt vielmehr die ganze Geschichte der Menschheit hervor, das heißt, er ist maßgeblich an der ganzen Entwicklung der Geschichte beteiligt, so daß der heilige Paulus ihn mit allem vergleicht: „Alles hat in ihm Bestand."[24]

Aber Leute, ich verstehe sehr wohl die Irritation, wörtlich die „Irritation", die all diese Bemerkungen in euch hervorrufen müssen, weil es eine andere Mentalität ist. Das, worum es geht, ist eine andere Mentalität, das heißt eine andere Kultur. Es ist eine andere Vision, Auffassung, Zuneigung, ein anderer Gebrauch der Welt. Es ist eine andere Welt! Eine Welt, in der Gott Mensch ist, in der er gegenwärtig ist und mit mir am gleichen Tisch ißt: Eucharistie – das ist eine andere Welt. Eine andere Welt, aber nur daß diese Welt wahr ist und die andere falsch. Denn alles, was sie verspricht, hält sie nicht: „Sie haben Ohren und hören nicht, sie haben Augen und sehen nicht, sie haben einen Mund und sprechen nicht." Sie halten keines der Versprechen, die sie machen.[25]

Könnten Sie noch einmal erklären, was es bedeutet, daß die Freiheit unvollkommen ist?
Was ist die Freiheit?

Die Fähigkeit, die Bestimmung zu erreichen, in Beziehung mit dem Geheimnis zu treten.
Also findet die Freiheit ihre Erfüllung, wenn sie ihr Ziel erreicht. Die Freiheit, die ganze Freiheit besteht dann, die Freiheit vollendet sich und ist dann vollständig, wenn sie das Ziel erreicht. Vorher ist sie unvollkommen. Sie ist unvollkommen, aber ihre ganze Dynamik strebt danach, die Bestimmung zu erreichen. Das heißt sich zu vervollkommnen. Ein Kind ist kein Mann, aber seine ganze Dynamik strebt danach, ein Mann zu werden.

Alles besteht darin, das Ziel zu erreichen. Sie haben gesagt, daß für die Autobahn Mailand-Pavia das Ziel dort ist, wo die Autobahn in Pavia endet. Worin besteht dann der Wert der Autobahn?
Der Wert der Autobahn besteht im angemessenen Gebrauch des Motors, der Autos ... Wenn du ein Auto darauf stellst, das mit Watte geflickt ist, kommst du wahrscheinlich nicht weit. Die Straße dient dazu, zu verstehen, ob deine Intuition und deine Anerkennung, das Ziel zu wollen, wahr sind, sowie deine Liebe zum Ziel und deine Fähigkeit, die Freiheit für dieses Ziel einzusetzen. Das nennt man Prüfung. Péguy besteht in seinen *Mysterien* darauf, daß das Leben als Prüfung zu verstehen ist. Der Weg ist zur Prüfung da.[26]
Aber was – meine Liebe – ist im Grunde Zeichen einer größeren Zuneigung von seiten Gottes: Wenn er den Menschen ergreift und sein Begleiter auf dem Weg wird, damit er Prüfungen übersteht, oder wenn er den Menschen schon perfekt schafft? Eine schon verpackte Pflanze ist eine künstliche Pflanze. Eine Pflanze muß, um nicht künstlich zu sein, aus der Erde emporkommen, langsam, nach all ih-

ren Gesetzen. So muß das Glück des Menschen auch aus seiner Freiheit wachsen, um nicht oberflächlich oder unecht zu sein. Aus seiner Freiheit und aus der Hand Gottes.

Stellt euch einen Vater vor, der von der Arbeit nach Hause kommt. Er bearbeitet noch die Felder, der Arme ... der Glückliche, nicht der Arme! Er kommt also von der Arbeit nach Hause und die Frau läßt ihm das kleinste Kind, das vier Jahre alt ist, zwischen den Beinen rumlaufen, und es läuft ihm die ganze Zeit im Weg herum. Das kleinste Kind will dem Vater helfen, das Heu zu tragen. Der Vater hat den Tragkorb voll Heu auf dem Rücken, der Kleine hat eine kleine Hand voll Heu und folgt mit stolzer Brust dem Vater. Aber der Vater braucht drei Stunden länger. So auch Gott, aber dies ist eine Beobachtung des heiligen Petrus: Gott hat Geduld, um die Freiheit eines jeden von euch zu prüfen.[27]

Du sagst, die Freiheit besteht aus dem unermeßlichen Verlangen und der Fähigkeit, dieses Verlangen, das man hat, zu stillen. Und einer der Wünsche des Menschen ist der, zu arbeiten. Denn jemand ohne Arbeit scheint leichter deprimiert zu sein, weniger frei zu sein. Und viele unserer Freunde haben zur Zeit Schwierigkeiten, eine Arbeit zu finden. Wie sollen sie diese Zeit betrachten?

Zunächst einmal: Die Arbeit ist ein wesentlicher Ausdruck des Lebens des Menschen, und sie ist die wesentliche Art, mit der der Mensch Gott nachahmt: *Pater meus usque modo operatur* (mein Vater ist der ewige Arbeiter) ...[28] – ohne dann die Strafe der Erbsünde zu zählen.[29] Also schätzt eine Person, ein Mensch, um so mehr die Arbeit, je mehr er bereit ist, alle seine Energie für das zu geben, um was ihn Gott bittet.

Die letztgültige Regel ist nicht die, daß einer an dieser oder jener Sache arbeiten muß, sondern daß er Gott gehorcht. Die große Arbeit Christi besteht in seinem Gehorsam gegenüber Gott. Als man Pater Kolbe nahm und in jene Höhle steckte, in der er zusammen mit den anderen Unglücklichen gestorben ist, die er bis zuletzt zu stützen versuchte, arbeitete er nicht so wie vorher. Er war zu einer anderen Arbeit gerufen worden, die viel größer war: Er hat den Willen des Vaters erfüllt. Wir sind berufen, nicht um zu arbeiten, sondern um den Willen des Vaters zu erfüllen. Aber zum Willen des Vaters gehört als normaler Faktor der Entfaltung des Lebens die Arbeit.

Zweitens: Welche Arbeit – müssen sich die fragen, die keine Arbeit haben – welche Arbeit? Die, die Gottvater sie finden läßt. Also zunächst müssen sie sich umsehen und Interesse zeigen – und nicht andere sich darum kümmern lassen und mit verschränkten Armen zu Hause bleiben. Zweitens, wenn die ideale Arbeit nicht vorhanden ist, müssen sie auch ... Tellerwäscher werden. Tellerwaschen ist eine Arbeit, nichts zu tun ist keine Arbeit.

Denn die Arbeit ist nicht der Wert des Lebens, der Wert des Lebens liegt im Gehorsam. Zum Gehorsam gehört aber auch der Einsatz bei der Arbeit.

Also: Den Willen des Vaters zu erfüllen heißt, die Bedingungen zu suchen, unter denen der Vater es zuläßt, daß wir Arbeit finden. Und daß wir die Arbeit nicht von anderen suchen lassen, sondern selber zu suchen, mit der Hilfe von allen. Solange man nicht die Arbeit finden kann, die gefällt – die erfüllt –, ist es Liebe und Gehorsam zum Vater, auch die Arbeit zu nehmen, die weniger erfüllt und weniger gefällt.

Stell dir zum Beispiel einen armen Priester vor wie Msgr. Manfredini, den Erzbischof von Bologna, meinen Freund. Die Oberen im Seminar, die besorgt waren, weil er ein zu freier Mann war, haben ihn, als er die Messe las, in ein kleines Kaff ein bißchen außerhalb von Mailand geschickt, und er hatte große Mühe, er war entmutigt. Einer meiner glücklichen Zufälle mit ihm war es, daß ich ihn – als einziger – einige Tage später besuchte, und so haben wir die Freundschaft wieder aufgenommen, die uns während der ganzen Geschichte im Seminar geprägt hatte. Ein Mann von solch einem Format hätte eine große Kirche bestens geführt ... aber man hat ihm eine kleine Pfarrei zweiter Hand gegeben, mit einigen wenigen hundert Einwohnern. Und seine Mutter begann zu weinen, als sie mich sah ... Und er hat dies akzeptiert, er hat dies akzeptiert und ein großes Beispiel gegeben. Wenn er das nicht akzeptiert hätte, wäre er womöglich nicht Erzbischof von Bologna geworden. Das Problem Nummer eins ist der Gehorsam, aber das haben wir noch nicht besprochen.

Vorhin hat du gesagt: Das, was die Mühe des Studiums vernünftig macht, ist derselbe Grund, aus dem du dich in Christus verliebt hast.

Es gibt einen Grund, warum ich mich in Christus verliebt habe. Christus sagt mir: „Studiere!" Und ich studiere, ich gehorche ihm: Was ist das für ein Verliebtsein, wenn ich ihm nicht gehorche?

Ist der Grund, warum ich mich in Christus verliebt habe, die Außergewöhnlichkeit, die ich anerkannt habe?

Sicher! Und dieser außergewöhnliche Mensch sagt dir: „Werft die Netze auf der anderen Seite aus", „Verliert keine Zeit", oder, nach der wirkungsvolleren Übersetzung des heiligen Paulus: „Wer nicht arbeitet, soll auch nicht essen."[30] Sag also deinen Freundinnen, die keine Arbeit haben, sie sollten sich schnell eine Arbeit suchen. Dies bestätigt, daß es egal ist, ob es sich dabei um die eine oder die andere Arbeit handelt. Auf die Arbeit an sich kommt es an.

Also, wie bin ich das Problem angegangen? Ich habe gesagt, daß die Arbeit für eine christliche Auffassung eines Lebens, das Gott geweiht ist, fundamental ist. Zweitens: Daß also alle einen Arbeitsplatz suchen sollen. Drittens: Daß ein Arbeitsplatz auch dann seinen Wert hat, wenn er nicht dem eigenen Geschmack entspricht. Man sucht nach den eigenen Vorlieben, man findet nichts nach dem eigenen Geschmack, also sucht man nach anderen Kriterien: Hauptsache man hat einen Arbeitsplatz ... nein, es genügt, daß du ernsthaft eine Stelle suchst. Hieraus kann man nicht ableiten, daß man sie findet: Wenn es so einfach wäre, dann gäbe es das ganze Problem der heutigen Arbeitslosigkeit nicht!

Eine Situation, in der eine Person innerhalb eines Hauses der *Memores Domini* keine Arbeit hat, kann nicht toleriert werden, und Schluß. Denn man findet immer irgendetwas, Hauptsache sie arbeitet. Sie wird dem Pfarrer der nächsten Kirche dienen, als Sakristanin, den Boden putzen, ohne einen Cent dafür zu bekommen, aber sie muß eine Arbeit haben. Mein Standpunkt ist selbstverständlich keine Anklage irgendeiner Person, sondern ich will betonen, daß eine Arbeit unerläßlich ist! Ohne Arbeit verkümmert der einzelne und belügt sein eigenes Leben. Wenn zum Beispiel ein Mensch monatelang eine Arbeit sucht und keine findet, dann soll er in der Zwischenzeit das nehmen, was ihm unter die Finger kommt. Statt drei Monate am Stück zu arbeiten, kann er drei Wochen am Stück arbeiten, oder eine Woche in drei Monaten. Aber es ist vor allem das Haus, das sich darum kümmern muß, Arbeit für die Leute zu suchen, die keine haben. Es kann nicht einfach nur der einzelne sein, der keine Arbeit hat, der sich die Ärmel hochkrempeln muß. Die ganze Gemeinschaft muß sich dafür interessieren, daß er eine Arbeit bekommt. Und wenn das Haus nicht ausreicht, müssen sich die ganzen *Memores Domini* darum kümmern, eine Arbeit für diesen einen zu finden. In der Zwischenzeit soll der Betroffene das tun, was er kann. Dies ist keine Anklage der Ärmsten, die unter der gegebenen sozialen Situation so weit leiden müssen, daß sie der Demütigung ausgesetzt sind, keine Arbeit zu finden; das ist ihnen gegenüber kein Vorwurf. Dies ist die Betonung einer Notwendigkeit, bei der sie in erster Reihe sich selbst mobilisieren müssen, das Haus und alle Freunde, damit sie in ihrem Leben auch diese unvermeidbare Anstrengung betrachten und miteinbeziehen, so wie Gott es haben wollte.

Notwendigkeit einer Arbeit. Keinesfalls ist aber das unbedingt notwendig, was einem selber richtig erscheint und gefällt. Auch wenn man vor allem etwas suchen soll, das einem gefällt. Warum soll man vor allem etwas suchen, das gefällt? Wenn es dir gefällt, ist es – a priori – ein drängenderer Aufruf, ein unmittelbarerer Aufruf Gottes. Und wenn es dir gefällt, wirst du höchstwahrscheinlich mehr Ertrag bringen, wirst du mehr einbringen. Aber diese optimalen Voraussetzungen sind keineswegs notwendig.

Der Direktor meiner Fakultät hat mir, als er die Messe las, ein Buch mit dem Titel *Sacerdote e ostia*[31] geschenkt, in dem die Krankheit eines Diakons beschrieben wird. Eine Krankheit, die 25 Jahre lang gedauert hat und bei der die Arbeit darin bestand, zu versuchen, Tag für Tag seine Krankheit bewußt zu leben, indem er sie Gott hingab zur Vergebung für die ganze Welt. Dies ist eine Arbeit. Denn die Arbeit ist die Ausrichtung des Bewußtseins, der Affektivität und der konstruktiven Werktätigkeit des Menschen, der den Glauben lebt, auf die Realität, die dadurch viel dynamischer auf ihre Bestimmung hin ausgerichtet wird. *Et de hoc satis.* Und zu diesem Thema ist es jetzt genug.

Ich würde gerne folgenden Satz besser verstehen: Die Freiheit verwirklicht sich im Besitz.

Wie wurde die Freiheit definiert? Als die Fähigkeit, sich dem Sein anzuschließen, die Fähigkeit, der Gesamtheit des Seins anzuhängen, die Fähigkeit, dem Ziel anzuhängen, der Bestimmung. Wenn also die Freiheit diese Fähigkeit des Anhängens ist, dann ist die Freiheit um so größer, je mehr man das Sein besitzt, die Wirklichkeit besitzt. Deshalb ist die Jungfräulichkeit wegen der Vollkommenheit der Hingabe ein größerer Besitz.

Besitzen heißt, auf der Ebene des Seins mit etwas anderem in Beziehung zu treten. Die Freiheit ist die Anerkennung der Wirklichkeit. Wenn du hinausgehst und sagst: „Dies ist ein Boden, auf dem Kies liegt", so ist das ein Akt der Vernunft – du stellst eine evidente Tatsache fest. Die Vernunft ist die Anerkennung der Wirklichkeit. Die Wirklichkeit anzuerkennen bedeutet, sie zu bejahen; es ist der Anfang des Besitzens der Wirklichkeit.

Das ist anders, als einer Sache physisch anzuhängen. Das ist ein äußerer Aspekt. Es ist nicht nötig, daß du dich auf der Erde hinlegst und der Erde und den Steinen „anhängst": „Aber ich hänge doch der Erde an!" Warum wäre es unvernünftig, wenn du so etwas machen würdest? Es wäre unvernünftig, weil es unmenschlich wäre, es ist nicht die menschliche Art des Anhängens.

Es gibt einen Besitz, der nicht der physische ist, der nicht der rein physische Kontakt ist. Dies ist nur ein Aspekt des Besitzes. Ein Stück Brot mußt du physisch besitzen, um es essen zu können. Aber dies ist die animalischste Form des Besitzes, die der Menschen ausübt (man denke an bestimmte Formen der Beziehungen zwischen Jungen und Mädchen, zwischen einer Person und einer anderen).

Es ist eine andere Art von Beziehung, aber es ist Besitz. Daß die Bejahung der Realität Besitz ist, wird dadurch deutlich, daß du bejahst und erläuterst, was diese Wirklichkeit ist, sie verstehst, sie auf möglichst gewinnbringende Weise nutzen kannst. Wenn es eine Person ist, dann liebst du sie (deswegen ist die Liebe frei und größer und tiefer als Zeit und Raum, das heißt als die physische Beziehung, die man haben kann). Die physische Beziehung ist keine Herrschaft über den anderen. Du kannst eine Person nicht bis zur Wurzel der Seele durchdringen. Aber du besitzt sie bis an die Wurzel der Seele, wenn du sie ansiehst oder an sie denkst, wenn sie weit entfernt ist.

Der Mensch übt eine Art des Besitzes aus, die auf der einen Seite der Art der Tiere nahe ist und auf der anderen Seite, wenn auch nur in einem anfänglichen Stadium, der Gottes. Gott besitzt die Steine und die Erde und jedes Blatt und jeden Spatz, der zu Boden fällt und jede Blume des Feldes ... Aber nicht, weil er auf der Blume auf dem Feld sitzt; er ist an der Wurzel der Blume auf dem Feld, er ist dort drin. Der Besitz des Menschen ähnelt dem Gottes. Wenn die Freiheit in der Fähigkeit besteht, anzuhängen, dann ist sie um so mehr Freiheit, je mehr sie anhängt; und sie ist um so mehr Freiheit, je mehr sie besitzt, denn anhängen bedeutet besitzen.

Zu Christus gibt es nur eine Alternative, das Nichts. Ich möchte, daß Sie mir diesen Satz erklären.

Wofür ist Christus gekommen? Das *Seminar der Gemeinschaft* sagt, daß Christus gekommen ist, um die Menschheit zum religiösen Sinn zu erziehen, das heißt um die Menschheit zu erziehen, daß sie versteht, bejaht und anerkennt, daß es für alles, was geschieht, ein letztes Ziel gibt.[32] Dieses letzte Ziel ist Gott. Also ist Christus gekommen, um zum religiösen Sinn zu erziehen. Christus ist gekommen, um den Menschen zu erziehen, alles um seiner Bestimmung willen zu tun.

Wenn du als Arbeitshypothese statt Christus den Anti-Christus nimmst, den Nicht-Christus, nimmst du etwas als Arbeitshypothese, das als solches nichts anhängt. Wenn die Freiheit gemäß Christus das Anhängen an das Sein ist, an das Geheimnis der Dinge, ist das Leben reine Positivität. Auch das Böse ist für etwas Positives gemacht.

Alles ist gut, „daß alles gut war, auch mein Böses", sagte Ada Negri, als sie jene Einsicht hatte, die sie bekehrt hat.[33] Wenn die Freiheit darin besteht, dem Sein anzuhängen, das heißt, sich das Sein anzueignen, das Sein zu nehmen, das Sein zu besitzen, und du nicht diese

Arbeitshypothese hast (Freiheit ist das Anhängen an das Sein), welche andere Hypothese kannst du dann haben? Daß die Freiheit nicht das Anhängen an das Sein ist. Also: Entweder erfindet man irgendetwas selber und sagt, daß das das Sein ist, eine wertlose Erfindung, eine nervöse und negative Behauptung von etwas, das nicht ist. Oder – und das ist die wahre Alternative – die Arbeitshypothese des Lebens ist sogar die, daß alles im Leben schlecht ist: „Mich dünkt das Leben schlecht", sagte Leopardi.[34]

Also: Entweder macht die Hypothese der Freiheit das Seiende, das Leben sichtbar. Das heißt: Entweder ist diese Hypothese positiv und führt zur Wirklichkeit hin und baut sie auf, so daß auch der Schmerz und der Tod zu einem Instrument der Konstruktion werden; oder sie ist negativ, und dann wird auch das Gute schlecht. Auch das Gute wird schlecht, denn ganz am Ende wird es zu Asche, wird auch das Gute eingeäschert, es ist umsonst, daß du dich einsetzt: „Geh du hinauf, denn du bist tüchtig."[35]

Als du von der unvollkommenen Freiheit gesprochen hast, hast du gesagt, daß wir das richtige wählen können, wenn wir uns unserer Bestimmung bewußt sind. Wenn ich an die Entscheidungen denke, die ich getroffen haben, um bis hierherzukommen, an diesen Punkt meines Lebens, dann war das Bewußtsein um meine Bestimmung wahrscheinlich sehr weit entfernt.

Es ist möglich, daß ein klares Bewußtsein des Grundes, warum du bestimmte Schritte getan hast, weit entfernt war. Aber du bist diese Schritte wegen einer letztlich positiven Hypothese des Lebens gegangen, sonst hättest du sie nicht gemacht, oder? Wie war die Frage?

Mir scheint, daß ich meine Entscheidungen nicht mit diesem Bewußtsein um die Bestimmung getroffen habe.

Darauf habe ich schon geantwortet. Ein ausdrückliches Bewußtsein der Bestimmung ... Es kann konfus gewesen sein, aber du hast diese Schritte gemacht, weil du das gewählt hast, was sich für dich, wenn auch konfus, als das Beste hervorgetan hat, als nützlicher, als wahrer. Also hattest du das Bewußtsein der Bestimmung, nur daß es noch nicht klar war, es war sich noch nicht seiner selbst bewußt.

Es ist nicht notwendig, daß du ein klares Bewußtsein deiner Bestimmung hast, um auf die Wahrheit deiner Bestimmung zuzugehen. Du kannst die Dinge, die dich zu deiner Bestimmung führen, auch einfach aus der Panik heraus wählen, „Was bleibt sonst?" ... Der heilige Petrus: „Herr, wenn wir von dir weggehen, wohin sollen wir gehen? Du allein hast Worte, die das Leben erklären."[36] Denn wenn du die positive Hypothese beseitigst, bleibt dir die negative Hypothese: Wo werden wir enden? Diese zweite ist niemals vernunftgemäß, denn sie erklärt nicht, sie ist niemals eine allumfassende Begründung. Den negativen Aspekt zu betonen, eine negative Lösung vorzuziehen, ist nie vernunftgemäß, niemals, denn die Vernunft ist das Bewußtsein der Wirklichkeit gemäß all ihrer Faktoren, die sie zur Bestimmung leiten. Würde ein Kind – ich habe diesen Vergleich bereits erwähnt –, wenn es groß wird, vor der Hypothese stehen: „Aber ist meine Mutter wirklich während des Krieges gestorben oder ist sie noch da?" (denn es hat Elemente, um zu zweifeln), dann muß es eine positive Hypothese anwenden, um sie eventuell finden zu können. Mit negativen Hypothesen erreicht man gar nichts, man würde nichts entdecken, die Wissenschaft würde nicht weiterkommen, die Technik ginge nicht voran.

Du hast gesagt: „Entweder Christus oder nichts." Kann man existentiell sagen, daß auch die ganze Dynamik der Freiheit ohne Christus völlig unvorstellbar ist?

Ohne Christus wäre es etwas, das man als richtig empfinden würde, als natürlicher, aber man hätte nicht die Elemente für eine sichere Klarheit, man hätte vor allem nicht das fundamentale Element, das heißt den Mut, sie zu bejahen.

Ist dies ein methodisches Problem?

Daß man zur Lösung eines Problems von einer positiven Hypothese ausgehen muß und nicht von einer negativen, ist die folgenschwerste methodische Frage, die zu nennen wäre.

Ich habe dies während einer Erfahrung verstanden, die ich in der Schule gemacht und die ich schon andere Male erzählt habe. In Mathematik bekam ich immer eine 5 oder 6, weil sie mir nicht besonders lag. Mir schien, daß ich beim Lernen ehrlich war. Aber es stimmte nicht, daß ich lernte, denn ich lernte losgelöst von dem Problem, ohne Interesse, ohne daß ich mich selber darin befand. Das ging solange, bis in der vierten Klasse des Gymnasiums ein Schüler von Enrico Fermi gekommen ist – er war sogar sein Lieblingsschüler –, ein gewisser Don Borghi. In der ersten Schulaufgabe, die er uns gab- sechs Problemstellungen: jedes falsch gelöste Problem bedeutete einen Punktabzug, eine 6 für den, der alles falsch löste –, stellte er ein unlösbares Problem. In unseren Ausführungen sollten wir beweisen, daß es unlösbar war. Wir alle gingen instinktiv von der positiven Hypothese aus, und wir lösten alle die Aufgabe! Das darauffolgende Mal sagte er: „Paßt auf, denn die unlösbare Aufgabe ist die erste, und ihr sollt den Beweis führen." Alle bekamen eine 6, denn niemand war sich sicher, den richtigen Lösungsweg eingeschlagen zu haben ... Immer, wenn man glaubte, es richtig gemacht zu haben, kehrte jeder von uns zum Anfang zurück, um zu sehen, ob er einen Fehler gemacht hatte ..., er kehrte drei, vier, fünf Mal zum Anfang zurück, bis die Stunde um war.

Versteht ihr mich? Von einer negativen Hypothese auszugehen, hindert dich daran, die Lösung zu finden. Dies zeigt sich auch dort, wo man von der negativen Auffassung ausgeht, daß das Leben ohne einen Sinn ist. Dann gibt es kein Leben mehr, das Leben schwindet: Es gibt keine Kinder mehr.[37]

Was für ein Unterschied besteht zwischen dieser negativen Hypothese, die blockiert ... und dem melancholischen Temperament, das im Seminar der Gemeinschaft *als positiv definiert wird?*

Das melancholische Temperament wird als positiv definiert, insofern es empfänglich ist, leichter die Begrenztheit dessen zu erahnen, was in den Dingen als selbstverständlich erscheint. Alle Dinge sind begrenzt. Ab dem siebzehnten Jahrhundert war man der Auffassung, daß der Mensch alles lösen könnte. Und von dieser stolzen Anmaßung – *rana rupta et bos,* wie es bei Äsop heißt, von der Kröte, die sich aufblies, um so groß wie der Stier zu werden – sind wir zum neunzehnten Jahrhundert gelangt, in dem genau das Gegenteil passiert ist. Nach dem Ersten Weltkrieg haben alle gesehen, daß der Mensch eine Katastrophe ist; und von da ab sind wir immer schlimmer geworden. Nur die mit Gewißheit erfüllte Bejahung einer letzen Positivität erlaubt es dem Menschen, alle Probleme anzugehen, alle Probleme wiederzuentdecken und anzugehen in dem Versuch, sie zu lösen, bis er die Lösung gefunden hat.

Deswegen sagten die Leute, wenn sie Jesus sprechen hörten: „Dieser Mann spricht wirklich mit Vollmacht."[38] Was heißt es, daß ein Mensch mit Vollmacht spricht? Ein Mensch, der spricht und der weiß, was er sagt, und der die Gründe für das hat, was er behauptet. Und mit ihm bist du sicher, die Furt des Lebens zu bewältigen. Oder: „Noch nie hat ein Mensch so geredet, wie dieser Mensch redet"[39], weil niemand solche Erklärungen dem Leben gab wie jener Mensch.

Es gibt eine Schwermut, die uns die Begrenztheit der Dinge erfahren läßt und sie verweist darauf, daß die Dinge von einem anderen gemacht und erhalten werden. Deswegen bringt sie dich zur Suche nach etwas anderem. Und es gibt eine Melancholie, eine Traurigkeit, die sagt: „Alles ist nichts ..." Wie bestimmte Personen, die dir dann auf den Geist gehen, weil sie herkommen, um sich bei dir zu trösten, und du sagst ihnen: „Aber nein, schau, es gibt auch die guten Dinge ... ", und sie erwidern: „Nein, alles ist nichts ... nichts lohnt sich": Aber dann kann man nur sagen: „Geh' doch nach Hause!"

In der letzten Zeit hat es sich ergeben, daß ich eine Beziehung zu einem 27jährigen Jungen gelebt habe, der an einem Tumor erkrankt ist. Die Beziehung war eine Herausforderung, denn das, was er in sich hatte, war ein Verlangen nach Leben angesichts der Krankheit, die bereits gezeigte hatte, wo seine Bestimmung lag ...

Wir haben also eine Natur, die Verlangen nach Leben ist, und wir haben eine Situation, die auf den Tod zugeht.

Er spürte, daß seine Bestimmung entgegengesetzt war zu dem Verlangen, daß ...

Nein! Die Verwendung des Wortes „Bestimmung" ist falsch! Die Bestimmung war für das Leben, und die Umstände waren für den Tod. Die Bestimmung siegt! Daher gibt es die Unsterblichkeit, und die Frage des Lebens löst sich nicht allein innerhalb der Grenzen, die du im jetzigen Leben hast.

Es ist keine vernünftige Überlegung zu sagen: „Mir geht es schlecht, ich muß sterben, und ich wollte doch leben, meine Bestimmung wäre es, zu leben", zu sagen: „Meine Bestimmung wäre es zu leben, aber ich muß sterben, weil ich Tuberkulose habe; ich habe Krebs und muß sterben." Es ist ein psychologisches Nachgeben, es bedeutet, einer Schwäche nachzugeben. Wenn deine Bestimmung dir sagt: „Ich bin für das Leben gemacht", bedeutet das, daß sie stärker ist und überwiegen wird, sie wiegt auch schwerer als die Tatsache, daß du in den Umständen, in denen du dich befindest, sterben mußt. Das heißt, daß es etwas anderes gibt oder eine andere Position. Wenn es keine andere Position gäbe, etwas anderes, weshalb die Bestimmung am Ende triumphiert, dann ist alles dazu bestimmt, nichts zu werden. Alles ist dazu bestimmt, nichts zu werden: Staub in einem Sarg, eine vertrocknete Mumie in einem dreißigtausendjährigen Gefängnis.

Wenn Christus uns auf diesen Weg berufen hat, dann darum, weil wir mitten unter den Menschen fähig sein sollen, diese Aufgabe zu erfüllen: Allen Menschen den wahren Grund zuzuschreien (der wahre Grund ist die Bestimmung, die in unserer Natur liegt), und somit die Hoffnung der Leute zu stärken, ohne welche die Leute gewalttätig werden. Sie verlieren die Lust an der Arbeit und belügen sich über die grundlegenden Wahrheiten.

Das Drama ist, daß 99 Prozent der Mütter diese Dinge nicht mehr den Kindern beibringen, und deshalb sind sie keine Mütter. Mutter kann auch eine Stute sein, wenn Muttersein bedeutet, etwas aus dem Bauch zu werfen. Man ist Mutter, wenn man zur Bestimmung erzieht. Denn wenn eine Mutter ein zwei oder drei Monate altes Kind adoptiert und es aufzieht und zu leben lehrt und ihm den Wert der Bestimmung beibringt, die Positivität seines Lebens, dann ist diese wirklich seine Mutter. Deswegen ist das Problem unserer Berufung sehr gravierend, es ist das, was die Welt am meisten braucht. Denn was braucht die Welt am meisten? Wenn Gott Mensch geworden wäre, hätte er das gemacht, was die Welt am meisten benötigt. Gott ist Mensch geworden, um diese Dinge zu sagen, denn die Welt braucht diese Dinge.

Die Freiheit kann ein völliges Anhängen ermöglichen, aber auch ein schroffes „nein".
Vor allem schroff: Zack!

Welches ist der positive Aspekt der Freiheit? Denn – ich würde fast sagen – es wäre besser, sie nicht zu haben ...
Geh und lies das Buch *Das Mysterium der unschuldigen Kinder* von Péguy durch, wo Gott spricht und sagt: „Wie ist es doch viel schöner, freie Menschen statt Sklaven als Diener zu haben."[40]
Als er gesagt hat: „Laßt uns den Menschen machen nach unserem Bilde, uns ähnlich"[41], hat er den Menschen nach seinem Abbild und dem ähnlich gemacht, was zuhöchst Er ist, die höchste Freiheit. Gott ist die Freiheit. Die Freiheit ist die größte Gabe seiner selbst, die Gott dem Menschen gegeben hat, indem er ihn Ihm ähnlich machte. Somit ist der Mensch Herr seiner selbst und der Schöpfung.
Zweitens: Die Anwendung der Freiheit ist äußerst einfach. Es genügt, das Offensichtliche anzuerkennen und anzunehmen, eine offensichtliche Gegenwart anzuerkennen und ihr anzuhängen. Auf diese Gegenwart stößt du: Du gehst aus der Tür hinaus und stößt mit der Nase auf diese Gegenwart. Eine offensichtliche Gegenwart anerkennen und sie aufnehmen. Deswegen ist die Dynamik der Freiheit etwas ganz Einfaches, hierin besteht ihre Schwierigkeit – daß sie einfach ist!
Das ganze feindliche Feuer, das versucht, die Freiheit zu verbrennen, besteht aus kleinen Flämmchen, die sagen: „Aber, vielleicht, wenn, jedenfalls, jedoch", alles Worte, die dich nicht das Wirkliche aufnehmen lassen – das Gegenteil der Vernunft, die das Aufnehmen des Wirklichen ist –, die dich von der Wirklichkeit trennen,[42] die ein Sperrfeuer verursachen, um dir den Weg zur Wirklichkeit zu versperren. Aber eine Kriegsterminologie ruft in uns kein richtiges Bild hervor. Denn diese Terminologie ist in der Bibel eine Metapher, die auf

Gott angewendet wird, sie ist eine göttliche Terminologie. Denn die Bibel hat die Gegenwart Gottes zum Krieger werden lassen, um das jüdische Volk zu retten, um seinen Besitz zu bewahren.

Noch ein abschließender Hinweis des Verantwortlichen der *Memores Domini:*
Bevor ihr den Weg der Memores Domini *im kommenden Jahr fortsetzt, ist vorgesehen, daß ihr einen Arzt konsultiert. Denn diesen Weg geht man als ganze Person, einschließlich der physischen und psychischen Aspekte.*

Der Zweck dieses Besuchs ist ein einziger: Daß die definitive Annahme auf dem Weg der *Memores Domini* nicht gegen eure Freiheit ist. Daß er ein Lebensweg ist, in dem ihr frei sein könnt, frei und nicht erstickt. Ist das klar? Es geschieht aus Liebe zu eurer Freiheit.

# Kapitel 3
Der Gehorsam

Heute gehen wir in der Meditation einen Schritt weiter. Was bedeutet Meditation? Es bedeutet, sich einer Wahrheit in solch einer Weise bewußt zu werden, daß sie sich vor deinen Augen entfaltet und du in sie eindringen kannst. Sie ist also kein Plakat, das an der Mauer angebracht ist, an der Mauer deiner Augen, d.h. an der Mauer deines Herzens. Vielmehr geht es um lebendige Worte, in welche du eindringen kannst. Wir können nur in lebendige Worte eindringen, d.h. in Worte von Personen, die mit uns leben, die an unserem Leben Anteil nehmen.

1. Die vernünftige Konsequenz des Glaubens

Bis jetzt haben wir vom Glauben gesprochen und dann von der Freiheit als der Bedingung für den Glauben. Ohne Freiheit gibt es keinen Glauben, sondern nur einen Esel, der schreit (wenn du ihn hinten mit einer Stricknadel stichst, dann reagiert er!). Heute werden wir sehen, welche Tugend aus dem Glauben hervorgeht. Der Glaube ist ein Akt der Erkenntnis. Die Freiheit ist die Bedingung für den Vollzug des Glaubens. Welches Gefühl bringt dieser Akt der Erkenntnis hervor (denn jeder Akt der Erkenntnis bringt ein Gefühl hervor)? Was für eine Art von Affektivität bringt er hervor? Jede Art von Erkenntnis zieht eine Affektivität nach sich. Welche Art von Affektivität zieht die Erkenntnis des Glaubens nach sich? Oder, was dasselbe ist: Welche Tugend ist die Tugend, die dem Glauben folgt? Welche Tugend ist die Tugend, die dem Glauben eigen ist? Wobei das Wort „Tugend" den Begriff „Zuneigung" oder „Affektivität" näher erklärt.

Die Affektivität ist ein Verhalten. Du siehst einen Pfeiler, und da du vom Studieren sehr mitgenommen bist, kommt es dir vor, als sei er deine Verlobte. Eine fehlerhafte Erkenntnis hat eine fehlerhafte Zuneigung zur Folge. Die Zuneigung ist eine bestimmte Haltung gegenüber einem bekannten Gegenstand. Du hast geglaubt, daß der Pfeiler ein schönes, junges Mädchen war, und folglich hast du eine bestimmte Haltung eingenommen, aber es ging daneben! Die Zuneigung ist eine Haltung gegenüber einem bekannten Gegenstand.

Die rechte Haltung gegenüber dem bekannten Gegenstand, die rechte Zuneigung, die durch einen dir bekannten Gegenstand entsteht, heißt Tugend. Zum Beispiel daran gewöhnt sein, vor der Mittagshore sich einen Vers herauszugreifen, der voller Wahrheit und Sinn ist, ist die Tugend der Frömmigkeit. Deshalb ist die Tugend eine Haltung gegenüber einem bekannten Gegenstand, die rechte Haltung, die natürlicherweise rechte Haltung vor einem dir bekannten Gegenstand, eine gewohnheitsmäßig rechte Haltung gegenüber dem bekannten Gegenstand.

Ich trinke, weil mein Mund trocken ist. Aber ich kann auch einfach nur so getrunken haben. Weil hier Wasser ist, trinke ich. Aber ich bin Gloria dankbar, weil sie mir Wasser gebracht hat – freundlicherweise. Ich habe sie nicht darum gebeten. Während ich trinke, bin ich Gloria dankbar, daß sie mir Wasser gebracht hat. Dies ist eine Tugend, die Tugend der Dankbarkeit.

Die Schritte, die wir machen, müssen so sein, daß man nicht mehr zurück kann. Sie müssen gelernt werden, meditiert – das heißt vor den Augen erklärt – und verstanden werden. Deshalb müssen wir unter uns darüber sprechen, ihr müßt unter euch so darüber sprechen, daß es Schritte werden, die bleiben, das heißt daß ihr auf dem Weg vorankommt. In diesem Sinne ist es besser, langsam zu gehen, denn wer langsam geht, ist gründlicher und kommt weiter.

Die Vernünftigkeit des Gehorsams

Erinnert ihr euch an den Tag,[1] als Jesus eine große Menschenmenge folgte, die – und dies ist wirklich beeindruckend – sogar das Essen vergaß bei dem Wunsch, ihn sprechen zu hören? Die Leute vergaßen sogar die Müdigkeit, obwohl sie ihm schon fast drei Tage gefolgt waren. Als Jesus oben auf dem Hügel stand, sah er diese Menge, die rings um ihn auf dem Hügel wartete ... „und er wurde von Mitleid mit ihnen ergriffen". Diese kleinen Randbemerkungen im Evangelium, insbesondere auch an anderer Stelle,[2] öffnen gleichsam ein Fenster zu der großen Weite der Seele Christi. Jesus „wurde von Mitleid mit ihnen ergriffen, denn sie waren wie Schafe, die keinen Hirten haben", er hatte Mitleid mit ihnen. Nicht nur, weil sie Hunger hatten und müde waren und ihm weiterhin beharrlich folgten. Seine Gedanken gingen weiter. Warum hatten diese Menschen solch einen Hunger und Durst nach seinen Worten? Weil sie nie jemanden so sprechen hörten, wie er sprach. Sie hörten nie jemanden die Dinge sagen, die er sagte. Und die Dinge, die er sagte, waren doch das, wofür diese Menschen geboren worden sind, wofür sie von ihrer Mutter geboren worden sind. Sie waren für diese Dinge geboren, aber niemand sagte sie ihnen. „Und er wurde von Mitleid mit ihnen ergriffen." Dieses Mitleid verwandelte sich sofort in eine realistische Feststellung: sie hatten Hunger. Mit den Menschen Mitleid zu haben, weil sie ihre Bestimmung nicht kennen, und Mitleid mit den Menschen zu haben, weil sie Hunger haben (denn seit drei Tagen folgen sie jemandem, der von ihrer Bestimmung spricht), ist dasselbe, es ist derselbe Gestus. Und so sagte er zu seinen Aposteln: „Laßt sie alle sich hinsetzen." Sie haben sich hingesetzt ... , und er hat den Hunger aller gestillt.

Und in denen, die ihm gefolgt waren, um ihn sprechen zu hören, und die nach diesem letzten Gestus so fasziniert waren – auch die Wirtschaftlichkeit war miteinbezogen: sie hatten gegessen, ohne zu zahlen – war die Begeisterung unendlich groß. Alle begannen, Christus so zuzujubeln wie dem König, der kommen sollte, dem König-Sohn Davids, Nachkommen Davids – der kommen sollte und die ganze Welt den Juden in die Hände legen sollte, der das jüdische Volk zum herrschenden Volk der Welt machen sollte. Retter, aber für sie war „Retter" und „Herrscher" dasselbe, in ihrer Seele waren sie so versteift, daß beides dasselbe war. „Und daher", so berichtet das Evangelium, „wollten ihn alle zum König machen." Er entzog sich ihnen und floh mit dem Boot an das andere Ufer des Sees. Am anderen Ufer des Sees war das Städtchen Kapharnaum, mit der schönen Synagoge, deren Reste man noch heute sehen kann.

Der nachfolgende Tag war ein Sabbat, und er war daran gewöhnt ... Er kam wie ein Mensch in die Welt, ein Mensch wie die anderen. Deswegen ging er wie seine Mitmenschen am Sabbat in die Synagoge. Auch er ging in die Synagoge und betete mit denen in der Synagoge, betete die Psalmen, die wir beten, und die die Juden schon damals beteten. Wer wollte, konnte zu einem bestimmten Zeitpunkt die Hand heben und aufgerufen werden, um vorne ein Stück aus der Bibel vorzulesen. Entweder was er zufällig aufschlug oder was für den betreffenden Tag festgelegt war. Jesus nutzte immer die Gelegenheit, um die Hand zu heben und nach vorne zu gehen, um zu sprechen. Das, was er wieder aufs Neue zu sagen begann, das sagte er eingebettet in dem Altüberlieferten. Es war eine neue Art, die Welt zu sehen. Die Worte waren dieselben. Es war eine neue Art, die altüberlieferten Worte zu sehen. Ich bestehe mit besonderem Nachdruck hierauf, denn dies ist das Leben des Christen. Christ zu sein ist dies: etwas Neues, das sich seinen Weg immer in den altüberlieferten Worten bahnt.

An jenem Tag war die Stelle aus der Bibel an der Reihe, in dem die Juden in der Wüste durch das Manna, das Gott geschickt hatte, gesättigt worden waren. Und Jesus sagte: „Eure Väter haben in der Wüste das Manna gegessen und sind gestorben. Ich bringe euch ein Manna, ich bringe euch ein Brot, und wer von diesem Brot ißt, wird nicht mehr sterben." Alle haben es zunächst so verstanden, daß er in Bildern redete (Metapher, abstrakter Vergleich. Wenn ich sage: „Meine Worte sollen so wie Brot für deine Seele sein", so verstehst du, daß es nicht ein Brot ist, das man mit den Zähnen essen kann. Wie das Brot Nahrung für den Körper ist, so sind die Worte die Nahrung für die Seele): „Eure Väter haben das Manna gegessen, und dann sind sie gestorben. Meine Worte sind wie Brot: Wer sie ißt, also verinnerlicht, wird nicht mehr sterben." Ich sagte, daß die Menschen, ein bißchen verdutzt, doch verstanden, daß es sich um eine Metapher handelte, eine Redensart. Aber während er noch so spricht, öffnet sich die Türe hinten, und eine Menschenmenge kommt herein. Es waren diejenigen vom Tag zuvor, einige von denjenigen vom Tag zuvor, die ihn zum König hatten machen wollen. Als er geschickt und geheimnisvoll entflohen war, hatten sie gedacht: „Er wird nach Kapharnaum gegangen sein!" Also sind sie um den See herumgegangen, um ihn wieder zu holen, und sie sind in die Synagoge hineingegangen, gerade während er sprach.

Jesus sah, wie die Menschen in die Synagoge drängten und sich trotz Müdigkeit und Hunger keine Ruhe gegönnt hatten, ehe sie ihn nicht wieder gefunden hatten. Er zuckte innerlich zusammen, denn er war ein Mensch wie die anderen, wie einer von uns, der etwas Schönes sieht und sich innerlich erregt. Und so wie bei uns die Emotion, die Erregung des Herzens, eine neue Idee aufkommen und eine schöne Vorstellung entstehen läßt, so kamen auch Jesus die Ideen in den Sinn – er hatte die beste Idee seines Lebens. Auf einmal ändert er den Sinn seiner Worte, die Bedeutung dessen, was er gesagt hatte. Und er sagt: „Ihr folgt mir hartnäckig, weil ich euren Hunger ganz unentgeltlich mit Brot gestillt habe. Ich werde euch aber etwas ganz anderes zu essen geben, ich werde euch mein Fleisch zu essen und mein Blut zu trinken geben. Und wer von diesem Brot ißt und von diesem Blut trinkt, wird in Ewigkeit leben."

Diesmal war die Änderung seiner Worte, besonders der Bedeutung des Wortes „Brot" offenkundiger als beim ersten Mal. Alle verstanden, daß er nicht in Metaphern sprach – er sprach nicht, weil es so eine Redensart war –, sondern daß er es ernst meinte.

Und so begannen die Leute, die das Sagen hatten – die Journalisten, die Politiker, die Universitätsprofessoren und die Gymnasiallehrer –, diejenigen, die versuchen, den anderen die eigene Lebensauffassung aufzuzwingen, die damals Schriftgelehrte und Pharisäer hießen, den Leuten zu sagen (endlich hatten sie einen Grund gefunden, um es zu tun, vorher waren sie wütend und fanden keinen Anlaß): „Habt ihr gehört? Er ist verrückt, er ist verrückt! Wer kann sein Fleisch zu essen geben und sein Blut zu trinken? Er ist verrückt, er ist verrückt!" Sie verbreiteten die Meinung, die Überzeugung, daß er verrückt war. Und alle, die immer gedankenlos wie Schafe folgen – deshalb muß man meditieren, wie ich vorher gesagt habe –, alle wiederholten die Worte: „Er ist verrückt, er ist verrückt! Wie kann denn dieser uns sein Fleisch zu essen geben?". Und während sie sagten: „Er ist verrückt, er ist verrückt!" drängten die Pharisäer: „Gehen wir, gehen wir, lassen wir ihn hier stehen, laßt uns gehen! Die Menschen folgten nach und nach den Pharisäern und Schriftgelehrten, und sie gingen aus der Synagoge hinaus, so daß es in der Abenddämmerung ganz still in der Synagoge wurde; es war schon Abend, anscheinend fanden diese Art Versammlungen am Nachmittag statt. Und Jesus stand dort und schaute in die Leere. Stellt euch vor, wie groß sein Schmerz gewesen sein muß. Der Gipfel menschlichen Unverständnisses ... das Symbol des Unverständnisses der Menschen, denn den Gipfel sollte er wenig später erfahren.

Aber eine kleine Gruppe war geblieben. Es war die Gruppe seiner *aficionados*, seiner „Gang", einer „Gang" ohne Waffen, die Ärmsten! Alle standen mit gesenktem Kopf schweigend da. Und Jesus gab nicht nach, als er die Dinge sagte, derentwegen er gekommen war, sondern er blieb beharrlich. Wenn auch die Menschen sagten: „Er ist verrückt, er ist verrückt!", beharrte er auf dem, was er sagte: „Wenn ihr nicht mein Fleisch eßt, kommt ihr nicht ins Himmelreich", das heißt in die Wirklichkeit der Dinge. Ihr werdet euer Heil verfehlen, ihr werdet euch selbst verlieren.

Zu jenem Dutzend von Personen, die schweigend geblieben sind, sagt er: „Wollt auch ihr weggehen?" Er schwächt nichts von dem Gesagtem ab, was für alle unfaßbar war, sondern er bleibt beharrlich: „Wollt auch ihr weggehen?" Und da ergreift wie immer Simon das Wort für alle – in seiner ungestümen Art – und sagt: „Meister, auch wir verstehen nicht, was du sagst, aber wenn wir von dir weggehen, wohin sollen wir gehen? Du allein hast Worte – die wörtliche Übersetzung müßte so lauten – die dem Herzen entsprechen, die dem Leben einen Sinn geben." Aber was bedeutet „Worte, die dem Herzen entsprechen"? Worte, die vernünftig sind. Die Vernunft ist das Entdecken der Entsprechung – zumindest haben wir es so das letzte Mal gesagt – zwischen dem, was einer über die Wirklichkeit sagt und dem, was das Herz von der Wirklichkeit erwartet. Die Entsprechung zwischen dem, was einer über das Leben sagt und den Ansprüchen, die das Herz an das Leben stellt, wie es im *Religiösen Sinn* heißt.[3]

Meister, wenn wir weggehen von dir, wohin sollen wir gehen? Du allein hast Worte, die das Leben erklären, die dem Leben einen Sinn geben. Du allein hast Worte, die in vernünftiger Weise vom Leben sprechen, in einer Weise, die dem Herzen entspricht. Auf diese Weise zu sprechen müßte eigentlich leicht sein, aber das letzte Mal haben wir gesehen, daß es die schwierigste Weise ist, daß es die außergewöhnlichste Weise ist, die es gibt: eben gemäß den Bedürfnissen des Herzens zu sprechen.

Was blieb den Menschen übrig, angesichts der wahrhaft außergewöhnlichen Tatsache, daß dieser Mensch auf eine Weise sprach, die dem Herzen entsprach, das Leben auf eine Weise erklärte, die dem Herzen entsprach – und deshalb war es wahr, was er sagte – angesichts der offensichtlichen Wahrheit, die in den Worten dieses Menschen lag? Was sollten die Menschen tun, angesichts dieser Entsprechung, die sie erfuhren, die offensichtlich war, angesichts dieser offensichtlichen Entsprechung zwischen dem, was er sagte und dem eigenen Herzen? Sie hatten ihn schon viele Monate lang sprechen gehört, und der Eindruck wurde immer stärker, daß dieser Mensch der einzige war, der in einer Weise sprach, die dem Herzen entsprach. Was war nun logischer bzw. vernünftiger: Anstoß zu nehmen, weil er Dinge sagte, die sie nicht verstanden, oder zu sagen: „Das hier verstehe ich nicht. Aber wenn ich von Ihm weggehe, spricht niemand mehr zu mir, so wie es meinem Herzen entspricht"? Dies hier verstehe ich nicht, aber niemand spricht so vernunftgemäß wie dieser Mensch. Deswegen bin ich gezwungen, diesem Menschen gegenüber aufrichtig zu sein, ihm gegenüber ehrlich zu sein, das heißt diesem Menschen zu folgen.

Die unmittelbare Reaktion eines Menschen, eines gerechten Menschen, auf die Frage „Wollt auch ihr weggehen?" war: „Wir müssen dir folgen, weil du die einzige Person bist, der einzige außergewöhnliche Fall, in dem ein Mensch auf eine Weise spricht, die immer dem Herzen entspricht. Und wenn du jetzt etwas anderes sagst, dann heißt es, daß wir es im Moment noch nicht verstehen. Du wirst es uns erklären, wir werden es morgen verstehen, aber wir können dich nicht verlassen, nur weil wir diese Worte nicht verstehen." Und auch angesichts der Worte, die sie nicht verstanden – wie „Ich gebe euch mein Fleisch zu essen" –, konnten sie nicht sagen: „Das ist Wahnsinn!", sondern sie konnten nur sagen: „Wer weiß, was das bedeutet!"

Im übrigen muß man noch etwas ganz Offensichtliches hinzufügen: Jene Leute in der Synagoge, die gekommen waren, weil ihr Hunger am Tag zuvor kostenlos gestillt worden war, und die jetzt, aufgehetzt von den Pharisäern, weggegangen waren, haben unvernünftig gehandelt. Warum?

Wenn sie nur wegen der Tatsache weggegangen sind, daß er nun etwas gesagt hatte, was sie nicht verstehen konnten, was sie wirklich nicht verstehen konnten – man kann nicht sagen, daß es gegen das Herz war, sondern es war eher unverständlich –, dann haben sie unvernünftig gehandelt. Sie haben im Widerspruch zu dem gehandelt, was sie am Tag zuvor gesehen hatten. Am Tag zuvor waren sie ihm gefolgt, weil er das Brot verteilt hatte. Wegzugehen, weil sie jetzt nicht verstanden, bedeutete, die Evidenz des vorangegangenen Tages zu leugnen. Sie hatten am Tag zuvor etwas gesehen, das sie bewogen hatte, ihn von neuem aufzusuchen. Und da sie das, was sie ihn sagen hörten, nicht verstanden – es war nicht zu verstehen –, sind sie weggegangen und haben ihn stehen lassen und gesagt: „Er ist verrückt!" Also gut, es kann sein, daß Er es ist, der verrückt ist ... oder aber daß du es bist, der verrückt ist, weil er dich immerhin am Tag zuvor dazu gebracht hat, ihn aufzusuchen! Das Offensichtlichste ist, daß du am Tag zuvor verrückt warst. Aber sie haben nicht einmal so gedacht. Für sie war es offensichtlich, daß das, was sie am Tag zuvor gemacht hatten, richtig war. Sie haben sich nicht vorgeworfen, daß sie ihn aufgesucht hatten, sogar ohne zu essen während des ganzen Tages. Es war zu offensichtlich, was er am Tag zuvor gemacht hatte.

Deswegen ist die unmittelbarste und logischste Konsequenz angesichts der außergewöhnlichen Tatsache, daß dieser Mensch wie kein anderer immer in einer Weise spricht, die dem Herzen entspricht, diejenige, ihm zu folgen, so wie Petrus gesagt hatte: „Wenn wir von dir weggehen, wohin sollen wir gehen? Es gibt keinen anderen Sinn mehr im Leben. Du allein hast das Wort, welches das Leben erklärt, das Wort, das dem Herzen entspricht." Und in der Tat: Wer weggegangen ist, hat sich selbst widersprochen; indem er weggegangen ist, hat er sich widersprochen.

Fassen wir noch einmal zusammen: Als erstes haben wir eine Begebenheit des Evangeliums gesehen, in der die richtige Schlußfolgerung aus dieser Angelegenheit jene war, welche die Apostel gezogen haben. Wie alle anderen Menschen hatten sie monatelang gesehen, was Jesus gesagt und getan hatte. Und alle sagten: „Es ist wirklich ein Prophet gekommen. Es ist ein Wunder. Er ist der einzige, der so spricht, er spricht wahrlich mit Autorität", denn das, was er sagte, entsprach ihrem Herzen.

Aber an einem bestimmten Punkt stießen sie auf etwas, das er ihnen sagte, was sie im ersten Augenblick nicht verstehen konnten, was für sie unverständlich war, und sie haben der öffentlichen Meinung nachgegeben, den Zeitungen, dem Fernsehen und den Politikern. Sie haben gesagt: „Er ist verrückt!" Denn er sagte etwas, das außerhalb ihres gewohnten, mit dem Verstand greifbaren Horizonts lag. Es war nicht etwas gegen das Herz, sondern es war einfach nicht zu verstehen. Das Richtige war das, was Petrus und seine anderen Freunde getan haben – sie sind ihm dennoch gefolgt: „Auch wenn wir nicht verstehen, spricht trotzdem keiner so sehr wie du das menschliche Herz an. Und wenn wir also von dir weggehen, zu wem sollen wir gehen? Es gibt keinen Sinn mehr fürs Leben." Und deshalb sind sie ihm gefolgt. Diese waren die Vernünftigen. Simon war vernünftig und die Apostel, die dageblieben sind, wenn auch verlegen, weil auch sie nicht verstanden. Sie sind ihm dennoch gefolgt. Dies ist der Ursprung einer affektiven Haltung. Die anderen sind weggegangen und haben ihn abgelehnt, dem zu Trotz, was sie gesehen und gehört hatten. Und diese kleine Gruppe ist an ihm hängengeblieben und ist ihm gefolgt.

Dies ist der Anfang des Begriffs Gehorsam, der aus der Vernunft hervorgeht, oder besser, der als vernünftige Haltung entsteht. „Wer spricht wie du? Ohne dich hat das Leben keinen Sinn, du allein weißt dem Leben einen Sinn zu geben." Es ist somit eine Haltung zu Seinen Gunsten, eine Haltung des Anhängens an Ihn, die in diesem Moment einer Prüfung unterzogen wurde. Aber es war richtig, ihm zu folgen, denn sonst hätten sie all die vorangegangenen Monate leugnen müssen, die sie mit ihm verbracht hatten, und in denen ihnen klar geworden war, daß dieser Mensch anders war als die anderen.

Die Bedeutung des Wortes „folgen"

Zweitens: Können wir die Bedeutung des Wortes „folgen", dieses affektiven Anhängens, wie es Simon und die anderen taten und weswegen sie bei ihm geblieben sind, besser erklären, präzisieren? Sie sind mit ihm zusammengeblieben. Wohlgemerkt: nicht auf seiner Seite. Man kann nicht sagen „auf seiner Seite", als ob sie dem zugestimmt hätten, was er sagte. Sie haben nicht gesagt: „Wir stimmen dem zu, was du sagst", denn nicht einmal sie haben verstanden. Aber „mit ihm" kann man sagen. Sie sind ihm gefolgt, sie hingen an ihm, obwohl sie nicht verstanden hatten. Ist das deutlich? Sie sind ihm gefolgt. Gibt es etwas, das dieses „an ihm hängen" besser erklärt, als was Simon und die anderen elf in diesem Moment der Krise und Prüfung getan haben?

Hier müßt ihr nicht mehr das sechste Kapitel des Johannesevangeliums lesen, sondern den Brief des heiligen Paulus an die Christen in Philippi, wo es heißt: „Ihr sollt die gleichen Gefühle in euch haben wie sie Christus gegenüber dem Vater hatte."[4] Ihr sollt in euch Christus gegenüber die gleichen Gefühle haben, die Christus gegenüber dem Vater hatte. Christus zu folgen heißt, die gleichen Gefühle zu haben wie Er. Christus zu folgen heißt, die gleiche Haltung zu haben oder anzunehmen, die Christus dem Vater gegenüber hatte. Für Christus war es offensichtlich, daß der Vater der Gott des Himmels und der Erde war. Denn Christus war ein Mensch. „Wie sollen wir beten?" „Vater unser im Himmel, dein Reich komme ..." Er hat es so gelehrt.

Die gleiche Haltung, die Christus gegenüber dem Vater hatte, müssen wir gegenüber Christus haben. Für Christus war es offensichtlich, daß alles dem Vater gehört. Und als der Vater es zugelassen hat, daß er getötet wird? „Vater, wenn es möglich ist, daß ich nicht getötet werde, aber nicht mein, sondern dein Wille geschehe." Für Christus war es offensichtlich, daß Gott alles war. Deswegen mußte man auch dann dem Vater anhängen, wenn seine Haltung für Ihn unverständlich war.

Christus hing auch dann an seinem Vater und folgte seinem Vater, als er es zuließ, daß Er getötet wurde, was eine Ungerechtigkeit war. Christus, soweit er Mensch war, verstand nicht warum, denn er hat gebetet: „Vater, wenn es möglich ist, daß ich nicht sterbe". Man kann sich nicht gegen den Vater stellen, wegen all der Evidenz, die man sonst hat. Ohne den Vater gibt es keinen Sinn für das Leben. So muß der Mensch gegenüber Christus die gleichen Haltungen an den Tag legen wie Christus gegenüber dem Vater. Christus sagt etwas Unverständliches, aber wenn wir das leugnen, leugnen wir alles – es bleibt nichts mehr. Also ist es richtig, an Christus zu hängen. Christus zu folgen heißt, Christus gegenüber die gleichen Gefühle zu haben, die Christus gegenüber dem Vater hatte, gegenüber dem Geheimnis Gottes.

Mit welcher Bezeichnung kann man die Haltung definieren, die Christus gegenüber dem Vater hatte? Mit der Bezeichnung, die Paulus einige Zeilen später bringt: „... gehorsam bis zum Tod". Simon und die anderen waren Christus gegenüber gehorsam, auch angesichts dessen, was sie nicht verstanden. So wie die Haltung Christi gegenüber dem Vater der Gehorsam war, auch als der Vater entschieden hatte, daß er sterben sollte, so gilt auch für uns: Die Haltung, die wir gegenüber Christus haben sollen, ist die gleiche: der Gehorsam gegenüber Christus, auch wenn wir auf etwas stoßen, das wir nicht verstehen.

Also bedeutet Christus zu folgen, präziser gesagt, das gleiche Gefühl zu haben, das der Mensch Christus gegenüber Gott hatte. Auch wir müssen Christus gegenüber die gleiche Haltung haben, die Er gegenüber dem Geheimnis Gottes hatte: die Haltung des Anhängens, des Gehorsams. Der Gehorsam bestimmt die Haltung Christi gegenüber dem Vater. Christus erkennt den Plan des Vaters an, nimmt ihn an und hängt an ihm. Dies führt so weit, daß sogar dann, als der Plan des Vaters seinen Tod vorsieht, Christus anerkennt, daß dies der Weg seines Lebens ist. Für den Menschen Christus besteht der Gehorsam gegenüber dem Vater darin, dem Vater zu folgen. Das gleiche Gefühl muß in uns hinsichtlich Christus sein: Christus zu folgen, Christus zu gehorchen.

Als Hausaufgabe lest ihr Kapitel fünf bis acht des Johannesevangeliums und sucht in diesen vier Kapiteln alle Sätze, welche die Bedeutung von „Nachfolge" beziehungsweise die Bedeutung von „Gehorsam" haben, alle Sätze, die beweisen, daß Christus dem Vater gehorsam war. Zum Beispiel: „Ich tue immer den Willen meines Vaters." Und alle diese Sätze schreibt ihr in euer Heft: Klassenarbeit! Die Klasse ist die Welt, diese Klassenzimmertür ist das Jüngste Gericht. Aus dieser Tür geht man mit einem Blatt hinaus, auf dem diese Sätze stehen. Das wird ein Teil der Prüfung sein!

Dafür hat Gott ihn verherrlicht

So heißt es im zweiten Brief an die Philipper in Kapitel zwei, das ich schon zitiert habe: „Dafür hat Gott ihn verherrlicht." Er ist dem Vater gefolgt und deshalb hat ihn der Vater verherrlicht, er hat ihn erhöht. „Du hast gehorcht, und ich erfülle das, wofür dein Herz gemacht worden ist. Dein Herz wurde gemacht, um der Retter des Universums zu sein, der Welt." Und er hat ihm alles in die Hände gegeben, sagt Paulus: „Alles hat Er ihm in die Hände gelegt."

Analog zu dem, was Jesus im Johannesevangelium sagt: „Wer mir gehorcht, wird die gleichen Dinge vollbringen, die ich vollbracht habe, er wird die Wunder vollbringen, die ich vollbracht habe, und er wird sogar noch größere vollbringen." Denn die Kraft Christi ist jetzt, in dieser Welt, die völlig gegen ihn ist, offensichtlicher. Die Kraft Christi ist jetzt, in seiner Kirche, viel mächtiger als vor zweitausend Jahren. Vor zweitausend Jahren wirkte er einige Wunder. Heute vollbringt er sie in Hülle und Fülle. Der Wert Christi und seines Leibes zeigt sich heute viel mächtiger – geheimnisvoll, aber sichtbar – als vor zweitausend Jahren.

Als zweiten Teil der Hausaufgabe lest ihr aufmerksam Kapitel 14 bis 17 des Johannesevangeliums und sucht die Sätze heraus. Aber bevor ihr beginnt, das Evangelium zu lesen, sagt zum Heiligen Geist ein *Ehre sei dem Vater*. Bei ihm haben die Vernunft und die Intelligenz des Menschen ihren Ursprung in ihrem gesamten Ausmaß, also in der Dringlichkeit des Glaubens. Denn der Glaube ist der Höhepunkt der menschlichen Erkenntnis, der Höhepunkt der Erkenntnis, die wir durch unsere Vernunft erlangen können. Dies ist ein Geschenk, das wir erhalten; das Geschenk, am Heiligen Geist teilzuhaben, mit dem Christus die Welt und „jedes Fleisch"[5] besitzt.

Die Vernünftigkeit des Folgens

Gerade weil Christus gehorsam bis zum Tod war, hat Gott ihn erhoben und ihm einen Namen gegeben, der größer als die anderen ist. Und diese Erhöhung gilt auch für unser Leben. Wenn unser Leben gehorsam ist, wird es größer sein, als es sonst geworden wäre, denn das heißt, es verwirklicht sich.[6]

Für uns ist der Gehorsam, also dem Plan eines anderen zu folgen und seinen Willen zu tun, nur in einem einzigen Fall vernünftig. Wenn man das Bewußtsein hat, daß darin das Gelingen des Lebens besteht. Man kann Jahrzehnte in einem Kloster sein, ohne dieses Bewußtsein zu haben. Und so lebt man schlecht. Denn ein Mensch kann nicht die Hingabe an den Herren leben ohne das Bewußtsein, daß sich darin das Leben mehr verwirklicht, als wenn er das gemacht hätte, was er wollte, fühlte und sich vorgestellt hatte. Das Evangelium drückt dies so aus: „Wer mir nachfolgt, gewinnt das ewige Leben, und das Hundertfache hier auf Erden." Das Hundertfache ist das wahre Gelingen, das schon in dieser Welt beginnt und sich im Ewigen vollendet.

Frohe Weihnachten euch allen! Bittet Gott am Heiligen Abend um die Gnade, daß er euer Leben zu einem Zeugnis für ihn macht, denn das Zeugnis für Gott, der Mensch wird … habe ich euch schon von Manfredini erzählt? Von Msgr. Manfredini, dem Bischof von Bologna, einem der größten Bischöfe dieser armseligen Zeit der Geistlichen? Einmal gingen wir am Abend gerade in die Kirche. Wir liefen in großen Sprüngen die Treppe hinunter, weil wir zu spät waren, und Manfredini kam an meine Seite und packte mich am Arm. Da fragte ich ihn: „Was willst du?" „Aber überlege einmal: daß Gott Mensch geworden ist, als ein Mensch geboren ist … ", und er machte einen Schritt nach vorne und kam dann wieder zurück, „ ist etwas aus einer anderen Welt!" Und ich habe ihm ernst gesagt: „Ja, es ist wirklich etwas aus einer anderen Welt … in dieser Welt."

Und welches Instrument verwendet er, damit man verstehen kann, daß es so ist? Das Leben derer, die hierfür berufen sind, das Zeugnis unseres Lebens, das sich durch den Glauben geändert hat. Deswegen muß man zu Weihnachten Christus bitten, daß er das gute Werk, das er in uns begonnen hat, zu Ende führe. Und was ist das gute Werk, der größte Wert der Welt? Das Zeugnis für Christus. Wenn du dies wegnimmst, nimmst du jeglichen Sinn weg für alles, was sich ereignet, nimmst du den Sinn für die Welt weg. Und so wird die Welt wüst und leer, wie es bei Eliot heißt.[7]

2. Der wahre Gehorsam ist Freundschaft
Jemandem folgen, der vor dir steht

Folgen heißt, jemanden anzuschauen, der vor dir steht. Welches ist die erste Eigenschaft, die grundlegende Eigenschaft dessen, den ihr vor euch habt? Was vor euch steht, ist das Erscheinungsbild, was ihr getroffen habt und das euch als erstes einen kleinen Anstoß gegeben hat; es hat in euch eine Idee entstehen lassen, eine Lust. Äußerlich ist es eine Person gewesen, die Begegnung mit jemandem (mit einem Freund, mit einem Priester ...) oder mit einigen Personen in irgendeinem Zusammenhang (in einer Kirche, auf einer Straße, in der Schulklasse, in der Arbeit), wegen dem oder wegen denen ihr gesagt habt, ohne daß ihr daran gedacht habt: „Dieser da ist aber anders!" Ihr habt eine Andersartigkeit bemerkt, eine menschliche Andersartigkeit, die dadurch charakterisiert war, daß sie viel intensiver und viel tiefer dem Herzen in seiner Einfachheit entsprach. Eine menschliche Andersartigkeit, eine Andersartigkeit in der Weise, wie man das Menschliche lebt, das ihr wahrgenommen habt – konfus, mehr oder weniger konfus habt ihr es wahrgenommen –, weil die Art, wie derjenige oder diejenigen lebten, den Bedürfnissen eures Herzens anders als gewöhnlich entsprach.

Das heißt, diese Andersartigkeit beinhaltete ein Ideal, sie erweckte und provozierte eine ideale Vorstellung, die normalerweise die Art, wie die anderen lebten, nie geweckt hätte.

Genauergesagt war da eine Eigenschaft, die ihr nicht in Betracht gezogen habt, die ihr aber nun in Betracht ziehen müßt: dieser Mensch, diese Menschen, diese Freunde ... Diese Andersartigkeit trägt vor allem eine Ernsthaftigkeit gegenüber dem Leben in sich. Das Leben war für jene Person etwas Ernstes, beinhaltete eine Ernsthaftigkeit gegenüber dem Leben. Die Folge davon war ein Geschmack am Leben, ein Wille, etwas zu tun, eine Nützlichkeit in den Beziehungen, eine Güte.

Zu den ernsten Problemen zählen für alle Menschen normalerweise das Geld, die Kinder, Mann und Frau, die Gesundheit und die

Politik. Für die Welt ist alles wichtig, mit Ausnahme des Lebens. Ich sage nicht das Leben – das Leben im Sinn von Gesundheit ist ein ernstes Problem, klar –, sondern „das Leben". Aber was ist das Leben mehr als Gesundheit, Geld, die Beziehung zwischen Mann und Frau, Kinder und Arbeit? Was ist das Leben mehr als das? Was ist der Inhalt des Lebens? Das Leben beinhaltet all das, aber alles hat ein Ziel, eine Bedeutung. Ihr wart von einer Lebensweise betroffen, die einen Sinn von allem versprach und ständig von einer Zustimmung zu einer letzten Bedeutung des Lebens geprägt war – ihr habt euch das nicht explizit gesagt, aber wenn ihr darüber nachdenkt, so müßt ihr all das in euren anfänglichen Schritten wieder finden! Das Leben ist etwas Ernstes mit einer Bedeutung. Es ist etwas Ernstes, deswegen ist es eine Aufgabe gegenüber der ganzen Welt, gegenüber der ganzen Schöpfung, angesichts aller Zeiten, angesichts der Geschichte, angesichts der Zeit und des Raums; und es ist eine letzte, definitive, vollständige Bedeutung.

Nachfolgen: verstehen und nachahmen

Aber wie wird aus dem Anschauen dessen, der vor dir steht, ein Nachfolgen? Wenn du ihn nachahmst. Du mußt eine Person, die vor dir steht, anschauen und nachahmen. Was heißt, sie nachzuahmen? Das bedeutet zweierlei: Vor allem verstehen, was sie sagt, die Schritte verstehen, die sie macht – die Schritte des Menschen erfolgen in den Gedanken, in den Worten, in den Urteilen … also die Gedanken verstehen; das verstehen, was er sagt – und dann ihn nachahmen, wie er handelt.

Wenn du bei dem ersten Punkt stehenbleibst, das heißt, nur die Worte anhörst und sonst nichts, dann folgst du nicht nach. Du sollst auch darauf achten, wie er handelt, und versuchen, wie er zu handeln. Deswegen sind nicht alle Schwätzer auch Lehrer, denn um ein Lehrer zu sein, muß man auch zeigen, wie man es macht. Genauergesagt ist man dann ein Lehrer, wenn man die Worte so gebraucht, daß man zugleich auch zeigt, wie man sie gebrauchen soll.

Um die Worte zu verstehen, die jemand sagt, braucht man so wenig Mühe, wie man sich nur vorstellen kann. Es bedarf einer Einfachheit und eines Herzens wie bei einem Kind. Und um mit Aufmerksamkeit zu beobachten, wie es die Person macht, auch dafür bedarf es einer Neugier wie der eines Kindes.

Es gibt einen Begriff, mit dem wir all dies zum Ausdruck bringen. Wir sagen, daß die Regel des Lebens in der Nachfolge besteht. Wenn euch das Wort nicht gefällt, so wie es mir nicht gefällt, könnt ihr es auch weglassen.[8] Wichtig ist nur, das Konzept vor Augen zu haben. Das Konzept sieht folgendermaßen aus. Erstens: Man hat etwas vor Augen. Zweitens: Wir versuchen, die Worte davon zu verstehen und drittens: Wir versuchen zu verstehen, wie es möglich ist, nach den Worten zu handeln, nach ihnen zu leben. Dies zusammen heißt Nachfolge. Ohne Nachfolge, ohne die Intensität einer Nachfolge, hat unser Leben nichts vor sich. Es weiß nicht, was es denken soll und es weiß nicht, wie es handeln soll. Und so setzt es das, was ihm gerade in den Kopf kommt (die Reaktion seiner Ansichten) mit seiner Auffassung gleich, und setzt das, was es gerade tun möchte, mit der Regel für das Handeln gleich (das heißt seine Regel ist die Instinktivität). Die Alternative zum Leben als Nachfolge ist die Instinktivität, das heißt man steigt als Mensch ab zur Ebene des Animalischen (aber für diese Gedanken braucht man ein so „armes" Herz, daß man schon sehr weise geworden ist. Man braucht sehr viel Weisheit, um all das zu verstehen!).

Gehorsam, Gestus des Ich

Nachfolgen beinhaltet also, daß du zu verstehen versuchst, was man dir sagt. Was heißt verstehen? Das Verstehen ist ein Akt der Vernunft, es ist ein Begriff, der sich auf die Vernunft bezieht, die Vernunft lebt auf diese Weise. Was bedeutet „verstehen" in diesem Sinne, also daß die Vernunft auf diese Weise lebt? Es heißt, überraschend zu entdecken, zu ergreifen und dir bewußt zu machen (oder zumindest zu erahnen), daß eine Übereinstimmung besteht zwischen dem, was man dir sagt, und dem, was du bist (also das, wozu dich dein Herz drängt, das heißt die Bedürfnisse deines Lebens, die innersten Bedürfnisse deines Ichs). Verstehen heißt, die tiefe Übereinstimmung wahrzunehmen zwischen dem, was man dir sagt, und deinem Ich, den Bedürfnissen deines Ichs, den tiefen Bedürfnissen deines Herzens, den tiefen Bedürfnissen deines Lebens.

Deswegen ist Nachfolgen nicht wie ein Mantel, den man sich überzieht (ich ziehe, mehr oder weniger warm angezogen, etwas über). Nein, es ist nicht etwas zum Überziehen, so wie man normalerweise den Gehorsam versteht, wonach gehorchen bedeutet, „ja" zu sagen und das zu tun, was man dir sagt. Um Gottes Willen, nein! Gehorchen beginnt als Anstrengung und Arbeit (gebt acht, es ist ein Problem der Einfachheit des Herzens, das heißt, du erkennst die Evidenz einer Übereinstimmung zwischen dem, was man dir sagt und den Bedürfnissen deines Herzens, deines Lebens). Das, was man dir sagt, geschieht aus Liebe zu deinem Leben, und deswegen mußt du es anhören! Das, was man dir sagt, macht den Geschmack an deinem Leben größer, macht dein ganzes Leben wahrer. Um bewußter „Ich" sagen zu können, mit einer immer größeren Würde – so habe ich es in *Unterwegs* gesagt[9] –, mußt du wirklich dem zuhören, was man dir sagt, und versuchen, es zu verstehen.

Je mehr du es verstehst, desto weniger hängst du von demjenigen ab, der es dir sagt. Während man es dir sagt, wird es allmählich so, als ob derjenige, der es dir gesagt hat, eins mit dir wird: Du folgst dir selber. Am Ende besteht die äußerste Form des Gehorsams darin, der Entdeckung seiner selbst zu folgen, die sich im Licht des Wortes und des Vorbildes eines anderen ereignet. Ohne dessen Worte und Vorbild würde man im Dunkeln tappen und wie ein Tier leben.

Weil es dir entspricht, sage ich dir: „Mach dies, paß auf das hier auf." Ich sage es dir aus Liebe zu deinem Leben. Und weißt du, was mich fähig macht, es dir aus Liebe zu deinem Leben zu sagen? Die Liebe zu meinem Leben. Weil ich mein eigenes Leben ernstgenommen habe, sage ich dir: „Schau bitte, für dein Leben ist dies hier wichtig. Wenn du mir nachfolgst, wirst du es verstehen. Und dann wirst du gleichsam dir selber folgen; mir nachzufolgen ist, wie wenn du dir selber folgst, wir werden Freunde."

Die wahre Nachfolge ist Freundschaft

Dies ist Freundschaft. Der Gehorsam ist wahr, wenn man diese Ebene der Freundschaft erreicht hat. Sonst ist es nicht Gehorsam, sondern Sklaverei, etwas für Kinder mit ihrer Schullehrerin (und zwar eine mit dem Stock in der Hand!). Und dann, wenn du dich bemühst, zu verstehen, fällt es dir immer leichter, und du bekommst immer mehr Lust zu verstehen, wie ich das lebe, was ich dir zu verstehen gebe; oder wie der, der vor dir steht, das lebt, was er dir gesagt hat: „Wie machst du es, wie lebst du es?", sagst du ihm, ohne es auszusprechen. Demjenigen nachzufolgen, der vor dir steht, bedeutet, ihn zu fragen: „Wie machst du es, wie lebst du es? Wie macht man es, wie lebt man es?" Versteht ihr, daß der Hauptakzent hier auf dem Wunsch liegt, dem Wunsch, daß auch wir es leben, dem Wunsch zu leben. Es geht um die Ernsthaftigkeit des Lebens, die Wahrheit des Lebens und den Wunsch zu leben. Es ist der Wunsch zu leben, der dich dazu führt zu fragen: „Wie machst du es? Wie verwirklichst du das, was du verstehst?"

Versteht ihr, warum ich vorher gesagt habe, daß der wahre Gehorsam eine Freundschaft ist? Denn wenn ich dir zu verstehen gebe, daß ich dir das sage, weil es den Bedürfnissen deines Herzens entspricht, dann sagst du mir: „Danke, daß du es mir gesagt hast! Danke, daß du es mir sagst!", und es wird dein, und du mußt dir selber folgen. Dies ist die Nachfolge gegenüber dem eigenen Gewissen. Das wahre eigene Bewußtsein ist das eigene Bewußtsein, das durch eine Begegnung groß und reif wurde. Und dadurch wird man zu Freunden.

Wenn man befreundet ist, dann versteht man mehr. Wenn man sich innerhalb der Freundschaft betrachtet, versteht man, daß man mehr Lust hat zu fragen: „Und du, wie machst du es, wie verwirklichst du das da?" Und der andere sagt dir: „Ich kann es dir nicht erklären, schau mich einfach an!", oder: „Komm mit mir!", oder „Fang hiermit an! Lege zum Beispiel tagsüber bestimmte Zeiten für dich fest und sage dann ‚Gott'. Aber halte dabei ein und denk an das Wort, das du sagst. Oder, weil es so zu abstrakt sein kann, sag: ‚Komm, Herr', und dies ist schon eher voller Gefühl. Sag das dreimal am Tag." Oder: „Halte dreimal am Tag zwei Minuten inne und denke an den Augenblick, in dem Gott zu einem Blutklümpchen im Körper einer Frau geworden ist, indem du den Engel des Herrn betest." Oder ich kann dir sagen: „Sing ein Lied, zum Beispiel *Povera voce* (Arm ist die Stimme[10]) oder *Mi prendi per la mano* (Du nimmst mich bei der Hand). Sing dieses Lied, aber gib den Worten ein Gewicht, sprich die Worte aufmerksam." Oder ich sage dir: „Bete jeden Abend das Gegrüßet-seist-du-Maria mit der Bitte, daß du die Dinge verstehst, die du nicht verstehst, und daß du auch verstehst, wie du es machen sollst, weil ich dir nicht mehr sagen kann. Aber sieh mich an, wie ich es mache." Oder: „Wenn du das, was ich mache, nicht verstehst, dann frag mich danach. So ist es für mich leichter, dir zu antworten, und ich erkläre es dir besser. Denn sonst wird es theoretisch. Wenn du mich fragst, wie man die Dinge macht, antworte ich dir theoretisch, aber wenn du mir sagst: ‚Warum hast du das so gemacht?', dann werde ich konkreter, praktischer."

Freundschaft entwickelt sich auf diese Weise, dies ist Freundschaft. Deswegen ist die wahre Nachfolge eine Freundschaft. Der wahre Gehorsam ist Freundschaft. Was man Gehorsam nennt, ist in Wahrheit Freundschaft. Und auch Paulus hat gesagt, als er von Jesus sprach, daß er, weil er seinen Vater liebte (denjenigen, der vor Ihm stand, vor Ihm war), gehorsam bis zum Tod war,[11] bis zum Ende, denn er hatte verstanden, daß das, was der Vater von Ihm wollte, richtig war (es war richtig aus Mitleid mit den Menschen, um die Menschen retten zu können, um den Menschen die Freiheit geben zu können, um die Menschen zum Glück führen zu können), und er konnte es nicht unterlassen. Seine göttliche Natur (er war ein Mensch, also gehorsam, aber seine Person, sein Ich, das aus der Substanz des Vaters war, sein göttliches Herz war eine sprudelnde Quelle der Liebe, denn „Gott ist Liebe", wie Johannes sagte[12]) konnte nicht nein sagen. Er verstand das, worum ihn sein Vater bat und er wußte, wie er es machen sollte: Er ahmte seinen Vater nach, der die Welt aus Liebe geschaffen hatte.

Zusammenfassung

Jedenfalls wollte ich sagen, daß das Wort „Gehorsam" identisch ist mit dem Wort Freundschaft. Eine Freundschaft, die kein Gehorsam ist, ist sentimental, fruchtlos und ohne eine Geschichte, ohne Ziel und ohne Dauer, gesichtslos. Das Gesicht bekommt die Freundschaft von dem, was vor deinen Augen aufgetaucht ist und dich bewegt hat. Daraufhin hast du anfänglich versucht, dessen Worte zu verstehen, und dann auch begonnen, die Worte zu verstehen. (Zu verstehen beginnen bedeutet zu sehen beginnen, wie sehr sie deinem Herzen entsprachen.) Und dann kam es dir fast spontan zu fragen: „Und wie macht man es danach?" Und derjenige hat dir gesagt: „Du mußt mir folgen, schau, wie ich es mache. Folge mir weiter nach." Und dann findet wirklich zwischen dem, was mir passiert ist, und meinem Leben eine Symbiose statt. Es wird wie eine Einheit, eine immer tiefere Einheit. Und dies nennt man Freundschaft. Deshalb sagt die Bibel: „Wer einen Freund findet, findet wahrlich einen Schatz",[13] er findet den Reichtum des Lebens. Aber wodurch ist der Freund charakterisiert? Er zeichnet sich vor allem durch die Ernsthaftigkeit aus, mit der er lebt, also durch die ständige Bestätigung, daß das Leben etwas Ernstes ist.

Das Leben ist etwas Ernstes. Ernst angesichts des Universums (deshalb hat es eine Aufgabe) und ernst angesichts der Bestimmung (deshalb hat es eine letzte Bedeutung, die es zu erreichen gilt). Nichts entspricht deinem Herzen mehr als diese beiden Dinge.

Und dann gibt es so viele andere Dinge, die man versteht, die einem entsprechen, und so fragt man: „Wie erfüllst du deine Aufgabe?" und „Wie versuchst du deine Bestimmung zu erreichen?" Und ich, der ich derjenige bin, der vor dir steht, sage es dir. Aber ich verstehe, daß ich es dir schlecht sage, also sage ich dir: „Komm doch morgen wieder! Denn morgen werde ich versuchen, es dir besser zu sagen, und übermorgen werde ich versuchen, es dir noch besser zu sagen. Also, wir müssen es uns jeden Tag sagen, denn so sagen wir es uns besser, und nach vielen, vielen Tagen wird es wie von selber kommen, wie wenn man sich in die Augen schaut. Man schaut sich in die Augen und man versteht sich. Man versteht auch, wie man es macht; man bekommt

Lust, es zu tun, man bekommt richtig Lust, es zu tun. Und man ist nicht mehr allein, man ist endlich man selbst. Denn der Mensch ist er selbst, wenn er in Begleitung ist. Das Ich des Menschen ist für die Einheit mit allem bestimmt, was ist, mit dem Geheimnis des Seins. Warum? Weil er nach dem Abbild Gottes geschaffen wurde, und Gott ist Kommunion. Die Kommunion des Vaters, des Sohnes und des Geistes, das Geheimnis der Dreifaltigkeit. Im Geheimnis der Dreifaltigkeit liegt die Wurzel der Tatsache, daß das Ich nicht allein ist. Ein einsames Ich ist ein verlorenes Ich. So wird das Ich, das nicht einsam ist, in einer Begleitung geschaffen. Von einer Begleitung, die Freundschaft ist. Und die Freundschaft entsteht aus einem Gehorsam.

Das Wort „Gehorsam" ist nichts anderes als die Tugend der Freundschaft.

GESPRÄCH ÜBER DEN GEHORSAM

Unsere heutige Versammlung ist von großer Bedeutung: einmal als Bewertung und Beurteilung des bisher Gesagten, aber vor allem wegen der Arbeit, die ihr euch auferlegen müßt, um das Gesagte immer mehr zu entwickeln und zu klären.

Das bisher Gesagte habt ihr allenfalls teilweise verstanden, der eine mehr, der andere weniger, der eine kaum und der andere gar nicht. Aber das ist egal, denn der Herr hat uns zusammengeführt, damit wir zusammen gehen. Und zu gehen bedeutet zu verstehen. Vor allem geht es darum, die Beziehung zwischen dem Augenblick und der letzten Bestimmung des Augenblicks zu verstehen: Dies betrifft den flüchtigen Moment, der vorübergeht und dann nicht mehr ist; die Dinge, die da sind und nach kurzer Zeit nicht mehr da sind; ebenso unsere Beziehungen, die sich nach kurzer Zeit als anders erweisen, als wir gedacht haben.

Was ist ein Schritt für jemanden, der einen Weg geht? Die Beziehung zwischen dem, was ich jetzt tue und der Bestimmung, zu der ich am Ende gelangen werde. Diese Beziehung bestimmt den Wert dessen, was ich jetzt tue. So verstehe ich durch das, was ich jetzt tue, was die Bestimmung ist.

Jedenfalls ist das heutige Gespräch wichtig. Ich würde es gerne noch vertiefen. Aber dafür haben wir keine Zeit! Deshalb kann es nur ein Beispiel für die Arbeit sein, die ihr selbst fortführen müßt. Das, was euch bis heute gesagt worden ist, müßt ihr nun fortführen. So sollt ihr, wenn ihr beispielsweise vom Glauben oder vom Gehorsam sprechen hört, ein solches Wort viel umfassender begreifen, und zwar gemäß seiner Bedeutung.

Dieser Moment ist wichtig und wird zwei Aspekte haben. Vor allem einen allgemeinen Aspekt, der die Zeit vom Oktober bis heute betrifft, bei dem der Sinn des Weges geklärt wird, den wir in diesen drei Monaten zurückgelegt haben. Der zweite Aspekt kann eine einzelne Begebenheit sein, die uns betroffen gemacht hat oder die wir nicht verstanden haben oder die uns sehr gefällt. Wenn man ein Detail klärt, klärt sich zwangsläufig auch das gesamte Thema. Und um das Detail zu klären, muß man sich zwangsläufig das gesamte Thema in Erinnerung rufen, nämlich die Bestimmung unseres Weges.

Als ich zum Beispiel damals im Gymnasium in den ersten Zeiten in der Klasse diskutierte, war eines der bevorzugten Themen für einen Angriff die Hölle: „Schrecklich! Schrecklich! Wie kannst du nur sagen, daß es eine Hölle gibt. Das ist etwas Schmachvolles, Ungerechtes und für den Menschen Unvorstellbares." Was mußte ich tun, um auf diesen Einwand – der sich als Einwand auf einen Teilaspekt bezog – zu antworten? Um zu antworten, mußte ich auch dieses Detail, das man mir einwandte, auf die letzte Bestimmung des Menschen zurückführen, auf die grundlegende Auffassung vom Menschen. Die grundlegende Auffassung vom Menschen ist, daß der Mensch Freiheit ist, also etwas, das für das Glück gemacht ist. Und paradoxerweise hat die Hölle hier ihren Ursprung. Ohne Hölle gäbe es keine Freiheit, ohne die Möglichkeit der Hölle gäbe es keine Freiheit. Warum? Weil die Freiheit die Möglichkeit beinhaltet, nein zu sagen. Und nein zu sagen ist die Hölle. Die Hölle ist ein großes „nein". Deswegen wird die Hölle paradoxerweise zu dem Wort, das am stärksten auf die Würde des Menschen verweist. Nicht, weil die Hölle etwa schön wäre, sondern weil sie – wie ich bereits gesagt habe – den Menschen als Freiheit bejaht. Das bedeutet in positiver Übersetzung, daß ein Glück nicht mein sein kann, wenn ich dazu nicht „ja" gesagt habe. Wenn ich nicht „ja" sage, wäre das Glück, das ich erreichen würde, nicht meines. Damit es meines ist, muß ich es wählen, muß ich es wollen, muß es der Gegenstand meiner Freiheit sein.

Fangen wir also an! Wir können mit Details beginnen oder nach Informationen zu irgendeinem Abschnitt fragen, den ihr nicht verstanden habt, oder zu einer Idee, die euch unklar geblieben ist. Allerdings sollten wir nach Möglichkeit heute auseinandergehen, ohne daß etwas Wichtiges ungeklärt zurückbleibt.

Im Zusammenhang mit dem Gehorsam wurde gesagt, daß die größte Arbeit, welche er erfordert, die Einfachheit des Herzens ist ...
Arbeit wäre zum Beispiel ein falsches Wort. Man versteht zwar, was gemeint ist, aber es ist ein falsches Wort. Die Einfachheit des Herzens ist eine Bedingung für den Gehorsam.

Ich dachte, die Einfachheit des Herzen ist im Grunde eine Notwendigkeit, um die bisherigen Schritte zu verstehen.
Jesus ist deiner Meinung. Im elften Kapitel des Mattäusevangeliums dankt er dem Vater, weil er den Einfachen im Herzen geoffenbart hat, was recht ist, und nicht denen, die schon zu wissen glauben.[14] Deswegen ist das, was du sagst, richtig: Einfachheit ist eine Bedingung für all das, was wir gehört haben.

Aber von all dem, was wir gehört haben, ist der Gehorsam – wenn man eine Hierarchie aufstellen würde – das Phänomen, wofür die Einfachheit am wichtigsten ist. Denn beim Gehorsam muß man wirklich einfach sein, sonst ist überhaupt nichts zu machen.

Der Glaube ist Vorschlag und Zusicherung von etwas allzu Schönem, etwas derart Schönem, daß es fast schon einfach wird, „ja" zu sagen; nicht so der Gehorsam. Beim Gehorsam mußt du immer etwas anderem folgen und nicht dir. So ist die Freiheit etwas Schönes, sie hat ihren unverwechselbaren Geschmack, und deshalb kann die Bejahung der eigenen Freiheit in Einfachheit leichter sein, als etwa „ja" zu sagen und auf dem Weg des Lebens als Kriterium des Weges dem zu folgen, was ein anderer sagt. Deshalb ist die Einfachheit für alles notwendig, aber in besonderem Maße für den Gehorsam.

In der Lektion über den Glauben hast du uns gesagt, daß nur das moralische Ich, das Ich als Einheit, fähig ist, zu vertrauen ...
  Einen Augenblick! Was heißt „moralisches Ich", „das Ich als Einheit?" Was ist das moralische Ich? Das wahre Ich! Was ist das Ich als Einheit? Das ungeteilte Ich, also das wahre Ich. Also: Nur das wahre Ich ist fähig, zu vertrauen.

Wie soll ich den Gehorsam leben, damit ich jeden Tag im Leben, bei den tagtäglichen Entscheidungen, fähig bin zu entscheiden, ohne jeden Moment fragen zu müssen, ohne immer einem anderen die Verantwortung zu überlassen?
  Also folgendes Problem: Wie soll man jeden Tag die eigene Freiheit, das eigene Ich, so leben, daß man nicht in jedem Moment gezwungen ist, zur „Mama" zu laufen, zu dem, der führt, und zu fragen: „Was soll ich tun?"
  Antwort: Je mehr du das Kriterium dessen, der führt, zu deinem eigenen gemacht hast, je mehr du die Kriterien verstanden und akzeptiert hast, die dir gesagt worden sind, um so mehr bist du im Laufe der Zeit frei davon, jemanden fragen zu gehen. Das Prinzip zu akzeptieren, das man dir gegeben hat, das Gesetz zu akzeptieren, auf das man dich verwiesen hat, heißt, daß du wirklich frei bist, ohne notwendigerweise zu dem einen oder anderen laufen zu müssen, um seine Meinung zu hören. Deshalb ist derjenige frei und somit wirklich er selbst, deshalb bejaht derjenige wirklich seine eigene Würde, welcher nicht sein eigenes Kriterium festlegt, sondern das des anderen annimmt, der ihn führt. Das Kriterium dessen zu akzeptieren, der dich führt, ist die Weise, um in all deinem Tun frei zu sein. Du wirst weise sein in allem, was du tust, du weißt, wie man sich benimmt. Das ist das, was Jesus sagte: „Wer sich selbst verliert, findet sich."[15] Wer auf den eigenen Standpunkt verzichtet, um Jesus zu folgen, um Ihm zu folgen, wird als Mensch fähig, jede Angelegenheit zu bewältigen, zu wissen, was er tut und richtig zu entscheiden.

In der Bibel steht ein anderes Wort: „*Vir oboediens loquetur victoriam.*"[16] Der Mensch, der dem Kriterium dessen folgt, der ihn führt, der Autorität, der also dem Kriterium Gottes folgt – der Mensch, der dem Kriterium des anderen folgt, der ihn im Namen Gottes führt –, wird in jeder Situation gut handeln, wird die Situation auf eine für das eigene Leben nützliche Weise bewältigen.

Aus diesem Grunde habe ich gesagt, daß wir, um auf alle Details, die ihr als Einwand oder Antwort entgegnen könnt, antworten zu können – wie wir es gerade tun –, immer gezwungen sein werden, auf die letzen Prinzipien zu verweisen, die man uns gegeben hat. Wenn wir diesen Prinzipien folgen, verstehen wir alle Details.

Da es mir scheint, daß der Gehorsam ein affektives Problem ist, würde ich Sie bitten, mir die zwei Aspekte des Gehorsams besser zu erklären: „… die Schritte dessen verstehen, den du vor dir hast" und „nachahmen, wie er sie macht". Im Besonderen möchte ich verstehen, ob diese beiden Punkte ermöglichen, in Zuneigung anzuhängen.

Du hast am Anfang etwas Falsches gesagt und es am Ende verbessert, indem du das Gegenteil gesagt hast. Das Gegenteil ist wahr, das heißt das Anhängen in Zuneigung entsteht dadurch, daß man einem anderen folgt. Und in der Tat hat Gott in seiner Weisheit gesagt: „Ihr wißt nicht, wie ihr zu mir gelangen könnt. Ich komme, um den Weg zu bahnen. Wer mir folgt – ich bin der Weg – wird die Wahrheit und das Leben finden."[17]

Das Hängen an Jesus entsteht gerade aus der Haltung der Aufmerksamkeit, des fest auf Ihn gerichteten Blickes; es entsteht, wenn man darum bittet zu verstehen und wenn man sich an das heftet, was er uns zu tun aufträgt. Hieraus entsteht die Zuneigung, und es ist nicht wahr, daß man die Zuneigung braucht, um nachfolgen zu können. Nehmen wir an, du verspürst Zuneigung zu einer Person, und diese Person steht mit ihren Worten im Widerspruch zu etwas, woran dir gelegen ist. Anders gesagt: Du empfindest eine Zuneigung für eine Person A, aber in einer bestimmten Frage ist dir dein eigener Standpunkt sehr wichtig. Bittet dich nun die Person, zu der du eine Zuneigung verspürst, um etwas, das im Gegensatz zu deinem eigenen Anliegen steht, so ist es ziemlich wahrscheinlich, daß du das Vertrauen in diese Person verlierst und dich von ihr löst, um deinen Vorstellungen zu folgen. Aber genau das Gegenteil ist stattdessen wahr: Wenn du dem Hinweis anhängst, den dir der andere gibt, nämlich die Autorität; wenn du dich bemühst, ihn zu verstehen, entdeckst du die Wahrheit und das Leben mehr als zuvor. Und das erfüllt dich mit Bewunderung vor der anderen Person und läßt eine Zuneigung zu ihr entstehen.

Dies zu verstehen bedeutet, anfanghaft zu verstehen, wie unsere Weggemeinschaft entsteht, wie eine Gemeinschaft entsteht, wie die Freundschaft entsteht.

Die wahre Begleitung, das heißt die Weggemeinschaft, welche direkt am Aufbau des Lebens mitwirkt, welche kreativ und folglich in der Lage ist, etwas Schönes hervorzubringen, welche tröstet und das wiederherstellt, was zusammenbricht – eine in diesem Sinne positive Weggemeinschaft kann nur aus einer Freundschaft entstehen. Die Freundschaft ist die Tugend, die Energie, welche die Weggemeinschaft aufbaut. Aus diesem Grunde ist der Herr ein Mensch geworden, weil er wollte, daß der Mensch ihn kennenlerne. Und dieser Mensch hat eine Weggemeinschaft gestiftet, er ist hier und jetzt gegenwärtig geworden, in jedem Moment der Geschichte innerhalb einer Weggemeinschaft. Hätte jemand den Anspruch, eine Beziehung zu dem Geheimnis Gottes zu haben, sähe dabei aber von der Weggemeinschaft ab und besonders von einer Autorität, die ihn führt, so würde er sich etwas vormachen, es ist eine Illusion.

Daß dies wahr ist, sieht man an der Situation von den vielen Personen der Bewegung, die ins Kloster gegangen sind. Diejenigen, welche wieder ausgetreten sind – und es sind viele – warum sind sie ausgetreten? Die große Schwierigkeit ist nicht die Stille, die Einsamkeit (denn der Mensch muß sterben: In der Klausur beginnt man gleichsam bewußt dieses Sterben zu leben, das für alle gleichermaßen kommt).

Wer austritt, ist nicht fähig, die Gemeinschaft zu tragen. Umgekehrt, wenn mich jemand fragt, ob er in einen Orden eintreten soll, so habe ich als Kriterium immer angewandt: Wie lebt dieser die Gemeinschaft? Wie faßt er die Gemeinschaft auf, und wie lebt er sie? Wenn er die Wegbegleitung oder die konkrete Gemeinschaft nicht als eine für ihn notwendige Freundschaft lebt, ist es nutzlos, mich zu fragen, ob er ins Kloster gehen soll. Ich sage ihm sofort, daß er den falschen Weg einschlägt.

Aber was ist die Freundschaft? Im kleinsten Stadium ist die Freundschaft die Begegnung einer Person mit einer anderen Person, deren Bestimmung man mehr ersehnt als das eigene Leben. Ich ersehne mir deine Bestimmung mehr, als ich mein eigenes Leben ersehne. Der andere erwidert dies und ersehnt meine Bestimmung mehr, als er sein eigenes Leben ersehnt. So ist die Freundschaft. Und das Symptom dafür, daß dies wahr ist, ist der Wunsch, jeder, dem man begegnet, möge dies verstehen, auch in der Verschiedenheit der Umstände, so daß sich alle umarmen würden. Wer dies nicht verspürt, muß demütig den Herrn und die Mutter Gottes um ein tieferes Verständnis anflehen, denn ohne dies ist auch die Beziehung zu Gott nicht wahr.

Wenn ich deine Bestimmung ersehne und du meine Bestimmung ersehnst, so sind wir eine Weggemeinschaft, die erste Weggemeinschaft, die Weggemeinschaft in ihrem kleinsten Stadium. Aber wenn ich dies lebe, wünsche ich, daß jeder, dem ich begegne, daran teilhabe. Also möchten wir, ich und du, die wir uns zuerst begegnet sind, in unsere Freundschaft auch diejenigen mit einbeziehen, denen wir begegnen. So werden wir zu siebt, dann werden wir zwanzig, und dann möchten wir, daß alle in der Straßenbahn an unserer Freundschaft teilhaben, und in der Straßenbahn sind es zweihundert. Wir möchten, daß alle zweihundert bei dieser Weggemeinschaft dabei sind, so kann man auch ein Haus mit zweihundert Personen aufmachen. Und seht, wie schön es ist, denn alles bleibt so abgestuft, wie Gott es festgelegt hat: Da ist der Erste, dem du begegnet bist, der wie der erste Bezugspunkt ist. Dann der Zweite, der Dritte, der Vierte, und dann kommen der Sechste, der Siebte, der Achte, dann kommt der Zweihundertste. Die Hierarchie der Zuneigungen bleibt, wie sie Gott in dir geweckt hat.

Nur, je mehr Zuneigung du spürst, um so mehr unterliegst du der Versuchung, dabei stehenzubleiben, etwas festzuhalten und zu besitzen. Und so verlierst du sowohl die Sache als auch dich selber. Du verlierst. Das Symptom einer falsch gelebten Freundschaft zeigt sich daran, daß die anderen dir fremd sind. Erinnert ihr euch an das Gedicht von Pär Lagerkvist, das ich bei den Exerzitien der Studenten vorgelesen habe?[18] Er sagt zu ihr: Alles andere existiert nicht. Nur ich und du, wir existieren. Dies ist der zum System erhobene Egoismus. Und dies ist nicht nur demütigend, sondern auch erstickend (am dritten Tag kann ich nicht mehr, ich brauche Luft, ich muß ein Pferd galoppieren sehen!).

Ich war sehr betroffen, als ich von der Freundschaft zwischen dir und Manfredini gelesen habe: „... unter uns sagten wir: ‚Die Kirche muß wiederaufleben; die christliche Wirklichkeit muß mit mehr Bewußtsein gelebt werden' – wir waren erst in der dritten Klasse des Gymnasiums, aber die Bitte konnte entstehen, weil wir schon zu einer gewissen Tiefe der Freundschaft gelangt waren."[19]

Ich erinnere mich sehr genau an einen Augenblick während des Ausflugs, den wir machten, während wir gerade unter der Eisenbahnbrücke bei Meda hindurch kamen, zwischen Meda und Seveso. Ich erinnere mich noch – Manfredini war in der dritten Klasse des Gymnasiums, also war ich dreizehn Jahre alt – ich erinnere mich noch an die Stelle, an der wir miteinander sprachen, als er dies sagte.

Ich habe gedacht: Also ist die Freundschaft nicht „optional", sondern eigentlich notwendig, um mich und die Wirklichkeit zu verstehen.
Das Wort, welches das ganze Problem erhellt, ist das Wort *optional*. Die Freundschaft ist nicht *optional*. Wenn sie *optional* ist, ist es keine Freundschaft. Es ist nicht etwas, das man haben oder nicht haben kann. Ohne Freundschaft ist man nicht mehr man selbst. Und als Gott den Menschen schuf, hat er gesagt: „Er kann nicht allein sein. Er braucht etwas, das ihm eine Wegbegleitung ist."[20] Und so schuf er die erste Weggemeinschaft, nämlich die zwischen Mann und Frau (zwischen Mann und Frau, weil es auch Aufgaben gab, die es zu erfüllen galt).

In welchem Sinn ist die Freundschaft nicht „optional", sondern notwendig, das heißt man kann sie nicht „haben" oder „nicht haben"? Ohne Freundschaft ist einer nicht einmal ein Mensch, ist er nicht er selber, ist er verloren, kann er nur traurig erscheinen. Oder du würdest ihm nicht einmal hundert Lire geben, damit er damit Geschäfte macht; du kannst ihm nicht vertrauen. In welchem Sinn ist die Freundschaft notwendig?

Weil sie eine „Weggemeinschaft ist, die zur Bestimmung hingeführt wird".
Das ist korrekt wiedergegeben, aber ist der Sinnzusammenhang wirklich verstanden worden? Es ist wahr, daß die Freundschaft eine Begleitung ist, die zur Bestimmung hingeführt wird. Aber geführt von wem? Wenn ihr zu zweit seid, von wem wird sie geführt? Von etwas anderem: Es bedarf eines Dritten.

Kommt nun dieses Dritte deshalb ins Spiel, weil du ihm auf der zweiten Stufe begegnest statt auf der ersten? Nein! Dieses, welchem du folgst, ist etwas, das in der Person verankert ist, mit der du dich zusammentust. Es ist so schön, daß es euch dazu bringt, euch zusammenzutun, und es ist so richtig, daß es euch zusammenführt. Aber wenn es so sehr richtig und gut ist, daß es euch zusammenführt, dann bringt es sogleich etwas hervor, es ist eine Zeugung: „Die kinderlos war, läßt er wohnen im Hause / als Mutter, froh ihrer Kinder"[21] und der Mann, Abraham, „wird Vater vieler Völker"[22]. Wenn das, was euch zusammenführt, etwas Schönes und Wahres ist, dann wünschst du für jeden, dem du begegnest, er möge dies verstehen; diese Schönheit, diese Güte, diese Gerechtigkeit. Also sagst du zu ihm: „Komm mit auf ein Bier", und so seid ihr statt zu zweit zu dritt, und dann werdet ihr statt drei dreißig, und dann statt dreißig dreitausend, und dann werdet ihr statt dreitausend hunderttausend. Die ersten im Berchet-Gymnasium, die ich vorgefunden habe, waren vier, welche dann sofort drei wurden, weil einer gestorben ist; es waren nicht hunderttausend …

Jeder, der die Bewegung wirklich lebt – ich spreche von der Bewegung, erst recht von den *Memores Domini* – und zum Beispiel nach Formosa geht – wie das tatsächlich der Fall ist –, erzählt bei der Begegnung mit anderen Leuten das, was ihn mit einer bestimmten Weggemeinschaft zusammengebracht hat: Es ist wunderbar und schön, und außerhalb davon gibt es nichts Tolleres und Schöneres. Es könnte etwas geben, das dir so überaus schön und wunderbar erscheint, aber wenn man sich etwas später die Frage stellt: „Und dann?", so ist es aus, man kann es nicht mehr aufrechterhalten.

Aus diesem Grund benutzten die Juden die gleiche Wurzel, Worte mit derselben Wurzel, um das zu bezeichnen, was *geringfügig* ist (was vorübergeht, das Vergängliche), die *Lüge* (denn das Vergängliche, welches vorübergeht, ist wahrheitswidrig), und den *Menschen* (weil er vorübergeht).

Warum war ich so gut mit diesem Manfredini und mit diesem de Ponti befreundet, mit denen ich immer zusammen war? Von der dritten Klasse des Gymnasiums bis zur vierten des Theologiestudiums waren wir immer zusammen – aber immer, das heißt immer! Niemand hat je etwas dazu gesagt, weil für alle das Großartige ganz offensichtlich war, weswegen wir zusammen waren. Und wirklich, jeder, der dazugekommen wäre, zu jedem beliebigen Zeitpunkt am Tag oder in der Woche, hätte uns von ganz bestimmten Dingen sprechen hören. So daß viele sagten: „Ach …, immer die!", und weggingen … Die gleichen sind aber auch von manch anderem weggegangen! Warum sind wir nun so eng befreundet, obgleich wir uns nicht kannten? Weil wir gewisse Dinge erahnten und darüber sprachen, ohne die uns das Leben nicht mehr lohnenswert erschien.

Dies ist die Tiefe, mit der uns Gott im Alter von dreizehn oder vierzehn Jahren begnadet hat: Zu verstehen, daß es sich unabhängig von bestimmten Dingen oder, einfacher gesagt, ohne Christus nicht zu leben lohnt, im ganz wörtlichen Sinn. Alles wird zu einem politischen Spiel, wie die Gerechtigkeit von heute. Alles wird zur Gewalt, wie die Politik von heute: das Gegenteil von dem, was sie sein sollte! Und das Heilmittel dagegen ist es sicher nicht, von Moral und von Werten zu sprechen, wie es auch so viele unserer Oberen tun. Vielmehr besteht das Heilmittel darin, eine Weggemeinschaft zu schaffen und sie allen zu zeigen und vor Augen zu führen; eine Weggemeinschaft, die aus der Begegnung mit Christus hervorging, eine Weggemeinschaft, die aus der Begegnung mit Leuten hervorging, die Christus kennen gelernt haben. Dies läßt etwas Wirklichkeit werden, was die ganze Politik, die ganze Kultur und der ganze Rest nicht an Wert beinhalten, für den es sich zu leben lohnen würde.

Also wir drei waren unter allen anderen die engsten Freunde, weil unsere Beziehung aus einem tieferen Interesse entstand als dem, an dem alle interessiert waren. Andernfalls ist es keine Weggemeinschaft, und die Freundschaft ist das, was alle sagen, oder das, was ich dieses Jahr „Utopie" genannt habe: Also was läßt uns all das ertragen, was es im Leben Böses gibt, damit wir weitermachen? Die Weggemeinschaft, so antwortet man heute. Aber dies ist nicht unsere Weggemeinschaft.[23] Die authentische Weggemeinschaft entsteht, wenn jemand einen anderen trifft, der etwas Gerechtes, Schönes und Wahres gesehen hat und es ihm sagt. Und da auch er sich nach dem Gerechten, dem Schönen und dem Wahren sehnt, tut er sich mit ihm zusammen. Und wen auch immer er trifft – alle Menschen –, der beginnt ihn zu interessieren, um all das Gerechte, das Schöne und das Wahre mitteilen zu können. So entsteht die Weggemeinschaft und weitet sich aus. Dies ist das wahre Kloster. Die ersten Christen und das Mittelalter haben die Welt aus diesem Grund bekehrt, weil sie diese Weggemeinschaft geschaffen haben. Für Manfredini, für meinen Begleiter und für mich war es unerträglich, sich dort in die Reihe zu stellen bei den Ausflügen, welche die Seminaristen machten, und dabei von etwas anderem zu sprechen: Es war einfach unerträglich! Dann war es noch besser zu schweigen, still zu sein.

So entsteht die Zuneigung, so ist sie unter uns entstanden. Und die Zuneigung ist wie der Zement der Weggemeinschaft. In diesem Zement wächst die Weggemeinschaft und wird zu einem Bauwerk, dem Tempel Gottes in dieser Welt, für die Gott andernfalls unbekannt wäre.

Das Gegenteil einer so gearteten Weggemeinschaft ist ein Egoismus voller Illusionen, eine egoistische Illusion, eine egozentrische Illusion, das heißt jene Position, die in den eigenen Gedanken Trost sucht, was gegen die Vernunft ist. Warum ist es gegen die Vernunft, in den eigenen Gedanken Befriedigung zu suchen? Weil die Vernunft das Bewußtsein der Wirklichkeit ist, nicht deiner Gedanken, die von dem Bezug zum Wirklichen losgetrennt sind. Sie ist das Bewußtsein einer Wirklichkeit! Die Vernunft veranlaßt dich, die Gegenwart des Ideals zu erahnen und ihm nachzufolgen. Die Alternative zum Ideal, nämlich deinen Gedanken zu folgen, heißt Traum. Das Ideal ist die Wirklichkeit, die du Stück für Stück und Schritt für Schritt eroberst. Der Traum hingegen verfliegt, er verändert sich und vergeht von einem Tag auf den anderen.

Was heißt es, daß jeder von euch die Berufung zur Jungfräulichkeit erhalten hat? Jeder von euch hat die Berufung von Gott bekommen, von Christus – von Christus, denn derjenige, der die Menschen zu seiner Nachfolge auswählt, ist Christus: „... der Vater hat alles in seine Hand gegeben."²⁴ Er ist ein Mensch, der Gott ist, aber er ist ein Mensch! Die Berufung: Christus hat euch als Instrument ausgewählt, um den anderen mitzuteilen, was Er ist, um in den anderen die Liebe zu dem zu erwecken, was Er ist. Denn das, was Er ist, ist die Bestimmung aller Menschen. Aber ihr werdet die Liebe zu Christus in den anderen durch eure Gegenwart erwecken, welche liebevoll auf Christus ausgerichtet ist, der die Bestimmung aller ist. Nur durch eine Gegenwart teilt man den anderen etwas mit. Die menschliche Gegenwart in der Welt, in all ihren möglichen Aspekten, gemäß allen Erscheinungen, aus denen sie sich zusammensetzt, heißt Wegbegleitung oder Gemeinschaft.

Zusammenfassung: Vom Glauben zum Gehorsam

Glaube

Wie seid ihr mit dem Thema des Glaubens zurechtgekommen? Was für ein Phänomen ist der Glaube? Er ist ein Phänomen der Erkenntnis. Wenn er ein Phänomen der Erkenntnis ist, beinhaltet er die Vernunft. Er „beschränkt sich" nicht auf sie, sondern er bezieht sie mit ein.

Ein Phänomen der Erkenntnis also, das die Vernunft mit einbezieht, bezieht sich auf das, was existiert, auf die Wirklichkeit. Was der Glaube sagt, ist in der Wirklichkeit, welche durch unsere Vernunft gemessen und verstanden wird, nicht vorhanden – und tatsächlich haben wir gesagt, daß der Glaube das Erkennen einer Wirklichkeit ist, die jenseits ist; einer Wirklichkeit, die *mehr* als das ist, was die Vernunft erkennt. Wie kannst du also zugeben, daß es dieses *mehr gibt*, welches das Erkenntnisvermögen der Vernunft überschreitet?

Weil das Herz nur angesichts der Hypothese, der Verkündigung, der Intuition von diesem *mehr* die Antwort auf das verspürt, was es ist. Daher ist der Glaube so vernunftgemäß wie nichts anderes. Denn er vollendet die Vernunft, das heißt er antwortet endlich auf das, wonach sich das Herz sehnt; er weist auf die Existenz der Wirklichkeit hin, welche die tiefste Sehnsucht des Herzens vollendet. Und diese Wirklichkeit ist etwas Größeres als der Feigenbaum und der Maulbeerbaum aus dem Gedicht von Angiolo Silvio Novaro: „... auf dem Feigenbaum und auf dem Maulbeerbaum / mit goldenen Knospen geschmückt".²⁵ Etwas in uns Gegenwärtiges entscheidet über die Existenz von etwas jenseits von uns!

Aus diesem Grund ist der Glaube der in höchstem Maße vernünftige Gestus. Ohne ihn wäre auch die Vernunft nicht möglich. Es wäre nicht möglich, das zu bejahen, was den Menschen innerlich bewegt.

Deshalb ist von allem bisher Gesagten das große Wort das Wort „Glaube", weil es alles zusammenfaßt, es bejaht das Neue in der Welt. Die Neuheit in der Welt liegt in der Möglichkeit einer Begegnung, in welcher der Mensch wahrnimmt, daß eine Antwort auf sein Herz existiert, auf die Bedürfnisse seines Herzens. Diese Antwort – also die Existenz dessen, wonach das Herz verlangt – hat schon jetzt ihren Einfluß auf die Gegenwart, ist schon in der Gegenwart vorhanden.

Als Johannes und Andreas Christus trafen, haben sie noch nicht das Jenseits verstanden, oder was das Paradies sein sollte. Aber sie hatten dort etwas, das wie ein Paradies war, ein Stück Paradies: Es war Teil von etwas anderem. Es ist schon da, es ist eine Gegenwart. Also bedeutet der Glaube, eine Gegenwart anzunehmen und anzuerkennen. Anzuerkennen, daß schon in der Gegenwart etwas beginnt, das uns jenseits aller Dinge noch erwartet. Schon in der Gegenwart gibt es etwas, das zur Bestimmung gehört, das die Form der Bestimmung hat. Ja, dies ist das schönste Wort: die Begegnung mit einer Gegenwart, in der die Bestimmung bereits Gestalt annimmt.

FREIHEIT

Dies anzuerkennen, also Glauben zu haben, den Glauben zu bejahen, das ist die Freiheit. Das erste, was der Mensch im Glauben von seiner Bestimmung wiederfindet, ist gerade die Freiheit. Die Freiheit ist das Bedürfnis nach einer völligen Befriedigung. Die Freiheit ist die Fähigkeit, an der eigenen Bestimmung zu hängen; sie ist das Bedürfnis nach einer vollkommenen Antwort.

Deshalb versteht man, daß die Freiheit, die nicht zustimmt, sondern „nein" sagt und dem Inhalt des Glaubens Widerstand leistet, ein Widersinn ist, eine Negativität: Es ist der vorgezogene Tod (wie die Väter des Mittelalters die Sünde nannten: der vorgezogene Tod). Der Tod ist das Nein zum Leben.

Und in der Tat: Verbindet sich die Freiheit nicht mit dem Glauben, so wandeln sich alle Aspekte in den Beziehungen. Als Beispiel muß man sich stets die Zuneigung zwischen Mann und Frau in Erinnerung rufen, da Gott dieses Beispiel als erstes in der Welt gab. Die Beziehung zwischen Mann und Frau wandelt sich. Sie wird zu Egoismus statt Liebe, Verneinung statt Bejahung, zu verdorrter Zerbrechlichkeit statt einer fruchtbaren Kreativität; sie verschließt sich statt zu öffnen.

Anstatt die Arme weit zu öffnen und die Welt zu umarmen, möchte man die Umarmung auf das Objekt reduzieren, das einem gefällt und vor einem ist. Und so wirft man die Arme hoch – wie bei dem Vergleich der *Aeneis* – und drückt das Nichts, man umarmt und drückt das Nichts.[26]

Deshalb kommt nach dem Glauben die Freiheit: Der Glaube wird zur Quelle der Zuneigung, das heißt er verleiht eine Energie, um am Sein zu hängen; an dem, was da ist, an der Wirklichkeit in ihrer Gesamtheit.

GEHORSAM

Der Dynamismus der Freiheit kennt nicht den Weg, um am Glauben zu hängen. Er versteht, wohin er gehen muß, aber er weiß nicht, wie er dorthin kommt.

Deshalb sagt dir das Geheimnis, der Gegenstand des Glaubens, eben dieser Mensch, der zu Johannes und Andreas spricht und von irgend woher kommt („Höre was er sagt, er sagt Dinge, die nie jemand gesagt hat!"), gerade Er sagt dir, was du machen sollst. Er ist es, der dir sagt, wie du es tun sollst. Er sagt es dir durch die Weggemeinschaft, in die er dich stellt. Er sagt es dir durch seine Begleitung an dem Ort, wo er dich hinstellt, wie Ratzinger sagt. Erinnert ihr euch an das Osterplakat? „Der Glaube ist ein Gehorsam des Herzens gegenüber der Form der Lehre, der wir anvertraut worden sind."[27] Der Gehorsam des Herzens, das meint die Freundschaft, weil die Freundschaft der höchste Gehorsam ist. Mit einer Person, der du nicht gehorchen kannst, kannst du auch nicht befreundet sein; und du kannst ihr nicht gehorsam sein, weil sie dich früher oder später in einen Abgrund laufen läßt.

Deshalb: „Glaube, Freiheit und Gehorsam", oder „Glaube, Freiheit und Freundschaft". Die Gleichsetzung zwischen Gehorsam und Freundschaft zu verstehen, ist sehr wichtig. Wenn dir der Gehorsam zeigt, was du tun mußt, um deine Bestimmung zu erreichen, was ist dann die Freundschaft? Sie ist eine geführte Wegbegleitung zur Bestimmung. Geführt, das heißt du mußt gehorchen.

In der Bewegung und in den *Memores Domini* ist dies in beeindruckender Weise sichtbar. Alle sind sie Gemeinschaften oder Wegbegleitungen, aber wie unähnlich können sie doch einander sein! Das, was sie kennzeichnet, ist die Kraft des Gehorsams, mit der sie leben. Und die Kraft des Gehorsams, mit der sie leben, legt fest, wie stark die Freundschaft unter ihnen herrscht. Wenn sie in Einheit den Gehorsam leben, werden sie mit Sicherheit viel mehr untereinander befreundet sein. Folgt stattdessen jeder dem, was er denkt – er ist frei, dem zu folgen, was er denkt –, werden sie alle voneinander getrennt sein. Nicht einmal zwei sind dann vereint, selbst wenn sie heiraten sollten!

Deshalb stellt diese erste Dreizahl von Worten – Glaube, Freiheit und Gehorsam oder Freundschaft – die Dreizahl der Grundbegriffe für unser ganzes Leben dar: Die Gerechtigkeit ist der Glaube; die Freiheit ist der Glaube; und die Liebe ist der Glaube, der sich als Konkretheit einer Weggemeinschaft ausformt.

Diese drei Worte entscheiden darüber, was ihr seid und was ihr sein werdet. Diese Worte durcheinanderzubringen oder sich nicht klar über diese Worte zu sein, bedeutet, die Orientierung zu verlieren.

Daher ist ein Haus noch nicht allein deswegen schön, weil alle Freunde sind, und soweit sie fröhlich und zufrieden sind: Man muß sehen, warum sie es sind! Und der Grund, warum sie es sind, macht ihr Zusammenleben beständig und bewahrt es vor Verlogenheit. Er führt in der Tat dazu, daß man miteinander die Bestimmung teilt und den Weg auf die Bestimmung hin.

Dies ist interessant. Wenn ein Haus aus Leuten besteht, die untereinander sehr gut befreundet sind, weil sie wirklich und bewußt die Bestimmung miteinander teilen, dann sind alle, die in solch einem Haus wohnen – in dem Maße, in dem sie teilhaben – fähig, auch wenn sie sich alleine vorfinden würden, die Gemeinschaft dort entstehen zu lassen, wo sie sind. Denn niemand ist alleine, so hat Jesus gesagt. Nicht, weil er sich zusammengehörig mit wer weiß wem fühlt, mit Gott, mit Christus. Sich mit Gott oder Christus zusammengehörig zu fühlen bedeutet, sich mit den Leuten zusammengehörig zu fühlen, mit denen er uns zusammenstellt!

Ich wiederhole die wunderschöne Beobachtung: in der Weggemeinschaft, in die er uns stellt, befinden wir uns auf dem Weg zu ihm, mit einer Führung, und deshalb sind wir sicher. Dabei gehen wir von der Anziehungskraft aus, welche die einzelnen Personen menschlich auf uns ausüben. Das, was uns natürlicherweise anzieht, vervielfacht sich und gewinnt an Sicherheit; es bringt Früchte hervor. Ansonsten hält uns das, was uns natürlicherweise anzieht, fest; es würde uns aufhalten. Habt ihr verstanden? Dies ist das Wichtigste.

Christus ruft uns innerhalb einer Weggemeinschaft, durch welche wir zu Ihm hingeführt werden – gerade darin liegt die große Sicherheit, der Glaube – und in der wir wirklich frei sind. Denn wir hängen an etwas, das uns anzieht. In der Weggemeinschaft, in die uns Christus stellt, bleibt das ganze Ausmaß der Anziehungskraft erhalten, welche die einzelnen Faktoren auf uns ausüben. Nichts von dem, was uns anzieht, wird geleugnet; vielmehr geht man von dem aus, was uns anzieht. Dies ist die Freiheit. Sonst hält uns das, was uns anzieht, fest. Statt uns zur Bestimmung zu bringen, hält es uns fest. 999 von tausend Personen auf der Welt machen es so: Sie folgen und hängen an dem, was sie anzieht, eben weil es sie anzieht; so, wie es sie in der Gegenwart anzieht, in den Umständen, wie sie sich ergeben. Nach einiger Zeit sind sie wie erstickt, und sie können nicht umhin zuzugeben, daß das Grundprinzip des Zusammenlebens die Möglichkeit der Trennung beinhaltet.

Das Problem der Unauflöslichkeit der Ehe ist der bedeutsame Akzent jeder menschlichen Weggemeinschaft: Sie kann unmöglich standhalten. Wenn sie durchhält, dann ist es aus Interesse an politischer oder wirtschaftlicher Macht. Denn die Befriedigung an sich ist so vergänglich, daß sie sich sofort verflüchtigt. Sie scheint unvergänglich, solange du sie noch nicht erlangt hast. Wenn du sie erlangt hast, vergeht sie. Wie kann man also etwas besitzen, durch das Gott wirklich eine Anziehungskraft auf uns ausübt – ohne daß es vergeht? Je mehr die Gegenwart des anderen in dir die Leidenschaft für seine Bestimmung weckt, das heißt wirklich Liebe wird. Die Freundschaft, das heißt die gegenseitige Liebe, ist das Gesetz des Gehorsams.

Würzt alle diese Zutaten wie ihr wollt (macht eine Suppe daraus, einen Risotto …), aber wenn ihr diese Elemente weglaßt, werdet ihr nichts Eßbares machen, nichts, das man zu sich nehmen kann. Ihr eßt, aber es liegt euch im Magen, und kein Magenmittel nützt etwas!

Zweiter Teil
Hoffnung

Kapitel 4
Die Hoffnung

Wir gehen zu einem zweiten Teil der Meditation dieses Jahres über, welche die grundlegenden Begriffe unseres Glaubens und somit die grundlegenden Kennzeichen unserer christlichen Persönlichkeit wieder aufgreift. „Kennzeichen meiner Menschlichkeit" stimmt überein mit „Kennzeichen meiner christlichen Persönlichkeit": Es ist dasselbe.

Wir haben den ersten Faktor unseres Christseins betrachtet, den Glauben: „Mein Gerechter lebt aus dem Glauben"[1], „die Gerechtigkeit ist der Glaube"[2]. Die wahre Menschlichkeit ist diejenige, die aus dem Glauben hervorströmt. Wir haben uns bemüht, anfanghaft zu verstehen, was der Glaube ist: Denn ohne zu verstehen lebt man nicht. Es gibt ein Verständnis des Glaubens, das den Theologen eigen ist, denen, die studieren; und das hat nichts mit dem Gesagten zu tun; nein, es hat wohl damit zu tun! Es hat wohl damit zu tun – und auch wiederum nicht. Denn was es damit zu tun hat, ist das, was ein jeder verstehen kann. Indem wir den Glauben erklärt haben, haben wir wieder wachgerufen, was jeder verstehen kann.

Die Hoffnung ist der weitere entscheidende Faktor für den Aufbau der christlichen Persönlichkeit.

Wenn ihr die Jerusalemer Bibelübersetzung habt, findet ihr am Ende ein analytisches Inhaltsverzeichnis. Bei dem Wort „Hoffnung" heißt es: Hoffnung – was das grundlegende Wort nach dem Glauben ist: Römer 5,2. Allein dies würde genügen. Was sagt dieser Vers? Dort steht: „Da wir nun aufgrund des Glaubens gerechtfertigt sind (ich möchte jetzt aber nicht Satz für Satz erklären), haben wir Frieden mit Gott durch unseren Herrn Jesus Christus (diese Sätze versteht man nicht, aber sie verfügen über eine Einfachheit, die dem Herzen gleichsam eine Ehrfurcht und einen gewissen Frieden einflößen); durch den (das ist jetzt der Vers 2) wir ja im Glauben Zutritt zu dieser Gnade, in der wir stehen, erlangt haben (das heißt durch den Glauben an ihn), und wir wollen uns der Hoffnung auf die Gottesherrlichkeit rühmen (welche ist die Gnade, in der wir stehen und derer wir uns rühmen?)".

Es ist ein bißchen forciert ausgedrückt – ein mit wenigen Worten eilig dahingesagter Gedanke. Jedoch will er sagen, daß wir uns durch den Glauben in der Gnade vorfinden und uns der Hoffnung auf die Herrlichkeit Gottes rühmen – wir freuen uns vor jedermann. So sproßt aus dem Wort Glauben diese andere Blume oder diese andere Frucht hervor, die Hoffnung heißt, Hoffnung auf die Herrlichkeit Gottes. Mit „Herrlichkeit Gottes" ist gemeint, daß Gott von allen anerkannt ist. Denkt an den Jüngsten Tag, an dem alle – die Menschen in China jetzt ebenso wie jene, die in Rußland zur Zeit Stalins lebten – sagen werden: „Ach ja, es war wirklich so." Sie werden ihn anerkennen: Gott in seiner Herrlichkeit.

„Wir wollen uns der Hoffnung auf die Gottesherrlichkeit rühmen": Das Ziel des Lebens, das Ziel der ganzen Weltbewegung – wie Leopardi im *Nachtgesang eines Wanderhirten in Asien*[3] treffend sagt –, die kreisenden Gestirne, die Sterne, die in Bewegung sind ... alles ist in Bewegung: Aber wozu? Wir kennen die Antwort, der Glaube gibt uns die Antwort: Zur Ehre Gottes, damit sich die Ehre Gottes offenbare. Was bedeutet, daß sich die Ehre Gottes offenbaren möge? Wenn du es nicht weißt, wirst du es noch verstehen – früher oder später: Früher bedeutet durch eine Gnade, die dir Gott hier unten gewährt; später bedeutet durch eine Evidenz, die Gott dir am Ende aufdrängt. Das Ziel all dieser Unruhe der Welt und der Dinge – „dieses tiefen unendlichen Himmels", „dieser unermeßlichen Einsamkeit" –, das Ziel von allem, was sich langsam bewegt, mehr oder weniger langsam, ist die Ehre Gottes. Das bedeutet, die ganze Welt wird rufen: „Der Herr ist Gott, der Herrscher ist Gott, das Haupt ist Gott".

Nun also, durch den Glauben und wegen des Glaubens leben wir und rühmen wir uns in der Hoffnung auf die Herrlichkeit Gottes. Durch den Glauben gelangen wir dahin, zu verstehen, daß all diese Bewegtheit für die Ehre Gottes ist, in der Hoffnung auf die Herrlichkeit Gottes – die Bewegung der Welt wie die Bewegung meines Lebens, die klein erscheint. Sie *erscheint* klein, denn die Bewegung von Sonne, Sternen und Milchstraßen und auch das Voranschreiten der Zeit wird von diesem kleinen Punkt wahrgenommen, nämlich meiner Intelligenz, die hingegen groß ist. Denn der Mensch ist als Ebenbild Gottes geschaffen, als eine Abschrift des Unendlichen. Es geht also um das Ziel all dieser Bewegtheit, wegen der du morgens aufstehst, was eine Kleinigkeit bedeutet – denkt mal an euer Bettchen, jenes kleine Bettchen, aus dem du wie eine Maus herauskriechst; und dann denkt an die Sonne, die aufgeht, aus was für einem unermeßlichen Riesenbett! Der Glaube verleiht uns die Hoffnung, zu sehen, daß alles, was sich regt, zur Ehre Gottes in Bewegung ist; der Glaube gibt uns die Hoffnung, dies wirklich zu *sehen*.

Die erste Art es zu sehen, ist nicht, es physisch zu sehen; die erste Art und Weise des Sehens ist es, das zu verstehen. Es wird sich in Kalifornien in sechzig Jahren ein Erdbeben ereignen, durch das halb Kalifornien – entschuldigt, wir hoffen nicht, aber es könnte doch sein, weil unter der Erde fast keine Substanz ist –, durch das also halb Kalifornien ins Meer stürzt. Dies zu verstehen ist viel mehr, als es zu sehen. Denn man kann ja, sobald man es begreift, damit beginnen, Pfähle ins Meer zu setzen; und somit anfangen, sich darauf vorzubereiten. Verstehen ist mehr als sehen. Hat jemand Einwände? Ich spreche ganz ohne kriegerische Absicht!

Kurzum, aus dem christlichen Denken, das mit dem Wort Glauben beginnt, kommt unmittelbar eine Frucht hervor. Infolgedessen zeigt sich diese neue Blume, welche Hoffnung heißt. Ihr Inhalt ist die Ehre Gottes: die Hoffnung also, daß die ganze Welt Gott anerkennen möge; die Hoffnung, Gott möge sich allen zu erkennen geben und sagen: „Ich bin", das heißt, „ich habe gesiegt".

Abgesehen vom Römerbrief (Kap. 5, Vers 2) könnt ihr das im zweiten Korintherbrief nachlesen (Kap. 3, Vers 12). Auch hier: „Im Besitz solcher Hoffnung nun (die Hoffnung, die aus dem Glauben entsteht) treten wir mit großem Freimut auf." An diesem Punkt haben wir einige Zeit damit verbracht, das näher aufzuzeigen, als wir *Die zwei Waisenkinder* von Pascoli[4] gelesen haben. Die zwei Waisen von Pascoli – die das Sinnbild der Welt sind und davon, wie der Mensch normalerweise lebt – sind zwei voller Angst, Ungewißheit und Angst. Und man kann sich leicht ausmalen, was geschieht, wenn du zu ihnen gehst und ihnen eine Ohrfeige oder einen Hieb versetzt, dann wehe dir, dann erwischt es dich kalt! Jene beiden Schüchternen, jene zwei Verängstigten, die so im Gedicht sprechen, lassen es Schläge und Fußtritte hageln, und ihre Kameraden rächen sie. Dennoch sind es zwei arme Kerle.

„Im Besitz solcher Hoffnung nun treten wir mit großem Freimut auf." Wir sind nicht zerbrechlich wie sie oder verschüchtert; wir sind voll Sicherheit. (Denkt einmal, Kinder, wenn der, der diese Worte geschrieben hat, und ich, der ich in seinem Namen diese Worte wiederholte – wenn wir nicht mit klarem Bewußtsein solche Worte sagen würden, die in euch noch keine geeignete Aufnahme finden. Denn ihr könnt noch höchst unsicher sein: nicht *voller* Hoffnung, sondern *leer* von Hoffnung!) Ich sage einfach, daß ein Christ so beschaffen ist: Sein Bestand ist der Glaube, aus welchem eine Blume mit dem Namen „Hoffnung" entsteht und gedeiht.

Oder lest einmal den ersten Thessalonicherbrief 1,3: „Hoffnung (sagt er am Ende) auf Jesus Christus, unseren Herrn." Was bedeutet „Hoffnung, die der Herr Jesus" ist? Hoffnung, die aus dem Glauben an Jesus hervorgeht. Oder den ersten Brief an Timotheus, gerade die erste Zeile, die sagt: „Paulus (er spricht von sich!) Apostel Christi Jesu durch den Auftrag Gottes, unseres Retters, und Christi Jesu, unserer Hoffnung": Das Wort Hoffnung ist immer mit Jesus verbunden.

Oder 1 Timotheus 4,10: „Dafür arbeiten und kämpfen wir, denn wir haben unsere Hoffnung auf den lebendigen Gott gesetzt, den Retter aller Menschen, besonders der Gläubigen". Der lebendige Gott ist Christus: wieder eine Verknüpfung zwischen Hoffnung und Glauben an Jesus.

Ich habe diese Abschnitte absichtlich zitiert, um die genannte Annahme genauer zu beschreiben. Die Hoffnung ist im christlichen Sprachgebrauch der zweite Faktor, der eine neue Persönlichkeit beschreibt. Zweiter Faktor, weil er dem ersten entstammt, und der erste ist der Glaube. Ohne Glauben gibt es keine Hoffnung, mit dem Glauben kann es die Hoffnung geben.

Nachdem der Glaube die Anerkennung der großen Gegenwart des menschgewordenen Gottes ist, müssen wir jetzt versuchen, die Bedeutung dieses Wortes Hoffnung zu begreifen. Wir müssen beginnen zu begreifen, wie es die Kirche Gottes in der Welt gebraucht, wie es die große Weggemeinschaft Christi in der Welt erklingen läßt, wie es die ersten Apostel eingesetzt haben und wie es die Missionare verwenden, die in alle Teile der Welt gehen; und auch, wie es ein Mensch verwendet, der den Glauben an Christus in seinem Büro oder in seiner Firma lebt.

1. Gewißheit über die Zukunft

Zunächst hier eine Definition. Wenn der Glaube die Anerkennung einer gewissen Gegenwart ist, wenn der Glaube die Anerkennung einer Gegenwart mit Gewißheit ist, dann ist die Hoffnung das Anerkennen einer Gewißheit für die Zukunft, die aus dieser Gegenwart erwächst.

Zu glauben heißt, eine gewisse Gegenwart anzuerkennen, so wie dies auch für Msgr. Manfredini galt. Als er in Bologna das Amt des Erzbischofs antrat, begann er seine Rede mit folgenden Worten: „Christus hier und jetzt. Wir müssen Christus dienen, hier und jetzt. Christus ist gegenwärtig hier und jetzt."[5] Wenn Glauben bedeutet, eine gewisse Gegenwart anzuerkennen, dann besteht die Hoffnung darin, mit Gewißheit die Zukunft anzuerkennen, die aus diesem

Glauben hervorgeht. Glauben bedeutet, eine Gegenwart mit Gewißheit anzuerkennen, und auf dieser Gewißheit erwächst die Gewißheit für die Zukunft.

Was heißt es aber, den Inhalt einer Gegenwart anzuerkennen, die vor zweitausend Jahren begann, und zwar sie als Gegenwart hier und jetzt anzuerkennen? Gedächtnis. Deshalb besitzt die Hoffnung eine radikale Beziehung zum Begriff Gedächtnis, so daß es ohne Gedächtnis keine Hoffnung gibt.

Um die hundertzehn Stockwerke eines Wolkenkratzers in New York zu erreichen, müssen wir zunächst unsere Hoffnung darauf setzen, zum vierundachtzigsten Stockwerk zu kommen, so daß die anderen Gebäude überragt werden. Und die Hoffnung, zum 84. Stockwerk zu kommen, gründet auf der Gewißheit der 83 vorhergehenden. Und du kannst nur hoffen, zum hundertfünfzigsten Stockwerk vorzudringen, wenn du die Gewißheit hast, die 149 anderen zu passieren. Die Hoffnung erwächst aus dem Inhalt des Glaubens, der im Gedächtnis in Erinnerung gerufen wird. Deshalb erwächst die Hoffnung aus dem Gedächtnis, das heißt aus dem Bewußtsein einer Gegenwart, die in der Vergangenheit beginnt, aus einem „bereits Getanen" in der Vergangenheit. Deshalb ist die Hoffnung das, worin sich die Vergangenheit schließlich erfüllt.

Die Gewißheit über die Zukunft fußt auf etwas Gegenwärtigem, das du mit Gewißheit anerkennst. Die Gewißheit einer Gegenwart gibt dir Gewißheit für die Zukunft. Um also der Zukunft gewiß zu sein, mußt du dessen gewiß sein, was der Zukunft voraus geht. Die Hoffnung als Gewißheit über etwas Zukünftiges beruht auf der gesamten christlichen Vergangenheit, sie beruht auf dem gesamten christlichen Gedächtnis. Sie beruht auf der ganzen Gewißheit jener Gegenwart, die vor zweitausend Jahren begann und bis zu dir gelangt ist. Die Gewißheit der Gegenwart Christi ist die Gewißheit über etwas, das vor zweitausend Jahren begann. Deshalb kann man nicht das Gedächtnis Christi als eine Gegenwart leben, ohne sich in gewisser Art und Weise für das zu interessieren, was in diesen zweitausend Jahren geschehen ist. Ja, man staunt darüber, bewundert es, man rühmt sich dessen, ist stolz darüber und freut sich darüber. Die Kirche, die du jetzt vor Augen hast und an die du glaubst, ist die Kirche, die ein Erbe von zweitausend Jahren Geschichte besitzt.

Ich verstehe eure Schwierigkeit: Die Gewißheit über die Zukunft, zum Beispiel die Gewißheit, daß es ein Ende der Welt geben wird, stützt sich nicht auf die Gegenwart, wie ein Stein sich auf einen anderen Stein stützt bei der Errichtung einer Kirche oder eines Palastes. Der Stein kommt aus einem Steinbruch, und du bringst ihn mit

Pferden oder Lastwagen zum Bau, legst ihn auf einen anderen Stein, und so wächst das Gebäude auf drei oder vier Meter. Die Gewißheit in die Zukunft erwächst auf eine andere Art und Weise, die wir nicht sehen, die wir nicht sehen können. Die Gewißheit meines Glaubens erwächst aus dem Gestern, aus dem Vorgestern, sie fußt auf Gregor dem Großen, der vor 1500 Jahren lebte; sie erwächst aus dem heiligen Irenäus, der vor 1800 Jahren lebte; aus dem heiligen Polykarp, der vor 1900 Jahren lebte; sie erwächst aus dem heiligen Johannes, aus Andreas, sie erwächst aus dem heiligen Petrus. Wie ist es ihr möglich zu wachsen und bis zum Heute zu gelangen? Wir können dies nicht sehen, aber wir können es wissen! Denn für Gott ist nichts unmöglich.

Gott ist der Herr von Zeit und Raum, während die Zeit für uns ein Gefängnis ist. Die Zeit ist aber auch eine Möglichkeit der Öffnung: Wenn ich kein Morgen hätte, könnte ich nicht ein anderes Kind kennenlernen; wenn ich vor zwei Jahren kein Morgen gehabt hätte, dann hätte ich dich nicht kennenlernen können. Wie es möglich ist, daß es ein Morgen gibt, und wie das Morgen aus dem Heute hervorgeht, das weiß allein Gott. Ich weiß es nicht.

Gibt es in diesen klaren und abstrakten Sätzen – ich betone aber, daß sie klar sind – Dinge, die ihr nicht versteht?

Bezieht sich die Hoffnung nur auf das Ende der Welt, auf die letzte Zukunft, oder auch auf die Dinge, die in unserem Leben vorher geschehen?

Sie bezieht sich auf die Zukunft. Was machst du zum Beispiel übermorgen? Wirst du einen Menschen umbringen, oder wirst du ihm Gutes tun. Ich weiß es nicht, Gott weiß es. Und nicht einmal du weißt es jetzt. Dieses Übermorgen wird Einfluß haben auf deine gesamte Zukunft. Das Ende der Welt ist lediglich die vollkommene Entfaltung der Zukunft. Doch vom ersten Aufkeimen der Blume bis zur voll entwickelten Blüte braucht es den gesamten Frühling. Wir reden also von der Zukunft, und wir gebrauchen die Worte so, wie sie das Wörterbuch versteht.

Ich habe nicht verstanden, was du meintest, als du gesagt hast, daß der Glaube auf eine Art und Weise erwächst, die wir nicht sehen können, die wir aber wissen können.

Ich habe den Glauben, ich glaube. Du weißt, daß ich glaube, und du weißt, daß ein Mensch glauben kann: ja oder nein?! Du kannst aber nicht wissen, wie der Glaube sich in mir entwickelt. Nicht einmal ich kann dies wissen. Und du, die du auch den Glauben hast – so hoffe ich! –, kannst ebensowenig wissen, wie dies geschehen ist. Ja, es ist eines der schönsten Dinge in deinem Leben, wenn du darüber nachdenkst: Wie konnte das gerade für mich geschehen und für viele andere nicht? Und du wirst gerührt sein angesichts der Tatsache, daß Gott dich erwählt hat, daß er dich gegenüber so vielen anderen bevorzugte. Und dies ist gewiß kein Zufall. Im Gegenteil: Aus einem sehr banalen Blickwinkel, aus dem einfachen Blickwinkel eines „Kutschers", überlistet dich Gott! Er überlistet dich. Denn wenn er dir den Glauben schenkt, dann schenkt er ihn dir, damit du ihn zum Einsatz bringst und anderen mitteilst. Das heißt, er macht dich zum Instrument seiner Mission.

Leute, wie heißt jene Sache im Menschen, aufgrund derer er die Wirklichkeit erkennt? Die Vernunft. Sie ist das Bewußtsein der Wirklichkeit gemäß aller ihrer Faktoren. Wenn die Vernunft das Bewußtsein der Wirklichkeit gemäß aller ihrer Faktoren ist, und wenn du anerkennst, daß ich den Glauben habe, auch wenn du nicht verstehst, wie der Glaube entsteht – du verstehst es wirklich nicht –, so bist du gezwungen zuzugeben, daß es ein Phänomen gibt, das Glaube heißt. Ansonsten bist du geistig verwirrt, und die Aussagen deiner Vernunft sind leere Worte; oder aber es gibt etwas, was du nicht verstehst, was aber dennoch existiert. Das ganze Buch *Der Religiöse Sinn* gründet seine abschließende Darlegung auf folgende Beobachtung: Du verstehst nicht, du verstehst nicht, du verstehst nicht ... Bei diesem ganzen Nichtverstehen nimmst du jedoch wahr, es wird dir bewußt, das heißt, du verstehst, daß es etwas gibt.

In dem Gesagten sind die wichtigsten Worte folgende: erstens, das Wort Glaube, die Anerkennung einer Gegenwart mit Gewißheit; zweitens, das Wort Gewißheit, das sich auf die Zukunft bezieht. Und drittens die Beziehung zwischen dem ersten und dem zweiten Punkt.

Erinnert ihr euch daran, was Péguy im *Mysterium der Hoffnung* sagte: „Um zu hoffen, mein Kind, muß man sehr glücklich sein; man muß eine große Gnade erlangt und empfangen haben"?[6] Was ist diese große Gnade? Der Glaube an Jesus Christus. Die große Gnade ist die Gewißheit des Glaubens. Sie ist wie der Same einer Tamariske, einer der schönsten Pflanzen, die es gibt. Der Same der Tamariske ist klein, ein kleiner Same, den man mit einem Erdkrümel verwechseln kann. Mit der Zeit entwickelt er sich, und schließlich kommt eine große Pflanze hervor mit jenen schönen langen Blättern, jenen langen Perlengirlanden von kleinen Blumen, die sich beim kleinsten Windstoß bewegen, so wie wenn man in die langen Haare eines Mädchens pustet. Die große Gnade, aus der die Hoffnung hervorgeht, ist die Gewißheit des Glaubens. Die Gewißheit des Glaubens ist der Same der

Gewißheit der Hoffnung. Der kleine Same, der in das Heute gelegt wird, beginnt erst im September des kommenden Jahres aus dem Boden zu sprießen, und erst nach vier oder fünf Jahren sieht man, wie sich ein Pflänzchen mit ihren ganz eigenen und anmutigen Kennzeichen entwickelt.

„Um zu hoffen, muß man eine große Gnade empfangen haben." Es ist die große Gnade der Gewißheit über die Gegenwart. Niemand hat Gewißheit über die Gegenwart. Alle besitzen nur eine Gewißheit über die Gegenwart, wenn sie nicht daran denken. Denken sie aber daran ... dann haben sie keinerlei Gewißheit. Alle besitzen Gewißheit, wenn sie nicht darüber nachdenken: über das Geld, die politische Karriere, die akademische Laufbahn. Aber wenn du zu ihnen gehst, während sie eine Torte oder einen Panettone essen (Torte oder Panettone: das ist dasselbe, denn tut man in den Panettone etwas Grand Marnier hinein und wärmt ihn an, dann wird es eine wunderbare Torte. Ich gebe euch mal das Rezept!), und wenn du sie dann fragen würdest, dann besitzen sie keinerlei wahre Gewißheit über die letzte Bedeutung des Lebens.

Die Gewißheit über eine Gegenwart und damit über einen Sinn in der Gegenwart schafft allmählich Raum für eine Gewißheit über die Zukunft. Es gibt eine Zeit, die scheinbar ungewiß ist, weil sich die Gestalt der Zukunft noch nicht abzeichnet. Du kennst die Pflanze der Tamariske, nimmst einen Samen und pflanzt ihn in die Erde ... Wer weiß, was dort entstehen wird? Wer weiß, welche Form sie annehmen wird? Um zu verstehen, welche Form sie erhalten wird, mußt du die notwendige Zeit abwarten.

„Um zu hoffen, mußt du eine große Gnade empfangen haben." Die große Gnade stellt eine Gegenwart dar, in welche ein eigenartiger Same hineingelegt ist, aufgrund dessen morgen die Pflanze der Hoffnung entstehen wird. „Es blüht die Hoffnung des Tages, der nicht vergeht."[7] Denn, meine Freundin, dich interessiert das, was dir heute abend passiert, aber dann? Heute abend wird vergehen, und der Morgen wird kommen. Dann wird auch dieser vergehen, und der Abend des darauffolgenden Tages wird kommen. Doch auch diese Tage vergehen, und du wirst fünfzig Jahre alt sein, auch sie werden vergehen, und du wirst siebzig Jahre alt sein, dann wirst du 98 sein ... Und ich versichere dir, daß man nur selten 98 Jahre alt wird, die meisten Menschen erreichen nicht einmal das 88. Lebensjahr, und dann kommt die große Gnade der Herrlichkeit Gottes, die große Gnade am Ende der Welt.

Der Mensch lebt in der Gegenwart und stellt sich die Zukunft vor, indem er die Gegenwart auf die Zukunft projiziert. Und entweder höhlt dies die Gegenwart aus und macht sie vage, oder es verkrümmt sie, sie wird ein kleines Monster: die Gegenwart in der Zukunft, wer weiß, was sein wird? Wie geht hingegen das christliche Leben damit um? Es läßt dich die Gegenwart mit einer solchen Aufmerksamkeit für alles Gegenwärtige leben, daß du, wenn du aufmerksam bist, auch auf dem Meer, das vor dir liegt, über dem letzten Horizont einen kleinen Punkt siehst. Und dies ist kein Schiff, das vorbei fährt, sondern ein Schiff, das auf dich zukommt. Es ist die Bestimmung, die auf dich zukommt. Und es ist ein großartiger Tag, an dem du dir des Punktes bewußt wirst, der die Bestimmung darstellt, welche auf dich zukommt. Es ist so wie bei Christopher Kolumbus: es war ein großartiger Tag, als er zum ersten Mal in der Ferne jene kleine Landzunge entdeckte.

Ein Besitz, der bereits gegeben ist

Wir kommen zu einer weiteren Beobachtung. Wir haben gesagt, daß die Hoffnung die Gewißheit über die Zukunft ist, welche auf der Gewißheit angesichts einer Gegenwart gründet. Eine Gegenwart ist allerdings in dem Maße wirklich Gegenwart, in dem du von ihr Besitz ergreifst. Deshalb ist die Hoffnung die Gewißheit über die Zukunft, welche sich auf einen bereits gegebenen Besitz stützt. Denn die Gegenwart gibst du dir nicht selbst, du empfängst sie: „Es ist eine große Gnade." Die Hoffnung ist die Gewißheit über die Zukunft, die sich auf die Gewißheit eines bereits gegebenen Besitzes stützt. *Besitz:* daher die enge und tiefe Beziehung mit deiner Person; *bereits gegeben:* etwas, das dir von einem anderen gegeben wird und das nicht du selbst erringst.

Der Vergleich von Johannes im 6. Kapitel ist richtig. Die Hoffnung, die Petrus, Johannes und Andreas auf Jesus setzten, worauf fußte sie? Jesus war für sie jemand, den sie mit „du" anredeten. Er war eine Gegenwart: Wenn sie am Morgen erwachten und noch ganz verschlafen waren, weil sie unter offenem Himmel geschlafen hatten, während Er die ganze Nacht im Gebet verbracht hatte, dann empfanden Johannes, Andreas und Petrus – annäherungsweise vielleicht besser: –, dann „mußten" sie empfinden, daß sie zu jenem Menschen gehörten, damit sie auf diesen Menschen ihre Hoffnung auf die Zukunft gründen könnten. Ja, sie akzeptierten, jenem Menschen anzugehören, der ihre Hoffnung auf die Zukunft begründete.

Die Verwandten Jesu, von denen das dritte Kapitel des Markusevangeliums spricht,[8] gingen Jesus holen, der auf einem freien Platz beim Reden war. Und sie gingen zu ihm, weil sie von ihm sagten: „Er ist verrückt." Dabei verstanden sie nichts von ihm. Sie hatten keinen Anteil an ihm, waren in keiner Einheit mit ihm, waren nicht an ihn gebunden. Er war nicht mit ihnen verbunden, er bedeutete ihnen nichts. Er war für sie nicht greifbar und deshalb konnten sie auf ihn keine Zukunftsperspektive bauen. Da er für sie unfaßbar blieb, gehörten sie ihm nicht an und so stützten sie ihre Zukunftsperspektive auch nicht auf ihn.

Der Vollendung gewiß

In allen Häusern der Memores Domini sollte geschrieben stehen: „Er, der das gute Werk in euch begonnen hat" (was ist das gute Werk? Es bedeutet, das Leben im Bewußtsein der Beziehung zu Christus zu leben, sei es groß oder klein; in der Beziehung zu Gott, der Mensch geworden ist) ... „Er, der das gute Werk in euch begonnen hat" (diese große Gnade), „wird es auch vollenden bis zum Tage Christi Jesu (Er wird es am Ende zur Erfüllung führen, am Tag der Bestimmung)"[9]. Wenn man sich sicher ist, daß Er das, was Er mir gegeben hat, zur Vollendung führt, dann heißt dies, des eigenen Glücks sicher zu sein. Es bedeutet, ich kann meiner Bestimmung gewiß sein, meiner Vollendung, des Ziels meines Lebens. Es ist unverzichtbar, eine Gewißheit zu erlangen über die eigene Bestimmung, über das eigene Glück; kurz gesagt: erlöst zu sein. Ohne diese Gewißheit zerfällt alles in Einzelteile. Dementsprechend heißt es im ersten Kapitel des Briefes an die Philipper. „Er, der das gute Werk in euch begonnen hat, wird es auch vollenden bis zum Tage Christi Jesu." Es ist ein Wort der Hoffnung, der Hoffnung im wahrsten Sinne des Wortes, das heißt, der Gewißheit. Es ist nicht eine Hoffnung im Sinne des umgangssprachlichen „wird schon klappen ..." Die christliche Hoffnung ist eine Gewißheit. Es ist eine Gewißheit, die sich nicht auf die Gegenwart, sondern auf die Zukunft bezieht. „Er, der das gute Werk in euch begonnen hat, wird es auch vollenden." Dies ermöglicht dir einen weiten Atem, denn Er hat es dir gegeben. Es ist offensichtlich, daß du es von Ihm empfangen hast, denn du besitzt es und hast es nicht dir selbst gegeben. Und wenn er es schließlich auch noch zur Vollendung führt, dann kannst du fast schon ruhig schlafen! In der Tat, du wirst ruhig schlafen, in Frieden: *in ipsum et dormiam et requiescam* (Ich lege mich in Frieden nieder und schlafe in Frieden, denn du allein, o Herr, läßt mich in Sicherheit wohnen; so der gesamte Vers, Anm. des Übers.)[10]. Du kannst in Frieden schlafen, denn deine Zukunft ist gewiß. Die Gewißheit für die Zukunft erwächst aus einer großen Gnade: Die große Gnade ist gegenwärtig, die Gewißheit über die Zukunft erwächst dir aus dieser Gegenwart.

Bis hierhin haben wir einige Gedanken über das Wesen der Hoffnung entwickelt: eine Gewißheit, die sich auf die Zukunft bezieht und die sich nur auf eine Gewißheit stützen kann angesichts von etwas, das gegenwärtig, groß und mächtig ist; denn es muß die gesamte Zukunft tragen. Es ruht auf der Gegenwart. Und die Tatsache einer sicheren Gegenwart, auf die du deine ganze Zukunft gründen kannst, ist eine große Gnade.

Am Nachmittag werden wir zum zweiten Punkt kommen. Zum dritten werden wir kommen, wann Gott es will. Es kann Krieg ausbrechen, wie in Sarajewo. Denkt mal: diejenigen von euch, die in Ancona leben, sind nur zweihundert Kilometer von jenem Ort entfernt, wo die Menschen massakriert werden; und doch kann man so leben, als würde nichts geschehen. Aber diejenigen, welche einschreiten könnten und die nur etwas weiter entfernt sind, weil sie in Brüssel oder London leben, schlafen nicht nur ruhig, sondern veranstalten sogar Partys und Orgien, ja, sie produzieren auch noch Horrorfilme: daran kann man noch mehr verdienen.

2. Die Dynamik der Hoffnung

Was können wir noch weiter über die Hoffnung sagen? Was hättet ihr noch anderes über die Hoffnung zu sagen?

Da es nichts Automatisches gibt – wie erwächst also die Hoffnung aus dem Glauben? Gibt es eine Vorbedingung, damit aus dem gelebten Glauben die Hoffnung hervorgeht?

Die Frage ist sehr richtig und treffend: Da es nichts Automatisches gibt, das einen menschlichen Wert hätte – nichts Automatisches heißt, es gibt nichts, was frei zu haben wäre –, wie ist es da möglich, daß aus dem Glauben an eine Gegenwart eine Gewißheit für das Morgen erwächst? Diese Frage ist richtig und sehr treffend, und ich wünsche mir, daß sie gut verstanden wird, bevor ich darauf antworte, und ich sehe, daß auch ihr – so wie ich – Lust habt, hier zu bleiben!

Der Wunsch

Welche Art von Bewegung muß sich einstellen, damit man von der Gewißheit angesichts der Gegenwart zu einer Gewißheit für die Zukunft gelangt? Hier spielt die Freiheit eine Rolle. Die Freiheit hat mit allen Dingen zu tun. Aber hier ist das Wort Freiheit wichtig. In welchem Sinne spielt die Freiheit eine Rolle?

Als Wunsch, als Bitte, daß etwas, das begonnen hat, von Dauer sei ...
Der Glaube besteht darin, eine Gegenwart zu bejahen, welche aufgrund ihrer Wirkmächtigkeit ganz und gar außergewöhnlich ist. Aus der Dynamik dieses Glaubens nun erwächst eine Gewißheit für die Zukunft. Er wandelt sich nämlich zu einem Wunsch, der durch den Glauben selbst definiert und erfüllt wird. Die Verwandlung äußert sich als Bitte an jene kraftvolle Gegenwart, die sich im Glauben als etwas Gegenwärtiges offenbart: „Als Bitte, als Wunsch, daß etwas, das begonnen hat, an Reife gewinnen möge." Also das Geschenk, das Christus uns durch sich selbst in der Gegenwart macht. Die Freiheit kommt nun durch den Wunsch ins Spiel, und sie bittet, mit Gewißheit, daß von Ihm unser Glück kommen möge.

Stellen wir uns vor, daß eine Gruppe von Leuten auf einem Dorfplatz zusammensteht und sich unterhält. Es kommt jemand vorbei und gesellt sich zu ihnen, um mit ihnen zu reden. Sie sagen: „Dieser Mensch ist wunderbar" ... Der Glaube entsteht als Anerkennung einer außergewöhnlichen Gegenwart. Die Erfahrung einer außergewöhnlichen Gegenwart ruft im Herzen des Menschen einen Wunsch wach, der sich auf die Zukunft bezieht: der Wunsch, daß dieser Mensch bleibt, der Wunsch, daß dieser Mensch die alltäglichen Dinge in Ordnung hält, die verrückte Frau zur Besinnung bringt, den Kindern hilft ... jeglichen Wunsch erfüllt. Dies ist die Dynamik des Glaubens. Es ist die Anerkennung einer Gegenwart unter dem Andrängen der Bedürfnisse des Herzens, die in ihrer ganzen Größe zum Vorschein kommen, wenn man diesen Menschen sprechen hört. Deshalb rief die Begegnung mit jenem Menschen in ihnen Wünsche wach, die Er erfüllen konnte, und sie waren sich sicher, daß dieser Mensch sie erfüllen konnte. Die Dynamik des Glaubens bestätigt eine Erfahrung. Die Hoffnung hingegen ist der Wunsch, daß etwas in der Zukunft geschehen möge.

Beim zweiten Schritt, den wir jetzt unternehmen, wollen wir die Dynamik erklären, welche der Hoffnung zu eigen ist. Die Hoffnung erwächst aus einer Bejahung. Wie entsteht sie? Sie bejaht die Möglichkeit, daß ein Wunsch in Erfüllung geht. Sie steht der Erfüllung eines Wunsches bejahend gegenüber. Vielleicht ist dies nicht ganz klar? Bei der Begegnung mit einer bestimmten Person sagt sich einer: „Wow, ich habe einen großartigen Menschen getroffen! Wenn er wirklich großartig ist, dann müßte es ihm doch gelingen, mein Kind wieder auf den rechten Weg zu führen."

Der Glaube als Bejahung einer großen Gegenwart; die Hoffnung als bejahende Antwort auf jenen Wunsch, in dem die Bedürfnisse des Herzens zum Ausdruck kommen. Eine Begegnung regt an, richtet die Forderungen des Herzens wieder auf und ruft sie wach. Diese bringen einen Wunsch zum Ausdruck, weil es sich um eine Zukunft voller Gewißheit handelt. Sie drücken sich als Wunsch aus.

Werden diese Wünsche erfüllt, ja oder nein? Dies ist die entscheidende Frage. Diese Wünsche entsprechen den Forderungen des Herzens. Sie können nur dann mit Gewißheit verwirklicht werden, sie sind nur in dem Maße in der Lage, die Hoffnung auf eine Zukunft voller Gewißheit zu begründen, wenn – es ist nicht einfach auszudrücken! – wenn jemand dem Inhalt des Glaubens vertraut, wenn jemand sich preisgibt, wenn er sich der Gegenwart anvertraut und überläßt, auf die der Glaube verweist.

Die Forderungen des Herzens sagen, daß der Gegenstand, den das Herz begehrt, existiert, es gibt ihn in der Zukunft. Denn der Mensch ist dazu bestimmt, glücklich, gerecht und wahr zu sein. Er ist dazu bestimmt, doch die Gewißheit, daß dies geschehen wird, kann nicht durch unser Herz allein aufrechterhalten werden. Die Gewißheit, daß dies geschehen wird, kann nur aus jener Gegenwart selbst hervorgehen, die der Glaube anerkennt; aus der außergewöhnlichen Gegenwart, welche der Glaube anerkennt. Nur dies kann den Grund bilden für eine Gewißheit über die Zukunft.

So kommen wir zu einem klärenden Ausdruck. Ich wiederhole ihn, paßt auf. Sagt mir, ob ihr ihn verstanden habt oder nicht. Wie wir im *Religiösen Sinn*[11] gelesen haben, besteht das Herz des Menschen aus grundlegenden oder ideellen Forderungen. Deshalb wird es auf der Linie jener ideellen Forderungen in Richtung Zukunft gedrängt. Das Herz kann nicht sicher sein, daß sie sich erfüllen. Ebenso kann es beispielsweise nicht sicher sein, daß es diese nicht verraten wird. Dennoch ist es auf die Zukunft hin ausgerichtet. Das Herz drängt auf eine Zukunft hin, aus dem Wunsch heraus, daß sich jene Forderungen erfüllen. Wann wird jener Wunsch zur Gewißheit? Wie kann dieser Wunsch zu einer Gewißheit werden? Er wird in dem Maße zu einer Gewißheit, in dem er sich der Macht jener großen Gegenwart sicher ist.

Deshalb ist die Dynamik der Hoffnung ein Wunsch, der dem Verschleiß der Zeit nicht widerstehen könnte. Er würde stets in herben Enttäuschungen enden, wäre er nicht von dem Glauben als Grund getragen, also von der Gewißheit über die Macht dieser großen Gegenwart.

Die Gewißheit der Erfüllung

Machen wir einen weiteren Schritt. Wie schafft es das Herz, wie schafft es die Hoffnung (als Gewißheit über die Zukunft, die aus einem Vertrauen in die große Gegenwart erwächst), wie schafft es dieser Wunsch nach Verwirklichung des Guten, welcher allmählich in der Sicherheit über die große Gegenwart an Vertrauen gewinnt, wie gelingt es ihnen also, zugleich die Gewißheit zu erlangen, daß die große Gegenwart ihm antworten wird?

Die Hoffnung, also das Bedürfnis, daß sich jener Wunsch des Herzens verwirklicht, kann keine Gewißheit sein, die aus dem Herzen selbst hervorgeht; denn das Herz weiß nicht, es trägt einen Wunsch in sich, versteht aber nicht. Wie kann sie also zur Gewißheit des Herzens werden – und somit eine Hoffnung im christlichen Sinne des Wortes –, zur Gewißheit, daß sich die menschliche Sehnsucht des Herzens verwirklicht? Die Dynamik der Hoffnung zeigt sich natürlicherweise als Wunsch. Allerdings kann sich dieser Wunsch seiner selbst nicht sicher sein. Wie wird es ihm aber möglich, seiner selbst sicher zu werden?

Weil er es mir versprochen hat.

Der Wunsch wird sich seiner selbst gewiß, wenn er es erbittet, wenn der Wunsch des Herzens zur Bitte wird. Und der Wunsch gründet auf der Gewißheit einer Antwort der großen Gegenwart. Denn die große Gegenwart hat dies versprochen. „Bitte", dies war das entscheidende Wort. Aber „er hat es versprochen" ist wesentlich, denn dies macht aus vernünftigen Gründen die Bitte selbst gewiß. Wenngleich die Verheißung in der Tatsache, daß es die große Gegenwart gibt, bereits impliziert ist.

Traum und Ideal

Wir möchten noch eine weitere Beobachtung hinzufügen, die ein *Notabene* ist. Die Bedürfnisse des Herzens verlangen nach Erfüllung. Da der Mensch sie zu verwirklichen von sich aus nicht die Kraft besitzt und nicht zu jenem Ziel gelangen kann, das sie andeuten, gibt der Mensch diesem Anspruch eine eigene Gestalt, und zwar entsprechend der zerbrechlichen und letztlich illusorischen Konsistenz, die Traum genannt wird. Das Herz des Menschen gibt sich dem Traum hin, um so seinen Bedürfnissen Rechnung zu tragen: es träumt und gibt damit seinem Weg einen positiven Ausdruck. Aber der Traum des menschlichen Herzens ist nicht in der Lage, Gründe für eine Gewißheit aufrechtzuerhalten, für die Gewißheit, daß die Bedürfnisse des menschlichen Herzens beantwortet werden.

Die Gewißheit, daß sie erfüllt werden, rührt von der Tatsache her, daß die große Gegenwart dies *versprochen* hat. Sie hat verheißen, daß sie den Menschen erhören wird, wenn der Mensch sie darum bittet. Deshalb ist das, was die Hoffnung vom Gedächtnis besonders hervorhebt, die Verheißung (der Bund, wie es in der heiligen Messe heißt). Vom Glauben betont die Hoffnung besonders die Verheißung.

Die große Gegenwart hat die Verheißung gegeben beziehungsweise sie verheißt, daß jemand in dem Maße, in dem er bittet, auch erhört wird. Und hier kommt die Freiheit ins Spiel. Angesichts seiner Bestimmung ist die Freiheit des Menschen eine Bitte. Es handelt sich um die Haltung des Bettelns oder besser der Armut. Das Ziel der Gewißheit, nach welchem die Bedürfnisse des Herzens verlangen, nennt sich Ideal. Die Bedürfnisse des Herzens stützen ihre Gewißheit auf die Bitte, die sie an die große Gegenwart richten.

Um also zu verstehen, was die Hoffnung ist, ist es sehr wichtig, zwischen Traum und Ideal zu unterscheiden. Der Traum erwächst aus der Tatsache, daß die ursprünglichen Bedürfnisse des Herzens einen so großen Durst nach Erfüllung in sich tragen, daß sie die große Gegenwart vergessen und dazu neigen, sich selbst die Form der Erfüllung vorzustellen. Diese Form geht stets vom Gegenteil einer großen Gegenwart aus, von einer Gegenwart, die alles andere als groß ist. Ich bin keineswegs verwirrt, ich versuche bloß die einfachste Form zu finden, um diese Dinge auszudrücken.

Das Herz des Menschen verlangt nach Glück. Wenn es den Glauben lebt, dann ist es gewiß, daß ihm dieses Glück durch die große Gegenwart gegeben wird, weil die große Gegenwart das versprochen hat. Sie hat das bis in den Tod hinein versprochen, um es zu ermöglichen.

Ich habe gesagt:
- Die Bedürfnisse des Herzens sind ein Verlangen nach Glück;
- Ohne den Glauben kann die Gewißheit dieses Glücks nicht vernünftig sein. Sie nimmt stattdessen eine Gestalt an, die vom Herzen selbst gegeben wird. Dabei erhebt sie mancherlei Ansprüche gegenüber einer Gegenwart, die noch nicht die große Gegenwart ist (der Mann für die Frau, das Kind für die Mutter, das Geld für den, der das Geld liebt, der politische Erfolg, für den, der in der Politik tätig ist), und dies nennt sich Traum. Das Herz des Menschen wird vom Traum in Versuchung geführt.
- Doch das Herz des Menschen ist für das Glück geschaffen. Wenn es die große Gegenwart anerkennt, wenn es voller Gewißheit vor der großen Gegenwart lebt, dann versteht es, daß der Grund der Gewiß-

heit, daß sich seine Wünsche verwirklichen, nur von der großen Gegenwart her kommen kann. Deshalb bittet es mit Hilfe der großen Gegenwart, sie mögen in Erfüllung gehen, und zwar so, wie diese große Gegenwart ihnen von Ewigkeit her Gestalt gegeben hat. Diese Gestalt nennt sich Ideal. Die Hoffnung zeigt sich also entweder als Wunsch nach einem Traum oder als Wunsch nach dem Ideal.

Nun gut, beim kommenden Einkehrtag werden wir auch bezüglich der Art und Weise, all dies in Worte zu fassen, noch etwas gutzumachen haben. Aber bereits so erscheint mir das Gesagte nicht unklar. Kommen wir also zu einem weiteren Schritt.

Ich habe nicht verstanden, was das Ideal ist.

Das Ideal ist der Gegenstand der Vollkommenheit, des Glücks, für das das Herz des Menschen geschaffen wurde, und das es allein nicht erreichen kann. Von sich aus kann es ihm nur eine selbst erträumte Form geben, denn es nimmt die Umstände zum Vorwand und geht nicht von der großen Gegenwart aus. Das Ideal ist demgegenüber der Wunsch nach Glück, der dem menschlichen Herzen zueigen ist, wobei es zugleich anerkennt, daß seine Erfüllung nur mit Hilfe der großen Gegenwart möglich ist. Das Ideal ist daher die tiefste Sehnsucht des Herzens; der Mensch strebt danach, indem er sich der großen Gegenwart anvertraut. Diese Unterscheidung zwischen Traum und Ideal ist von größter Bedeutung.

Eine Frage, die alles durchdringt

Wenn also das Ideal und nicht der Traum überwiegen soll, dann verwirklicht sich das Bedürfnis des menschlichen Herzens nach Glück gemäß der Form, die das Geheimnis der großen Gegenwart festlegt. Und diese Form ist nichts anderes als die große Gegenwart selbst, die Form ist Christus selbst. Es ist das Geheimnis Gottes selbst, wofür der Mensch geschaffen ist.

Somit versteht man auch gut, daß alle Umstände, in denen der Mensch lebt, entweder zum Träumen verführen oder aber Zeichen für das Ideal sind. Was heißt Zeichen für das Ideal? Es meint, daß der Mensch die Anziehungskraft, die allen Umständen innewohnt, als etwas Vorläufiges entdeckt, das auf die endgültige und letzte Anziehungskraft der großen Gegenwart verweist. Es bedeutet, daß alle Umstände, wie viel Gutes, Schönes und Faszinierendes ihnen auch immer zueigen sein möge, auf die unübertreffliche Schönheit der Gegenwart des Geheimnisses verweisen, auf die Gegenwart Christi.

Deshalb besteht die eigentliche Sehnsucht, die das Wesen der Hoffnung ausmacht, darin, daß Christus kommen soll, daß auch die vorläufigen Umstände näher zu Christus führen; daß er mehr verherrlicht wird oder – was dasselbe ist – daß er kommt, oder – was dasselbe ist – daß Christus sich in unserem Handeln zeigt. Deswegen ist die Gestalt der Hoffnung durch die letzten Worte der Bibel gegeben: „Komm, Herr Jesus". Diese Bitte muß alles durchdringen, insbesondere in ihrer zutreffendsten und zugleich anspruchsvollsten Ausdrucksweise, in ihrer schönsten und zugleich schwierigsten Form, analog der Antwort des Petrus an Christus: „Herr, mache, daß ich dich liebe."[12] Während man also die Tage durchlebt, bittet man letztlich nur um eines: Daß die Liebe zu Christus wachse; so geht der Mensch seinem Glück entgegen.

Zusammenfassend können wir sagen, daß die Hoffnung das erste Kennzeichen eines Ichs ist, einer Person, welche auf ihrem Weg durch die Zeit unterwegs ist. Die Hoffnung bringt ans Licht, ob das, was geschieht – das heißt die Umstände –, den Menschen zur Enttäuschung führt und ihn seiner Freiheit beraubt zu bitten; oder ob alles die große Gegenwart enthüllt, welcher der Mensch begegnet ist, und die zur Bestimmung wird, auf die alle Dinge hinweisen; jener Gehalt, für den alle Dinge zum Zeichen werden, vor allem aber zum letzten Gegenstand seiner Bitte.

3. Auf dem Weg zum Besitz eines schwer erreichbaren Gutes

Ich trinke das Bier, das mir jemand hingestellt hat. Ein Dankeschön an den, der die nette Idee hatte … leider kann ich euch nichts abgeben, es ist zu wenig!

Wenn Vera oder Mandy die ersten Takte eines neuen Liedes singen, dann sind sie wie der Sämann im Evangelium, der den Samen auf die harte Erde wirft, denn sie ist nicht gut gepflügt – im Sinne von vorbereitet, um Lieder zu lernen. Aber er streut den Samen trotzdem aus. Nach dem ersten, zweiten, dritten oder vierten Mal beginnt der Same Wurzeln zu schlagen, wenn auch auf eine etwas grobe Art und Weise, so daß man das Feld immer wieder neu aufhacken muß, damit er tiefer eindringt. Aber ab einem gewissen Zeitpunkt, kommt dann, mehr oder weniger gelungen, das Lied hervor.

Ebenso erinnern wir uns, wenn wir euch Worte sagen, die auch uns einmal so gesagt wurden, an die Zeiten, als diese Worte auch für uns wie Steine waren, die uns ins Gesicht geworfen wurden. Weder durchdrangen wir sie, noch durchdrangen sie uns. Doch die Barmherzigkeit des Herrn liegt gerade in der Geduld, mit der er uns im Verlaufe der Zeit die Dinge wiederholt. Er läßt uns mit der Zeit die Dinge wiederholen. Wir wiederholen sie und wiederholen sie und spüren den Hagel auf unserem Kopf und einen weiteren Hagelschlag, und noch einen weiteren, und schließlich durchdringen diese Worte unser Gehirn und dringen nach und nach auch in unser Herz vor. Zunächst dringen sie in unser Gehirn vor, und deshalb besitzen sie fast noch keinerlei Bedeutung. Doch dann gelangen sie bis zum Herzen, erst dann beginnen sie uns auch etwas zu sagen.

Was ist also die erste Konsequenz dessen, was ich gerade sage? Ihr braucht euch nicht darüber wundern, wenn ihr es nicht versteht. Aber wehe dem, der, weil er nicht versteht, aufhört und sagt: „Ich verstehe nicht", wehe! Für ihn ist es an dieser Stelle zu Ende. Es ist eine Zurückweisung, die stets fruchtlos bleiben wird. Stattdessen geht es darum, die Dinge zu wiederholen oder – wie der Bischof heute morgen bei der großen Versammlung der *Compagnia delle Opere*[13] sagte – man muß sich den Werten stellen. Ein Wort, das auf einen bestimmten Teilaspekt unseres Lebens hinweist, nennt man Wert. Nicht ein Teil im chronologischen Sinne, nicht ein Teil im anatomischen Sinne, sondern ein Teil im lebendigen Sinne des Lebens, ein Teil des Ichs, das unterwegs ist auf dem Weg zu seiner Bestimmung. Man muß sich diesen Aussagen stellen; daran müßt ihr euch gewöhnen. Selbst wenn ihr das Wort nur dort vor Augen habt, und es anschaut, so werdet ihr früher oder später von ihm durchdrungen. Wenn du es anschaust, so ist es zugleich eine Bitte an Gott: „Herr, laß mich dieses Wort verstehen." Dann wird auch die Antwort anregender, und ihr versteht schneller die großartige Bedeutung bestimmter Begriffe – sie sind groß und bedeutsam, weil sie das Leben umfassen. Und ihr versteht auch die Befriedigung, die bestimmte Worte im Herzen hervorrufen oder hervorbringen, die Freude, die sie hervorbringen. Denn es gibt keine andere Quelle der Freude als die Wahrheit von Worten, die man wiederholt, um auf etwas Wahres hinzuweisen, auf etwas Lebendiges und Endgültiges.

Gewißheit und Sehnsucht

Was haben wir bislang über die Hoffnung gesagt? Zunächst haben wir gesagt, daß die Hoffnung eine Gewißheit über die Zukunft ist, die aus der Gewißheit angesichts einer Gegenwart hervorgeht. Zweitens, daß die Dynamik, welche die Hoffnung unserem Ich und somit unserem Bewußtsein einprägt, Sehnsucht heißt.

Weshalb schreibt ihr diese Dinge mit? Eigentlich müßtet ihr sie bereits notiert haben. Wartet nicht auf die offiziellen Mitschriften. Zum einen treffen die niemals rechtzeitig ein. Zum anderen, wenn ihr glaubt, ihr habt alles verstanden, wei ihr die offizielle Mitschrift besitzt, dann ist das so, als maßtet ihr euch an, Dante Alighieri zu sein, nur weil ihr die Niederschrift der Göttlichen Komödie besitzt. Versteht ihr? Stattdessen wirkt nur, was in euch vibriert und von neuem aufblüht, so daß ihr selbst fähig werdet, etwas zu wiederholen, zu kommentieren, zu empfinden und in euch wachzurufen.

Also: die Hoffnung als Gewißheit für die Zukunft, und dann die Dynamik dieser Gewißheit, welche die Sehnsucht ist. Die Gewißheit über ein noch fehlenden Gutes, das sich erst in der Zukunft zeigen wird. Deshalb eine Erwartung, eine bewußte Erwartung; folglich eine Sehnsucht.

Die Sehnsucht nach einem schwer erreichbaren Gut

Die Gewißheit über ein künftiges Gut, das nicht gegenwärtig ist, gestützt auf eine Gewißheit in der Gegenwart, drückt sich demnach als ein Wunsch aus, der sich auf ein schwer erreichbares Gut bezieht, einen schwer zu gewinnenden Wert, wie der heilige Thomas von Aquin sagte.[14] Was ist damit gemeint, daß man ein Gut oder einen Wert ersehnt, die aber schwer erreichbar sind? Es bedeutet, ein Gut oder einen Wert zu wünschen, deren Besitz etwas kostet. In der einen oder anderen Form kostet es etwas, es ist mühselig und anstrengend, es verlangt Mühe und Einsatz.

Die unvermeidliche Ungewißheit

Die erste Anmerkung ist gleichsam ein Vorwort zu dem, was wir dann sagen werden. Zwischen der Gewißheit des Glaubens und dem daraus erwachsenden Samen einer Gewißheit für die Zukunft gibt es eine Zeit, die ungewiß erscheinen kann. In welchem Sinne ungewiß? In dem Sinne, daß die Gestalt dieser Zukunft noch nicht umrissen ist: „Wer weiß, wie es sein wird?" Die Hölle? Nein! Nicht die Hölle. Weshalb nicht die Hölle? Vielleicht weil es sie nicht gibt? Weil die Hölle kein Gegenstand der Hoffnung ist!

Die Gestalt der Zukunft zeichnet sich noch nicht ab, also sagt man sich: „Wer weiß, wie es sein wird?" Diese Frage legt sich wie ein Nebel auf die Beziehung zwischen der Gewißheit in der Gegenwart und dem Drang auf die Zukunft hin. Der Wunsch für die Zukunft wird damit zu einer Last, zu einer Last der Ungewißheit. Zwischen der Gewißheit des Glaubens und der Gewißheit der Hoffnung, die daraus hervorgeht, besteht stets am Anfang ein Klima, ein Moment, ein Übergang der Ungewißheit. Es ist aber nicht wirkliche Ungewißheit, denn ansonsten gäbe es keinerlei Gewißheit mehr. Und wenn es keine Gewißheit mehr gibt, dann gibt es auch keine Hoffnung mehr. Doch ganz im Gegenteil, die Gewißheit des Glaubens bringt die Gewißheit der Hoffnung hervor. Aber die Art und Weise, mit der diese Gewißheit der Hoffnung in uns hervorgerufen wird, läßt gleichsam etwas Schwankendes aufkommen, gleichsam etwas Bedrängendes, wie ein Zweifel, der aber kein wirklicher Zweifel ist; eine Ungewißheit, weil es einem nicht möglich ist, sich vorzustellen oder auszusagen, wie diese Zukunft sein wird.

Beispielsweise ist einer der Aspekte, weswegen unser Gedächtnis an Christus in vielen Augenblicken unseres täglichen Lebens so schwach ist, eine Art Ungewißheit über ihn. Es ist aber nicht wirklich Ungewißheit über ihn, denn ansonsten wäre es ein Mangel an Glauben. Sondern es ist eine Schwierigkeit in uns, nachzuvollziehen, wie sich alles entwickelt hat.

Jesus erweckt zum Beispiel den Sohn der Witwe von Naim wieder zum Leben. Versetzen wir uns einmal ganz in jenen Augenblick, so bringt dieser Moment eine Erleichterung hervor, eine Freude, eine noch tiefere Überzeugung in uns. Deshalb beziehen wir uns immer wieder auf das erste Kapitel des Johannesevangeliums, auf die Stelle, wo Andreas und Johannes erstmals zu Jesus gegangen sind: die ersten zwei, welche ihn gesehen haben, zum ersten Mal, in einer bestimmten Art und Weise. Sie sind dorthin gegangen und blieben dort, um zu sehen, wie er sprach – und uns gelingt es nicht, uns vorzustellen, wie es damals gewesen sein muß. Man versteht sehr wohl, daß diese beiden von der Außergewöhnlichkeit dieses Menschen tief betroffen waren, und in der Tat sagen wir, daß sie ihn beim Reden *anblickten*. Denn sie verstanden nicht, was er sagte, ebenso wenig wie es uns gelingt, das zu verstehen, was er uns sagen könnte. Es ist eine Art Fragezeichen, eine Art Unentschlossenheit oder Ungewißheit über die Gestalt der Dinge. Es gelingt uns nicht hinreichend, uns die konkrete Form der Sache vorzustellen, uns hineinzuversetzen. Es bleibt gleichsam Raum für eine bange Sorge.

Die Schwierigkeit, uns diese Zukunft vorzustellen und konkret zu entwerfen, kann aber nicht zum Grund werden, um Zweifel über die Zukunft selbst zu hegen. Es wäre unvernünftig, wenn wir vor der Zukunft ohne Gewißheit stünden, nur weil es uns nicht gelingt, uns die genaue Form der Zukunft vorzustellen und ihre genauen Umrisse zu erkennen. Selbstverständlich haben wir von etwas, das in der Zukunft liegt, noch keine Erfahrung gemacht und können so auch nicht wissen, wie es ist! Daß es aber existiert, dies ist eine Frage der Gewißheit des Glaubens. Wir sind sicher, daß es existiert. Allerdings sind wir nicht sicher, in welcher Form wir uns die Zukunft denken und vorstellen sollen.

Dies hat aber auch einen Vorteil. Denn man kann sich auf vielerlei Art und Weise äußern und dem Temperament und der Phantasie dabei freien Lauf lassen. So beispielsweise, als ich euch zum ersten Mal von Johannes und Andreas vorgelesen habe:[15] Ihr habt euch das noch nicht vorgestellt, was ich euch zu sagen versuchte, indem ich mich in diesen Augenblick hineinversetzte. Wenn ihr aber aufmerksam wart, dann habt auch ihr anschließend begonnen, es so zu betrachten, und ihr habt begonnen, euch auch andere Stücke aus dem Evangelium auf diese Art und Weise vorzustellen; beispielsweise die Sünderin, die weinend die Füße Jesu küßt,[16] oder Zachäus, der zusammengekauert auf dem Baum sitzt und plötzlich hört, wie Er im Vorbeigehen den Namen „Zachäus" ausruft.[17]

Die Schwierigkeit darzustellen, wie diese Zukunft sein kann, ist kein Einwand gegen die Gewißheit über die Zukunft. Die Schwierigkeit darzulegen, wie das Paradies sein wird, hat keinen Einfluß auf die Gewißheit über das Paradies und schmälert diese auch nicht. Der vernünftige Grund für das Paradies ist vollkommen unterschieden von unserer Fähigkeit, uns das Paradies vorzustellen. Denn es handelt sich um einen vernünftigen Grund und nicht um ein Bild.

Hat das Bild damit also keinen Wert? Nein! Das Bild hilft der Vernunft, wenn sie es zu nutzen versteht. Das Bild hilft. Es ist wie eine Bedienstete, die etwa die Kastanien bringt oder das Glas Bier. Versteht ihr, was ich meine? Sie besitzt nicht die Würde und hat nicht den Bestand der Vernunft. Sie ist nicht der Herr. Ich möchte darauf insistieren, denn meines Erachtens entsteht viel Leere, viel Ängstlichkeit und viel Desinteresse in uns, weil wir unsere mangelnde Fähigkeit, uns die Zukunft vorzustellen, mit der Frage der Gewißheit über diese Zukunft verwechseln. Die Gewißheit ist der Gegenstand der Vernunft. Der Entwurf, wie diese Zukunft sein wird, ist hingegen eine Fähigkeit der Einbildungskraft, die der eine mehr und der andere weniger besitzt.

Bis hierhin ging es mir darum, einen unnützen Vorbehalt zu entlarven: nämlich die Verwechslung von Einbildungskraft und Phantasie einerseits mit der Vernunft andererseits. Die Gewißheit ist der Gegenstand der Vernunft. Besser gesagt, sie gründet auf der Vernunft, nicht auf der Einbildungskraft. Und die Unbestimmtheit der Einbildungskraft ist keinerlei Motiv, um an Vernunftgründen zu zweifeln.

a) Ein Weg, der mühsam ist. Der erste Punkt ist eine Betrachtung über das Wort Hoffnung, insofern sie eine Gewißheit bezeichnet, die dynamisch darauf ausgerichtet ist, ein *schwer erreichbares* Gut in Besitz zu nehmen. Die Erfüllung unserer Bestimmung schließt stets als Bedingung einen Weg ein, der mühsam ist. Denn die Erfüllung der Bestimmung, der Weg der Bestimmung ist eine Prüfung. In Latein würde man von einem Examen sprechen. Es ist ein Examen, eine Prüfung. Der Weg zur Bestimmung schließt stets eine Mühe ein, denn der Weg ist eine Prüfung, die man bestehen muß. In diesem Sinne spricht man davon, daß er schwer erreichbar ist. Einen reißenden Fluß zu überwinden ist mühselig, ebenso den Gipfel des Mont Blanc zu ersteigen. Jede Prüfung ist mühselig, und jede Prüfung schließt etwas von diesem Adjektiv ein.

Wie heißt Examen auf Latein? *Periculum.* Es handelt sich um eine Gefahr, das heißt eine Prüfung. Gefahr soll aber nicht im Sinne von Gefährdung, sondern im Sinne von Prüfung verstanden werden.

b) Die Kraft Jesu. Zweite Idee. Steht dies Gesagte einmal fest, so ist es von größter Bedeutung, daß uns die Kraft jener gegenwärtigen Wirklichkeit, die sich Jesus nennt, also die Kraft Jesu, niemals allein lassen wird. Sie ist stärker als jede Schwierigkeit oder Mühe.

„Ich liebe dich, Gott, meine Stärke",[18] heißt es in dem Psalm, mit einem Satz, der wie eine Antiphon wiederholt wird. „Ich liebe dich, Gott, meine Stärke", oder wie der heilige Paulus sagte: „Alles vermag ich *(omnia possum,* ich vermag alles) in dem, der mich stärk*t (in eo, qui me confortat,* in dem, der mich stärkt)".[19] Er sagt mir dies aber nicht in dem Sinne von „nur weiter so, nur Mut". Confortat heißt: „Ich besitze Kraft in Ihm". Gemeinsam mit Ihm habe ich Kraft. Bestärken soll letztlich genau dies bedeuten, was soll es ansonsten sein? Es ist, als wenn einer der neuen Jakobiner dir den Kopf abhauen will, und dann kommt einer zu dir, um dich zu „bestärken", indem er sagt „O das macht nichts, mach dir keine Sorgen".

Da ist der berühmte Satz in der Abschiedsrede Jesu, wie sie uns der heilige Johannes überliefert hat: „Ich werde euch nicht als Waisen zurücklassen, ich gebe euch meinen Geist."[20] Ich gebe dir meinen Geist, will heißen, ich überlasse dir mich selbst. Der Geist Christi ist sein Ich, es ist die Energie seines Ichs. „Ich werde so gegenwärtig sein, daß ich euch ständig meine Energie gebe und meine Kraft in Euch fließen lasse."

Der Heilige Geist verweist also auf die Art und Weise, mit der diese große Gegenwart auf dem Weg mit uns fortschreitet. Der Heilige Geist ist die Energie des Lichtes und des Herzens, mit der Christus seine Gegenwart aufrechterhält und uns so hilft und stärkt, um alle Prüfungen anzugehen.

Auf welcher Art und Weise hilft er uns? In welcher Weise ist der Heilige Geist das Licht, das uns leuchtet? *Erstens*, er läßt uns verstehen, daß nicht die Prüfungen das Leben definieren. Das Leben erschöpft sich nicht in der Prüfung. Stattdessen, damit kommen wir zum *Zweiten*, läßt er uns durch die Prüfungen – die Prüfungen sind ein „Durchgang" – weitergehen und baut so unser Leben auf. Unser Leben wird niemals weniger. Um etwas aufzubauen, muß man durch Mühen hindurch gehen, ohne daß sich das Ziel in der Mühe erschöpft. Der Sinn der Arbeit eines Maurers besteht nicht in der Mühe, die er aufbringt, sondern darin, daß er durch diese Mühe ein Haus aufbaut und am Ende des Monats seinen Lohn erhält, wenn nicht in der Zwischenzeit sein Unternehmen pleite gegangen ist! *Drittens:* Vor allem aber lehrt uns der Geist Christi, der stets auf dem Weg durch alle Prüfungen gegenwärtig ist, das bedeutende Wort auf dem Weg der Hoffnung: die Geduld.

Eine Ergänzung: die Geduld. „In eurer Geduld werdet ihr euer Leben gewinnen", sagt Jesus im Evangelium.[21] Die Geduld ist die Fähigkeit zu ertragen, zu tragen – patior heißt letzlich ertragen, auf den Schultern tragen –, letztlich ist es die Fähigkeit, alles zu ertragen, in uns und in der Wirklichkeit alle Umstände zu ertragen. Das heißt, alles mit einem vernünftigen Mut zu tragen, ohne irgendetwas zurückzuweisen. Weshalb haben wir aber von einem *vernünftigen* Mut gesprochen? Denn die Vernunft ist das Bewußtsein der Wirklichkeit gemäß der Gesamtheit ihrer Faktoren. Alle Erklärungen, die man von der Vernunft gibt, vernachlässigen den Wert der Vernunft. Denn, um sie zu erklären, sind sie gezwungen, etwas zu vergessen oder zurückzuweisen, wie es im ersten Buch des *Seminars der Gemeinschaft* heißt.[22] Wer aber gezwungen ist, um einer Erklärung willen etwas zurückzuweisen oder zu vergessen, ist nicht vernünftig. Die Vernunft muß alles erklären. Die Geduld ist die Fähigkeit, alles mit einem vernünftigen Mut zu ertragen und nichts zu verleugnen, nichts zu vergessen und – Achtung! – nichts zurückzuweisen. Dies sind drei wichtige Worte.

Verleugnen: Wie die kleinen Kinder, denen man sagt: „Schau, welch schöner Apfel!", und die dann „Nein!" sagen, weil sie trotzig sind: Das, was evident ist, zu leugnen. Das Wort „verleugnen" bezieht sich auf etwas Evidentes.

Vergessen: Es beschreibt die Tatsache, daß etwas im Augenblick nicht interessiert, und zwar entweder um eine bestimmte Haltung aufrechtzuerhalten, oder weil wir ein Interesse daran haben, es zu vergessen. Vergessen bedeutet, die Dinge zu umgehen.

Von *Zurückweisen* spricht man hingegen, wenn man eine Sache verstanden hat, ihre Bedeutung und Notwendigkeit eingesehen hat, und doch darauf spuckt.

Lest das Neue Testament, insbesondere den Brief an die Römer und dort die Kapitel 5 und 8, die Briefe des heiligen Petrus und das erste Kapitel im Brief des heiligen Jakobus. Aber ihr müßt sie alle lesen, unter besonderer Beachtung des Wortes Geduld. Jedes Mal, wenn das Wort Geduld auftaucht, werdet ihr etwas über dessen Wert lernen.

Erinnert ihr euch an die antike Gestalt des Atlas, jenes Riesen, der die Welt auf seinen Schultern trug? Die Geduld ist noch wesentlich mehr als jener „Atlas", der die Welt trägt. Dieser war ein Bild des Stoizismus. Es war eine Anmaßung stoischer Großherzigkeit. Aber es war eben eine Anmaßung, denn der Mensch trägt die Welt nicht. Wenn er beansprucht, sie zu tragen, wird sie ihn ab einem bestimmten Augenblick erdrücken. Dennoch zeigt sich hier die würdigste Philosophie der Welt: jene des stoischen Atlas. Im *Religiösen Sinn* habt ihr ein Beispiel dieses Stoizismus, der aber dem Versuch nicht standhält: Es ist das Beispiel des kleinen Herrn Friedemann.[23] Denn was hat der Mensch zu allen Zeiten angesichts der schweren Dinge im Leben gedacht – denkt er etwa an den Tod, mit dem alles endet? Zwei Dinge: Vergessen wir alles und genießen das Leben; morgen werden wir sterben, doch heute genießen wir es. Waren die Menschen aber ernsthaft und besaßen ein Minimum an Aufrichtigkeit – was ein größerer Genuß ist als die Dummheit des reinen Lustgewinns –, so lautete die stoische Formel: das Gewicht der Dinge auf die eigenen Schultern zu nehmen, die Großherzigkeit, wie sie es damals nannten; eben die Dinge auf den eigenen Schultern zu tragen. Doch der Mensch, der sich die Welt auf die Schultern hebt, macht einen Schritt, und schon erdrückt ihn die Welt. Er kann alleine ein derartiges Gewicht nicht tragen. „In eurer Geduld werdet ihr euer Leben gewinnen", sagt Jesus. Stellt euch vor, welche Nähe besteht zwischen diesem Tragen des Lebens und der Tatsache, vom Leben erdrückt zu werden, im Sinne der Kreuzigung beispielsweise, und zwar im Sinne von Ertragen: Tragen und Ertragen sind menschlich gesprochen wie zwei nahe aneinander liegende Linien, zwei parallele Straßen.

c) die Treue in der Zugehörigkeit. Worin aber besteht der mühevolle Aspekt der Hoffnung, welcher den Stoff der Geduld darstellt? Der mühevolle Aspekt der Hoffnung besteht darin zu bleiben. „Bleibt in mir." Lest das 14. und 15. Kapitel des Johannesevangeliums. „Bleibt in mir."

Es geht darum, standhaft in Christus zu bleiben, in einer treuen Zugehörigkeit. Es ist die Treue zum eigenen Leben als Zugehörigkeit, als anerkannte Zugehörigkeit.

Ist aber diese Zugehörigkeit noch ohne Ausdruck, wie ein Kind im Schoße seiner Mutter? Die treu gelebte Zugehörigkeit, welche den Stoff der Geduld darstellt oder den mühevollen Aspekt der Hoffnung, hat eine bestimmte Ausdrucksweise. Welche? Die Bitte. Es ist das Bitten, oder besser noch das Betteln. Denn es handelt sich nicht um jemanden, der bereits etwas ist und noch mehr will. Es geht vielmehr darum, alles zu erbitten. Vor Christus zu stehen mit einer Bitte, ihn anzubetteln. Lest in diesem Zusammenhang die beiden Stellen im Evangelium, bei Lukas 11,1–11 und Lukas 18,1–8. Wenn jemand diese Stellen in der Haltung des Glaubens und mit Aufmerksamkeit liest, dann kann er weder Zweifel aufkommen lassen noch Angst haben. Lest die Zeilen langsam. Schaut euch die Sätze gut an. Und werdet euch bewußt, daß es nichts auf der Welt gibt, dem man derartige Dinge zusprechen kann. Es gibt nichts und niemanden in der Welt, der sich so verhält: nicht einmal ein Vater oder eine Mutter, nicht einmal die gütigste Mutter oder der beste und intelligenteste Vater. Der Mensch wäre vollkommen verlassen, verließe er sich nicht auf diese Zugehörigkeit.

Die Feinde dieser treu gelebten Zugehörigkeit, die maßgeblichen Feinde, sind folgende: einmal die Wechselhaftigkeit. Psychologisch nennt man diese Neurose manische Depression: ein Tag oben, ein Tag unten, am Abend ist man euphorisch, am Morgen depressiv. Während die Schizophrenie einen Riß durch die Person von Kopf bis Fuß darstellt, ist die Wechselhaftigkeit demgegenüber eine ständige Gemütsschwankung: Mal macht man ein langes Gesicht, mal lacht man völlig übertrieben. Und du weißt nicht, wie du damit umgehen sollst; du siehst, daß einer lacht, und lachst auch, aber dann … ! Zum einen also die Wechselhaftigkeit, und dann die Mühe und der Schmerz.

d) Die Vergebung. Welcher Aspekt dieser Mühe sticht am meisten hervor? Was ist der schwierigste Aspekt in dieser Treue zum Betteln und zur Bitte? Was ist der hervorstechendste Aspekt dieser Mühe, die wir vorher angesprochen haben, dieser mühevollen Seite der Hoffnung? Die Vergebung. Die Bitte um Vergebung, in der Gewißheit, daß einem vergeben wird. Der Neubeginn nach dem Fehler, aber nicht weil es uns selbst gelänge, ihn wieder gut zu machen, sondern weil wir den gegenwärtigen Christus in seinem Heiligen Geist darum bitten. Und wenn wir ihn um Vergebung bitten, dann ist das, was wir getan haben, gleichsam verschwunden. Es ist so, als verwandelte es sich in uns zu einer Kraft, zur Sehnsucht, ihm eine Freude zu bereiten. „Simon, liebst du mich?", nicht: „Ich habe die Nase voll, du hast mich verraten." Nein, nein, nein. Du hast ihn allzu oft verraten, und dennoch sagt er: „Liebst du mich?"

Daß wir nach einem Fehler erneut Hoffnung schöpfen, ist ein so großer Gestus, daß der französische Dichter Péguy ihn „das verborgene Geheimnis der Hoffnung"[24] genannt hat. Denn die Vergebung des Bösen ist tatsächlich ein Geheimnis. „Das verborgene Geheimnis der Hoffnung, welches aus trübem Wasser reines Wasser hervorbringt und frische Seelen aus alten Seelen": dies ist die Wiedergeburt. Die Taufe ist der Ursprung dieser Wiedergeburt, das Prinzip, das hundert Jahre wirkt, wenn jemand hundert Jahre alt wird, und 103, wenn jemand 103 Jahre lang lebt.; ebenso wie es 1299 Mal wirkt, wenn jemand 1299 Mal gesündigt hat, und 10.003 Mal, wenn jemand 10.003 Sünden begangen hat.

Das Gegenteil der Geduld

Gerade Péguy macht allerdings die wichtige Beobachtung, daß in uns das Gegenteil der Geduld möglich ist. Das Gegenteil der Geduld ist jedoch nicht die Ungeduld: die Ungeduld ist eine fehlerhafte Geduld. Das Gegenteil der Geduld ist jene Art eines wurmstichigen Verzagens – so wie sich die Würmer langsam im Sand winden – jene schlangenartige Vorwärtsbewegung und jenes überflüssige Recken von Armen und Beinen, das von vielerlei Dingen herrührt, zum Beispiel von der Faulheit. Aber die Faulheit legt keine klare Einstellung fest. Sie ist einfach eine allgemeine Haltung der Person, aus der früher oder später etwas sehr Schlimmes hervorgeht: Es nennt sich Lauheit. Die Lauheit bedeutet, den Weg der Hoffnung mit gerümpfter Nase und verdrehtem Kopf zu gehen, so wie eben ein Wurm sich windet, um voranzukommen. Sie beschreibt jemanden, der dabei ist, ohne wirklich dabei zu sein: Eine solche Person ist deshalb nicht willkommen, „weder bei Gott noch bei seinen Feinden" (er kann Gott nicht gefallen und sogar nicht einmal dem Satan; außer wenn Satan auf den Augenblick warten würde, um ihn ganz zu fressen!). Vor allem aber ist die Lauheit eine Art und Weise in der Nachfolge Christi, welche anödet, die uns selbst anödet. Sie ist ohne Licht, ohne Glanz, ohne kreative Energie, ohne Zärtlichkeit, ohne Ausblick: mit anderen Worten, sie ist ohne Hoffnung! Hoffen ohne zu hoffen, was das Gegenteil der großen Aussage des heiligen Paulus ist, der von Abraham sagte: „Hoffen gegen alle Hoffnung."[25] Die Lauheit ist somit das Gegenteil der inneren Festigkeit.

Das Zeugnis

Eine abschließende Anmerkung. Die größte Prüfung des Lebens und somit der Hoffnung, des Weges der Hoffnung, bestünde im Tod, wenn Christus nicht auferstanden wäre. Doch seitdem Christus vom Tode erstanden ist, braucht der Mensch nichts mehr vom Tod zu befürchten. Dies gilt so sehr, daß der Mensch zu einer solchen Intensität der Hoffnung heranreifen kann, daß er sogar wünscht, für Christus zu sterben.

Das Zeugnis – damit schließen wir ab – ist ein kleines Stück Tod, das man für Christus annimmt; jedes Zeugnis. Konkret nennt sich dies Mission: das Leben als Mission, weggehen, *partir c'est un peu mourir* (Weggehen bedeutet ein bißchen sterben, Anm. des Übers.), dies ist im letzten die Mission. Doch die Mission ist das eigentliche Ziel des Lebens. In der Tat, worin bestand das Ziel des Lebens Christi? Die Welt zu retten, einen jeden von uns zu retten, mich und dich zu retten. Deshalb sagte Christus selbst, daß er die Prüfung seines Todes mit unstillbarer Sehnsucht erwartete, mit unstillbarer Sehnsucht, als er von seinem Blutbad sprach und davon, wie sehr er darauf wartete, daß es sich erfüllte. Denn der Tod ist nichts anderes als die Extremform der Prüfung, deren Ziel nur darin bestehen kann, das Geheimnis Gottes zu bezeugen, indem man es annimmt.

Lest im *Religiösen Sinn* aufmerksam das Kapitel, wo von den zwei Faktoren die Rede ist, aus denen die Erfahrung des Ichs besteht.[26] Lest das *Seminar der Gemeinschaft* ganz von vorne. Ansonsten versteht ihr nichts von dem, was wir euch vorschlagen. Anstelle von Samenkörnern, die man in die offene Scholle ausstreut; werden die Dinge, die wir euch sagen, dann zu Kieselsteinchen, die euch ins Gesicht treffen.

EIN GESPRÄCH ÜBER DIE HOFFNUNG

Oh! doux pays de Chanaan ist ein Lied über die Hoffnung.[27] In diesem Lied stecken alle Themen der Hoffnung, so wie wir sie berührt haben: die Prüfung, die Mühe, die Gründe, die man besitzen muß, um sich auf eine Mühe einzulassen, die des Menschen würdig ist. Es ist der mühsame Weg in die Zukunft: ein Volk unterwegs in der Wüste, das nicht weiß, wohin es gehen wird, um sich niederzulassen. Es kennt ebensowenig den Weg, es weiß gar nichts. Worin bestand die Kraft dieses Volkes, die es veranlaßte, vierzig Jahre lang auf eine Bestimmung zuzugehen, die ihm unbekannt war?

Daß Gott mit ihnen war.

Daß Gott mit ihnen war, die Kraft war Gott selbst, der mit ihnen war; diese Kraft Gottes, der mit ihnen unterwegs war, nannte sich „Bund". Unter welcher Gestalt hatte sich ihnen der Begriff der Hoffnung gezeigt? Als Verheißung.

Das Herz des Menschen ist eine Verheißung.

Schauen wir einmal auf die Menschen, auf alle Menschen und uns selbst als Menschen: worin besteht die Bestimmung des Lebens (denn der Weg steht für das Leben)? Das heißt: welchen Inhalt enthält die Verheißung? Wie kann man diese Bestimmung kennenlernen? Hier kommt das Herz des Menschen ins Spiel. Der Mensch wird mit diesem Herzen geboren, das heißt er wächst mit dieser Hoffnung auf. Der Mensch wächst mit einem Herzen auf, in dem eine Verheißung liegt; er wächst mit einem Herzen auf, das man nur als Verheißung definieren kann. Das Herz des Lebens ist eine Verheißung. Und dies ist der Grund, weshalb man sich täglich neu aufmachen muß, weshalb man täglich neu in Aktion treten muß.

Wie hatte er dem jüdischen Volk diese Verheißung gegeben? Wann hat die Verheißung Gottes ihren Anfang genommen?

Mit Abraham.

Mit Abraham, dem er gesagt hat: „Ich verheiße dir, daß ..." Lest das 15. Kapitel der Genesis, wo Abraham wandert und immer weiter wandert und wandert. Und eines Abends sagt er unter dem Sternenhimmel: „Herr, hier kommt nichts zu einem Abschluß, abgesehen von meinem Leben; ich erreiche nicht das, was du mir verheißen hast. Du hattest mir verheißen, Führer eines unermeßlich großen Volkes zu werden. Doch hier geht mein Leben dahin, das Leben ist kurz" (so wie mir ein Bischof einmal gesagt hat, welcher sehr krank war. Als ich ihn besuchte, sagte er mir, kaum daß ich mich gesetzt hatte: „Das Leben ist kurz"). So schien auch Abraham, der mittlerweile über hundert Jahre alt war, zu sagen: „Das Leben ist kurz, und wo ist nun das, was du mir verheißen hast? Ich hab' nicht einmal einen Sohn, und mein Erbe kann nur der Führer meiner Diener, Eliezer, sein"[28]. Dies ist die Prüfung Abrahams, die erste große Prüfung Abrahams.

Was nun tut der Herr? Er tut nichts anderes, als ihm die Verheißung zu wiederholen. Er führt ihn aus dem Zelt heraus, läßt ihn auf den Himmel blicken, und sagt: „Zähle die Sterne, wenn du kannst: So groß wird deine Nachkommenschaft sein." Das ist alles, Er wiederholt ihm die Verheißung. Gott kann sein Wort nicht zurücknehmen. Daher braucht Er nichts anderes, um dem Menschen Sicherheit zu geben. Und in der Tat besteht Abrahams Glaube darin, daß er dem Wort des Herrn geglaubt hat, daß er sich auf das Wort Gottes verlassen hat. In diesem Kapitel kommt es zur Erfüllung des Bundes, zur Erneuerung der Verheißung. Der Bund ist der sinnlich wahrnehmbare, physische, erfahrbare Ausdruck der Verheißung Gottes an Abraham. Die zweite Hälfte dieses Kapitels ist eine der beeindruckendsten Stellen der gesamten Weltliteratur, nämlich wo Gott sich als brennende Fackel offenbart.

Die Hoffnung Abrahams ist vernünftig. Warum? Was heißt es, mit besonderer Betonung zu sagen, daß die Hoffnung, welche Abraham auf den Bund Gottes mit ihm gesetzt hat, vernünftig ist? Die Hoffnung Abrahams ist vernünftig – also die Gewißheit, daß sich in der Zukunft die von Gott gegebene Verheißung erfüllen würde –, weil der, der diese Verheißung gegeben hat, Gott war, und Gott kann nicht betrügen. Die Verheißung Gottes entsprach dem Herzen Abrahams, und die Verheißung war von Gott ergangen: Aus diesen zwei Gründen war sie vernünftig.

So ist das uns geschenkte Leben Hoffnung, eine vernünftige Hoffnung; eine Hoffnung, die auf vernünftigen Gründen ruht. Warum? Weil sie von Gott kommt – nicht wir haben uns selbst geschaffen. Und das, wofür Gott uns gemacht hat, empfinden wir im Herzen, es entspricht dem, was unser Herz ist. Wie Abraham die Last der Prüfung verspürt hat – ja, er hat darüber sogar geklagt: das 15. Kapitel ist die Klage Abrahams –, so kommt es auch in unserem Leben oft vor, daß wir diese Klage wiederholen: „Ich habe nicht dies, ich habe nicht jenes. Vielleicht, wer weiß?" Die wirkliche Klage drückt sich aber normalerweise in einem Wort aus, das sich wie eine Art Schatten über den gesamten Horizont der Seele legt: „Wer weiß?" Aber das ist ungerecht. Weshalb ist es ungerecht?

Weil es etwas zensiert, was uns bereits passiert ist.
Es zensiert etwas, das dir bereits passiert ist. Was ist dir bereits passiert? Du bist bereits mit einem solchen Herzen geschaffen; mit einem Herzen, das ganz Verlangen nach Glück ist. Dir ist bereits widerfahren, daß du geschaffen wurdest. Deshalb ist das, was du empfindest, göttlich; denn es stammt von dem, der dich geschaffen hat.

Aber das, was wir bislang gesagt haben, gilt für alle Menschen: Es gilt für mich als Christen und es gilt auch für den Heiden, für den heidnischsten Menschen, der im tiefsten Afrika leben kann, wie zum Beispiel die Pygmäen. Die Pygmäen sind ein Stamm von Menschen, die sich immer weiter zurückzogen, je mehr die Europäer auf den afrikanischen Kontinent vordrangen. Sie zogen sich mehr und mehr zurück und haben sich schließlich auf einem sehr unwegsamen Gelände festgesetzt, wo es die anderen nicht im geringsten hinzog. Sie sind in ihren unwegsamen und fast unerreichbaren Gebieten geblieben und haben kaum eine Zivilisation entwickelt, weil sie alle Kontakte und Beziehungen mit den Neuankömmlingen abbrachen, da sie darin eine Gefahr witterten.

Sowohl für den afrikanischen Pygmäen wie auch für mich gilt all das, was wir bisher gesagt haben, in völlig identischer Weise. Und dies ist die erste wunderschöne Folge, die das religiöse Phänomen in der Welt hervorbringt. Es ist der erste einheitliche Bezug der Menschen untereinander: Das, wonach die Natur des Menschen strebt, ist für alle auf dieselbe Art und Weise erfahrbar und ruft sie in gleicher Weise auf, es zu verwirklichen. Das, was wir bis hierhin gesagt haben, gilt für alle. Worin besteht also der Unterschied?

Daß ich erwählt worden bin.
Lassen wir das Wort „erwählt" zunächst mal stehen, wir kommen später darauf zurück. „Erwählt" ist das, was mich vom Pygmäen unterscheidet.

Ich habe eine Begegnung gemacht.
Uns ist etwas geschehen, was anderen nicht widerfahren ist. Weshalb aber ist es geschehen?

Alles bisher Gesagte gilt für alle Menschen. Aber nicht allen Menschen ist das, was wir bisher gesagt haben, was wir auf diese einfache Art und Weise wiederholt haben, und was uns so klar erscheint, in gleicher Weise deutlich.

Denkt etwa an die Bilder, mit denen alle Menschen das Geheimnis ihrer Zukunft zudecken: Die Bilder, mit denen es die Bantu in Afrika bedecken; und die Bilder mit denen die Buddhisten in Indien oder

China oder in Japan es überziehen. Diese Bilder sind, wenn ihr wollt, auch Ideen, aber letztlich sind sie wahre Bilder. Es ist, als hielten alle Menschen angesichts ihrer gemeinsamen Bestimmung, welche doch die Quelle des Atems und der Gewißheit sein müßte, selbst inmitten aller Prüfungen des Lebens, als hielten sie davor nicht stand. Die eigentliche Haltung, welche die Menschen angesichts ihrer Bestimmung einnehmen, ist gleichsam ein letzter – wie soll ich sagen? – ein letzter Vorbehalt, wie eine Vorsichtsmaßnahme, ein letzter Vorbehalt, oder, wie wir zuvor gesagt haben, ein großes „wer weiß?", das sich ausbreitet.

Wenn sie gemeinsam im Hindutempel oder mit ihren Medizinmännern zusammen sind, dann sagen sie sich die Dinge, die ihre Religion aussagt. Und dies geschieht letztlich stets in einer positiven Haltung angesichts der Bestimmung: mehr oder weniger positiv. Wenn sie dann aber ihre Bestimmung beschreiben, dann müssen sie auch die Tatsache definieren, daß der Mensch seiner Bestimmung widerspricht (oft verrät er sie). Das heißt, die Bestimmung belohnt oder bestraft. Ein großes Wirrwarr an Bildern bringt dann das eine oder das andere zum Ausdruck. Wenn sie zusammen sind, dann bekräftigen sie dies, aber wenn sie alleine sind und ernsthaft auf ihr Leben schauen, dann ist das „wer weiß?" weit verbreitet.

Auf der einen Seite existiert also der positive Aspekt einer Antwort auf das eigene Herz, auf die Tatsache, geschaffen zu sein. Und das Positive nimmt zahlreiche Bilder an, es versteckt die Antwort hinter den verschiedensten Bildern. Während dies zum endgültigen Thema, zum grundlegenden Gegenstand ihrer traditionellen Riten wird, überwiegt auf der anderen Seite im Privatleben, im Bewußtsein ihres alltäglichen Lebens, das „Wer weiß?", ohne daß sie sich dessen bewußt werden. Und dann – drittens – haben sie keine Antwort auf das Problem des Bösen, sie besitzen keine sichere Antwort auf das Problem des Bösen. Was wird aus ihnen, wenn sie Fehler machen, wenn sie dagegen verstoßen – und das Leben ist voll von diesen Verstößen –, wie gelingt es ihnen, wieder Sicherheit zu erlangen? Dann kauert man sich hin, nimmt den Kopf in die Hände und sagt: „Aber, wer weiß?"

Wenn sie dort so saßen, mit dem Kopf in den Händen, und zu sich sagten: „Wer weiß?", dann kam schon zu allen Zeiten im Herzen des Menschen ein Gedanke auf …

Vielleicht habe ich es im *Religiösen Sinn* bereits erwähnt. Ich habe ein bedeutendes Buch eines französischen Missionars und Forschers gelesen, der Delafosse hieß. Er lebte mit den Pygmäen in Afrika über zwanzig Jahre zusammen – wer weiß, wie er das geschafft hat: zwanzig Jahre! –, zwanzig Jahre inmitten der Pygmäen, um ihre Lebensart zu studieren. Und nach zwanzig Jahren hat er vier Bände verfaßt, in denen er ihre letzte Auffassung vom Leben beschrieb.[29] Und ihre Philosophie über die letzten Dinge ähnelt stark jener des Aristoteles: die höchste Evolution des Denkens und der am wenigsten entwickelte Ausdruck des Denkens haben die gleiche Struktur. Jedenfalls ging er davon aus, sie seien Polytheisten, weil sie viele Gottesbilder und viele Götzen hatten. An einem bestimmten Punkt, nach Jahren, die er dort verbracht hatte, wurde er sich durch einige Aussagen bewußt, daß es vielleicht zu einfach war, sie als Götzenanbeter zu bezeichnen, das heißt, daß sie viele Götter anerkannten. Er ging der Sache auf den Grund und entdeckte, daß sie die klare Vorstellung eines höchstens Wesens hatten, eines einzigen Wesens, von dem sie nichts mehr zu sagen wußten. Denn – so erklärten sie ihm – ihre Väter hatten diesen Gott angerufen, aber ab einem bestimmten Augenblick habe er ihnen nicht mehr geantwortet. Er ging zur Jagd, und hörte nicht mehr die Rufe der Menschen. Sie aber hatten Jahr um Jahr weiterhin zu ihm gerufen, aber er hörte sie nicht, weil er stets auf der Jagd war! Er war immer auf der Jagd und hörte sie nicht mehr. Und dann erläuterten sie Delafosse: „Sehen Sie, deshalb mußten wir unsere Zuflucht zu den Götzen nehmen": zu etwas weniger Großem, das aber immer noch stärker war als sie selbst. Für sie war es in jedem Fall unvermeidlich anzuerkennen, daß sie nur aufgrund der Beziehung zu etwas leben konnten, was größer war als sie selbst. Letztlich war dies einer, ein einziges Wesen, dem sie aber nicht ein einziges Gebet als Gabe mehr darbrachten, weil er sie nicht mehr erhörte. Deshalb wandten sie sich an die Untergötter, die auf der Ebene ihres täglichen Lebens standen: Es waren Götter, die ihre täglichen Probleme verstehen konnten.

In der Religionsgeschichte, insbesondere als Ergebnis der Studien von Eliade,[30] ist dies zur vorherrschenden Lehrmeinung der ernstzunehmenden Forscher geworden (einer von ihnen ist unser persönlicher Freund, Pater Ries).

Jedenfalls, aus seiner Auffassung von Gott, aus der Art und Weise, wie er die Kraft versteht, von der er abhängt, und die Bestimmung, für die er geschaffen ist, aus all dem erwächst im Menschen seine Vorstellung des täglichen Lebens, der Beziehung zwischen Mann und Frau, der Beziehung der Menschen im Dorf, im Stamm, das Verständnis von Vergangenheit und das Verständnis der Zukunft. Die Art und Weise, wie der Mensch die anderen Menschen und die Dinge behandelt, wie er die Beziehungen versteht, geht aus der Art und Weise hervor, wie er sich die Kraft vorstellt, von der alles abhängt, sowie die Bestimmung, auf die alles zuläuft. Dazu lest die ersten zwei

Kapitel des Briefes des heiligen Paulus an die Römer. Und dann lest das 17. Kapitel der Apostelgeschichte, wo berichtet wird, wie der heilige Paulus auf dem Areopag in Athen spricht. Es war der Ort, wo sich alle Philosophen und Denker von damals zusammenfanden, um frei zu diskutieren (etwas, was in den modernen Staaten nicht möglich ist – nicht nur in den kommunistischen nicht –, denn wenn du heute eine Überzeugung zum Ausdruck bringst, die sich von der im Fernsehen unterscheidet, dann wirst du am Tag darauf als jemand angegriffen, der „die Spielregeln bricht"). Ich sagte also, daß die Art und Weise, wie die Menschen die Beziehungen verstanden, aus der Art und Weise hervorging, wie sie die letzte Abhängigkeit verstanden, welches Verständnis sie von der letzten Bestimmung hatten. Die Folge war ein stark gestörtes Verhalten. Es war ihnen nicht möglich, eine klare Linie in den natürlichen Beziehungen aufrechtzuerhalten: alle natürlichen Beziehungen – zu sich selbst, zu den Menschen, zu den Dingen (zu sich selbst, darüber haben die meisten Menschen nicht einmal nachgedacht) – waren gleichsam entstellt, sie hatten von allein keinen Bestand.

Wie ich schon vorher sagte, gab es deshalb stets in der Geschichte des Menschen jemanden, irgendeinen eigenartigen Geist, oder besser einen erleuchteten Geist, der dachte: „Wenn das Geheimnis, das uns geschaffen hat, wenn der Gott, der uns geschaffen hat – wenn dieser Gott, der vollständig stumm bleibt, so daß wir ihn nicht einmal mehr anbeten – kommen würde, um sich zu zeigen, wenn er sich zu erkennen gäbe! Die einzige Art und Weise, um ihn kennenzulernen, ist die, daß er sich zeigt, weil es uns mit all unserer Kraft nicht gelingt, ein Verständnis von ihm zu entwerfen." So gab es einige große Gestalten, die wie Goldstücke in der Wüste der Welt leuchteten, in der Wüste, welche die Menschheit durchschreiten mußte. Wer war dies, auf dem Weg der Juden? Melchisedek, er wird auch in der Liturgie der heiligen Messe genannt. Als er auf Abraham stieß, erkannte er instinktiv, das heißt aufgrund der Eingabe Gottes, daß Abraham von Gott gesandt war.[31] Und Abraham respektierte Melchisedek, da Melchisedek eingesehen hatte, daß der Mensch zwangsläufig seine Abhängigkeit von einem einzigen Gott annehmen mußte, wenn er ihn kennenlernen oder ihm mit einem würdigen Leben dienen wollte. Oder ein anderer Name, aus heidnischer Umgebung, der uns näher ist: Platon im Phaidon,[32] den er vier Jahrhunderte vor Christus schrieb. Vier Jahrhunderte vor Christus, das heißt kurz nach dem Propheten Jesaja. Und in diesem Sinne hat das jüdische Volk, die Nachkommenschaft Abrahams, die Überlegenheit gegenüber allen anderen Völkern gezeigt: Denn das Volk, das nach Abraham kam, hatte eine Abfolge von Propheten und religiösen Genies, die vom letzten Gott und von der letzten Bestimmung sprachen, und dies in einer konsequenten Haltung, die über Jahrhunderte und Jahrhunderte hinweg dauerte. Bis hin zur zweiten Hälfte des zweiten Jahrhunderts vor Christus, wenn es auch in einem Psalm heißt: „Unter uns gibt es keinen Propheten mehr."³³ Es war eine Zeit, in der die Juden glaubten, es müsse ihnen gelingen, ihre Freiheit aus eigener Kraft wiederherzustellen: das große Epos der Makkabäer, über die ihr ein Buch, einen Roman des Norwegers Pär Lagerkvist mit dem Titel *Mariamne*³⁴ lesen könnt.

Doch wer hat Gott erkannt, als er kam? Er wurde von jenen Menschen erkannt, die sich angesichts der Schwierigkeiten so verhalten haben, wie wir es zuvor beschrieben haben. Es waren jene Juden, die mit einer Haltung der Demut, des Vertrauens in Gott kamen, die sich Gott hingaben, die trotz aller Prüfungen eine ununterbrochene Gewißheit hatten; jene, die auf diese Weise lebten, haben ihn anerkannt. Aber jene, die nicht so lebten, haben ihn nicht anerkannt. Von denen die vertrauten, lebten einige sogar ab einem bestimmten Zeitpunkt im Tempel, um ihn dort zu erwarten, wie der alte Simeon, wie Anna, die Prophetin ... oder denkt an die Hirten von Weihnachten. Oder an die Haltung des heiligen Joseph, oder allen voran an die Haltung, mit der Maria lebte. Wer ein solches Empfinden hatte, erkannte ihn an. Und wer eine solche Haltung nicht lebte, erkannte ihn nicht einmal an, als er den toten Lazarus wieder zum Leben erweckte, obgleich dieser bereits vier Tage tot war: „Viele nun von den Juden, die zu Maria gekommen waren und gesehen hatten, was er getan, glaubten an ihn. Einige aber von ihnen gingen zu den Pharisäern und erzählten ihnen, was Jesus getan hatte."³⁵

Deshalb ist die entscheidende Frage, wieder so zu werden wie die Kinder.³⁶ „Wenn ihr nicht werdet wie die Kinder ... " Die entscheidende Frage ist, wieder zurück zum Ursprung zu kommen, die entscheidende Frage ist, wieder zu jener Haltung zurückzukehren, mit der Gott uns geschaffen hat. Denn was ist die Moralität anderes? Die Moralität bedeutet, in der Haltung zu leben, in der Gott uns geschaffen hat. Nur wer in dieser Haltung lebt, wird seine Gegenwart anerkennen. Lest hierzu das elfte Kapitel des heiligen Matthäus, die Verse 25 bis 27.

Alle Apostel lebten so, außer einem. Auch er ging hinter ihm her und war ganz wie die anderen, ja sogar voller Initiativen. So hatte ihm Jesus sogar die Geldbörse übergeben, er hatte ihn zum Verwalter der Gruppe gemacht. Aber er folgte ihm nicht mit diesem Empfinden, sondern hoffte auf etwas anderes. Auch die Apostel hofften auf etwas anderes; sie hofften, daß Jesus endlich das Reich Israel errichten werde, das Reich des jüdischen Volkes, das die Welt beherrschen sollte, mit ihnen als Ministern dieser Welt. Während sie mit diesen Bildern der Mentalität aller folgten, so hatten sie aber doch eine Nähe und Beziehung zu Jesus, die noch stärker als diese Bilder waren, denen sie treu geblieben waren. Entsprechend sagten sie auch zum auferstandenen Jesus, als sie ihm zum ersten Mal begegneten: „Meister, wirst du jetzt also das Reich Israel errichten?" – ganz so, als sei er nicht gestorben, so als sei nichts geschehen. Sie wiederholen die Mentalität aller. Und Jesus antwortet entschieden: „So ist es nicht! Die Zeit, wann dies geschehen soll, weiß nur der Vater."[37] Und sie nehmen in der Nähe Jesu so sehr eine Haltung von Kindern ein, daß sie ihre Erwartungen aufgeben. Sie halten nicht an ihren Ansprüchen fest, daß er auf ihre Fragen genau so antworten müsse, wie sie es sich vorstellen. Sie bleiben ihm hingegen tiefer verbunden als ihren eigenen Ansichten und Vorstellungen, mit einer wesentlich größeren Einfachheit. Denn wenn man den eigenen Vorstellungen verhaftet bleibt, führt dies zu einem Verlust der Einfachheit. Stattdessen drängt sich eine Anmaßung auf, und die eigene Vorstellung behält schließlich die Oberhand über jede Erwartung. Und genau hier liegt die große Gefahr für uns alle: das Überwiegen unserer Vorstellung gegenüber der Erwartung, die Gott uns ins Herz gelegt hat und die Christus erneuert beziehungsweise vielmehr noch zugespitzt hat. Wie hat er sie zugespitzt? Er hat sie als Beziehung zu ihm selbst präzisiert: „Verlaßt euch auf mich." Deshalb wird das Vertrauen auf das Geheimnis, das die Welt geschaffen hat, zum täglichen, normalen, freundschaftlichen Vertrauen zu einer Wegbegleitung, mit ihm.

Tatsächlich liegt im Vorherrschen der eigenen Vorstellung die große Versuchung gegen den Glauben an Jesus und damit gegen den Gehorsam gegenüber Gott. Gegenüber dem Plan Gottes, den Jesus geoffenbart hat, dessen Bote er ist, dessen höchster Ausdruck er ist. Das gilt auch für uns, die wir den Herrn kennengelernt haben – wie es im Gebet *Engel des Herrn* heißt, „die wir durch die Botschaft des Engels die Menschwerdung Christi deines Sohnes erkannt haben, durch sein Leiden und sein Kreuz". Auch bei uns, die wir durch Ihn den Weg, die Umstände des Weges, die Richtung des Weges kennen gelernt haben, kann die Tugend der Hoffnung besiegt werden durch das Festklammern an unseren Vorstellungen über den Weg und über die Bestimmung. Dann klagen wir, wenn es nicht so kommt, wie wir wollen.

Demgegenüber ist das Leben, das sich auf die Kraft der Bestimmung, die sich in Christus geoffenbart hat, verläßt, die sich ganz auf die Kraft Christi verläßt, ein Leben, in welchem die Freude vorherrscht: „Freut euch im Herrn allezeit. Noch einmal will ich es sagen:

freut euch."[38] Oder das, was Jesus beim letzten Abendmahl während seiner letzten Rede sagte: „Das habe ich zu euch geredet, damit meine Freude in euch sei und eure Freude vollkommen werde."[39]

In dem Maß, in dem diese Hingabe und diese Gewißheit fehlen, ist die einzige Alternative die Klage. Aber es ist nicht die herzzerreißende Klage des leidenden Kindes, es ist die Klage, die das Herz und die Ohren dessen versperrt, der zuhören muß; die Klage, die das Leben für alle schwer macht, die uns umgeben. Unser Leben bleibt so wie eine Verurteilung für die anderen, auch für die anderen: Das Leben wird zu einer einzigen Anklage, zu einer Lebensklage, die weder den inneren Frieden, die *laetitia,* kennt, noch die Freude, die eine Blüte diesen Friedens ist.

Und da er die *laetitia* nicht kennt, so glaube ich, daß der, der ständig klagt und das gesamte Leben nur noch als Klage versteht, unter allen Empfindungen vor allen Dingen eine nicht kennt, nämlich die Zärtlichkeit. In den Beziehungen der Menschen fehlt es zutiefst an Zärtlichkeit. Sie können sich auch noch so sehr verlieben, aber es fehlt ihnen an Zärtlichkeit. Es mag vielleicht wie ein Anflug von Zärtlichkeit erscheinen. Daß es sich aber nicht um Zärtlichkeit handelt, wird durch die Tatsache deutlich, daß es in erster Linie ein vorläufiges Empfinden ist, und zweitens egoistisch und egozentrisch ist.

Dieser zweifache Ausdruck – die *laetitia* und die Zärtlichkeit – denn nur ein frohes Herz kann in einer Beziehung zärtlich sein; die Zärtlichkeit ist eine Sensibilität gegenüber der Freude des anderen; eine Sensibilität, welche darauf ausgerichtet ist, die Freude des anderen zutiefst zu wünschen und zu bekräftigen – diese *laetitia* und diese Zärtlichkeit sind nur dem möglich, der sich ganz auf Christus verläßt, der ihn anerkennt und vor ihm wie ein Kind ist, wie die Apostel …

Einige Stellen im Evangelium sind in dieser Hinsicht sogar noch bedeutsamer: etwa die vom Hauptmann, der aber nicht zu seinen Jüngern gehörte. Lest die Geschichte vom Hauptmann, der nicht will, daß Christus zu ihm nach Hause kommt. Denn er ist, wie gesagt, ein Hauptmann, und wenn er einem Soldaten sagt: „Geh", dann geht dieser. Sagt er ihm: „Komm", dann kommt er. Und es ist nicht notwendig, daß er dorthin geht, wo der Soldat hinzugehen hat, sondern der Soldat gehorcht ihm. Entsprechend sagt auch Jesus: „Ich sage euch, nicht einmal in Israel habe ich so großen Glauben gefunden (es gibt keinen Erwachsenen im Volk Gottes, der diesen Glauben bewahrt hätte, das heißt diese Hingabe und diese Unterwerfung unter die Größe Gottes)."[40]

Im Evangelium gibt es viele Gestalten, die nicht Apostel sind und die diese Einfachheit des Kindes angesichts von Christus besitzen.

Diese Leute besitzen die Fähigkeit zur Freude im Herzen und zur Zärtlichkeit in den Beziehungen. Und in der Tat hatte der genannte Hauptmann eine äußerst zärtliche Haltung. Seine ganze Sorge galt einem Sklaven, er war zärtlich gegenüber einem Sklaven.
 Doch nun habe ich selbst auf meine Frage geantwortet. Jetzt ist es an euch, Fragen zu stellen.
 Fragen. Fragen worüber? Über Martin Luther? Schauen wir, ob unser Verständnis der Hoffnung in euch bereits ein Bild hervorgerufen hat. Aus einem bestimmten Verständnis entwickelt sich ein Bild, auch wenn umgekehrt das Verständnis unbewußt aus einem Bild hervorgeht, das heißt aus einem Eindruck der Dinge. Dann entwikkelt sich das Verständnis, und es wird menschlich, der Eindruck wird menschlich. Aber aus dem Verständnis heraus wird es dann wieder zu einem Bilde, das heißt es wird zur Poesie, es wird zum Motiv eines Wiederaufbaus, es baut von neuem auf, es bekehrt die Welt.

In dem Stück von Péguy, das du uns zu lesen empfohlen hast, beschreibt er die Hoffnung als ein Kind inmitten des Glaubens und der Nächstenliebe, der Karitas, die gleichsam wie zwei erwachsene Frauen erscheinen. Das Kind zieht gleichsam die beiden mit, so als würden sie ohne es stehenbleiben. Du sagtest aber auch, daß es ohne Glauben keine Hoffnung geben kann. Ich möchte die Verbindung zwischen diesen beiden Dingen verstehen.
 Wer kann antworten? Welches Phänomen bringt den Menschen dazu, sich in Bewegung zu setzen? Was bringt ihn dazu, bewegt zu sein und sich daher selbst in Bewegung zu setzen?

Eine überzeugende Begegnung.

Die Sehnsucht.
 Ja, eine überzeugende Begegnung ist ein Ort, sie verweist auf einen Ort. Die Sehnsucht nach Glück ist die Antwort.
 Aber ich mußte mir, leider, aufgrund verschiedener Erfahrungen bewußt werden, daß sich auch ein Hund in Bewegung setzt, wenn die Stunde des Fressens gekommen ist. „Wie unruhig ist doch dein Hund." – „Ja, es ist die Zeit, in der er sein Fressen bekommt." Zuvor lag er den ganzen Tag ausgestreckt auf dem Boden herum. Doch abends gegen neun Uhr, die Stunde zum Fressen, steht er auf, schleicht herum, schnüffelt und stellt eine ernste Gefahr für den Schinken dar, der auf dem Tisch steht. Auch ein Hund bewegt sich aufgrund einer Sehnsucht, die sich in diesem Fall auf die Befriedigung richtet, den Schinken zu fressen.

Weshalb besitzt der Mensch die Sehnsucht nach Glück? Wie kommt der Mensch dazu, diese Sehnsucht nach Glück zu besitzen? Der Hund beispielsweise besitzt sie nicht. Der Hund bewegt sich, weil er die Sehnsucht nach etwas hat, aber nicht nach Glück. Man kann das Wort Glück nicht auf den Hund anwenden, es sei denn man verkürzt es auf den Begriff Befriedigung. Der Mensch hat eine Sehnsucht, ein Bedürfnis, er setzt sich in Bewegung aufgrund der Sehnsucht nach Glück, denn seine Natur ist Durst nach vollkommener Befriedigung, nach Wahrheit, nach Glück, nach Gerechtigkeit. Wie werden diese Dinge im *Religiösen Sinn* genannt? Die Bedürfnisse des Herzens, oder, zusammengefaßt, das Herz, wie es die Bibel richtigerweise sagt. Denn das Wort Vernunft kann ein Papierdrachen sein, welcher der Hand entgleitet, und dann sind es Papierblätter, die zum Himmel fliegen. Aber das Herz kann nicht der Hand entgleiten und zu Papierblättern werden, die im Himmel herumsegeln. Es sind trockene, gefühllose Dinge, und die Erwartung von gefühllosen Dingen. Solange der Drachen mit der Hand des Kindes verbunden ist, zittert er aufgrund des Zitterns des Kindes, und dann sind es nicht nur Papierstücke. Aber wenn er sich von der Hand des Kindes löst, sind es nur noch Papierstücke. Das Herz nicht. Das Herz ist kein Stück Papier. Deshalb ist das biblische Wort „Herz" fester, vollständiger als das, was wir benutzen, nämlich „Vernunft".

Doch kommen wir zurück: der Hund setzt sich in Bewegung, weil er die Sehnsucht nach Futter hat. Der Mensch bewegt sich, weil er von Natur her für das Glück geschaffen ist, für die Erfüllung, für die Befriedigung seiner tiefsten Bedürfnisse. Doch wo liegt hier das Problem? Für den Hund reicht es aus, dem Instinkt zu folgen; beim Menschen kann man nicht von Instinkt sprechen. Man muß von Erkenntnis oder Bewußtsein sprechen. Der Mensch hat das Bewußtsein, „für etwas" gemacht zu sein. Entsprechend hat ein Junge, der zum fünften Male durch die Prüfung geflogen ist, recht, wenn er sich fragt: „Welchen Sinn hat das Leben?" (auch wenn er noch mehr Grund hätte, sich zu fragen, wie es möglich war, zum fünften Male durch die Prüfung zu fallen!). Jedenfalls … was liegt hier vor? Eine Erkenntnis.

So kann der Mensch auch sagen: „Ich habe das Recht, zufrieden zu sein. Ich habe das Recht, nicht vernichtet zu werden. Ich habe das Recht zu sein, meine Bestimmung zu erlangen. Ich habe das Recht, gerecht behandelt zu werden." Dieses Recht ist die Natur, aus welcher er gemacht ist. Der Mensch ist Selbstbewußtsein, er ist sich seiner selbst bewußt. Was heißt es, daß ich mir meiner selbst bewußt bin? Daß ich die wesentlichen Dinge kenne, aus denen meine Natur gemacht ist. Meine Natur ist so beschaffen, daß sie in sich das Recht wahrnimmt, zum Ziel ihres Weges zu gelangen (wozu wäre sie sonst auf dem Weg?).

Worin besteht also die Antwort auf die Frage? Der Glaube ermöglicht dir, im Leben deines Ichs, in deinem Leben, einen gegenwärtigen Faktor kennenzulernen, der noch stärker ist als die Natur. Von Natur aus sagst Du: „Ich habe ein Recht auf Gerechtigkeit: doch wer weiß!" Der Ausdruck der natürlichen Gewißheit ist der Begriff: „Wer weiß?" (wer kann je wissen; wer weiß, was da sein wird; es kommt, wie es kommt). Der Glaube ist sich hingegen einer Gegenwart in dir und mit dir bewußt, die stärker ist als deine Natur. Deshalb erlaubt sie dir in der Tat auch nicht zu sagen „Wer weiß?" Wenn du sagen würdest: „Wer weiß?", dann würdest du diese Gegenwart beleidigen. Und es ist eine Gegenwart, welche die Kraft hat, dir Gewißheit im Hinblick auf das Ziel zu verleihen, das du anstrebst. Sie schenkt dir Gewißheit über das, wofür du geschaffen bist. Sie sagt dir, wofür du geschaffen bist: „Du bist für mich geschaffen." So hat es auch der heilige Augustinus verstanden, und es in jenem berühmten Satz wiederholt: „Ruhelos ist unser Herz, bis daß es seine Ruhe hat in Dir."[41] Es ist für Christus geschaffen: „Du bist für mich geschaffen." – „Ich bin der Weg und die Wahrheit und das Leben."[42] Ich: „Ohne mich könnt ihr nichts tun."[43] Ja, ohne ihn kannst du nicht einmal mit Gewißheit ausmachen, wofür du geboren wurdest. Und genau hier nimmt der Glaube seinen Anfang.

Der Glaube ist das Bewußtsein einer Gegenwart, die dir den Sinn des Lebens deutlich macht, ohne der Ungewißheit noch Raum zu lassen – „Ich bin die Wahrheit und das Leben". Und diese Gegenwart ist stärker, ja sie besitzt eine solche Kraft – „Ich liebe dich, Gott meine Stärke": Wenn man diese Antiphon einmal mit Bewußtsein ausgesprochen hat, wie kann man anders, als sie ständig zu wiederholen?! – sie besitzt eine derartige Kraft, daß du mit Ihm das erreichen wirst, wofür du geschaffen bist. Mit Ihm wirst du zu Ihm selbst gelangen. Mit Ihm, einem Menschen, der gemeinsam mit dir auf dem Weg ist, wirst du Ihn erreichen; das Wort, aus dem alles hervorgeht. Mit Ihm, der an deiner Seite geht. Du schaust Ihn an, ein Mann mit einem Wanderstab, wie du. Ein Mann, der dort im Hause sitzt und zu dir spricht, zu dir und Johannes und Andreas ... (Vor dem Angesicht Gottes werde ich mir zumindest eine Sünde nicht vorwerfen müssen. Ich habe euch stets an die zwei Stücke aus dem Evangelium erinnert, vor denen jedweder Goliath in die Knie geht: das erste Kapitel des Johannesevangeliums, zweiter Abschnitt, sowie der letzte Abschnitt im Schlußkapitel des Johannesevangeliums).

Der, welcher an deiner Seite geht – der bei dir im Hause ist und zu dir spricht; der am See beim Sonnenaufgang die Fische brät –, der welcher gemeinsam mit dir unterwegs ist, sagt dir mit Gewißheit, wofür du geschaffen bist. Und weißt du, was er dir sagt? „Ich bin es, aber ich bin nicht so, wie du mich hier siehst, sondern ich, der ich in diesem Augenblick dem Universum das Leben verleihe." So wird es uns mit seiner Hilfe möglich, zu ihm zu gelangen. Wir entdecken überrascht, wie er alle Blumen in der Welt wachsen läßt, die Berge aufrichtet und die Seen ausbreitet; wie er die Sterne verteilt, den ganzen Sternenhimmel entwirft.

Das einzige, was ich nicht verstehe und nie verstanden habe, ist, wie es denn möglich ist, diesen Dingen Widerstand zu leisten, wo sie doch so offensichtlich endgültig sind. Der Mensch kann unmöglich etwas Schöneres finden!

Gestern abend ging ich mit einem Freund in ein Haus von befreundeten Personen.[44] Es waren sehr viele da, es werden wohl dreißig bis vierzig gewesen sein. Und als wir die Wohnung wieder verließen, sagte er zu mir: „Diese Frauen empfinden die Verantwortung, der Welt die Gründe vorzulegen, weshalb es sich lohnt, Kinder zu bekommen." Dies sind Menschen, die dazu berufen sind, in der Welt das Warum auszurufen: Warum es sich lohnt zu arbeiten, warum man lebt und stirbt, warum man die eigene Frau erträgt, wie dies in 99 Prozent der Fälle nach anderthalb Monaten Ehe der Fall ist.

Wenn der Mensch jene Ebene der Natur ist, in der die Natur sich ihrer selbst bewußt wird, dann führt dieses Selbstbewußtsein, diese Reflexion zum Zaubergarten des Seins. Der Glaube verleiht dir Gewißheit über die Bestimmung, für die du geschaffen bist, und er macht sie dir bekannt. Er macht dich anfänglich mit ihr bekannt. Dann beginnst du dich zu bewegen, und somit ist es die Hoffnung, die den Glauben voranzieht (wie wir es aufzeigen wollten!). Die Hoffnung ist wie ein Feuer, das den Glauben mitzieht wie auch die Erkenntnis. Der Glaube kann mühsam sein. Die Hoffnung lindert diese Mühe. Sie zieht den Glauben mit sich.

Tatsächlich können uns in der Haltung der Hoffnung leichter Fehler unterlaufen, man kann fälschlicherweise Ansprüche erheben und im Voraus festlegen, wann etwas geschehen soll. Habt ihr verstanden, in welchem Sinn Péguy von der Hoffnung spricht, die den Glauben zieht (auch wenn die Hoffnung auf dem Glauben gründet)?

Der Glaube legt den Grund und läßt erkennen, wofür der Mensch geschaffen ist. Deshalb offenbart er dem Menschen das, wonach der Mensch verlangt, was der Mensch ersehnt. Also beginnt der Mensch zu laufen, denn er ist voller Sehnsucht, und dies ist die Hoffnung. Der Glaube fühlt sich ruckweise durch die Hoffnung mitgerissen. Aber die Ernsthaftigkeit, das Maß der Ernsthaftigkeit, wird nicht durch die

Hoffnung gegeben, sondern durch den Glauben. Das Maß der Ernsthaftigkeit ist durch die Wahrheit gegeben, während das Maß des Geschmacks und der Faszination durch die Hoffnung geschenkt wird.

Da unsere Erkenntnis noch schwach ist, ist uns unsere Bestimmung noch nicht bekannt. Wir können Christus nicht so erkennen, wie er ist, außer aufgrund dessen, was uns offenbart wird. So legt der Glaube mit Bedächtigkeit den Weg fest. Und die Hoffnung ist ganz bestimmt von der ungezähmten Unruhe der Kinder, wenn der Vater sagt: „Kommt, laßt uns den Zug anschauen." Ich erinnere mich noch, als ich im Alter von neun Jahren mit meinem Vater zum ersten Mal ans Meer ging: Nach der Via Pergolesi standen wir an der Ampel und ich stampfte ungeduldig mit den Füßen auf den Boden, weil ich unbedingt den Zug sehen wollte, der oben entlang fuhr. Die Hoffnung ist wie ein Kind, das ungeduldig mit den Füßen aufstampft. Und diese innere Erregung verleiht auch der Neugier des Glaubens, je älter man wird, eine Lebendigkeit.

Die Hoffnung ruht auf einer Gegenwart, und diese Gegenwart wurde als Besitz beschrieben. Weiter vorne hatten Sie uns gesagt, daß man das Leben im Bewußtsein der Beziehung zu Ihm leben muß. Ich wollte dies besser verstehen.

Das Wort „dies" ist etwas vage. Was wolltest du besser verstehen? Wiederhole die Worte langsam, so daß wir sie verstehen können. Um Dante zu verstehen, muß man ihn immer wieder lesen. Wer sich anmaßt, ihn beim ersten schnellen Lesen verstanden zu haben, hat nichts kapiert (auch wenn das die Art und Weise ist, mit der die Studenten ihre Examen vorbereiten!).

Die Hoffnung fußt, gründet auf der Gegenwart ...

Von allen Aussagen, die ihr erfinden, denken oder nachempfinden könnt, ist dies die größte. Die Hoffnung, das heißt die Gewißheit der Bestimmung, ist an eine Gegenwart gebunden, an etwas Gegenwärtiges. Aber bedenkt, daß dies an sich ein Widerspruch wäre: Die Erwartung von etwas, das kommen soll, ist an etwas Gegenwärtiges gebunden! Will ein Kind auf einen Berg steigen, so ist es an eine Gegenwart gebunden: jene des Vaters, der den Führer macht.

Fahr mit der Frage fort.

Die Hoffnung ruht auf einer Gegenwart, sie ruht auf einem Besitz.

Sie ruht auf einer Gegenwart, die du besitzt. Eine Gegenwart, die dir gehört (wenn du sie besitzest, dann gehört sie dir). Aber eine Gegenwart, die dir gehört, eine Gegenwart, die dein Besitz ist, ist auch eine Gegenwart, der du gehörst. Das Kind gehört seiner Mutter, und man kann auch sagen, daß das Kind seine Mutter besitzt. Seine Mutter gehört ihm, und es gehört ihr. Wo jemand einem anderen gehört, ist stets auch das Umgekehrte der Fall, daß der andere auch ihm gehört. Ansonsten würde es sich um eine fürchterliche Lüge handeln. Und weiter?

Dies wollte ich besser im Verhältnis zwischen mir und Jesus verstehen.
Ich habe dir schon fast die ganze Antwort gegeben. Die Hoffnung verlangt, daß etwas anderes gegenwärtig ist, das sie besitzt, und von dem sie also in Besitz genommen ist. Es ist etwas, das dir offenbart, wofür du geschaffen bist, und dir die Kraft verleiht, auch dorthin zu gelangen. Diese Gegenwart ist Jesus.

Bedenke aber: Was war dein Leben angesichts dieser Entdeckung bis jetzt? Es war rein nichts! Angesichts dieser Entdeckung, daß es nämlich eine Gegenwart gibt, die dir gehört und die du besitzt, du besitzt Christus, und Er besitzt dich! Mit dieser Gegenwart verstehst du, was deine Bestimmung ist, wo deine Bestimmung ist. Du kannst gewiß sein, sie zu erreichen, und bist unterwegs zu ihr. Die Bestimmung erreicht man durch eine Gegenwart, etwas Gegenwärtiges. Gegenwärtig: Es hat daher mit dem Kugelschreiber zu tun, mit dem du schreibst; mit dem Gesicht, das du anschaust; mit deiner Müdigkeit; es hat mit allem zu tun: Was auch immer du anschaust oder berührst, es hat damit zu tun.

Wenn Christus nichts mit dem zu tun hat, was du berührst und was du anschaust, dann kannst du nichts im wahren Sinn berühren und anschauen. Nicht, daß er nichts damit zu tun hätte, vielmehr schaust du es nicht wirklich an, berührst es nicht wirklich, liebst es nicht wirklich, deine Menschlichkeit ist nicht wirklich wahr. Entsprechend ist für dich das Verständnis deiner Bestimmung verworren, und du bist absolut skeptisch bezüglich der Möglichkeit, diese auch wirklich erreichen zu können. Was fehlt, ist das Menschliche in uns: die Folge unseres Zweifels ist nicht das Ausbleiben von Christus, sondern das Ausbleiben unserer Menschlichkeit. Deshalb sagte Jesus: „Ich preise dich, Vater, daß du dies (den) Einfältigen geoffenbart hast."[45] Den Novizen der folgenden Jahre[46] haben wir als erste moralische Tugend einer Persönlichkeit, die Christus nachfolgt, die Einfachheit oder besser die Aufrichtigkeit erklärt. Denn die Aufrichtigkeit ist die Einfachheit, die durch die Freiheit hindurch geht. Einfachheit kann ein Charaktermerkmal sein, aber Aufrichtigkeit ist eine Tugend.

Wenn ihr mich nicht versteht, dann sagt es bitte. Habt zumindest Nachsicht mit der Art und Weise, wie ich die Dinge erkläre.

Du sagtest, daß diese Worte klar und abstrakt sind. Dies aber scheint auf den ersten Blick ein Widerspruch zu sein.
Es ist kein Widerspruch. Klar und abstrakt kann bestens zusammenpassen. Hegel ist klar und abstrakt. Aber vielleicht weißt du nicht, wer Hegel ist!

Könntest du mir dies bitte etwas mehr erklären. Denn ich verstehe, daß die Worte klar sind, aber es ist, als bliebe gleichsam etwas, nicht gerade eine Ferne, aber ...
Wenn du ein klares Wort hörst, es aber dann nicht genau betrachtest, wenn du es nicht fixierst, das heißt, wenn es dich nicht interessiert, dann verfliegt es im Wind, es entfernt sich mit dem Wind. Um etwas als abstrakt zu empfinden, mußt du zunächst das Interesse daran verleugnen. Zunächst darf es dich nicht interessieren, anschließend empfindest du es als abstrakt.

Deshalb sollte man sich vor allem nicht wundern, wenn einem diese Dinge abstrakt erscheinen. Denn dies ist Teil der Versuchung, die die Erbsünde in uns für immer hinterlassen hat. Und sie geht vom Dämon, vom Teufel aus, von der Lüge, von der Lüge, die grundlegend in uns ist. Es gibt in uns einen Widerspruch. Es gibt eine Schwierigkeit, aufgrund derer uns Dinge, die offensichtlich sind – offensichtlich, das heißt sie geschehen vor aller Augen auf der Straße – scheinbar kompliziert sind, sie scheinen schwierig zu sein.

Doch abgesehen von dieser kurzen Vorbemerkung für dich, für mich, für uns alle, liegt die Norm für unser Verhalten in der Tat in Folgendem: Entweder ist eine Sache klar oder sie ist dir nicht klar – oder aber du suchst dir irgendwelche Vorbehalte, um zu behaupten, daß sie unklar ist, obgleich sie dir eigentlich klar sein müßte. Im zweiten Falle müßte man die Sache von einer anderen Seite angehen. Aber im dritten Falle gibt es keine Hilfe: Wenn sie denn klar ist, empfindest du sie ausschließlich deshalb als abstrakt, weil sie dich nicht interessiert. Du entscheidest, daß sie für dich nicht von Interesse ist, und deshalb empfindest du sie als abstrakt.

Es ist wie eine Person, eine schöne weibliche Gestalt, die auf der anderen Straßenseite vorübergeht. Du nimmst sie gerade noch im Augenwinkel wahr, während du schnell vorbei gehst und mit deinen eigenen Sachen beschäftigt bist. Du siehst sie, du nimmst sie wahr (vielleicht sagst du dann am folgenden Tag: „Ich habe gestern eine wunderschöne Frauengestalt auf der Straße gesehen"), aber du hältst nicht inne, du schaust sie nicht an, ja du erinnerst dich nicht einmal an die Farbe ihrer Kleider oder an ihre Haare, weil sie dich nicht interessierte. Du warst mit anderen Dingen beschäftigt.

Diese Sache wird zu einer ehernen Wahrheit, wenn es unsere Beziehung zur Bestimmung, unsere Beziehung zu Christus Jesus, zu Gott und zu Christus betrifft. Aber es ist auch eine eherne Wahrheit im Hinblick auf unsere Beziehung zum Vater, zur Mutter, zum Bruder und zu den Freunden. Je mehr dir jemand Freund ist oder dir nahe steht, desto weniger verstehst du die klarsten Dinge in ihm, sie erscheinen dir abstrakt, wenn du nicht zuläßt, daß sie mit dir zu tun haben. Wenn du nicht zuläßt, daß eine klare Sache, die du in einer dir verbundenen Person entdeckst, mit dir zu tun hat, dann wir diese schnell verschwinden. Es wird dir nichts bleiben. Ja, du wirst höchstens das Gegenteil behaupten, du wirst eine Lüge über sie behaupten, weil sie dich nicht interessierte. Nehmen wir ein Beispiel. Du hast einen Bruder, der Fußball spielt, während dir Fußball auf die Nerven geht. Du hingegen bist ein leidenschaftlicher Basketball-Anhänger. Wenn dein Bruder vom Fußball redet (weil Juventus gegen Inter verloren hat und du zur Schule oder zur Arbeit gehst und hörst, daß auch die Kameraden sich die Haare raufen, weil Inter gut gespielt, Juventus aber ...), dann interessiert dich das Ganze nicht im Entferntesten. Es ist dir völlig gleichgültig. Dem gegenüber wirst du aber ganz leidenschaftlich, wenn du hörst, daß etwa die Basketballmannschaft von Philadelphia gegen jene von Boston verloren hat. Du schaust nach allen Seiten, wo du Informationen herkriegen kannst, um dich zu vergewissern, daß die Nachricht tatsächlich stimmt. Ist klar was ich meine?

Ich möchte zusammenfassen: Eine klare Sache wird abstrakt, daß heißt flüchtig – das Abstrakte ist das Flüchtige –, wenn du bereits vorher das Interesse an ihr verloren hast. Sie ist abstrakt, wenn sie dich nicht in deinem Lebensgefühl oder Lebensvollzug interessiert, wenn du bereits zuvor entschieden hast, daß etwas anderes für dich von Interesse ist.

Was mußt du in diesem Falle tun? In diesem Falle mußt du auf das Wort schauen. Während der Begriff, der dir abstrakt scheint, zu entschwinden droht, mußt du ihn ins Auge fassen. Um im Bild zu bleiben: Du mußt dich dort umschauen, wo die *Silhouette* vorbei geht. Du mußt diesen Begriff ins Auge fassen und ihn wiederholen. Du mußt sagen: „Erklär mir dieses Wort." Du mußt dieses Wort auf jede Art und Weise fixieren: „Ist es von Interesse für mein *jetziges* Leben?" Dann kannst du es wagen, daß du an einem bestimmten Punkt eine Wärme in dir verspürst und anfängst, den Begriff zu verstehen, ihn in seiner Bedeutung zu empfinden.

Das letzte Mal sprachen wir vom Traum und der auf das Ideal ausgerichtete Hoffnung. Ich entdecke, daß ich oft der Versuchung erliege, die unmittelbare Hoffnung als Traum zu leben und die auf das Ideal ausgerichtete Hoffnung in die Zukunft zu verschieben. Ich hätte dies gerne besser verstanden.

Gut, wie haben wir die ideale Hoffnung definiert? Wie haben wir das Ideal definiert? Das Ideal bezeichnet das Verlangen, für das das Herz geschaffen wurde. Deshalb kommt es als letztes, es verwirklicht sich in der Zukunft. Du bist unterwegs dorthin. Damit ist also klar, was die auf das Ideal gerichtete Hoffnung ist. Aber sie spiegelt sich mehr oder weniger in der Gestalt und dem Empfinden der Umstände wieder, in denen du jetzt lebst.

Daß du aus der Gegenwart einen Traum machst, verdeckt lediglich die Versuchung, dich nicht wirklich in der Gegenwart einzusetzen. Wenn du also gut gelaunt bist, dann entwirfst du dir deinen Traum. Du entwirfst dir dein Bild davon, was du in der Gegenwart zu tun hast, und tust nur das, was du für wichtig hälst.

Laßt mich hierzu ein Beispiel machen: Ein Beispiel zu machen, bedeutet zu leben! Also: Eine Klassenarbeit in Mathematik – zumindest mir geschah das so (und wenn ich sage „mir geschah das so" so ist das eine Erinnerung, eine Sache, die ich erlebt habe. Hätte ich sie nicht erlebt, so könnte ich auch das Beispiel nicht machen!). Wenn ich keine Lust hatte, die Klassenarbeit in Mathematik zu schreiben, dann sagte ich: „Ja, ja, ist schon gut" und gab sie schnell ab. Und der Lehrer sagte dann sofort: „Aber schau, welchen Fehler du gleich in der ersten Zeile gemacht hast!" Ich habe also die Klausur wie einen Traum behandelt. Da ich keine Lust hatte ...

Deshalb liegt die wirkliche Antwort auf deine Frage in der Antwort auf die vorhergehende Frage unseres Freundes. Der Mensch entdeckt, lernt also und schafft das, was er liebt. Hier verstehst du also, daß Liebe insofern kein Traum ist, als sie eine richtige Vorwegnahme des endgültigen Glücks darstellt. Deshalb ist die Aussage „Ich liebe dich" in neunundneunzig Prozent der Fälle eine Lüge. Sie muß gut bedacht, geleitet und bemessen sein, wenn sie richtig sein will. Dann aber wird sie kraftvoll, und zwar als Hoffnung, die dann nicht mehr ein Kind ist, die den Glauben und die Liebe hinter sich herzieht, sondern ein kraftvolles Pferd ist, das zwei mit Gütern voll beladene Wagen zieht, ein leidenschaftliches Pferd!

Weshalb stößt dich ein Gegenstand entweder ab oder du fühlst dich zu ihm hingezogen (Abstoßen oder Gleichgültigkeit ist dasselbe, ebenso wie Haß und Entfremdung dasselbe sind: die Entfremdung ist der Beginn des Hasses, die Gleichgültigkeit der Beginn der Zurückweisung): Hierin besteht dein Traum, daß heißt du legst dir die Wirklichkeit nach deinen eigenen Vorstellungen zurecht, du formst sie nach deinen eigenen Vorstellungen, nach dem, was dich interessiert, statt dich von der Wirklichkeit ansprechen zu lassen, so wie sie ist. Die „Wirklichkeit, wie sie ist" bedeutet, in der Wüste zu sein und plötzlich den Weg, die Straße zu sehen – und es ist der Weg zum Ideal hin. Mädchen, wie war nochmals unser Problem?

Sie haben dann gesagt: Das Christentum läßt dich die Gegenwart mit einer solchen Aufmerksamkeit leben, daß es dich den kleinen Punkt erblicken läßt, der die Bestimmung ist, die auf dich zugeht. Und es ist ein großartiger Tag, an dem du dir dessen bewußt wirst. Ich möchte wissen, was es heißt, das die Bestimmung im Kommen ist.

Ein etwa 24 Jahre alter Junge ist über beide Ohren in ein 17jähriges Mädchen verliebt. Sie ist ihm im Supermarkt begegnet. Das Mädchen kam von den kanarischen Inseln und er begleitet sie nun zur Abfahrt der Fähren, die auf die kanarischen Inseln zurückgehen, natürlich nach Teneriffa (wir befinden uns selbstverständlich auf dem Kai von Sevilla). Die Fähre ist voll und setzt sich in Bewegung. Er folgt allen Bewegungen der Fähre mit melancholischen Blicken, und je weiter sich die Fähre entfernt, desto kleiner wird sie. Um es in konkrete Begriffe zu übertragen: Je weiter sich die Fähre entfernt und je weiter sich damit auch das Mädchen entfernt, desto mehr entgleitet sie seinen Händen und desto weniger kann er sie ergreifen. Sie bleibt ihm also als Bild eingeprägt. Und das Bild kann er sich überall hin mitnehmen. Aber ein Bild verliert mit der Zeit an Anziehungskraft.

Ein weiteres Beispiel: Ein Junge gehörte zur *Azione Cattolica*.[47] Doch später darauf traf er eine Bewegung, die sich *Comunione e Liberazione* nennt, ja er traf Guido. Und in der freundschaftlichen Begleitung von Guido schloß er die Universitätsstudien ab und entschied sich, die *Verifica* zu beginnen. Seine Bestimmung war aber eine andere. Die *Verifica* hat er durchaus ernsthaft gemacht. Das dies aber ein Traum war und keine Realität, stellte sich mit der Zeit heraus, mit den Monaten, die vergingen. Zu seinem großen Ärger und nicht ohne Demütigung verstand er, daß er für den üblichen Weg geschaffen war (es ist nie schön zu entdecken, daß man für den üblichen Weg geschaffen ist. Damit dies aber zu etwas Würdigem wird, muß das geschehen, was ich noch anfügen werde). Tatsache ist jedenfalls, daß er sich in ein Mädchen verliebt. Daraufhin sagt ihm Don Giorgio: „Nein, nein, schau, hör nicht mehr auf Guido, höre eher auf Alberto." Er ist 23 Jahre alt und schließt sein Studium ab. Sie ist 22 Jahre alt und bereits im letzten Universitätsjahr. Da beide von CL sind, war in ihnen eine gewisse Ernsthaftigkeit und ein Interesse, das durch das *Seminar der Gemeinschaft* gefördert wird – denn das *Se-*

minar der Gemeinschaft ist die größte Gnade, die ihr geschenkt bekommen habt. Und Gott möge euch strafen, wenn ihr sie nicht gut nutzt ... nein, er möge euch nicht strafen, denn wehe euch, wenn ihr sie dann nicht gut nutzt! -, und so wachsen die beiden gut heran. Er arbeitet in der Gemeinde und sie in dem Sekretariat von CL. Sie geben alle mögliche und vorstellbare Zeit für ihre Arbeit hin und sehen sich fast nie (was ein hervorragendes Zeichen für eine affektive Beziehung ist: Wer dieses Zeichen nicht lebt, liebt den anderen nicht wirklich). Zu einem bestimmten Zeitpunkt muß sie aber nach Triest. Sie will ihr Studium in Philologie in Triest abschließen, so muß sie dort sechs Monate bleiben. Und da sie nicht reich sind, kann sie nicht sagen: „In einem Monat komme ich nach Hause." Und es ist gerade die Zeit nach Ostern und Weihnachten, die noch lange auf sich warten läßt. Weder Ostern noch Weihnachten können ihr keinen Anlaß bieten, damit sie nach Hause kommt. Sechs Monate! Und damit geht es ihnen so wie jenem jungen Burschen, der auf dem Kai von Sevilla sitzt und auf die Rückkunft der kleinen Fähre wartet. An einem bestimmten Augenblick - nach dreieinviertel Monaten! - sieht er am Horizont einen kleinen Punkt: Sie kommt früher als vorgesehen! Der kleine Punkt wird immer größer, je näher er rückt. Und schließlich kann man erkennen, daß es tatsächlich das Boot ist. Auf dem Deck des Bootes kann man noch ganz, ganz klein ein Mädchen erkennen, das mit einem Taschentuch winkt. Sie ist es! Es ist das Gegenteil von vorher. Wenn ihre Beziehung gut und recht ist, dann ist sie für ihn das Zeichen, das Gott ihm gegeben hat als vorläufiges Zeichen, um seine Aufgabe im Leben zu verwirklichen. Wenn er sie mit diesem Blick anschaut, dann ist das Mädchen dort wie die Bestimmung, die sich ihm genähert hat und ihm sagt: „Ich begleite dich entlang des Weges, bis wir einmal vereint sein werden."

Im ersten Fall hatte sich das Schiff entfernt und war zu einem kleinen Punkt geworden, der schließlich verschwand. Im zweiten Falle, als der junge Mann die Dinge gemäß ihrer Wahrheit anschaute, als er die Dinge mit klarem Blick anschaute, als er die Dinge im Licht des Ideals betrachtete, wurden alle Dinge zu einem Zeichen seiner Bestimmung. Und so wie Jesu nicht einmal die kleinste Blume auf dem Feld entgeht, so wie Ihm weder das Kind, das spielte, noch die arme Frau am Brunnen entgingen, so wie Jesu ebenso wenig der Verworfenste von Jericho entging, der sich auf einem Baum gekauert hatte, um ihn zu sehen, so entgeht ihm auch nichts anderes.

Alles wird zu einem Zeichen unserer Bestimmung, wenn wir die Dinge in Beziehung zu Jesus sehen. Wenn wir alles in der Beziehung zur Gegenwart leben. Wenn die Bestimmung eine Gegenwart ist, dann werden alle Dinge zu einem Zeichen dieser Gegenwart, wenn wir sie in der Beziehung zu ihr leben. Sie werden ein Zeichen für sie, wie der kleine Punkt am Ende des Horizonts ein Zeichen der Bestimmung wird, die auf uns zukommt. Wenn wir die Beziehung mit der Gegenwart Jesu leben, dann werden alle Dinge zum Zeichen.

Wie kann man denn die Dinge so behandeln, daß sie einem nicht zum Zeichen werden, das müßt ihr mir erklären! Ich verstehe ja, daß man inkonsequent sein kann, und die Inkonsequenz ist ein akuter, ja stechender Schmerz. Aber daß man die Dinge ohne das Bewußtsein der Gegenwart anschauen kann, für die sie Zeichen sind, ist ab einem bestimmten Punkt nicht mehr verständlich – man versteht es nicht! –, denn dann erinnert man sich nicht mehr an seine eigene Kindheit: Nur die Kinder können die Dinge nicht als Zeichen anschauen. Wenn du die Beziehung zum Herrn lebst, dann wird dir alles zum Zeichen. Je wichtiger dir eine Sache ist, desto mehr wird sie zum Zeichen. Zum Zeichen für was? Zum Zeichen der Bestimmung, die kommt. Aber diese Bestimmung, die kommen soll, ist bereits da ... Zeichen desjenigen, der bereits da ist. Denn wenn ich meinen Vater oder meine Mutter, die Frau oder die Kinder gut behandle, so behandle ich Ihn gut, oder nicht? Bestimmung oder Gegenwart, das ist dieselbe Sache: Was soll die Menschwerdung Gottes bedeuten? Daß die Bestimmung Gegenwart geworden ist.

Deshalb ist alles Gegenwart, und in Bezug auf das, wofür Gott dich bestimmt hat, siehst du es als einen kleinen kaum sichtbaren Punkt am Ende des Horizonts, oder du siehst es als schon näher gerückten Fleck, oder du siehst es als etwas, mit dem du heute arbeitest, das dir nahe ist, das in deinem Umfeld ist.

Jedenfalls müssen jene, die zur Jungfräulichkeit berufen sind, dies alltäglich leben, immer. Und so bleiben sie auch verantwortlich für den Grund, weshalb es vernünftig ist, die Last von Kindern auf sich zu nehmen. Die Berufung zur Jungfräulichkeit weist alle auf jenes Ideal hin, für das alle anderen handeln, wenn sie richtig handeln. Deshalb kann niemand eine arme Person so sehr lieben wie jemand, der zur Jungfräulichkeit berufen ist. In der Tat ist eines der Dinge, über die ich mich bei den *Memores Domini* ärgern muß, die Notwendigkeit, daß sie mehr von der Vernunft Gebrauch machen sollten – daß sie die Vernunft lieben und daß ihre Zuneigung größer wird, daß ihre Zuneigung lebendiger sei. Niemand ist so sehr dazu berufen, die Vernunft zu gebrauchen und die Zuneigung zu leben wie wir. Das, worin uns andere scheinbar normalerweise überlegen sind, ist nur etwas äußerst Begrenztes und Umrissenes, etwas, was sie nämlich mit allen anderen Wesen, auch den Niederen, gemeinsam haben:

den Instinkt. Je mehr man diese Erforschung, dieses Eindringen in die Wirklichkeit vollzieht, je mehr man von der Gegenwart Christi, von der Gegenwart der Wahrheit und der unendlichen Liebe dazu angespornt ist, die Dinge und die Menschen zu lieben – also je mehr man diese Erforschung vollzieht, desto mehr nimmt man die anderen wahr, die klein und armselig sind ... Eigentlich sind alle verwirrt und verloren. Deshalb lohnt sich jegliches Opfer, damit unsere Erforschung tiefgreifender wird, unser Besitz Desjenigen, der gegenwärtig ist, größer wird, und wir die anderen dadurch mehr verstehen.

Was hat die Hoffnung mit der Erfahrung zu tun, die wir jetzt machen, dem Beginn der Berufung?
   Kann darauf jemand antworten?

„Er, der das gute Werk in euch begonnen hat, wird es auch vollenden."[48]
Er hat die Aussage des heiligen Paulus wiederholt. Er wird es auch vollenden: Dies ist die Definition der Hoffnung. Die Hoffnung ist die Sicherheit, die Gewißheit über die Zukunft. „Er, der in euch das gute Werk begonnen hat" – denn die Berufung kommt von einem anderen.
Der Begriff „Berufung" ist der Widerhall einer Gegenwart, der Schritt einer Gegenwart, der Gegenwart der Bestimmung, die dich begleitet und dir das zeigt, wofür du geschaffen bist. Es ist die Gewißheit der Bestimmung und die Liebe zur Bestimmung. Die Berufung ist das, wozu dich diese Stimme ruft. Aufgrund seiner Natur läßt die Tatsache, zu einer Berufung wie dieser berufen zu sein, die Hoffnung anwachsen. Bevor die Hoffnung aber anwachsen kann, muß sie vorhanden sein, muß die Hoffnung gefordert sein. Ohne Hoffnung stirbt die Berufung.
Der von Mandy zitierte Satz des heiligen Paulus bleibt aber eine umfassende Antwort. „Er, der in euch das gute Werk begonnen hat (was ist ein gutes Werk? Die Berufung, so haben wir zuvor gesagt: Es gibt kein besseres Werk als die Berufung, die der Verweis auf das ganze Universum, auf die ganze Geschichte ist, das Zeugnis gegenüber dem Universum und der gesamten Geschichte, daß der Weg Christus und die Bestimmung Christus ist; daß die Bestimmung dich auf deinem Weg zu ihr begleitet), wird es auch vollenden (und dies ist die Hoffnung, es ist die Definition der Hoffnung, weil die Hoffnung eine Gewißheit ist)."
Das schwierigste Problem ist aber meines Erachtens das, worauf uns unser Freund hingewiesen hat: Daß nämlich die Worte klar und abstrakt sind. Und die Antwort darauf besteht darin, ihnen ins Gesicht zu schauen, sie stets anzuschauen. Sie anzuschauen heißt beispiels-

weise auch, Mario zu fragen: „Mario, erklär mir dieses oder jenes, erklär mir diese Sache nochmals. Aber was bedeutet diese Sache? Was heißt das für dich? Weshalb ist diese Sache konkret? Zum Beispiel jetzt, weshalb ist es jetzt konkret?" Je mehr du diese Sache in den Blick nimmst, desto mehr werden sich diese Fragen aufdrängen, und desto mehr wird die Klarheit mit der Dichte von etwas Gegenwärtigen übereinstimmen und mit der Überzeugungskraft von etwas, das du bereits wahrgenommen hast.

Was heißt, daß die Mühe und der Schmerz Feinde der Hoffnung sind? Denn Sie haben gesagt: „Die Feinde dieser Treue zur Zugehörigkeit sind der Wankelmut, die Mühe und der Schmerz."

Feinde meint in diesem Zusammenhang jene Art von Ereignis, das die Treue der Hoffnung zu unterbinden versucht. Und dies sind erstens der Wankelmut. Wankelmut bedeutet: einmal himmelhochjauchzend, dann wieder zu Tode getrübt. Es ist wie bei einem Zyklotimiepatienten, erst lacht er und zwei Minuten später weint er. Er kann den richtigen Gemütszustand auf Dauer nicht beibehalten.

Zweitens: die Mühe, und man weiß, was die Mühe ist. Die Mühe wird zur Feindin, sie verleitet mich, untreu zu werden.

Drittens: der Schmerz. Im Schmerz ist die Mühe am greifbarsten. Und auch der Schmerz ist ein Feind, insofern er uns tendenziell dazu drängt, untreu zu sein. Angesichts des Schmerzens fängt man an zu fluchen. So wie die Mutter des Jugendlichen, den sie zum Friedhof brachten, und die Jesus auf den Feldern kurz vor der Ortschaft Nain begegnete, während sie in ihrem Schmerzen schrie. Für sie war dieser Schmerz in jenem Augenblick das Gegenteil von Hoffnung. So sagt Jesus auch: „Frau, weine nicht!" Und er versuchte sie wohl damit aufzurütteln, zu überraschen. Und sie wird überrascht gewesen sein: ein Fremder, der auf sie zugeht, sie an der Schulter nimmt und ihr sagt: „Frau, weine nicht." Wie kann man einer Mutter, die hinter dem Sarg ihres Sohnes geht, des einzigen Sohnes, der nun tot ist, sagen: „Weine nicht"? Um ihr so zu helfen, wieder Selbstachtung zu gewinnen? Sie wird sich von diesen Worten befremdet gefühlt haben. Sie wird einen Augenblick ihr Schreien unterbrochen haben. Und in diesem Augenblick erweckt Jesus ihren Sohn wieder zum Leben.

Deshalb der Wankelmut, die Mühe und der Schmerz. Der Wankelmut ist ein Fehler, eine Charakterschwäche. Die Mühe stellt den Charakter wiederum auf die Probe: Er wird auf die Probe gestellt, auch wenn er sehr stark ist. Und der Schmerz kann alles beherrschen. Wenn der Schmerz keinerlei Hoffnung auf eine Antwort hat, dann gewinnt er die Oberhand. Angesichts eines Schmerzes ohne Antwort gibt selbst der stärkste Herkules auf.

Im vierten Punkt hast du gesagt, daß der greifbarste Aspekt der Mühe, in der Zugehörigkeit zu bleiben, die Vergebung ist, die Bitte darum, daß einem vergeben wird. Könntest du dies besser erklären?

Nun, warum stellen bei der Rebellion gegen die Treue zum Geheimnis, das uns geschaffen hat und das uns diesen so harten Weg vollenden läßt, als Gegenspieler der Wankelmut, die Prüfung, der Schmerz hat, einen Widerstand dar? Weil sie nicht dem entsprechen, was du willst. Der Wankelmut, die Prüfung, und der Schmerz sind gegen das Vertrauen auf Gott, denn Gott macht nicht, was du willst, die Dinge geschehen nicht so, wie du sie erwartest. Es ist die geschichtliche Folge der Erbsünde, das heißt, es ist der Anspruch des Menschen, sein Leben in der Hand zu halten. Aber das Leben vollzieht sich anders als man denkt.

Wo aber wird dieser Anspruch, unser Leben selbst in der Hand zu halten, am meisten gedemütigt? Der Höhepunkt der Demütigung für mich, der ich beanspruche, mein Leben selbst in der Hand zu haben, besteht darin, daß mein Leben, um leben und weiterleben zu können, einen anderen braucht, der ihm vergibt. Die Vergebung ist am schwierigsten zu akzeptieren, weil sie gerade die Wurzeln unserer Anmaßung abschneidet. Wenn einem vergeben wird, so empfindet man, wie gerade die Wurzeln jener Anmaßung abgeschnitten werden, unser Leben zu besitzen und es selbst zu verwirklichen. Wir sind dazu nicht fähig, und deshalb machen wir stets Fehler. Wir sind unfähig und rebellieren. Und wie ich zuvor gesagt habe, sind alle Dinge, die wir tun, hinfällig, sie sind nicht richtig: Die Beziehung zu den Personen, zu den Dingen, zu uns selbst ist niemals vollkommen angemessen, und uns gelingt es nicht, sie in Ordnung zu bringen.

Dennoch gibt es in uns eine Kraft, die uns immer neu schafft, die uns trotz allem umarmt, auch wenn wir uns wie die schlimmen Kinder benehmen. Sie umarmt uns immer wieder. Und in dieser Umarmung läßt unsere Aufregung langsam nach und erkennt Denjenigen an, dem wir angehören. Am Liebsten wollten wir nur uns selbst gehören, und deshalb machen wir alles falsch. Aber der, dem wir angehören, umarmt uns dennoch. An diesem Punkt geben wir schließlich auf und lassen nach. Wir sind wie ein trotziges Kind, das die Mutter umarmt, anstatt ihm den Hintern zu versohlen: Zunächst rebelliert es noch etwas in den Armen seiner Mutter, aber dann fängt es an zu weinen. Ich hoffe, ich war klar und deutlich?

Die Vergebung bleibt die größte Versuchung der Demütigung für den Menschen. Denn die größte Versuchung des Menschen besteht darin, Herr seiner selbst zu sein. Die Notwendigkeit, daß mir vergeben wird, ist das schrecklichste Gegenteil davon. Deshalb handelt es sich auch um die größte Mühe, die der Mensch auf sich nehmen muß, nämlich zu akzeptieren, daß ihm vergeben werden muß. Wäre dem Volk Israel nicht vergeben worden, so hätte es bereits bei der zweiten oder dritten Etappe aufgegeben, denn schon bei den ersten beiden Etappen hatte es bereits dreimal rebelliert. Die Vergebung ist die größte Mühe, die wir auf uns nehmen müssen. Denn wenn einem vergeben wird, dann heißt es zu verstehen, daß man wirklich einem anderen gehört. Und dieser andere läßt uns zu dem werden, was wir werden sollen. Er berührt uns und verleiht uns damit die Kraft, den Weg wieder aufzunehmen.

Du hattest gesagt, daß die Hoffnung der zweite grundlegende Faktor der Persönlichkeit ist. Weshalb hast du dies gesagt? Welche Rolle spielt die Freiheit bei der Hoffnung?
Du wirst mir helfen, den Grund deiner Frage zu verstehen! Vor allem gilt, daß die Hoffnung ein Faktor der Persönlichkeit ist. Was ist der erste Faktor der Persönlichkeit?

Der Glaube.
Ist es auch für einen Bantu der Glaube?

Es ist die Vernunft.
Die erste Tugend der Persönlichkeit, das erste, was die Person ausmacht, ist der Glaube, und zwar für den, der das Bewußtsein über die Lage des Menschen erlangt hat. Der Bantu gibt sich aber der Illusion hin, daß seine eigene Kraft reicht, um diese erste Tugend zu erwerben. Doch die Vernunft reicht nicht aus. Die ganze Energie seiner Kraft reicht nicht, ja sie reicht nicht einmal, um eine einzige richtige Handlung zu begehen, sagte Ibsen im *Brand*.[49] Der Glaube ist der erste Faktor, denn er läßt dich die Bedingung erkennen, um zu leben, um fest zu stehen und gehen zu können. Und dies ist die Gegenwart eines anderen.

Die Hoffnung ist der zweite grundlegende Faktor der Persönlichkeit. Denn der Mensch erlangt sein Personsein *hic et nunc*, hier und jetzt, aber um auf etwas anderes hinzugehen, das in der Zukunft liegt, das es noch nicht gibt. So wird auch die Kraft, die Klarheit, um auf etwas zuzugehen, was in der Zukunft liegt, von einem anderen gegeben. Deshalb ist die Hoffnung die Kontinuität, die Konsequenz des Glaubens im Hinblick auf die Zukunft.

Was hattest du mich noch gefragt?

Was hat das mit meiner Freiheit zu tun?

Nun, da werde ich mir bewußt, daß ich es allein nicht schaffe. Deshalb brauche ich die Hilfe eines anderen. Wenn ich etwa aus dem Auto aussteigen will und Arthritis in den Knochen habe, so fällt es mir schwer aufzustehen, und deshalb kommt mir jemand zu Hilfe, um mich aufzurichten. Und angesichts der Vorstellung eines Mannes, dem geholfen wird, aus dem Auto auszusteigen, damit er sich aufrichten kann, rebelliere ich: Jemand will helfen und ich will es nicht. Die Hoffnung ist die Fähigkeit, die Zukunft klar und entschieden anzugehen, indem ich den Versuchungen des Schmerzes, der Mühe und des Wankelmuts oder der Prüfung mit der Hilfe eines anderen, der Gegenwart eines anderen widerstehe. Dies ist Kontinuität des Glaubens. Die Freiheit akzeptiert entweder diesen anderen oder sie akzeptiert ihn nicht. Sie kann akzeptieren oder zurückweisen. Sie kann die Hand, die hergereicht wird, annehmen, um aus dem Auto herauszukommen, oder sie kann sie zurückweisen.

Die Freiheit kommt unmittelbar als Annahme oder Zurückweisung zum Ausdruck, als ja oder als nein. Und die elementarste, grundlegendste und entscheidendste Form dieser Annahme nennt sich Bitte. In der Bitte nimmt jemand an der Handlung teil, die im hilft und deshalb beginnt mit der Bitte die volle Freiheit. Wenn jemand kommt, um mir beim Aussteigen aus dem Auto zu helfen, kann ich nein sagen, und versuchen, es alleine zu schaffen. Ich kann aber auch widerwillig die Hand annehmen müssen, die mir hilft. Schließlich kann ich diese Hand ersehnen, die mich stützt, akzeptieren, daß ich darum bitten muß. Und an diesem Punkt, in der Bitte, verwirklicht sich die Freiheit in ihrer Fülle.

Sie haben uns daran erinnert, daß das Hauptproblem für uns darin besteht, daß diese Dinge Gefahr laufen, klar aber abstrakt zu bleiben, und Sie haben uns geraten, uns dieses Wort vor Augen zu halten und darum zu bitten und zu folgen. Damit verweisen Sie auf eine Beziehung als beste Möglichkeit, aus dieser Situation herauszufinden. Die Hilfe, um aus dieser Abstraktion herauszukommen, bedeutet für uns, die wir im ersten Jahr des Noviziats sind, eine Beziehung zu leben, zu bitten und (der Gemeinschaft) zu folgen.

Das gilt für euch im ersten Noviziatsjahr wie auch für mich im fünfzigsten oder achtzigsten Jahr! Was heißt es zu existieren? Eine Beziehung zu leben: Wenn ich keine Beziehung mit dem Sein lebe, existiere ich nicht, existierst du nicht. Deshalb ist das, was du jetzt sagst, nichts anderes als die Verlängerung deines Ursprungs. Es ist dasselbe Phänomen. Eine Beziehung zu leben, eine Beziehung zu akzeptieren. Die Bitte ist der vollkommene Ausdruck dieser Annahme einer Beziehung, das heißt der Ort, wo sie vollendet wird, wo sie auf vollständige Weise aufblüht, nennt sich Bitte.

Deshalb habe ich angesichts dieser Fragen, die euch klar aber abstrakt erscheinen, zunächst auf unseren Freund geantwortet, dem sie abstrakt erschienen, obgleich sie klar waren, denn er hatte sie bereits zurückgewiesen. Eigentlich interessierten sie ihn nicht. Und in der Tat gibt es eine Kategorie, die abweisend ist. „Klar aber abstrakt" zu sagen bedeutet nicht „richtig aber abstrakt" zu sagen. „Klar" heißt, daß ich in logischen Begriffen spreche. „Richtig" heißt, daß es auf das Leben einen Einfluß hat, daß es dem Leben hilft, daß es das Leben unterstützt. Diese Sache ist richtig für mein Leben, auch wenn sie mir abstrakt erscheint. So versteht man das, was ich zuvor Anna gesagt habe.

Ich sagte, daß der Weg, den Sie uns gezeigt haben, nicht auf der persönlichen Analyse gründet. Ich beginne, diese neuen Dinge, die mich die Memores Domini *lehren, erstmals in Angriff zu nehmen ...*

... das heißt, ich setzte mich mit den Begriffen, den Sätzen, den logischen Bezügen auseinander, die uns hier bei den *Memores Domini* präsentiert werden. Dies ist eine Analyse. Alles bleibt abstrakt – es ist klar, es ist völlig klar, „ich habe dem nichts entgegen zu setzen", aber es bleibt eben abstrakt. Es geht aber darum, daß es „richtig" ist, und nicht nur klar. Man muß das Verständnis von „richtig" begreifen: Mein Leben ohne Bestimmung ist das Leben eines Hundes, ein Leben, das in der Verderbnis enden wird. Es bedarf einer richtigen Sache! Auch wenn sie abstrakt ist, so ist sie doch notwendig für mich. Ich anerkenne, daß sie notwendig ist, auch wenn sie eben noch abstrakt ist, ich verstehe sie noch nicht vollständig und ich blicke noch nicht durch: dies ist menschlich.

Damit das „richtig" konkret wird und nicht abstrakt bleibt, muß ich mich der Mühe unterziehen, Beziehungen aufzunehmen, Beziehungen zu leben. Weshalb sind wir beispielsweise dazu aufgefordert, in einer Weggemeinschaft zu leben? Es ist eine Anwendung der Notwendigkeit dieser Beziehungen. Weshalb sagt die *Didaché*, eine der frühesten christlichen Schriften: „Du sollst täglich das Angesicht der Heiligen suchen, damit du dich auf ihre Worte stützest"[50]? Es ist eine Beziehung. In der Beziehung wird das Richtige nach und nach etwas Konkretes – das Richtige, was ich zunächst noch nicht verstehe und das mir abstrakt zu sein scheint. Die Liebe als etwas Ungeschuldetes und Zärtliches lernst du durch eine Person kennen, die die Liebe als Ungeschuldetes und Zärtlichkeit lebt. Du kannst dies nicht theoretisch lernen. Das Leben lernt man im Konkreten, nicht in der Theorie.

Auf diese letzten Aussagen lege ich großen Wert. In den Beziehungen, nimmt das Sein Gestalt an. Das glühende Metall des Seins nimmt in den Beziehungen Gestalt an.

Wenn wir über das arbeiten, was Sie uns über die Hoffnung gesagt haben ...

Entschuldigung, benutzen wir nicht zu oft das Wort „Arbeit", denn es wurde von den Gewerkschaften ziemlich mißbraucht. Stattdessen benutzen wir das Wort „meditieren" oder „sich Gedanken machen". Mir scheint das etwas menschlicher und weniger die Frucht einer Organisation zu sein.

Wenn ich mit den Menschen zusammen bin, dort wo ich lebe, dann scheint mir, daß das Wort Hoffnung für die Welt bedeutet, darauf zu warten, daß morgen etwas anderes geschieht als heute. Für mich bedeutet dies aber nach und nach aufgrund der Gnade, die mir geschenkt wurde, ein Bitten. Es ist die Bitte darum, daß das, was mir geschehen ist, mir erneut widerfahre, und ich es erneut so wie heute, ja, noch stärker wie heute, umarmen kann, und zwar in den konkreten Gesichtern dieser Weggemeinschaft. Und wenn dies geschieht, so werde ich mir bewußt, daß dies auch zum Aufbau der Wirklichkeit wird, dort wo ich lebe, und zwar in dem Sinne, daß auch dort ein positiver Blick auf die Wirklichkeit möglich wird. Ich möchte fragen, ob dies richtig ist.

Dies ist nicht nur richtig, sondern ich möchte alle bitten, diesen Beitrag aufgrund der Dichte seiner Aussage ernst zu nehmen. Daß die Hoffnung „der Welt", also die instinktive und natürliche Hoffnung, in der Erwartung besteht, daß sich der morgige Tag vom heutigen unterscheidet, daß er anders sei als die Unvollkommenheit und Mühe von heute. Sie aber sagte: Nein, die Hoffnung besteht darin, daß ich auch morgen die Fähigkeit und die Kraft besitze, das zu umarmen, was geschieht. Sie besteht darin, daß es „wieder geschieht", denn normalerweise ist das „mehr" dessen, was morgen geschieht, etwas, das auch heute geschehen ist und das gestern geschah. Es besteht also darin, daß ich die Kraft besitze, das, was geschehen wird oder morgen erneut geschieht, auf eine Weise anzunehmen – wie du gesagt hast –, daß ich sie umarmen kann und fruchtbar mache.

Auf diese Weise wird deutlich, daß die Hoffnung der Welt fragmentarisch ist und auch das Leben ein Fragment ist: ein Stück und ein anderes Stück, das sich davon unterscheidet. Das Leben ist fragmentiert. Dagegen läßt die christliche Hoffnung aus allem, was geschieht oder erneut geschieht oder sich im Geschehen verändert, ein neues Bild entstehen, das heißt, sie baut auf und läßt das Werk wachsen.

Ich möchte zu dem, was du über die Pygmäen gesagt hast, die zu Gott gebetet haben, fragen, ob es stimmt, daß Gott nicht geantwortet hatte, und auch fragen weshalb dies so war.

Er hatte ihnen nicht geantwortet. Und in der Tat haben sie keinerlei Antwort gehört. Es geht aber nicht nur um sie. Es geht ebenso gut um „Pygmäen", die etwa Norberto Bobbio, Franz Kafka oder Albert Camus heißen. Die Pygmäen sind in diesem Fall lediglich ein umfassender Ausdruck für das Menschliche schlechthin. Deshalb kann es sich ebenso gut um Wagner handeln, um Homer oder Vergil, die sozusagen die gedankenreichsten Pygmäen sein könnten. Niemand hat eine Antwort erhalten, keiner hat eine Antwort. Wir müssen Acht geben, das Bild, das uns durch die Gnade, die wir erhalten haben, gegeben wurde, auf eine Situation zu übertragen, die aufgrund ihrer Natur unsicher, dunkel und verwirrend bleibt.

In der Tat mußte Gott, um sich erkennbar zu machen, um auf jene Frage zu antworten, selbst einen Schritt tun und sagen: „Hier bin ich", „Philippus, wer mich sieht, sieht den Vater."[51] Und dies geschah ein einziges Mal in der Geschichte – und gerade deshalb ist dies für alle so unerträglich. Die dreihundert religiösen Führer, die bei der symbolischen Prozession in Mailand von der Basilika San Carlo bis zum Dom gingen, waren in einer Sache einig, daß nämlich niemand von ihnen beanspruchen konnte, die genaue Lösung zu haben. Es waren dreihundert Versuche, und keiner der dreihundert sagte: „Wir haben die Antwort", und niemand hat dies bezeugt – aus Vorsicht, denn ansonsten wären nicht dreihundert Gottessucher zusammenkommen. Es waren alle Gottessucher. Wir aber sind Sucher eines Gottes, dessen Name und dessen Antlitz uns sehr wohl bekannt ist. Wir kennen seinen Namen und sein Antlitz.

Wer also Christus kennt, braucht deshalb nicht mehr zu fragen?

Nein! Christus ist die Antwort auf alle Fragen der Menschheit. Und wenn Leopardi sagte: „Der ewigen Ideen / magst du wohl eine sein, vom ewigen Willen / zu körperlosem Dasein ausersehen, befreit von sterblichen Hüllen / und von der Last des todgeweihten Lebens; / ein andrer Stern auch mag in höheren Sphären / dich tragen, unter Welten ohne Zahl, / wo heller einer nähern Sonne Strahl / dir leuchtet und dich reinere Lüfte nähren; so nimm aus dieser Unglücksjahre Lauf / das Preislied unbekannter Liebe auf."[52] Auf diese Weise bittet Leopardi die Schönheit darum, sich sichtbar zu machen und sich lieben zu lassen. Es war eine Bitte, die Bitte um etwas, was bereits vor damals achtzehnhundert Jahren geschehen war. Und er wußte dies nicht.

Also antwortete er auf eine andere Art und Weise?
Nein, Gott antwortet auf sehr präzise Art und Weise: Die Antwort lautet Christus. Ein Mensch, der von einer jüdischen Frau geboren wurde, in jener entlegenen Ortschaft – wo heute eine Bronzetafel steht, auf der geschrieben ist: Verbum caro hic factum est, das Wort ist hier Fleisch geworden. Und wenn man in Palästina unterwegs ist, so gehört die Wallfahrt dorthin zu den bewegendsten Augenblicken der Reise überhaupt. Dies ist die Antwort. Denn Gott kann man nur kennen, wenn er sich offenbart.
Dies gilt analog aber auch für uns. Man kennt eine Person nicht, wenn sie sich nicht offenbart, wenn sie nichts über sich sagt. Der größte Psychologe oder Menschenkenner oder der größte Bewußtseinsforscher kann nur das verstehen, was der andere, ohne sich dessen bewußt zu sein, von sich selber offenbart. Aber der andere muß dies in jeden Fall offenbaren. Tut er dies nicht, so bleibt alles unverständlich. Denn der Geist ist geheimnisvoll in Bezug auf jene Erforschung der eigenen Wirklichkeit, die durch die Augen und die Sinne geschieht und von der Vernunft beurteilt wird. War ich deutlich genug, Silvia? Sag, was dich nicht überzeugt.

Was ist also mit den Pygmäen, die Christus nicht kennen?
Die Pygmäen, die Christus nicht kennen, baten auf ihre Weise, Gott kennen zu lernen. Ja, nicht einmal dies, sie baten Gott darum, daß er ihnen helfen möge. Denn die Art und Weise der Erkenntnis für ein Kind besteht darin, daß ihm geholfen wird.

Und er antwortete?
Er antwortete entsprechend seinem Plan. Oft schien er nicht zu antworten. Manchmal schien er zu antworten. Stets „schien" es so zu sein. Denn er antwortete nicht ihren Vorstellungen entsprechend.
In der Tat baten sie darum. Anstatt sofort eine Antwort zu bekommen, mußten sie warten, warten und warten, bis eine seltsame weiße Person mit einem Bart kam (vielleicht war es ein Comboni-Missionar aus Verona oder ein Missionar der Mönche mit der weißen Kutte). Er ging zu ihnen und sagte: „Der Gott, der auf die Jagd gegangen war, ist zurückgekehrt und er ist nun unter euch."
Gott antwortet immer. Aber die Antwort Gottes muß nicht mit der Dynamik unseres Denkens übereinstimmen. Es sei denn, es wird an seinem Ursprung erfaßt: Dann handelt es sich um eine richtige Dynamik, man versteht die Antwort, und es ist in der Tat eine endlose Dynamik. Sehnsucht nach Glück, Sehnsucht nach Gerechtigkeit, Sehnsucht nach Liebe, welches Bild bringt es zum Aus-

druck? Es sind die auf die Unendlichkeit hin geöffneten Tore. Sie haben keine abgeschlossene Form. Entsprechend reichen alle Lieben, alle Wahrheiten, alle Gerechtigkeiten nicht aus. Wenn man angekommen ist, wenn man die Dünenkuppe erreicht hat – so würde Thomas Mann in *Joseph und seine Brüder*[53] sagen –, auf der Kuppe des Hügels, siehst du einen anderen Hügel und bist du auf diesen hinaufgestiegen, siehst du erneut einen weiteren und dies bis ins Unendliche. Er beschrieb die Strände der Nordsee und die Dünen, die ins Meer reichten ... Es ist ein schöner Vergleich. Das Leben setzt diesen Vergleich um.

Das meint auch Adrienne von Speyr mit der bekannten Aussage, daß Gott die Dinge stets auf eine Art und Weise geschehen läßt, daß sie ein Versehen hervorrufen:[54] Du bittest um Gesundheit und du bekommst eine Leberkrankheit (um ein Beispiel zu machen). Und dann sagst du: „Gott meint es nicht gut mit mir." Nein, aber weshalb batest du um die Gesundheit? Du batest um Gesundheit, um Gott die Ehre zu erweisen, das heißt um die Würde deiner Person auf eine Art und Weise zu erlangen, daß sie mit dem Ewigen, mit dem Unendlichen vergleichbar ist. Gut, um dies zu erreichen, denkt Gott, daß er dir die schwere Krankheit geben muß, daß du die Mühle dieser schwerwiegenden Krankheit durchmachen mußt.

Der italienische Dichter Clemente Rebora hat dies sehr gut verstanden und auf wunderbare Art und Weise in seinen Gedichten bezeugt, er hat es in seiner Bekehrung und in seinen Gedichten zum Ausdruck gebracht. Die Gedichte von Clemente Rebora muß man unbedingt lesen. Denn im Gegensatz zum üblichen Werdegang – normalerweise verhärtet sich die poetische Ader, wenn sich jemand bekehrt, und dies ist verständlich: wenn sich jemand bekehrt, dann entdeckt er wesentlich interessantere Gegenstände als die Gegenstände, die ihm zuvor interessierten, und deshalb wird für ihn auch die Dichtkunst zu Unrat, um ein Wort des heiligen Paulus zu benutzen – bekam seine poetische Ader einen neuen Schwung, so daß sogar Eugenio Montale ihn immer wieder besuchte, insbesondere als er krank war und sich in Stresa aufhielt.

Ist das moralische Verhalten eine Gnade oder die Frucht einer Erziehung?

Das moralische Verhalten ist vor allem die Frucht des Aktes, der dich hervorbringt. Deshalb ist es wesentlich eine Gnade. Ursprünglich ist es eine Gnade, denn die moralische Haltung ist jene Haltung, in der dich das Wirken Gottes hervorbringt und dir das Leben schenkt. So heißt es auch in dem Buch *Un avvenimento di vita, cioè una sto-*

ria,⁵⁵ daß das moralische Gesetz darin besteht, in jener Haltung zu verbleiben, in der uns der Schöpfungsakt geschaffen hat. Und das heißt vor allem, Kind zu sein: Das Kind ist weder überspannt noch durch fremde Einflüsse verfälscht. Es geht hier um die Eigenschaften des Kindes, nämlich die Neugierde und die Offenheit: eine Offenheit, eine Neugierde und eine Anhänglichkeit.

Doch ich bin mit der Antwort noch nicht fertig. Denn wenn ich die Antwort so abschließen würde, wo bliebe dann die Freiheit? Sie hat gesagt: „Ist die moralische Haltung das Ergebnis der Erziehung oder eine geschenkte Gnade?" Wenn die Erziehung des Kindes nicht auf die ursprünglichen Haltungen einwirkt, mit denen es geschaffen wurde, etwa auf die Aufrichtigkeit oder die Abhängigkeit, oder auf die Fähigkeit zum Staunen oder die Feinfühligkeit oder die Zärtlichkeit oder auf die Beziehungen ... Wenn diese ursprünglichen Haltungen nicht hervorgehoben werden, dann wird die Zeit sie verflüchtigen, die Zeit wird sie ihres Glanzes berauben. Deshalb sind sie wie Bächlein, die über die Ufer treten: Das Wasser fließt über und wird letztlich unbekömmlich, es sei denn, es fließt innerhalb eines vorgegebenen Horizonts über und hat deshalb eine Ordnung. Das Wasser, das über die Ufer tritt, wird zum Sumpf oder es zerstört.

Und so wachsen alle ohne Erziehung auf und verlieren die ursprüngliche Wahrnehmung der Dinge. Man hat sogar den Mut zu sagen: „Aber für mich ist das keine Tugend, ich empfinde das nicht so." Dies gilt insbesondere für bestimmte Tugenden, die aus dem Blickwinkel der Verpflichtungen, die sie verlangen, gefährlich sind: „Dies empfinde ich nicht so. Ich finde nicht, daß Ungehorsam schlecht ist, und ich finde nicht, daß Unreinheit schlecht ist, ich kann nicht empfinden, daß sie schlecht ist ... " Wie, „ich empfinde nicht, ich fühle nicht"? Sie gehen gegen das vor, was ursprünglich doch wahrnehmbar war.

Weshalb fordert die Kirche, daß ein Kind, wenn es getauft werden soll, eine Gemeinschaft um sich haben muß, die durch die Taufpaten repräsentiert wird? Die Taufpaten sind nicht wie die zwei Taufkerzen. Die stehen nicht da, um den Ritus – unter Umständen auch in dramatischer Form – im Dialog mit dem Priester zu ergänzen. Die Taufpaten sind nichts wert, wenn sie nicht die Gemeinschaft darstellen. Deshalb sage ich immer, wenn ich ein Kind taufe, daß die Taufpaten als Vertreter der Gemeinschaft da sind.

Jedenfalls bedeutet Moralität das Verbleiben in der Haltung, in der Gott dich ursprünglich erschaffen hat. Und dies ist Gnade. Aber ohne eine Erfüllung in einem bestimmten Umfeld, ohne eine Erziehung, können sich diese Samen nicht entwickeln. Wenn die Erde nicht gut ist, dann entwickelt sich der Same nicht, oder entwickelt er sich schlecht und unter größten Mühen. Denn das, was uns aus Gnade gegeben ist, ist allen Menschen als Freiheit gegeben. Deshalb kann ein Mensch dies annehmen oder nicht. Er kann annehmen, diesem zu entsprechen oder nicht.

Wenn man sich mit Leuten unterhält, – sie brauchen nicht einmal erwachsen oder alt zu sein –, kommen sie an einem bestimmten Punkt des Gesprächs, an dem sie nicht mehr weiter wissen, auf die Nostalgie zu sprechen, auf die Erinnerungen, als sie noch klein waren. Doch woher kommt diese Erinnerung an die Kindheit? Es ist Nostalgie nach einer Zeit, in der du die Freiheit benutzen mußtest und sie nicht genutzt hast oder sie schlecht genutzt hast.

Jemand, der auf dem Weg ist, ist dazu verpflichtet, die Aufrichtigkeit und den Mut aufzubringen zu sagen: „Ich habe gefehlt", und wenn man sagt: „Herr, ich habe gefehlt", so verbrennt sich der Fehler, denn das läßt sofort die Wahrheit aufscheinen, es setzt die Wahrheit an die Stelle des Fehlers.

Doch die Tatsache, daß das Gute, das wir erhoffen, hart zu erlangen ist und uns Anstrengung kostet, wird oft zu einem Einwand. Weshalb haben wir diese Haltung, so als müßten wir keine Mühe aufwenden?

Wir hegen Groll gegen die Tatsache, Mühe aufwenden zu müssen, um das Gut des Lebens zu erlangen, so daß das vom Herz ersehnte Gut nur schwer zu erlangen ist – gerade weil uns das Herz als Verlangen nach Glück gegeben wurde. Da es uns als Verlangen nach Glück gegeben wurde, sagen wir: „Wir müßten dies auf einfache Art und Weise finden." Da uns die Sehnsucht nach dem Glück als Gnade gegeben wurde, müßte es eigentlich recht einfach sein, dieses Glück auch zu erlangen.

Doch Gott ist am Kreuz gestorben, um allen zu zeigen, daß es viel erfordert, das Glück zu erlangen. Es schließt das Opfer ein. Dies ist das große Wort. Aber ohne Opfer kannst du nicht eine ganze Minute in das Gesicht der Person schauen, die du liebst. Dir gelingt es nicht eine Minute ohne Opfer, ohne die Annahme des Opfers zu schauen.

Seht, junge Freunde, indem wir auf die Begegnung mit Christus antworten, das heißt auf die Begegnung mit dem Mensch gewordenen Gott, werden wir von Gott nur das verstehen, worauf wir uns mit unserer menschlichen Erfahrung einlassen. Joseph Ratzinger[56] sagt dies mit anderen Worten. Er sagt, daß nur dann etwas für den Menschen vernünftig wird – das heißt annehmbar und für den Menschen empfänglich –, das durch seine Erfahrung gegangen ist. Deshalb sind auch die Verwirrungen der Versuchungen, die Prüfungen in der Affektivität, die Mühe der Reinheit, die Mühe einer konsequenten Haltung und der Gerechtigkeit – sie alle sind Erfahrungen, durch die der

Mensch von Gott geführt wird, um mehr Christus zu sein, um vollkommener zu sein.

Aber schwierig steht nicht im Widerspruch zu einfach.
Schwierig steht nicht im Widerspruch zu einfach. Einfach weist auf die Art und Weise hin, mit der ich die Härte angehen muß. Ohne Einfachheit wirst du das Schwierige niemals angehen, wenn du die Beschwerlichkeit ohne Einfachheit anschaust, dann sagst du: „Aber, wenn, vielleicht, möglicherweise, wer weiß." Die sind alles Worte, die auf noch schändlichere und satanischere Art und Weise Feinde der Wahrnehmung des Wahren sind. Auch wenn du vor einem schönen Gesicht stehen würdest, es aber nicht liebst, würdest du alle Vorwände finden, um zu sagen: „Hier aber, vielleicht, es hat diese Macke dort, und diese schwarzen Flecken hier, und diesen gelben Punkt da, die leicht nach rechts gebogene Nase, die leicht nach links geneigte Nase und so weiter."

Als Sie von der Geduld sprachen, sagten Sie, daß der Mensch gegenüber der Last der Wirklichkeit zwei mögliche Haltungen einnehmen kann: Entweder die oberflächlichere Haltung, aufgrund der er das Gewicht des Heute vergißt und sagt: „Genießen wir das Heute, solange wir können", oder eine ernsthaftere Haltung, die Sie als stoische Großherzigkeit bezeichnet haben und die diese Last auf sich nimmt. Sie sagten aber auch, daß dies wie bei Atlantis ist, der einen Schritt macht und unter seiner Last zusammenbricht.
Genau.

Und Sie sagten, daß die Geduld der zweiten Haltung wesentlich näher kommt. Gerade weil diese Großherzigkeit aus eigener Kraft nicht aufrechterhalten werden kann, möchte ich Sie fragen, inwiefern die Geduld dieser Haltung nahe ist und wo sie sich davon unterscheidet.
Die Geduld steht dieser Haltung nahe, insofern sie etwas erleiden muß, das heißt, sie muß das aushalten. Dies ist das Verständnis der Geduld in dem Sinne, etwas zu ertragen. Sie unterscheidet sich aber von der stoischen Großherzigkeit, insofern sie das Gegenteil davon ist, und zwar weil sie die demütige Gewißheit der Kraft eines anderen darstellt. „Alles vermag ich in dem, der mich stärkt",[57] sagte der heilige Paulus. Dieser Satz entzieht hier dem Einwand den Boden, den wir gegenüber diesem Weg vorbringen könnten, und es ist eine Antwort, die auch jeden Einwand der Verzweiflung oder der Entmutigung angesichts jedweden Fehlers beseitigt. Deshalb rettet er den Weg, und er rettet vor den Fehlern.

Alle Mühen, die wir auf uns nehmen, sind darauf ausgerichtet, uns die ursprüngliche Einfachheit der Beziehung zwischen Gott und den Menschen erkennen zu lassen. Als Christus Magdalena mit einem flüchtigen Blick auf der Straße anblickte, war dies eine einfache Sache: Er verwies in aller Schlichtheit auf eine Einfachheit, in der ihre Reinheit vorherrschte, erneut vorherrschte. Sie stand zwar im Widerspruch zu ihrer Geschichte, aber nicht im Widerspruch zu ihrer gegenwärtigen Möglichkeit.

Bier! Wie freundlich. Und zugleich ist es ein guter Hinweis auf die Zukunft: Es ist das zweite Mal und es gibt nicht zwei ohne drei. Setzt zwei Punkte und macht eine gerade Linie, die in die Unendlichkeit weist. Dem, der diesen Gedanken hatte, zum Wohl, und Euch allen zum Wohl!

Kapitel 5
Die Armut

Von der Hoffnung zur Armut

Heute müssen wir auf das schauen, was aus der Hoffnung erwächst, die nichts anderes ist als die Ausweitung der Gewißheit des Glaubens in die Zukunft. Und genau dies interessiert uns: Uns interessiert nicht so sehr die Gegenwart als vielmehr die Zukunft. Den Menschen interessiert nicht so sehr sein Ursprung, sondern seine Bestimmung. Was kann aus dieser Ausdehnung der Gewißheit in die Zukunft, die Hoffnung heißt, hervorgehen? Als vorherrschende Tugend, als Tugend, die diesen Übergang charakterisiert, müßte es das Vertrauen sein. Die Waffe, mit der der Mensch das Unbekannte der Zukunft bekämpft, ist das Vertrauen. Durch die Hoffnung wird der Glaube zum Vertrauen.

Doch heute wollen wir uns dabei nicht aufhalten. Wir wollen uns einem Punkt des Übergangs widmen. So wie der Übergang vom Glauben zum Gehorsam die Freiheit ist – denn die Freiheit erlaubt den Gehorsam, und das Hindernis für den Gehorsam kann aus der Freiheit hervorgehen –, so kann beim Übergang von der Hoffnung zum Vertrauen ein Hindernis daraus erwachsen, daß man die Gewißheit über die Zukunft bestimmten Dingen zuschreibt, die wir bereits besitzen: Zum Beispiel dem Geld, den Haaren, der goldenen Brille, den Freundschaften, der Obhut durch die Älteren, der Fähigkeit zu singen, der Muskelstärke ... Dies kann alle möglichen Vorstellungen und Gestalten annehmen.

Was aber kann das Vertrauen beeinträchtigen, so wie die Freiheit sich erheben und den Gehorsam verhindern kann? Ich habe es schon fast gesagt: Etwas, das wir besitzen und auf das wir unser Vertrauen setzen. Etwas, was wir schon besitzen. Es geht also um das Nichtbesitzen, zumindest in diesem Zusammenhang würde es sich um den Nichtbesitz handeln. Die Tugend, bei der es um den Nichtbesitz geht, ist die Armut.

So wie die Tugend der Freiheit den Raum für den Gehorsam eröffnet, so eröffnet die Tugend der Armut den Raum für das Vertrauen ... Dies scheint paradox zu sein, denn die Freiheit und der Gehorsam scheinen sich zu widersprechen und der Raum, welcher der Nichtbesitz dem Vertrauen eröffnet, scheint ebenfalls widersprüchlich, ja er ist widersprüchlich. Und dennoch läßt die christliche Lehre, ganz nach ihrer üblichen überraschenden Weise und ihrer überraschenden Haltung, aus der Hoffnung vor allen Dingen die Armut erwachsen.

1. Die Hoffnung nicht auf einen Besitz in der Gegenwart setzen

Wir könnten bei der Definition der Armut von außerhalb beginnen. Wenn wir von Außen beginnen, sozusagen als äußerer Beobachter, könnten wir die Armut so definieren, wie wir die Hoffnung dargelegt haben. Die Hoffnung legt uns eine Gewißheit über das Gute in der Zukunft nahe, die Gewißheit in der Zukunft, die einer Gewißheit in der Gegenwart erwächst: Die Gewißheit im gegenwärtigen Christus öffnet die Gewißheit für die Zukunft.

Gut, die Armut ermöglicht dies gerade, weil sie uns nicht wegen eines *bestimmten* Besitzes in der Gegenwart auf das Glück in der Zukunft hoffen läßt. Der *bestimmte* Besitz in der Gegenwart würde dem Glauben widersprechen. Sie läßt uns auf die Zukunft und das Glück in der Zukunft hoffen aufgrund der Gegenwart Christi, aufgrund des Besitzes des gegenwärtigen Christus. Die Armut rettet diese Hoffnung in der Zukunft, sie behindert diese Hoffnung auf die Zukunft nicht, weil sie verhindert, daß sich unsere Hoffnung auf einen *bestimmten* Besitz in der Gegenwart richtet. Und nicht auf den Besitz des gegenwärtigen Christus, sondern auf einen *bestimmten* Besitzes in der Gegenwart, oder auf den gegenwärtigen Besitz einer *bestimmten* Sache. Armut bedeutet, gerade nicht auf einen bestimmten Besitz zu hoffen. *Bestimmt* will in diesem Falle heißen, von uns festgelegt, von uns vorhergesehen, von uns ausgewählt und uns genehm, aus allem als das ausgewählt, was uns überzeugt, was uns am meisten Reichtum und damit wirtschaftliche Sicherheit verspricht. *Sicherlich:* bestimmt *quidam*, nicht *aliquis,* sondern *quidam.*

Die Nicht-Armut stellt sich der Hoffnung entgegen, weil sie die Gewißheit über das zukünftige Glück auf einen *bestimmten* Besitz setzt, der gegenwärtig oder zukünftig sein kann: „Ich hoffe, morgen in der Lotterie sieben Millionen zu gewinnen." Mit sieben Millionen sage ich zu meiner Seele: „Seele, ruh aus, iß und trink und freu dich des Lebens, denn jetzt hast Du alles!", wie der Reiche im Evangelium. „Du Einfältiger – sagte ihm Jesus –, noch in der heutigen Nacht wird Dein Leben von Dir zurückgefordert, und das, was Du aufgespeichert hast, *cujus erunt?,* wem wird es gehören?"[1] Deshalb besteht der Widerstand darin, daß ein bestimmter Besitz – gleich ob in der Gegenwart oder in der Zukunft – meine Hoffnung auf sich zieht, das heißt, daß meine

Hoffnung nicht mehr auf Christus fußt. Die Hoffnung ist eine Gewißheit in Christus, die die Gewißheit für die Zukunft ermöglicht. Der Hoffnung wird eine Gewißheit entgegengestellt, die auf etwas fußt, was ich selbst festlege – gleich, ob gegenwärtig oder zukünftig.

Ein Mädchen hat nun endlich einen Freund: Sie ist versorgt! Die beiden verbringen einige Monate oder einige Jahre in der Gewißheit, alles zu haben: Dies ist eine Beziehung, der die Armut fehlt. Nicht deswegen, weil man einen Freund nicht auf ernsthafte Art und Weise haben sollte, sondern weil sie darauf die Gewißheit ihrer Hoffnung setzt, die Gewißheit ihrer Zukunft. Und dies geschieht in 99 Prozent aller Fälle ... 99 Komma 99, wie ich vergessen habe.

Es drängt mich, dies deutlich zu machen, denn es handelt sich um die wichtigste Sache: Ich besitze eine Gewißheit in Hinblick auf die Zukunft und diese Gewißheit für die Zukunft erhalte ich aus einer Gegenwart, denn ich besitze Christus. Der Glaube läßt mich den gegenwärtigen Christus anerkennen. Ich besitze Christus, und deshalb bin ich mir über die Zukunft sicher, dies ist die Hoffnung. Dieser Hoffnung stellt sich aber jede Art und Weise entgegen, mit der der Mensch, gleich ob in der Gegenwart oder in der Zukunft, was dasselbe ist, seine Gewißheit an eine von ihm bestimmte und von ihm auserwählte Sache bindet.

Der ganze Mechanismus besteht darin, daß man die Gewißheit auf etwas setzt, auf eine *bestimmte* Sache, auf einen *bestimmten* Besitz, von dem dann unsere ganze Hoffnung abhängt. Unsere Hoffnung hängt dann nicht mehr von Christus ab, sondern von einem *bestimmten* Besitz, vom Besitz einer *bestimmten* Sache, *cuiusdam rei*.

Was bedeutet diese Voraussetzung? Daß es nichts gibt, worauf du deine Hoffnung setzen könntest. Du kannst deine Hoffnung in die Zukunft auf nichts setzen, denn das, was du besitzt, wird dir morgen die Zeit oder ein vorbeifahrendes Fahrrad aus der Hand reißen: Das Fahrrad, das einen Passanten mitreißt, der stürzt und mit dem Schädel auf den Bürgersteig knallt und stirbt. Und anstatt am nächsten Tag die Hochzeit zu feiern, gehst du zu einer Beerdigung.

Aus der Gewißheit, daß „Gott erfüllt", erwächst die Freiheit gegenüber den Dingen

Vertiefen wir die Frage in einem ersten Schritt. Worauf gründet also die Armut ihren Wert? Auf die Gewißheit, daß es Gott ist, der erfüllt. Christus erfüllt den Wunsch, den er in dir wachruft: „Er, der bei euch das gute Werk begonnen hat, wird es auch vollenden bis zum Tag Christi Jesu."[2] Das Fundament der Armut liegt in der Gewißheit, daß Gott das erfüllt, wonach er dich sehnen läßt.

Wenn Gott, der gegenwärtige Gott, Christus – denn in Christus wirkt Gott –, wenn Christus dir die Gewißheit schenkt, daß er das, was er dich ersehnen läßt, auch erfüllt, dann bist du vollkommen frei; daraus erwächst ein Bild der Freiheit, vor allem ein Bild der Freiheit gegenüber den Dingen. Du bist von keiner Sache mehr versklavt, nichts bindet dich mehr, nichts kettet dich an, du hängst von nichts mehr ab: Du bist frei. Das Wort Freiheit ist das angemessenste Gegenteil zu der Aussage: *Du bist gebunden, abhängig.* All diese Verben können ein erlebtes Ereignis zum Ausdruck bringen, aber die charakteristische, ursprüngliche Erwartung aller gelebten Dinge ist eine Freiheit. Nun bist du aber nicht mehr Sklave von dem, was du gebrauchst, sondern du bist Sklave *allein* dessen, der dir die Gewißheit deiner Glückseligkeit gibt. Die Armut erweist sich somit als Freiheit von den Dingen, insofern es Gott ist, der dein Verlangen stillt, und nicht eine *bestimmte* Sache, auf die du abzielst.

Wir sprechen hier nicht von abstrakten Dingen, denn für jenes Mädchen ist die Frage, ob sie diese oder jene Partie erhält, eine Frage von Leben oder Tod, sie reißt sich schon bei dem Gedanken die Haare aus, den bestimmten Jungen nicht zu bekommen, und sie ist es, die das festlegt. Und dieser bestimmte Junge pfeift darauf und wählt eine andere. Dann gibt es aber noch einen anderen Jungen, der bis über beide Ohren in sie verliebt ist. Sie aber sagt: „Der hier ist mir gleichgültig, ich möchte aber den anderen, der aber geht mit einer anderen weg." Welches Durcheinander! Dann kann die Sache noch schwieriger werden: Eine dritte Person tritt ins Spiel, und eine vierte, entsprechend der Duldsamkeit des Mädchens, vor allem aber entsprechend ihrer Intelligenz.

Die Freude – *Laetitia*

Zweiter Schritt zur Vertiefung. Aus der Freiheit von den Dingen, die die Armut mit sich bringt, entsteht ein Gefühl, das niemand haben kann, wenn er nicht die Armut lebt, das heißt, der die Hoffnung seines Lebens nicht auf bestimmte von ihm erwählte Dinge richtet. Jemand kann die Hoffnung seines Lebens auf eine bestimmte Sache setzen, die Gott ihm gibt. Wenn er bei den *Memores Domini* eintritt, muß er das Glück seines Lebens von den *Memores Domini* erhoffen, insofern Gott ihm diese Berufung gegeben hat, und das in dem Maß, wie er sich der

Art und Weise ausliefert, die Gott nutzt und mit der Gott die Dinge nutzt.

Aus dieser Freiheit von den Dingen, aus der die Gewißheit erwächst, daß Er – Gott – alles erfüllt, geht eine weitere Charakteristik der Armut im Geiste hervor, die die Freude – *Laetitia* – ist. Der heilige Franz von Assisi ist das Beispiel schlechthin für diese Erfahrung in der Geschichte des Christentums. Sie findet aber im Evangelium ihre Magna Charta, ihr Statut: „Selig sind die Armen im Geiste", selig. Erinnert ihr euch an das, was Mauriac in seinem *Leben Jesu*[3] – ein weiteres Buch, das man mit Gewinn lesen kann – auf der Seite über die Seligkeiten geschrieben hat, wo Jesus, der oben auf dem Hügel steht, sagt: „Selig ... selig ... " Unterdessen treffen die Menschen ein und die letzten, die eintreffen, sind die Lahmen, die Behinderten, die Alten. Diese bleiben hinten stehen, da sie als letzte angekommen sind. Sie versuchen ihre Ohren zu spitzen, weil sie nicht gut hören. Das einzige Wort, das sie hören, ist ein Wort, das Christus immer wieder mit einer gewissen Hebung in der Stimme benutzt, indem er lauter spricht: „Selig ... " und sie hören: „ Selig ... selig ... selig ..." Und dies läßt sie noch mehr aufhorchen, dies läßt sie mit ihrer ganzen Seele aufhorchen, aber sie können das übrige nicht hören. So beschreibt Mauriac diese Seite des Evangeliums.

Aus der Freiheit von den Dingen – die aus der Gewißheit hervorgeht, daß Gott es ist, der die Erfüllung bringt – wird eine Vorbedingung für die Freude: Hier entsteht aus dem Glauben die Freude. Der Glaube erweckt die Freude nicht *unmittelbar*, sondern *mittelbar*: Aus dem Glauben erwächst die Hoffnung, in der Hoffnung ist die Freude, denn die Freude kann nicht erlangt und gelebt werden, wenn nicht in der Hoffnung auf die Zukunft. Nur eine Betäubung kann die Freude oder das Glück aus etwas entstehen lassen, was man gegenwärtig in der Hand hat ... Denn was wird morgen sein? Ein Empfinden ist wahr und aufrichtig, wenn es auf alle Fragen der Zeit eine Antwort hat: Es erklärt die Vergangenheit, klärt die Gegenwart und es sichert die Zukunft.

Das ist die Bedingung der Freude, die im Glauben wurzelt. Dies ist die Haltung, mit der der heilige Paulus lebt, und die er selbst im ersten Brief an die Korinther beschreibt, den Guido jetzt vorlesen wird.

„Das aber sage ich euch, Brüder: Die Zeit ist knapp bemessen. Künftig sollen deshalb auch die, welche Frauen haben, so leben, als hätten sie keine, die Weinenden so, als weinten sie nicht, die sich freuen, so, als freuten sie sich nicht, die etwas erwerben, so, als behielten sie es nicht zu eigen, die sich der Welt bedienen, so, als nutzten sie nicht aus; denn die Gestalt dieser Welt vergeht!"[4]

Nicht in dem, was man sieht, liegt der Bestand der Welt. Der Bestand der Welt, das Glück, das die Zukunft für uns vorbehält, liegt nicht in dem, was erscheint. Die Gestalt der Welt wird vergehen, und in dem, was erscheint, liegt nicht der Bestand unserer Freude. Die Freude ist etwas, was Bestand hat, weil sie auf etwas gründet, das bleibt, auch wenn die Gestalt dieser Welt, das, was jetzt erscheint, vergeht. Zu den lebhaftesten Ereignissen dieser Monate gehörte ein Besuch bei einem schwererkrankten Bischof. Als er mich sah, sagte er nach den ersten bewegenden Augenblicken: „Die Zeit ist kurz." Und dennoch lag auf dem Grund seines Gesichtes eine Freude. Freudig will nicht heißen, daß einer jubelnd sagt: „Ich sterbe". Das wäre nicht wahr, nicht einmal der heilige Paulus sagte dies. Lies bitte noch einmal jene Stelle im ersten Korintherbrief.

„Das aber sage ich euch, Brüder: Die Zeit ist knapp bemessen. Künftig sollen deshalb auch die, welche Frauen haben, so leben, als hätten sie keine ... "
Das heißt: ich kann meine Hoffnung nicht darauf setzen, daß ich eine Frau habe oder eine Freundin. Die Freude kommt nicht daher. Daher kommt höchstens die Zufriedenheit, die mehr oder weniger vergänglich ist. Aber die Freude – die *Laetitia* – läßt sich davon nicht ableiten, denn die Freude – die *Laetitia* – gründet auf einem Besitz, dessen Perspektive kein Ende hat.

„... die Weinenden so, als weinten sie nicht, die sich freuen, so, als freuten sie sich nicht ... "
Jene, die sich freuen, als würden sie sich nicht freuen. Das heißt nicht, daß sie jetzt weinen, weil sie sieben Millionen im Lotto gewonnen haben. Jemand, der weint, weil er sieben Millionen im Lotto gewonnen hat, ist verrückt, und dies hat nichts mit einem christlichen Menschen zu tun. Aber die *Laetitia* kann nicht sieben Millionen als Motiv haben. Eine solche Freude kann keinen Bestand haben. Hierüber kann jemand zufrieden sein, aber nicht froh. Denn dieser Gewinn nimmt nicht die Hindernisse weg, die sich aufrichten, um die Gewißheit des Friedens und die Perspektive des Glückes in Frage zu stellen, welche einer in sich trägt.

„... die etwas erwerben, so, als behielten sie es nicht zu eigen ...".
Stellt euch die Mädchen in der Via Monte Napoleone[5] vor: Es kann dort wohl eine nervöse Zufriedenheit geben, aber keine Freude. Eine Freude, in „der Montenapo" zu sein – nein! Höchstens nervöse Zufriedenheit.

Wer hat, tue so, als habe er nicht. Man ist frei, und diese Freiheit trägt den Keim der Freude in sich: „Hier ist die vollendete *laetitia*."[6] Es ist schön, ein attraktives Kleid zu besitzen. Aber jemand, der den Glauben und die christliche Hoffnung besitzt, wäre im letzten auch nicht verunsichert, wenn er eine Kutte anstatt der schönen Kleidung hätte. Aber es empfiehlt sich wohl nicht, daß ihr mit einer Kutte herumlauft!

Es gibt aber keine schönere Definition der Freude als diese: Wer hat, der tue so, als habe er nicht. Gleich, ob er etwas hat oder ob er nicht hat, das ist dasselbe ... Aber etwas zu haben, das ewig dauert ... nein, das ist nicht dasselbe! Wenn du etwas hast, das für die Ewigkeit dauert, dann entsteht die Liebe, die Liebe des Mannes zur Frau, die Liebe zum Freund, die Liebe zu den Eltern, die Liebe zur Sonne, die aufgeht ...

Es ist so, wie ich im ersten Band des *Seminars der Gemeinschaft*[7] geschrieben habe. Ich hatte ein Buch über das Franziskanertum gelesen, wo jedes Kapitel mit einer Rubrik begann. In einer dieser Rubriken stand am Anfang ein Q – von „Quando (Als)". Das Kapitel begann so – und jenes Q hatte am Fuß ein Vögelchen und im Q war der heilige Franziskus zu sehen, der auf die aufgehende Sonne schaute: das Symbol der menschlichen Sensibilität unserer Leute, unserer Rasse, angesichts des Schönsten, was es in der Natur gibt. Dies ist die Freude. Und mit dem Q begann ein Satz zu den Füßen des heiligen Franziskus: *Quid animo satis?*, was genügt der Seele?

In der Tat ist gerade diese Frage ein Ausdruck der Freude – „Was genügt der Seele?" –, denn die Beziehung zwischen dem heiligen Franziskus und der schönsten Naturerscheinung war ein Ausblick auf das Ewige, eine Perspektive auf das Ewige, ein Zeichen des Ewigen.

So liegt in der wahren Liebe die Freude in dem Maße, wie ihr der Besitz fehlt. Nicht umsonst sagen wir, wenn wir von der Jungfräulichkeit reden, daß sie Armut ist, aber Armut auf äußerster Ebene. Und deshalb muß man bei der Hingabe an Gott in der Jungfräulichkeit auch das Geld abgeben. Denn ohne Armut gibt es keine Reinheit der Hingabe. In einer liebenden, affektiven Beziehung ist es die Perspektive des Ewigen, die ihr Freude verleiht, und während sie ihr die Freude verleiht, verleiht sie ihr die Freiheit von den Umständen: Je mehr ihr dieser innere Abstand innewohnt, desto größer ist die Freude. Das soll keine erschöpfende Beschreibung aller Augenblicke sein: Es kann am Anfang eine Zeit größerer Zufriedenheit geben, aber es handelt sich um Zufriedenheit, nicht um die *Laetitia*. Die *Laetitia* bleibt.

Frei, weil dir nichts fehlt

Dritte Vertiefung. Die Freiheit ruft nicht nur die *Laetitia* hervor, die Freiheit in den Beziehungen begründet nicht nur die Freude – was heißt es, frei in den Beziehungen zu sein? Daß die Beziehung auf etwas gründet, was Bestand hat, das heißt auf dem Göttlichen, das bleibt. Die Freiheit ruft nicht nur die Freude hervor, sie läßt dich auch entdecken, daß dir nichts fehlt. Nichts fehlt dir, dir fehlt nichts, weil alles dein ist. Wie ist es möglich, daß alles dein ist? Weil du das besitzt, was notwendig ist, du hast das, was notwendig für dich ist. Bevor wir dieses Thema vertiefen, hören wir noch ein Kapitel aus dem Buch *Un avvenimento di vita, cioè una storia* (Ein Ereignis des Lebens, das heißt eine Geschichte), welches ihr alle lesen müßt.[8] In diesem Kapitel ist ein Abschnitt, der dies sehr gut erläutert.

„Wir müssen ärmer werden, das heißt wir müssen uns über einige große Dinge gewiß werden."
    Wenn du dir über einige große Dinge gewiß bist, dann gründet alles auf diesen großen Dingen. Alles entwickelt sich aus diesen großen Dingen heraus, alles ist ein Kommentar zu diesen großen Dingen. Wie in der großen Musik: Alles ist ein Kommentar zum Hauptthema oder zu den wichtigsten Themen.

„Der Arme ist derjenige, der sich über einige große Dinge gewiß ist (und deshalb errichtet er eine Kathedrale, auch wenn er selbst in einer Hütte lebt, und dabei ist er hundertmal mehr Mensch als der, der als letzten Horizont sein bürgerlich eingerichtetes Appartement hat). Weshalb bedeutet, arm zu sein, auch gewiß zu sein? Weil die Gewißheit die Hingabe und die Überwindung seiner selbst mit einschließt: ‚Ich bin klein, ich bin nichts, die wahre und große Sache ist eine andere.' Und diese Armut erfüllt euch, befreit euch, gibt euch Energie und Leben, weil das Gesetz des Menschen – die normale Dynamik jenes natürlichen Mechanismus, der sich Mensch nennt – die Liebe ist, das heißt die Bejahung eines anderen als Bedeutung seiner selbst."
    Dies ist eine andere Art und Weise, das Wesentliche dieser Frage auszudrücken. Denn hier liegt die Armut, die man auch mit folgendem Satz definieren kann: die Bejahung eines anderen als Bedeutung seiner selbst. Die Bejahung eines anderen als Bedeutung seiner selbst heißt nicht, fünf Euro in den *Fondo Comune* (die gemeinsame Kasse) einzuzahlen, sondern alles, sich selbst in den *Fondo Comune* zu geben. Aber „man gibt sich selbst in den *Fondo Comune*", indem man sich dem hingibt, den der Herr vor ihn stellt – einem, oder es sind zwei,

drei, vier, fünf, sechs –, dem er gehorcht, indem er Gott gehorcht und sich deshalb dem anderen schenkt, wie wir später sehen werden, wenn wir über die Nächstenliebe sprechen. So arm, daß man stirbt, in der Liebe ist es so, als würde man sich selbst sterben, und als wolle man verschwinden, um den anderen zu bejahen.

„Wenn es nicht einfach ist, unter uns Menschen mit einer Gewißheit anzutreffen, so deshalb, weil es keine Armut gibt. Die Armut ist eine sehr reife Errungenschaft.

Über einige große Dinge Gewißheit zu haben: Das ist der Glaube. Das Wort Glaube bezeichnet den wesentlichen Bezug zu ‚etwas anderem‘, das sich von uns unterscheidet, von unseren Ansichten, von unseren Projekten, von dem Erfolg unseres Handelns: Ein anderer, der größer ist als alles andere, was wir uns vorstellen und hervorbringen könnten, von dem wiederum unser Sein im Letzten abhängt, und damit auch unsere Bestimmung.

Die Leute, die die Kirche von Sankt Ambrosius in Mailand erbaut haben, waren arm, weil sie eine Gewißheit über einige große Dinge besaßen, die selbst größer waren als das Werk, das sie verwirklichen konnten. Nur die Beziehung mit diesem ‚etwas anderem‘ erlaubt es, große und schöne Werke zu verwirklichen, unablässig aufzubauen, und sich selbst auch in der Schönheit dessen, was man schafft, zu übertreffen.

Der Glaube ist die Gewißheit über ‚eine große Gegenwart‘, die es mir erlaubt, meine Beziehung zur Wirklichkeit aufzubauen, mein Werk und meinen Beitrag zur Gesellschaft aufzubauen. Er gibt meiner Arbeit die Möglichkeit, sich als eine nützliche und ‚schöne‘ Sache vor meinen Augen zu errichten. ‚Schön‘, denn, wenn es nicht zu einem Kunstwerk wird, so wäre die Spur, die der Mensch in den Dingen hinterläßt, nicht menschlich. Die Spur der Kunst führt in die mechanische Manipulation der Realität den Widerhall des Ideales ein: ‚die Kunst, die Gottes Enkel ist‘, wie Dante sagte; denn nur aus dem, was erlöst, geht eine gute Schönheit hervor, die weder die Zeit scheut noch den Tod und den Schmerz."

Danke. Wer die Bibel zur Hand hat, sollte mit Blick auf die Leute, die in Hütten wohnen, aber den Dom von Mailand errichten, den Psalm 131 aufschlagen.

Ich spreche dabei nicht von dem Witz mit dem Amerikaner, der in Mailand am Pirellone (einem Mailänder Hochhaus) vorbeikommt und fragt: „Wie lange habt ihr dafür gebraucht?" „Einige Jahre." „Pah, bei uns hätte man dafür eine Woche gebraucht." Dann kommen sie an einem anderen Bauwerk vorbei, da wo sich das Landratsamt befindet, und wieder fragt der Amerikaner: „Wie lange habt ihr gebraucht, um dieses Bauwerk zu erstellen?" „Oh, sechs Monate mindestens." „Wir hätten hierfür drei Tage gebraucht." Schließlich fährt das Taxi über den Domplatz und der Amerikaner sagt: „Und was ist denn das?", und weist auf den Dom. Daraufhin der Taxifahrer: „Ah, keine Ahnung, heute früh war das noch nicht da." Die Leute, die in Hütten wohnten, aber die Kirche des heiligen Ambrosius bauten, lebten in einer Haltung, die der Psalm 132 klar zum Ausdruck bringt.

Gedenke, Jahwe, in Gnaden des David,
gedenke all seiner Mühe:
Wie er geschworen Jahwe,
wie er gelobt dem Starken Jakobs:
„Nicht will ich meines Hauses Wohnung betreten,
nicht zur Ruhe besteigen mein Lager;
Keinen Schlaf will ich gönnen den Augen,
den Liedern keine Erquickung,
Bis ich gefunden eine Stätte für Jahwe,
eine Wohnung dem Starken Jakobs."

David beabsichtigte den Tempel des Herrn zu bauen: „Ich werde mir keine Ruhe mehr gönnen, bis ich dem Herrn ein Haus errichtet habe." Ich selbst kann nicht in einem Haus aus festem und schönem Holz leben, wenn der Tempel des Herrn aus Brettern besteht. Das, was der Psalm 131 beschreibt, ist die Armut des Geistes. Überall, wo wir etwas über die Armut des Geistes lesen, empfinden wir zugleich, daß uns eine Freude innewohnt und in uns atmet. Einen solchen Psalm kann man nur angesichts der Freude – der *Laetitia* – aussprechen. So wie das Stück, welches wir vorher gelesen haben.

2. Die Armut als Prinzip des Erkenntnisfortschritts

Noch eine abschließende Beobachtung. Wir haben bisher eine Vorbemerkung und drei Vertiefungen gemacht, jetzt fügen wir eine interessante Abschlußbeobachtung hinzu ... und dennoch leben die Leute, ohne an diese Dinge zu denken.

Die Armut gehört zu einem dynamischen Gesetz der Erkenntnis, zu einem Gesetz der Dynamik der Erkenntnis: um zu verstehen, braucht man einen Abstand. Wenn ich mir dieses Buch direkt vor die Nase halten würde, stellt Euch vor, jemand würde mit dem Buch direkt vor der Nase geboren, was wäre dann für ihn die Welt! „Coki, wo bist du, Coki? Carlo, wo ist deine mächtige Figur?" Es wäre schrecklich. Um die Wirklichkeit zu erkennen, braucht es einen Abstand, und dieser Abstand erlaubt es dir, die Dinge zu sehen und sie entsprechend zu gebrauchen. Denn, wenn ich mit dem Buch vor den Augen geboren worden wäre, könnte ich Carlo wohl als Schaufel benutzen, aber dies wäre wohl etwas unangemessen! Ich hoffe, ich mache mich verständlich?

Dieser Abstand erlaubt es, die Dinge zu gebrauchen, aber mehr noch, sie zu genießen, sie besser zu genießen. Erinnert euch an das *Seminar der Gemeinschaft*[9], wo ein Beispiel erwähnt ist, das nicht zu Unrecht bekannt geworden ist. Es ist ein geniales Paradigma, das die Einfältigkeit des Menschen offenbart: Um ein Bild zu erkennen, dürfen wir nicht einen Millimeter davor stehen bleiben. Wir würden sonst sagen: „Was für Flecken sind das hier?" Und dann würden wir uns einen Schritt entfernen und erneut ausrufen: „Was für Flecken!" Und wenn das Bild klein ist, hast Du es vielleicht in anderthalb Tagen visualisiert. Aber was sich dir zeigt, sind lediglich Flecken und Flecken und Flecken ... es sind alles Flecken, die du gesehen hast, und du kannst nichts genießen. Wenn jemand dich an der Schulter packt, und dich einen Meter zurückzieht, dann rufst du aus: „Ach, man sieht das Bild!" Ohne diesen Abstand kann man nichts erkennen und deshalb die Dinge weder benutzen, noch sie genießen.

Abgesehen von dem Beispiel mit dem Bild, gilt dies für alle Dinge: zwischen der Mutter und dem Kind, zwischen der Freundin und dem Freund, zwischen einem Mann und einer Frau, es gilt für jedermann. Wenn du zu nahe vor den Dingen stehst, dann siehst du nichts. Ohne einen gewissen Abstand kannst du nicht erkennen, nicht gebrauchen, nicht genießen. Je angemessener der Abstand ist, das heißt, je verhältnismäßiger er ist, desto mehr kannst du erkennen, gebrauchen, genießen.

Kardinal Giovanni Colombo sagte uns, als er uns in italienischer Literatur unterrichtete, um eine Figur oder ein Panorama in Poesie zu übersetzen, bedürfe es stets eines gewissen Abstandes, ohne den es weder zum Gedicht, noch zum Bild, noch zur Kunst wird. So ist es auch für eine Mutter, die sich in besitzergreifender Weise um ihr Kind sorgt – ohne inneren Abstand, ohne jeden inneren Abstand in dieser Beziehung. Sie wird ihr Kind weder richtig kennenlernen, noch ihm nützliche Ratschläge geben können. Sie wird es weder erziehen noch sich seiner erfreuen können: Sie selbst wird sich seiner nicht erfreuen können. Auch ein Mann wird sich seiner Frau nicht erfreuen können, wenn er nicht einen bestimmten Abstand hält. Ansonsten wird er sie genießen können, aber nur im rein instinktiven Sinne des

Wortes. Eine Mutter, die nie einen Augenblick erlebt hat, in dem sie ihr Kind aus zwei, drei Metern Entfernung angeschaut hat und dabei an seine Bestimmung gedacht hat: „Wer weiß, was mein Kind für eine Bestimmung haben wird", eine Mutter, die dies nie getan hat, wird nie die Freude einer Mutter empfunden haben, nie. Sie wird niemals zu einer angemessenen Erzieherin geworden sein. Ja, sie erkennt nicht einmal das Geschöpf, das sie vor sich hat. Aber diese Aussage über Mutter und Kind ist beispielhaft für alles. Es gilt für alles, für einen jeden von uns, für den Menschen. Alles ist wie ein Kind, das aus seinem Schoße geboren wird, alles.

Die Armut gehört also zur Dynamik der Erkenntnis, für die ein Abstand notwendig ist, um die Dinge zu erkennen und sie entsprechend zu benutzen und zu genießen. Ihr versteht also, wie man von einem intelligenten und zugleich liebevollen Abstand sprechen kann. Ohne diesen Abstand gäbe es weder eine solche Intelligenz noch eine solche Zuneigung.

Dies bringt auch der Satz zum Ausdruck, den der heilige Franziskus schrieb und den Nino Salvaneschi seinem Buch über die heilige Klara voranstellte: „Nach Gott und dem Firmament, Klara."[10] Eine größere Liebeserklärung ist kaum möglich. Überlegt euch aber, welcher Abstand da aus räumlicher Sicht bestand. In der Tat geht es hier nicht um den Maßstab, sondern letztlich um eine Wegbegleitung in einem bestimmten Kontext – das Objekt, Chiara, war in den Augen von Franziskus eingebettet in die große Wegbegleitung des Universums. Es geht also nicht um eine Frage des Maßstabs, sondern um die einer Wegbegleitung und letztlich der Liebe, also der Hingabe seiner selbst, des Schenkens seiner selbst. Es ist besser, von Hingabe zu sprechen, denn dies erläutert und erklärt auch die Idee des Geschenkes. Beim Geschenk behält man sich das Recht vor, geschätzt zu werden, weil man etwas gegeben hat, eben das Recht auf Dankbarkeit. Und dies zerstört alles. Bei der Hingabe ist dies aber nicht der Fall, sie ist stets rein. Die Hingabe seiner selbst: Je mehr man liebt, desto mehr gibt man sich hin und bejaht nur den anderen.

Vertieft diese schöne Lektion unter euch, denn sie enthält Dinge, die man nirgendwo anders zu hören bekommt, die aber wesentlich für das sind, was wir jeden Tag zu leben berufen sind. Aus diesen Faktoren besteht unsere Berufung.

Jetzt muß ich einen Neffen taufen … Aber das Größte sind unsere Augen und unser Herz, die auf diese Dinge schauen – unsere Augen und unser Herz aufgrund der Art und Weise, wie sie auf diese Dinge schauen und sie lieben: Hier sieht man den „neuen Menschen", den die Taufe hervorbringt.

Kapitel 6
Das Vertrauen

Der Weg vom Glauben zum Vertrauen

Zu welchem Weg sind unser Bewußtsein, unser Denken bis jetzt provoziert worden?

GLAUBE

Es gibt in unserer Erfahrung etwas, das von außerhalb ihrer selbst kommt: Es ist unvorhersehbar, geheimnisvoll, liegt aber doch im Horizont unserer Erfahrung. Wenn es aber unvorhersehbar, nicht unmittelbar sichtbar, geheimnisvoll ist, mit welchem Instrument unserer Persönlichkeit können wir dann diese Gegenwart erfassen? Mit dem Instrument, das wir „Glauben" nennen. Wir nennen dieses Instrument „Glaube", um einen Begriff zu nennen, der nicht auf das Verständnis von Vernunft zurückgeführt werden kann oder mit diesem Begriff hinlänglich bezeichnet wäre. Denn die Vernunft bezieht sich auf das Verständnis der Erfahrung in ihren unmittelbar erfahrbaren Faktoren. Die Vernunft erfaßt unsere Erfahrung in den unmittelbar erfahrbaren Faktoren. In unserer Erfahrung nehmen wir aber auch den Hauch, das Vibrieren oder die Konsequenzen einer Gegenwart wahr, die man nicht erklären kann, die überraschend ist: eine überraschende Begegnung. Deshalb kann sie nur etwas, was über die Vernunft hinausgeht, einsehen und verstehen, und dies bezeichnen wir als Glaube. Der Glaube ist eine Intelligenz der Realität, eine Intelligenz der Erfahrung.

Hört zu, liebe Freunde: Wenn ihr etwas von dem, was ich gerade gesagt habe, nicht versteht, müßt ihr die Hand heben und sagen: „Ich habe diesen Satz nicht verstanden." Es ist besser dies zu tun, denn es ist unwürdig gegenüber Gott, gegenüber Jesus, gegenüber uns selbst und unwürdig gegenüber unserer Freundschaft, unwürdig gegenüber unserer Geschichte in der Welt, Dinge einfach *herunterzuschlucken* oder Dinge zu behaupten, ohne daß unsere Vernunft sie erleuchtet hat, so daß unsere Freiheit ihnen anhängen kann.

Ich habe gesagt, daß der Glaube eine Form der Erkenntnis ist, die über die Vernunft hinausgeht. Weshalb geht er über die Vernunft hinaus? Weil er etwas begreifen kann, was die Vernunft nicht begreifen kann: „Die Gegenwart Christi unter uns"; „Christus ist jetzt hier".

Die Vernunft kann dies nicht so wahrnehmen, wie sie wahrnehmen kann, daß du hier bist, ist das klar? Dennoch kann ich nicht anders als festzustellen, daß Er jetzt hier ist. Weshalb? Weil es darin einen anderen Faktor gibt, einen Faktor, der über diese Weggemeinschaft entscheidet, über bestimmte Ergebnisse in dieser Weggemeinschaft, über einen gewissen Widerhall in dieser Weggemeinschaft, der so überraschend ist, daß ich der Erfahrung nicht gerecht wäre, wenn ich darin nicht etwas anderes bejahen würde. Denn die Vernunft besteht darin, die erfahrbare Wirklichkeit entsprechend aller Faktoren, die sie ausmachen, aller Faktoren, zu bejahen. Denn es kann einen Faktor geben, der ein Teil von ihr ist, dessen Echo ich höre, dessen Früchte ich empfinde, dessen Konsequenz ich sehe, den ich aber nicht unmittelbar sehen kann. Wenn ich sage: „Also gibt es ihn nicht", dann irre ich, denn damit schalte ich etwas aus der Erfahrung aus, und dies ist nicht mehr vernünftig.

Der Glaube ist ein Akt des Intellekts, sagt der Katechismus, er ist ein Akt der Erkenntnis, der die Gegenwart von etwas erfaßt, das die Vernunft nicht zu begreifen weiß, was aber dennoch wahrgenommen wird. Ansonsten würde man etwas ausklammern, etwas beseitigen, das in der Erfahrung wahrnehmbar ist, auf das die Erfahrung *hinweist*, das somit in gewisser Weise unbestreitbar in ihr liegt. Es ist unerklärlich, aber es findet sich in der Erfahrung wieder. Deshalb gibt es in mir zwangsläufig ein Erkenntnisvermögen, das eine Ebene der Wirklichkeit erkennen kann, welche größer ist als üblich. Und die Vernunft zwingt mich, dies zuzugeben: Wenn ich dies nicht anerkennen würde, dann würde ich nicht alle Faktoren bejahen, die meine Erfahrung ausmachen.

Dies ist der Kernpunkt und Eckpfeiler des gesamten Verständnisses der Erkenntnis und der Intelligenz in der Wirklichkeit aus einem christlichen Blickwinkel. Hier liegt der Kern der christlichen Intelligenz. Man muß dies verstehen. Man muß nicht verstehen, *wie* Christus hier ist. Man muß verstehen, daß *man gezwungen ist zu bejahen*, daß es hier etwas anderes gibt. Denn das, was es gibt, kann man nicht einfach mit der Erforschung, der Analyse oder der Durchdringungskraft unserer Vernunft erklären.

Als Andreas und Johannes – man muß immer das erste Kapitel des Johannesevangeliums ab Vers 35 folgende im Gedächtnis haben; dann versteht man alles, das Problem der Intelligenz findet dort seine Antwort, während das Problem der Moral im einundzwanzigsten Kapitel, Vers 15–18 seine Antwort findet –, als also Andreas und Johannes sahen, wie jener Mensch sprach, spürten sie, daß da etwas Außergewöhnliches im Spiel war. Sie konnten sich dessen nicht klar bewußt werden – sie verstanden nicht, wie dies möglich war, das heißt ihre Vernunft war nicht imstande, dies zu begreifen. Aber, um vernünftig zu bleiben, waren sie gezwungen zu sagen: „Hier gibt es etwas anderes." Weshalb? Weil vernünftig zu sein heißt, die Realität entsprechend der Gesamtheit ihrer Faktoren zu bejahen. Und wenn einer dieser Faktoren außergewöhnlich ist, so muß man ihn anerkennen, auch wenn man ihn nicht versteht. Habt ihr verstanden oder nicht? Seht mal, ohne dies zu verstehen, ist es nicht möglich, durch diese „verdorbene" Welt zu gehen, sagt Jesus, ohne Sklave dessen zu werden, was einen umgibt.[1] Es ist so, als würden einem die Augen und die Ohren ausreißen.

Freiheit

Wir haben gesagt, daß der Gegenstand dieses Glaubens, diese Gegenwart, die auf keinen der normalen Faktoren zurückgeführt werden kann, diese außergewöhnliche Gegenwart, die der Glaube aufnimmt und bejaht, unsere Freiheit potenziert. Weshalb? Weil die Freiheit dies anerkennen kann oder nicht. Die Freiheit kann sich selbst gegenüber aufrichtig sein oder nicht.

Wie viele Menschen hatten Jesus gehört? Sie standen dort mit offenem Mund und hörten ihm zu. Dann aber gingen sie nach Hause, aßen Spiegeleier und vergaßen ihn. Am darauffolgenden Tag riefen sie: „Kreuzigt ihn, kreuzigt ihn!" Und noch am Tag zuvor wollten sie ihn zum König machen, weil er ihnen kostenloses Brot verteilt hatte.

Welcher Unterschied besteht zwischen den Aposteln, die ihm folgten, und allen anderen Leuten? Alle übrigen Leute nutzten ihre Freiheit schlecht. Sie anerkannten nicht das, was sie gesehen hatten, denn jemand, der mit wenigen Broten fünftausend Leute sättigt, ist etwas absolut Außergewöhnliches, und alle sagten: „Das ist etwas absolut Außergewöhnliches." Und sie wollten ihn zum König ausrufen. Doch er floh vor ihnen. Drei Tage später riefen sie: „Bringt ihn um, bringt ihn um." Sie wiederholten das, was die Presse, das Fernsehen, ihre Lehrer in der Schule sagten.

Der Gegenstand, den der Glaube wahrnimmt, kann also anerkannt werden oder nicht: Das heißt die Freiheit kommt zum Tragen. Und nur wenn man ihn anerkennt, erfüllt sich die Freiheit.

Gehorsam

Weshalb ist es der Freiheit möglich, ihn nicht anzuerkennen? Denn ihn anzuerkennen, fordert Mühe. Man muß als Kriterium nicht das nehmen, was man sehen will, sondern das, was tatsächlich geschieht. Das, was ist, ist größer als das, was du siehst: Dieses Verhalten nennt sich Gehorsam. Denn das Kriterium deiner Zustimmung ist nicht das, was du sehen willst, sondern etwas, das in deiner gegenwärtigen Erfahrung liegt, aber größer ist als deine Kriterien. In der Tat wüßtest du dies auch nicht zu erklären.

Schon damals sagten die Gelehrten im Tempel angesichts des Jungen, der Jesus von Nazareth hieß und gerade zwölf Jahre alt war: „Wie kann er so antworten? Woher weiß er diese Dinge?" Und da sie nicht verstanden, wie er sie wissen konnte, verleugneten sie ihn. Stattdessen hätte sich doch unvermeidlich die Frage aufdrängen sollen: „Wie weiß er diese Dinge?" Und diese Frage hätte sie zur Schlußfolgerung führen müssen: „Hier liegt etwas vor, das wir nicht wissen." Und wenn er dann nicht nur zwölf Jahre alt ist, sondern dreiunddreißig, oder zweiunddreißig, oder einunddreißig, oder dreißig und sagt: „Ich weiß diese Dinge, weil ich der Sohn Gottes bin", so ist die Vernunft gezwungen, dies zu bejahen. Die Vernunft ist dazu gezwungen, dies zu bejahen, und die Freiheit ist dazu aufgerufen, diese Bejahung des Glaubens zu akzeptieren, das heißt zu akzeptieren, daß der Glaube sich durchsetzt.

Damit führt der Glaube zur Wahrheit der Dinge, zu jener Wahrheit, für die der Mensch geschaffen ist, jene Wahrheit, auf die der Mensch zugeht. Es ist ein Akt der Freiheit, denn die Wahrheit kann nicht mit den Analysen aufgrund der eigenen Kriterien entdeckt werden, noch ist sie automatisch wahrnehmbar, sondern sie kann nur akzeptiert werden. Und damit stimmt man dem Kriterium eines anderen, dem Geheimnis zu: Es handelt sich um den Gehorsam des Glaubens, beziehungsweise um den Glauben als Gehorsam.

HOFFNUNG

Dann haben wir gesehen, daß diese Wahrheit, die der Glaube uns erkennen läßt, jenseits dessen liegt, was die Vernunft durch die Analyse ihrer Erfahrung verstehen kann. Die Vernunft kann nur verstehen, daß etwas anderes existiert, oder wie der Schriftsteller Pär Lagerkvist in einem bekannten Gedicht sagt: Es gibt keine Antwort auf die Stimme, die ruft: Warum ruft dann die Stimme?[2] Und diese Frage bleibt bestehen. Die einzige Art und Weise, um diese Frage zu beantworten, liegt in der Aussage, daß es etwas anderes gibt: Dies ist der ganze Gedankengang von *Der Religiöse Sinn*. Die Wahrheit, die der Glaube uns einsehen läßt, ist ein Mensch. Es ist ein Mensch, der sich mit anderen zum Essen setzte, der umherging, und der die Spreu vom

Weizen trennte oder gemeinsam mit den Seinen die Früchte des Feldes aß. Dieser Mensch war Gott, das heißt die Wahrheit: „Ich bin der Weg und die Wahrheit und das Leben."[3]

Schließlich haben wir gesehen, daß auf dieser Wahrheit auch die Gewißheit für die Zukunft gründet. Mit Ihm ist auch die Zukunft gewiß. Deshalb wird der Glaube zur Hoffnung, insofern er nicht mehr nur die Überraschung einer Gegenwart, die Überraschung eines Ereignisses – das Ereignis ist eine Gegenwart – betrifft, sondern die Konsequenz dessen, was man als letztes erwartet, was man im letzten erwartet: Der Glaube wird Hoffnung.

ARMUT

Wenn aber das Glück, die Gerechtigkeit, die Wahrheit, die Schönheit über das hinausgehen, was wir sehen können, wieso betrifft uns dann das, was wir sehen und berühren können? Es betrifft uns, weil Gott es uns vor die Füße wirft und wir es für unsere Arbeit benutzen müssen. Und dies ist die Armut: Die Wirklichkeit ausschließlich für das Werk zu benutzen, das wir mit ihr verrichten müssen. Wir sind dazu berufen, eine Arbeit zu machen: Dies ist der Gedanke, den ihr dem zuletzt Gesagten hinzufügen müßt. Die Armut ist kein Automatismus. Es geht jedenfalls nicht um die Armut dessen, der Läuse hat und mit zerrissenen Kleidern am Straßenrand steht. Die Armut ist ein Umgang mit der Wirklichkeit, der ihrer Bestimmung gerecht wird. Diese Bestimmung ist nicht etwas Vages, sondern sie wird uns mit Gewißheit vorgeschlagen und erwartet uns.

Die Armut ist eine Initiative von unserer Seite. Wenn es nicht unsere Initiative ist, so handelt es sich nicht um Armut. Die Armut ist ein Akt der Freiheit. Es geht hier nicht darum, etwas zu ertragen, sondern darum, etwas zu bejahen, um weiterzukommen. Es ist ein Ergreifen, um aufzubauen, es ist ein Ergreifen, um auf den Ruf Gottes zu antworten.

Deshalb hängt der Mensch nicht mehr an den Dingen: Heute muß er sie gebrauchen, aber schon morgen wird es sie nicht mehr geben. Morgen wird er andere benutzen müssen. Je mehr dir eine Person am Herzen liegt, desto mehr wirst du sie als Hilfe auf dem gemeinsamen Weg auf die Bestimmung hin behandeln, auf deine und seine Bestimmung hin. Und desto mehr wirst du auch auf die Armut der Beziehung achten: Die Armut der Beziehung ist die Wahrheit der Beziehung.

Das Gegenteil der Wahrheit der Beziehung ist das, was sich in ihr als Lüge zeigen würde. Die Sache, die sich dir in der Beziehung zeigt, oder die Person, die du liebst, würden sich als Lüge erweisen, wenn sie dir sagen würden oder du sie so behandeln würdest, als würde sie dir sagen: „Ich reiche dir aus. Ich bin alles, wofür du lebst" – denn dies ist nicht wahr.

Je mehr man liebt, desto leichter und freier wird die Beziehung. Und die Zeit und der Raum, in der sich eine Beziehung stets bewegt, werden nicht mehr zum Anspruch; man beansprucht nicht mehr, die Person nach einer Stunde zu sehen, man fordert nicht mehr, sie jeden Augenblick zu sehen, man verlangt nicht mehr, die Sache hier, da oder dort zu haben. Zeit und Raum werden besiegt in der Armut: Man wird frei, aber nicht im ethischen Sinne, wie wir vorher gesagt haben, sondern im Sinne der Leichtigkeit: *Die unerträgliche Leichtigkeit des Seins,* wie jenes Buch von Milan Kundera[4] betitelt ist. Die Wahrheit dieses Satzes liegt gerade in dem, was ich sagte, völlig unabhängig von dem, was das Buch selbst aussagt!

Die Armut läßt dich die Dinge mit Blick auf die Bestimmung hin benutzen, und dies bedeutet, die Dinge so zu benutzen, als würdest du sie nicht benutzen, sie zu haben, als würdest du sie nicht haben, sie so zu besitzen, als würdest du sie nicht besitzen, wie es in jenem wunderschönen Abschnitt des heiligen Paulus heißt.[5]

1. Vertrauen bedeutet sich jemandem anvertrauen

Aber an diesem Punkt entdecken wir also, daß wir den Besitz der Dinge aufgeben müssen – Armut –, um direkt, frei, unbelastet auf die Bestimmung zuzugehen. Und je mehr ich eine Person liebe, desto mehr möchte ich, daß sie mit mir auf die Bestimmung zugeht, und desto mehr wende ich also auf sie das an, was ich sagte: Es gibt einen Abstand entsprechend unserer Definition von Jungfräulichkeit: Einen Besitz, der einen Abstand einschließt. Man muß sich von den Dingen lossagen, weil sie leicht sind. Sie werden gebraucht und dann verschwinden sie, sie werden gebraucht und verbrauchen sich, wesentlich schneller als eine Batterie, denn jede Sache ist wie eine geladene Batterie!

Einerseits müßte man die Armut, das heißt diesen vorläufigen Gebrauch der Dinge und diesen Umgang in der Beziehung zu den Menschen, ganz aus der Spannung auf die gemeinsame Bestimmung hin leben. Ich kann mich nicht mit dieser Person aufhalten. Wenn ich mich mit ihr aufhalte, tue ich ihr weh und sage eine Lüge: Weder ist sie dazu geschaffen, mich zu haben, noch bin ich dazu geschaffen, sie zu haben. Aber sie und ich sind geschaffen, um eine gemeinsame Bestimmung zu haben, um gemeinsam etwas Unendliches zu haben. Kurzum, wir müssen die Dinge loslassen und frei von den Personen sein: Der erste Eindruck dabei ist, daß diese Armut eine große Falle sei! Wir bleiben gleichsam aufgehängt über einem Abgrund, über einer Leere: Das letzte Wort sollte Leere sein, *hängend über einer Leere*.

Das Ergebnis, zu welchem die Armut bestimmt ist, uns hinzuführen, ist aber das Gegenteil. Die Armut ist nicht dazu bestimmt, uns über einer Leere hängen zu lassen. Die Armut, die aus der Hoffnung hervorgeht, ist dazu bestimmt, die ganze Welt, die wir begierig wahrnehmen, mit Vertrauen zu errichten, emporzubringen, auszuweiten und zu erfüllen. Das Ergebnis der Armut, welches aus der Hoffnung hervorgeht, heißt Vertrauen. Und es ist das genaue Gegenteil dieses Hängens über der Leere. Das Vertrauen ist das genaue Gegenteil eines Schwebens über der Leere: Es ist das *Hängen über der Fülle*.

Das Objekt, welches der Glaube entdeckt – für Johannes, Andreas und Jesus an jenem Abend –, der Gegenstand, den der Glaube entdeckt ... Das ist so wie jener Junge, von dem Pater Emmanuel mir gestern erzählt hat. Ein junger Mann aus Brescia, der Universitätsprofessor ist, hatte ihm einen Brief gesandt, indem er schrieb, daß er Buddhist sei (in der Tat legte er ihm ein Buch des Zen bei, das zur Zeit vergriffen ist). Und er schrieb ihm, daß seine Freundin, die in Piazza Guastalla wohnte, ihn zur Messe von Pater Emmanuel in San Pietro in Gessate eingeladen hatte. „Schon seit einiger Zeit komme ich zu dieser Messe", schrieb er in diesem Brief. „Und ich muß zugeben, daß es etwas gibt, das ich nicht verstehe. Jedenfalls lege ich ihnen dieses Buch bei, damit Sie es lesen, denn auch ich lese und meditiere es, und es gefällt mir. Außerdem lege ich hunderttausend Lire als Spende für ihre Bewegung bei." Ich habe mir das kleine Buch angeschaut und eine Sache wieder verstanden. Sie war mir schon einige Zeit klar, aber gestern habe ich sie wirklich wieder verstanden. Es ist das Buch eines Weisen, mit vielen weisen Beobachtungen und vielen weisen Gedanken. Aber wie schwer ist diese Weisheit! Wie schwer wird dieses Leben, wenn ich es entsprechend dieser Weisheit leben sollte. Es wäre schwer wie Blei! Es ist das Gegenteil der „unerträglichen Leichtigkeit des Seins". Das Leben eines Weisen ist unerträglich. In der Tat gibt es keinen Weisen, der das auch tut, was er sagt und denkt. Die Sätze waren wunderschön – abgesehen von der Tatsache, daß die Schönsten auch von uns stammen könnten: Sie stimmen vollkommen überein.

Die Wahrheit, die der Glaube uns entdecken läßt – Jesus für Johannes und Andreas –, diese Wahrheit, die dieser Mensch darstellt, trägt die Last unserer ganzen Zukunft, so daß wir zu unserer Bestimmung gelangen können. Deshalb mündet die christliche Hoffnung nicht in einem: „Hoffen wir mal ...!", sondern sie mündet in einer Gewißheit, die alles umarmt.

Der Gegenstand, den der Glaube entdeckt, trägt die Last unseres ganzen Lebens, unserer ganzen Zukunft bis hin zur endgültigen Vollständigkeit, zur endgültigen Erfüllung des Planes Gottes, der unsere Bestimmung ist. Es ist der vom Glauben entdeckte Gegenstand, der unsere ganze Zukunft trägt, es ist der vom Glauben entdeckte Gegenstand, der auch alles Unbekannte der Hoffnung trägt, denn die Hoffnung ist voller Unbekannter.

Es ist gerade jener Jesus, den sie sprechen sahen, dem Johannes und Andreas ins Antlitz sahen, jener Jesus war es, der die ganze Last ihrer Zukunft trug, bis hin zu ihrer Bestimmung: „Vertrauen" heißt das neue Wort, das wir hervorheben sollen. Dieser Mann rief in ihnen ein Vertrauen wach, das Petrus im sechsten Kapitel des Johannesevangeliums zum Ausdruck brachte, als er sagte: „Meister, auch wir verstehen nicht, was du sagst, aber wenn wir von dir weggehen, wo sollen wir dann hingehen? Nur du hast Worte, die das Leben erklären", die die ganze Last des Lebens tragen, entsprechend eines Lebenslaufs, der bei der Bestimmung, also bei unserer Erfüllung, endet. Die Hoffnung geht hin bis zur Erfüllung: Dies führt der Begriff des Vertrauens neu ein.

Die Armut besteht also nicht darin, etwas zu verlassen, sondern sie ist der Weg auf das Haben hin, auf die Wahrheit des Habens. „Vertrauen" (auf Ital. *fiducia* – Anm. des Übers.) stammt tatsächlich auch vom lateinischen Verb *fidere, fidere se alicui*, sich jemandem anvertrauen. Vertrauen heißt, sich jemandem anzuvertrauen.

Das Vertrauen enthält deshalb die Hoffnung als Erfüllung, das heißt, sie schließt die Armut als Lebensregel ein. Selbst wenn jemand es nicht will, so ist er dennoch zum Loslassen gezwungen. Die Psalmen, in denen von den Reichen die Rede ist, sagen es eindrücklich: „Ich war voller Neid auf die Reichen, voller Wut auf sie, aber dann, Herr, habe ich verstanden, Herr: Am Morgen waren sie so, und am Abend waren sie nicht mehr."[6] Dies ist die Armut im positiven Sinne, es ist der positive Sinn der Armut: das Vertrauen – *fidere se alicui (sich einem anvertrauen).*

2. Die Aspekte des Vertrauens

a) Hingabe. Was ist der erste Aspekt, die erste Konsequenz davon, sich einem anzuvertrauen? Auf andere Art und Weise wird dies durch das

Wort „Hingabe" ausgedrückt. „Hingabe" ruft noch einmal den Begriff „Armut" in Erinnerung. Es ist so, als müsse sich jemand von etwas lossagen, aber es handelt sich nicht um ein Lossagen: Hingabe ist so wie das Verhältnis des Kindes zur Mutter, es ist die Sicherheit. Lest hierzu in *Laie, das heißt Christ* die Seiten 7 und 8.[7]

Du sprichst von einem „tiefverankerten Optimismus im Hinblick auf die Existenz und die Geschichte, zu dem der Christ durch das Bewußtsein der Auferstehung Jesu Christi gelangt."
Als Johannes und Andreas dort waren und sahen, wie er sprach, konnten sie hinsichtlich des Lebens unmöglich Angst haben. Sie stellten sich nicht mehr die Frage, ob das Leben gut oder schlecht sei. Sie waren von einer tiefen Zuversicht hinsichtlich des Lebens, erfüllt, als jener Mensch sprach. Es war ein Optimismus, der auf ihm ruhte. Der Angelpunkt der ganzen Zukunft ruhte in diesem Antlitz, lag auf seinem Mund, seiner Nase, seinen Augen, er ruhte dort.

„Dies bedeutet, daß der Mensch in seinem Einsatz mit Zeit und Raum einen Geschmack und eine Liebe ... "
Ein Geschmack und eine Liebe: Sie entstehen allein aus diesem Optimismus, aus diesem Vertrauen, welches sich als Hingabe verwirklicht. Johannes und Andreas haben sich jenem Menschen dort hingegeben. Und in der Tat sind sie an jenem Abend nach Hause gegangen und waren verwandelt. Sie waren anders, weil sie sich ganz auf das stützten, was sie gesehen hatten. Und am folgenden Tag sind sie erneut zu ihm gegangen, und das taten sie dann immer wieder, immer wieder gingen sie zu ihm, und schließlich folgten sie ihm.

„... in seinem Einsatz mit Zeit und Raum einen Geschmack und eine Liebe ... "
„Ein Geschmack und eine Liebe im Umgang mit der Zeit und dem Raum" bedeutet eine Arbeit: vom Putzen und Fegen des Hauses bis zur Liebe des Mannes zur Frau oder des Menschen gegenüber seinem Weggefährten. Denn wenn es nicht Arbeit ist, so ist es ein Betrug. Es ist Arbeit, es ist der Weg auf die Bestimmung hin.

„... trotz der Kürze und der Armut des Augenblickes kann er in seinem Einsatz mit Zeit und Raum einen Geschmack und eine Liebe gewinnen, die für jede andere menschliche Haltung unerreichbar wären."
In diesem Buch ist auch von der Geschichte der Bewegung als *unbedarfter Kühnheit* die Rede.[8] Die Bewegung hat sich ausgeweitet und

schreitet mit unbedarfter Kühnheit voran: *Unbedarft,* ohne daß sich etwas einschleicht, was nicht vom Ursprung herkäme, ohne irgendeine Künstlichkeit ... In der Tat genießt der, der künstlich ist, die Bewegung nicht, er lebt sie nicht. Unbedarfte *Kühnheit,* dies ist die Gewißheit bis ins Letzte, die die Hingabe schenkt: Nur wenn ein Kind in den Armen seiner Mutter liegt – Psalm 130 –, ist es kühn, gibt es sich ganz hin.

Das Zeichen der Hingabe ist so, als ob alle Quellen des Stolzes vertrockneten. Man wird nicht mehr hochmütig, es wird einem unmöglich, hochmütig zu sein, denn nichts mehr gehört einem selbst, und doch wird alles sein, wenn einem nichts mehr gehört. Wenn du der Herr bist und alles dein ist, wenn ich dies aber anerkenne, so wird alles mein: ich folge dir und so wird alles mein! Wie Msgr. Galbiati, der großartige Bibelforscher, der vorher der Bibliothek Ambrosiana in Mailand vorstand, einmal sagte. Er stand auf der Terrasse des Priesterseminars von Venegono, von wo man eine wunderbare Sicht auf die Alpen hat – vom Monviso bis zum Monte Rosa. Es war ein wunderschöner Abend und er sagte: „Siehst du, all das gehört mir. Ich möchte es aber zunächst dort belassen ..." Wer so was sagte, war ein Kind, und wer Msgr. Galbiati kannte, wußte, daß er ein Kind war.

b) In Ihm, der meine Kraft ist, ist mir alles möglich. Zweiter Aspekt. Dieser Optimismus entscheidet über jedes Wiedererwachen, über jede Wiederaufnahme des Bewußtseins. So wird das, was der heilige Paulus gesagt hat, zum Motto, zur Formel des Lebens: „Ich kann alles, mir ist alles möglich, gemeinsam mit dem, der meine Kraft (mein Lebensgrund, meine Kraft, mein Bestand) ist."[9]

Das heißt ich entwickle eine totale Sicherheit, auch angesichts meiner vollständigen Schwäche. Ich bin so schwach, daß ich nicht nur sage: „Ich würde jede Minute einen Fehler begehen", sondern ich begehe jede Minute einen Fehler. Wenn ich mich anschaue, so bin ich entmutigt, jede Minute mache ich einen Fehler. Und dennoch: „Ich kann alles, gemeinsam mit Dem, der meine Kraft ist." Wenn ich anerkenne, daß meine Kraft in Dir liegt, so kann mich keine meiner Schwächen aufhalten.

Im Büchlein *Vom Glauben zur Methode* – übrigens ist es ein Vergehen, daß die Mehrheit von euch die Texte nicht liest, die wir herausgeben; wer die von uns herausgegebenen Texte nicht liest, begeht ein Vergehen, ein Vergehen gegenüber sich selbst, aber auch gegenüber der Menschheit, weil dann, wenn er getauft ist und zudem die Berufung hat, er auch die Pflicht hat, zum Wohle der Welt mitzuarbeiten, an einer größeren Menschlichkeit mitzuwirken – jedenfalls heißt es in diesem Text an einer bestimmten Stelle ungefähr so: „Man muß keine Projekte zur Vervollkommnung pflegen, sondern Christus ins Antlitz schauen."[10] Und das ist die schönste Schlußfolgerung aus Johannes 21, wo Jesus zu Simon sagt: „Simon, liebst du mich?", und Simon antwortet: „Ja Herr, du weißt, daß ich dich liebe."

Man soll also nicht herumgrübeln und nach Wegen zur Vervollkommnung suchen, sondern Christus ins Antlitz schauen: Wenn jemand Christus ins Antlitz schaut, wenn jemand einer Person ins Antlitz schaut, die er liebt, so kommt alles wieder ins Lot, alles findet wieder seine rechte Ordnung, er wird sich die Haare wieder kämmen und sich wieder gepflegt kleiden, und er wird sich schämen, wenn er schmutzige Schuhe hat, und er wird sagen: „Entschuldige bitte, wenn ich so nachlässig bin." Die Quelle der Moral liegt in der Liebe zu jemandem, nicht in der Erfüllung von Gesetzen.

Entschuldigt, aber kann man sich eine einfachere Quelle der Moralität vorstellen als eine, die so zu verstehen ist? Es geht nicht um Pläne zur eigenen Vervollkommnung, sondern darum, Christus ins Antlitz zu schauen, jemanden anzuschauen! Es ist einfach, unendlich einfach … Aber es ist auch sehr unbequem, äußerst unangenehm, denn du kannst nicht mehr dir selbst folgen. Das Glück liegt darin, einem anderen zu folgen.

Sicherlich, wenn ich Christus ins Antlitz schaue und nicht eigene Projekte der Vervollkommnung verfolge, so heißt dies, daß man Christus ins Antlitz schaut mit dem Wunsch, wirklich das Gute zu wollen. Man wünscht, wirklich wahr zu sein, wirklich zu lieben: „... sich wirklich nach dir zu sehnen, o Herr."

Jetzt beginnt die Karwoche. Wenn jemand den Gründonnerstag, den Karfreitag, den Karsamstag und Ostern, diese vier Tage also lebt, ohne Christus ins Antlitz zu schauen, sondern allein in der Sorge um seine Sündhaftigkeit und um seine Vervollkommnung, oder in Gedanken an das, was er meditieren soll, dann wird er aus diesen Tagen müde herauskommen und die Dinge so angehen wie vorher. Schaut man aber Christus ins Antlitz, so wandelt dies die eigene Person. Für eine wirkliche Veränderung muß man ihm aber wirklich auch ins Antlitz schauen, in der Sehnsucht nach dem Guten, in der Sehnsucht nach der Wahrheit: „Wenn ich mit dir bin, o Herr, der du meine Kraft bist, ist mir alles möglich." Vorherrschend ist damit ein du, und nicht irgendwelche Dinge, die es zu beachten gilt.

Leider versteht niemand diese Dinge, niemand sieht sie ein: Niemand denkt an sie und versteht sie. Und dennoch handelt es sich um die einzige, wahre Revolution in der Welt: Der Glaube als Erkenntnis und die Liebe, das heißt Christus ins Antlitz zu schauen, als Moral.

Im ersten Kapitel des ersten Johannesbriefes ist von der Treue Gottes die Rede: „Wenn wir behaupten, wir hätten keine Sünde, dann täuschen wir uns selbst, und die Wahrheit ist nicht in uns. Wenn wir unsere Sünde bekennen, dann ist er treu und gerecht, so daß er uns die Sünde erläßt und uns von jeglicher Ungerechtigkeit reinigt."[11] Seine reinigende Kraft erfährt man, indem man ihm ins Antlitz schaut. Und es ist nicht so, als würde man bloß so beichten: „Eine, zwei, drei, vier, fünf, sechs, sieben, acht, neun, zehn, zwölf Sünden: Ich habe sie alle aufgezählt, diese zwölf Sünden", sondern man schaut ihm ins Antlitz, der treu und gerecht ist, und er vergibt.

Wenn das Kind etwas kaputtmacht und seine Mutter anschaut, und seine Mutter sein Gesicht in ihre Hände nimmt und ihm einen Kuß gibt und sofort alles vergibt, dann verschwindet all das, was es verbrochen hat. Wenn jemand da wäre mit der Absicht, einen Fehler hunderttausendmal zu wiederholen … er also weiß, daß er seine Fehler hunderttausendmal absichtlich wiederholen könnte, aber die Absicht nicht hat, sie zu wiederholen, dann heißt das, daß er Ihm wirklich gefallen will, Ihm folgen will.

3. Das größte Festmahl der Geschichte des Hauses

Vierte und letzte Beobachtung. Aus dieser Vergebung, aus dieser Macht, aus dieser Fähigkeit, mit Ihm gemeinsam alles tun zu können, erwächst mir meine Kraft, aus Ihm, der mir treu ist: „Du bist mir treu. Ich bin sehr schwach, aber Du bist mir treu: Deshalb bin ich zu allem im Stande." Aus diesem tiefen Vertrauen und aus dieser Einfachheit heraus erwächst das größte Festmahl der Geschichte des Hauses: Der verlorene Sohn. Das heißt, das ständige Fazit dieses, unseres Lebens, das ansonsten so verwirrend, so ärmlich, so schwach, so niederträchtig, so häßlich, so schmutzig wäre … das Ergebnis ist ein großes Fest. Wie ich bereits vorher sagte, das Fest charakterisiert jedes Aufwachen, jeden Morgen, jedesmal wenn du sagst „Oh Herr", jedesmal, wenn du ihn anschaust und sagst: „Oh Herr, vergib mir". Jedesmal ist das ein Fest, ereignet sich ein Fest. Das Vertrauen ist ein Gemütszustand, der aus allem, egal in welcher Haltung du dich befindest, ein Fest macht. Wenn du Vertrauen hast, so erwächst auch aus deinen Schwächen die Fähigkeit zum Sieg, gemeinsam mit dem, der deine Stärke ist. Es erwächst eine Fähigkeit zum Sieg, welche die Kühnheit jener sieben, acht Jünger ist, die ihm zuerst gefolgt waren. Es waren sieben oder acht, und sie besaßen bereits das Bewußtsein, die Welt zu besiegen, das neue Volk Israel zu sein: jenes Volk, das die Welt besiegen würde, weil sie mit ihm waren.

Mission und Freude

Aus dem Vertrauen erwächst das größte Festmahl der Geschichte des Hauses. Das Ergebnis des Vertrauens ist immer ein Fest. Denkt an ein großes Fest, so wie der Vater dem verlorenen Sohn eines bereitet hat: Es reißt alle mit, das ganze Haus war mitgerissen.

Es reißt alles mit, und dies heißt Mission, eine Mission aus dem eigenen Leben zu machen. Man steht am Morgen auf für eine Mission, man geht zur Schule für eine Mission, man fegt das Haus für eine Mission oder man nimmt an der Versammlung des Hauses teil für eine Mission. Das Wort „Mission" füllt alles aus, so wie der Geist Christi, des Gesandten, davon erfüllt war. Alles wird mitgerissen, und dies ist Mission.

Alles wird mitgerissen, sogar das, was in uns ist, alles wird mitgerissen, was in uns ist. Was bewirkt dieses Fest, das alles, was in uns ist, mit sich reißt? Es macht uns froh. Die letzte Konsequenz des Vertrauens ist die Freude. Nicht aber, weil ich die Fehler zähle, die ich gestern noch gemacht habe ... „O Herr, ich habe sie nicht mehr getan." Dies wäre vor allem ein Zeichen von Hochmut. Das würde heißen, daß du nicht genau hinschaust. Und zweitens hat dies damit nichts zu tun, es hat nichts damit zu tun: Selbst, wenn du hundert Fehler begangen hättest, so hängt die Frage deiner Freude nicht davon ab.

Alles wird mitgerissen, sogar wir selbst, und das macht uns froh. Alles wird mitgerissen und erfüllt unser Leben mit Mission. Alles in uns wird mitgerissen, und dies macht uns froh. Das Vertrauen ist der Optimismus eines jeden Wiedererwachens, ein jedes Wiedererwachen wird zu einem Fest, das selbst die Trauer und die Bitternis verwandelt.

Erzeuger eines Volkes

Diese Haltung des Festes sieht man als unmittelbares Beispiel beim Kind, wenn es mit seiner Mutter und seinem Vater zusammen ist. Aber dieses Fest, das man zuerst im Kind sieht, bleibt auch im Erwachsenen. Und es macht den Erwachsenen – auch dich, dich in deinem Alter – zum Urheber einer neuen Geschichte, zum Erbauer, zum Protagonisten einer neuen Geschichte in der Welt, das heißt zum Erzeuger eines Volkes, zum Erzeuger eines Volkes: Um ein Volk hervorzubringen, muß man es erzeugen.

Dies haben wir heute auch in der *Mittagshore* gelesen: „So darf ich wandeln auf weiter Bahn, denn ich trachte nach deinen Geboten. Vor

Königen will ich dein Zeugnis verkünden (das heißt, deinen Plan, den Plan, den du gegenüber dem Menschen hast, ohne, daß ich irgendetwas fürchten müßte), und ich werde nimmer zuschanden.

Ja, ich freue mich deiner Befehle, die von ganzem Herzen ich liebe (aufgrund deiner Gegenwart. Seine Befehle sind seine Gegenwart, die ich liebe. Und wenn Seine Gegenwart nach links geht, so gehst du nach links, und wenn sie nach rechts geht, dann gehst du nach rechts, setzt sie sich, so setzt auch du dich. Er ging zum Essen, und alle setzten sich zum Essen, er tat Wunder, und alle standen mit offenem Mund dabei.) ... Ja, ich freue mich deiner Befehle, die von ganzem Herzen ich liebe (Zu deinen Geboten erhebe ich meine Hände, denn ich liebe das, was du willst)."[12]

Aber der schönste Vergleich findet sich im letzten Psalm der heutigen Mittagshore: „Selig, wer fürchtet Jahwe (der den Herrn liebt), wer wandelt auf seinen Wegen! Was die Hand dir erwarb, du darfst es genießen (die Arbeit, von der wir vorher sprachen: Die Armut bedeutet, die ganze Wirklichkeit zu nutzen, um den Weg auf die Bestimmung hin zu gehen), leben wirst du in Glück und in Wohlergehen. Dein Weib im Gemach deines Hauses (denn nach dem Plan Gottes gibt es Dinge, die dir näher stehen, und andere Dinge, die dir entfernter sind, und du gelangst zu den Entfernteren durch die, die dir näher stehen. Dies ist die Idee der Braut, die niemand versteht. Die Idee der Braut ist diese: Das, was dir näher steht, ist entsprechend ein größeres Zeichen für das Ganze). Dein Weib im Gemach deines Hauses, sie gleicht der fruchtbaren Rebe (ein Wunder). Und wie die jungen Zweige am Ölbaum so sind rings um den Tisch deine Kinder (nach der Braut, die Kinder, und nach den Kindern die Kinder der Kinder, und nach den Kindern der Kinder, die Kinder der Kinder der Kinder; und so erwächst aus Abraham ein Volk, welches das mächtigste Volk der Erde ist heute, auch wenn es dies politisch nicht ist: die Juden). Siehe, so wird der Mann gesegnet, der fürchtet Jahwe. Es segne Jahwe dich von Zion (Möge der Herr dein Leben mit einem Fest erfüllen von dem geheimnisvollen Ort aus, von dem er die Welt beherrscht), daß du schauest Jerusalems Glück alle Tage deines Lebens (das Wohlergehen deines Volkes, deiner Bewegung, deiner Kirche), und mögest du schauen die Kinder von deinen Kindern (mögest du so lange wie möglich, für lange Zeit diese Abfolge sehen, die sich vervielfältigt)."[13]

Durch das Vertrauen wirst du zum Urheber eines Volkes, und zwar durch das, was dir nahesteht wie eine bräutliche Wirklichkeit, die etwas zeugt, was dir innewohnt – Teil deines Hauses: deine Kinder –, und etwas, was aus ihnen hervorgeht, und etwas, was noch später entsteht und alles was darauf folgt. „Du sollst dein Leben lang die Kinder deiner Kinder sehn ..." Vor vierzig Jahren waren wir zu fünft: vier Jungen, die ich auf dem Fußweg der Via Lamarmora getroffen hatte, und ich, der ich verärgert aus der Schule nach Hause zurückging. Ich war verärgert, weil sich die Kommunisten stets trafen, und die Faschisten sich stets trafen, aber von den Katholiken keine Spur zu sehen war. Aber wir waren fünf: „Wollt ihr Euch morgen mit mir in der Via Statuto 2 treffen?" Sie sagten mir: „Ja." Und so hat alles begonnen.

„Du sollst dein Leben lang die Kinder deiner Kinder sehn ..." Der Faden wird aber über das hinausgehen, was du mit den Augen erblicken kannst. Der Weg ist lang. Wie lange ist er? Das hängt vom Willen Gottes ab, wer weiß das schon? „Jenen Tag aber oder die Stunde (des Endes, und das Ende wird das große Fest Christi sein, des Menschen Christus: alle Welt wird sehen und sagen: „Er war wahr.") kennt niemand, auch nicht der Sohn (nicht einmal Christus), auch nicht die Engel im Himmel, sondern nur der Vater (das Geheimnis der Schöpfung)."[14]

Wir sehen uns in zwei Wochen wieder. Greift Stück für Stück wieder auf, Satz für Satz, Wort für Wort, schaut euch die Sätze an und bittet die Gottesmutter, daß sie euch Einsicht schenke. Dann sprecht miteinander darüber. Dies aber erst zum Schluß!

4. Im Bewußtsein der Zeit

Jedes Mal, wenn wir uns so treffen, werden wir, ob wir wollen oder nicht, beeindruckt vom Bewußtsein der vergangenen Zeit, von der Zeit, die vergangen ist, und von der Zeit, die vergeht. Ich spreche aber von der Zeit, die vergangen ist, weil sie auch ein Abriß dessen ist, wie wir uns verhalten haben, wie wir diese Zeit genutzt haben. Das Bewußtsein einer vergangenen Zeit, der vergangenen Zeit, und damit das Bewußtsein der Zeit, welche vergeht. Und das Zuletztgenannte ist das Wichtigste: Das Bewußtsein der Zeit, die vergeht. Aber das Bewußtsein der Zeit, die vergangen ist, erleuchtet uns, macht uns klüger und regt uns an zu einem intelligenteren Bewußtsein der Zeit, die vergeht. Die vergangene Zeit ist eine Erfahrung, die uns aufmerksamer machen sollte gegenüber der Zeit, die vergeht, die uns ihren Sinn bewußter vor Augen führen sollte. Der Sinn ist die Richtung, in die die Zeit, die vergeht, verläuft, denn die Zeit ist ein Ansporn für alles, für all das, was wir sehen, und für all das, was wir empfinden. All das, was wir sehen oder empfinden, ist Objekt oder Subjekt eines Ansporns, der vergeht und alles filtert – die Berge, die Sterne, die Gesichter – durch etwas, das in uns ist, das Bewußtsein der Bestimmung und die Freiheit: So wird es zu etwas, das aufrüttelt. Das Bewußtsein der vergangenen Zeit, das zum Bewußtsein einer Zeit wird, die vergeht. Dieser Ansporn durch die Zeit, die vergeht, dieser Sinn der Zeit, die vergeht – und vor allem das interessiert uns –, was schließt dies ein, was verlangt dies von uns? Was interessiert uns an all dem, was vergangen ist, und was vergeht?

Bitten wir den Geist des Geheimnisses, das alle Dinge schafft, daß wir lebendig sein mögen, daß wir vor allem objektiv gegenüber der Vergangenheit sein mögen und lebendig gegenüber der Gegenwart, so daß alles in uns voranschreitet, *voranschreitet*, vorwärtsgeht auf das hin, wofür es geschaffen ist. Bitten wir den heiligen Geist: „Komm, heil'ger Geist ...!"

a) Die Zeit gehört nicht uns. Bevor wir auf das Geheimnis des Herrn, auf das Geheimnis Christi, seines Todes und seiner Auferstehung eingehen, sollten wir kurz unseren Geist von den Sorgen befreien, die durch Einbildungskraft und Groll unsere übliche Art und Weise zu leben bestimmen. Unsere übliche Lebensweise fixiert sich in Gedanken, denen wir den Wert der Zeit zuschreiben. Sie macht sich an Projekten, Träumen oder Vorhergesehenem fest, an die wir den Wert des Lebens binden, das, wofür es sich zu leben lohnt. Ich will nun darauf nicht näher eingehen. Wenn wir uns aber der vergangenen Zeit bewußt werden wollen, so bedeutet das vor allem, jene Faktoren zu entdecken, mit denen diese Bilder, die Konturen annehmen, beurteilt werden können. Jene Gespenster, in denen sich unsere Träume verdichten, jene Gestalten, in denen sich der Grund unseres Lebens, das, wofür es sich zu leben lohnt, zu verdichten scheint. Denn nur im Rahmen dieser Beobachtungen läßt sich die angemessene Haltung einnehmen, mit der man weiterkommen kann. Denn auf der Grundlage dieser Entdeckungen und Wiederentdeckungen – denn sie müssen immer mehr zu Wiederentdeckungen werden, vor allem aber müssen sie entdeckt werden – schreiten wir auf das Ziel zu, auf die letzte Grenze.

Diese kurze Verbindung wird von unseren Liedern unterstrichen. Denn all unsere Lieder können auf diese Entdeckung und Wiederentdeckung, auf all das, was ich gesagt habe, zurückgeführt werden: um die Form zu beurteilen, in der wir die Wertschätzung unserer selbst und der Dinge zusammenfassen.

Wenn ich von Vergangenheit spreche, so beziehe ich mich auf den vergangenen Monat; ich meine vor allem gestern und dann den vergangenen Monat, die vergangenen zwei Monate, drei Monate, die Adventszeit vor Weihnachten und den Oktober, als wir den Weg bei den *Memores Domini* begannen (zumindest darüber sollten wir uns bewußt werden). Ich beziehe mich auf das, was uns in diesen Monaten gefallen hat, was uns befriedigt hat, was uns eine größere Erkenntnis und eine größere Liebe geschenkt hat, was unser Leben mehr erfüllt hat; sagen wir es in der banalsten Formel: all das, was uns gefallen hat. Denn wenn uns nichts gefallen hätte, dann wäre es schwierig, auf demselben Weg voranzuschreiten. Denn die Tatsache, daß uns die Dinge gefallen, ist sehr wichtig, um unsere Beziehung zu den Dingen oder zu den Personen (was dasselbe ist) fortzusetzen. Das, was uns gefallen hat, gehört nicht uns, das, was uns gefallen hat, wurde nicht von uns hervorgebracht, wurde nicht von uns entschieden und nicht von uns entworfen, es wurde nicht von uns geschaffen. Die Tatsache, daß uns die Zeit gefallen hat, hing nicht von uns ab: Sie war unsere, und doch hat sie uns nicht gehört, es war unsere Zeit und doch gehörte sie nicht uns, so ist es kein Zufall, daß sie vergangen ist. „Und wenn du hier nicht weinst, wann willst du weinen?", sagte Dante,[15] wenn du aber an diese Dinge nicht denkst, worüber aber solltest du lachen? Welche Empfindung hättest du gegenüber dem Leben? Du wärst gefühllos wie ein Stück Holz, wie ein Baum, du wärst tot!

Und das, was uns in der Vergangenheit mißfallen hat, was uns nicht gefallen hat, das, was uns belastete, war nicht für uns, das heißt, wir haben es nicht gewollt (das wäre auch absurd!). Auch dies gehörte nicht zu uns: Ja, es war noch deutlicher, das es nicht zu uns gehörte. Das, was uns mißfallen hat, gehörte zu etwas anderem, was unvermeidlich war.

Das, was uns gefiel, und das, was uns mißfiel, gehörte nicht zu uns, nichts gehörte zu uns bis vor einer Stunde, bis vor einer halben Stunde, bis vor dem, was vor einer Minute geschah.

Denn unser Leben ist das, was im Schoße unserer Mutter begann, das, was von dort heraustrat, das Form annahm, als wir drei Jahre, vier Jahre, fünf Jahre alt waren, und immer interessantere Empfindungen entwickelte, sei es des Gefallens oder des Mißfallens, die wir verspürten, als wir das Grundschulalter erreichten. Dann folgte die gesamte Entwicklung: Begegnungen und Nicht-Begegnungen, der Inhalt der Arbeit, der Inhalt dessen, was wir angeschaut haben, der Inhalt des Widerscheins der Zeit auf unserem Fleisch, auf unseren Knochen, auf unser Temperament, auf unsere ganze Physis (in der Frau wird dies für alle offensichtlich durch den Zyklus, der sich im weiblichen Organismus vollzieht): All dies bildete das Leben, aber es war nicht unser. Es war *unvermeidlich*. Unser Leben gehört zu etwas anderem – sagen wir mal so, um die Mitteilung zu verkürzen –, das in sich eigenartig, rätselhaft, geheimnisvoll ist. Wir sind gewohnt, dies Gott zu nennen. Aber wir können dies nicht einmal Gott nennen, wir haben nicht das Recht, es Gott zu nennen, wenn wir es nicht in seiner unfaßbaren Geheimnishaftigkeit wahrnehmen.

Die Unvermeidlichkeit ist das klärendste Synonym dafür, daß uns all dies nicht gehört, vor allem all das, aus dem alles entspringt: Unser Leben gehört einem anderen.

In diesem Sinne versteht man auch, warum das Leben des Menschen dramatisch ist: Würde es aber nicht einem anderen gehören, so wäre es tragisch. Die Tragödie ist, wenn eine Konstruktion in sich zusammenbricht und alle Steine, Marmorteile und Gemäuer einbrechen: Stellt euch vor, schaut, wie eine Burg zusammenbricht. Alles zerfällt, bis nichts mehr da ist außer einem unförmigen Haufen von Steinen und Ziegeln, ansonsten nichts mehr.

Alles im Leben wird zu nichts, es ist dazu bestimmt, ins Nichts zu zerfallen. Denn all das, was wir in der Vergangenheit gelebt haben, was wir bis vor einer Stunde, bis vor fünf Minuten gelebt haben, gibt es nicht mehr. Von all dem, was eine Gestalt, eine Bauform hatte, existiert nichts mehr. Und das ist tragisch. Die Tragödie ist durch die Tatsache gegeben, daß alles *corruit* – zerfällt. Es ist so, als ob alle Dinge auseinanderstreben würden, als seien sie quasi nicht mehr miteinander verbunden. Die Tragödie ist das Nichts als Ausblick, das Nichts, das Nichts von all dem, was ist.

Gehört aber alles einem anderen, zu etwas anderem, dann wird die Frage dramatisch: Es ist dramatisch, weil es ein Ich und ein Du gibt, einen Vorschlag und eine Antwort, das ist ein Dialog. Vor einem Jahr wurde uns vorgeschlagen: „Gib mir dein Leben." Im Oktober folgte die Antwort: „Ich gebe es dir, hier bin ich, ich bin anwesend." All dies müßte in unsere Antwort wieder aufgenommen werden, wenn unsere Namen bei der wöchentlichen Versammlung gerufen werden. Das Drama liegt in der freien Spannung, in der freien Antwort auf den freien Vorschlag zwischen einem Ich und einem Du.

Deshalb ist das Leben des Menschen dramatisch und nicht tragisch. Die Tragödie besteht aus Atheismus, die Dramatik besteht aus Menschlichkeit, wobei das Ich anerkennt, daß alles, was existiert, Dir gehört, auch wenn dieses Du sich in etwas Rätselhaftem auflöst, wenn es in etwas Rätselhaftem, Geheimnisvollen verdunkelt wird.

Daran müßten wir denken, wenn wir zum Beispiel das Lied singen „Prendi pure la mia vita (nimm du, o Herr, mein Leben)" oder wenn wir die Psalmen beten, wo dieser Begriff verdeutlicht wird: „Ich gebe es dir." Singen wir aber nochmals das einfachste und verständlichste Lied: „Nimm du mein Leben", dann bedeutet das, daß ich Dein bin. Ich akzeptiere, daß ich nicht mir gehöre, ich akzeptiere, daß Du mich besitzt, ich akzeptiere, daß ich zu etwas anderem gehöre, das Du bist – wie auch immer dieses Du beschaffen ist. Singen wir dieses Lied leise und schnell, so als wäre es ein Gedanke, der sich in mir entwikkelt: „Nimm du, oh Herr, mein Leben ..."

b) Das Geheimnis ist gut. Ich anerkenne, daß ich Dir gehöre, ich anerkenne, daß die Zeit nicht mein war, daß sie nicht mir gehörte, so wie die Zeit bis heute nicht mir gehörte, sie gehört mir nicht. Nimm, o Herr, mein Leben, ich akzeptiere, daß es nicht mir gehört, ich anerkenne, daß es nicht mir gehört, ich akzeptiere, daß es nicht mir gehört.

Das Lied führt aber auch die zweite, wesentliche Kategorie ein, mit der die vergangene Zeit zu beurteilen ist, mit der man sich der Vergangenheit bewußt wird. Welche? „Du schenktest mir das Leben, um mich zu retten." Derjenige, der unsere Zeit besitzt, starb für uns, er zeigt sich vor unseren Augen und unserem Herzen – als ein Ort, wo unsere Bestimmung geliebt wird, wo unser Glück geliebt wird. Es wird so sehr geliebt, daß Derjenige, der die Zeit besitzt, für unsere Zeit stirbt. Ich möchte aber nicht diesen Aspekt der Karwoche betonen. Ich möchte hervorheben, daß der Herr, der, dem die Zeit gehört, gut ist. So daß er, bevor er für uns starb und auferstand, der Zeit noch Zeit hinzufügte. Er verlängerte unsere Zeit: „Gott hat Geduld, damit ihr einander korrigiert"[16], sagt der heilige Petrus den ersten Christen.

Der Herr liebt uns. Dieses Geheimnis, aus dem die Zeit besteht – das Leben, das bis jetzt vergangen ist –, will unser Wohl, will unser Glück, er liebt unsere Bestimmung. Deshalb hat er uns in eine Weggemeinschaft hineingezogen, die als einzigen Wert hat, uns durch alles hindurch – durch das Spiel und durch die Tränen, durch die Zusammenarbeit und durch die Hilfe – auf die Güte der Bestimmung hinzuweisen, auf die Güte des Ziels: Das Sein ist gut.

Die gesamte moderne Philosophie flieht davor. Und deshalb flieht sie auch vor der Konkretheit des Seins, ja sie verneint diese. Sie verneint einfach den Bestand der Dinge und wirft alles in den Abgrund unserer Träume, in einen Abgrund der Träume. Wir aber sind fest gebunden, ganz eingefaßt in einer Weggemeinschaft, die uns ständig an unsere Bestimmung erinnert, an das Geheimnis, das die Dinge zu unserem Wohle, zu unserer Bestimmung des Glücks erschafft. Dieses Geheimnis ist gut, dieses rätselhafte Du ist gut: Durch diese Weggemeinschaft nimmt es uns bei der Hand: „Du hältst mich an der Hand ..."
Lies nochmals die letzte Strophe des Liedes.

„Und senkt sich auch der Sturm auf meinen Weg, und selbst die dunkle Nacht, so bist du mir stets nah."
Du bist mir nahe. Aber wie? Wenn Er nah ist, kann man es wahrnehmen. Aber wie nimmst du dies wahr? Es ist die Weggemeinschaft,

die Weggemeinschaft, in der er uns zusammenhält und die wir selbst niemals so gewählt hätten, niemals. In der vorhergehenden Strophe heißt es: „Dir allein vertraue ich, mein Retter.". Du bist der einzige, der meinem Leben wirklich Sinn schenkt, mein Retter, der der gesamten Zeit Sinn verleiht, in der Geschichte der Weggemeinschaft, in der sich das Eingreifen seines Geheimnisses verbirgt, der Heilige Geist.

c) Der Schmerz, die Liebe zu einer Gegenwart. Das Bewußtsein unserer Vergangenheit sagt uns noch eine dritte Sache, nachdem wir die ersten beiden wesentlichen Punkte entdeckt haben: Daß wir nicht uns selbst gehören, daß die Zeit uns nicht gehört, und daß sie uns nie gehört hat; und daß derjenige, der sie uns gegeben hat, sie uns zu unserem Wohl gegeben hat: der Retter. Bei dieser dritten Sache handelt es sich nicht um eine grundlegende Kategorie. Sie ist aufgrund ihrer Natur eher beiläufig, in dem Sinne, als sie nach ihrer Natur überwunden, durchquert werden muß.

„Dir allein vertraue ich, mein Retter". Nicht allein ihm haben wir unser Vertrauen geschenkt und unsere Hoffnung. Wir haben uns auch Menschen anvertraut: den Eltern, den Lehrern, der Freundin, dem Freund, dem Zufall, der Art und Weise, wie die Dinge geschahen. Wir haben uns einer leeren Hoffnung anvertraut: jener Haltung gegenüber der Zukunft, die in dem Wort „Hoffen wir mal" zum Ausdruck kommt, die aber ohne jeden Sinn und damit völlig leer ist. Wenn wir uns aber nicht ihm, dem wir gehören, in jedem Umstand anvertrauen, so ist dies eine Sünde: Uns ihm zu entziehen, dem wir zugehören, bedeutet deshalb, sich der Gewißheit seiner Rettung zu entziehen. Es bedeutet, nein zu sagen, wie bei einer großen Launenhaftigkeit, nein zu jenem Drama des Dialogs zwischen uns und ihm, welches die Zeit ist, welches sich in der Zeit vollzieht und in der Zeit die Rettung ist.

Das Bewußtsein unserer Vergangenheit ist dann mehr oder weniger wie eine große Leere, in der wir das Zupacken versäumt haben, so als würde man in den Bergen von einem großen Felsen auf einen großen Abgrund hinunterrutschen. Dieser Aspekt unserer Vergangenheit, der de facto die Anerkennung der eigenen Zugehörigkeit zurückgewiesen hat, insbesondere aber den Vorschlag des Guten, mit dem sich die Gegenwart des Herrn identifiziert, des Herrn aller Dinge, nennt sich *das Böse*. In der Tat, wenn wir jetzt unser Gespräch unterbrechen würden, und ein jeder würde über seine Vergangenheit bis gestern abend nachdenken, vom vergangenen Oktober bis gestern abend, würde er sagen: „Oh Gott, welche Leere!" Das Beste an dieser Leere war noch die Zerstreuung und damit die Zurückweisung der Intelligenz und der Liebe; es war das Beste, weil das Schlimmste das

Nein war. Das Nein ist aber der infantilste Aspekt einer Entgegenstellung, aufgrund derer wir uns etwas anderem anvertraut haben als ihm. Wir haben das Gute nicht von ihm erhofft, nicht von dem Licht, das er auf unser Leben wirft. Wir haben uns ihm nicht anvertraut. Wir haben unser Wohl nicht erhofft von jener Stimme, von jenem Anstoß, von jenem Beispiel, von jener Perspektive der Gemeinschaft. Wir haben es nicht von jener Weggemeinschaft erhofft, in die er uns hineingestellt hat. Denn er hat uns durch die Weggemeinschaft an die Hand genommen.

Ich bin aber deswegen noch kein Pessimist, nur weil es stimmt, daß es an allen Tagen seit vergangenem Oktober bis gestern Abend solche Löcher des Vergessens gab, solche Zweideutigkeiten der Hingabe, der Hinwendung zu etwas, das nicht als das Seine gesehen wurde. Wie viel Hoffnung, die sich auf das stützte, was wir festgelegt hatten oder uns vom Erstbesten verheißen wurde, der vorbeilief, vom ersten Plakat, das wir gesehen hatten, oder von der ersten Werbung, die wir im Fernsehen gesehen hatten, von den menschlichen Geschichten voller Lüge. Darauf hofften wir, nicht aber auf die Aufnahme der Form.

Deswegen schauen wir im Grunde *auf die Vergangenheit*, bleiben in beschämender Weise unbeweglich, kleinmütig oder voller Ressentiments – gegenüber etwas oder den Personen, die uns am vermeintlich Besseren oder Guten oder einer richtigen Zufriedenheit gehindert haben. Wir bleiben voller Groll, voller Wut auf uns selbst, voller Enttäuschung über uns selbst. Und wenn wir *nach vorne schauen*, so sind wir verwirrt und wissen nicht, was wir tun sollen. Das angemessenste Wort ist aber das Wort „Scham". Scham und Ohnmacht gegenüber dem, was vor uns steht; letztlich – und weil wir nicht an die richtigen Töne gewohnt sind – sind wir verzweifelt. Was kannst du von dir erwarten? Eine Verzweiflung.

Wenn dies aber das Ziel wäre, wenn dies heute das Ziel wäre, welchen Preis hätte unsere Zeit vom letzten Oktober bis gestern Abend? Welchen Preis hätte sie verdient? Um klar zu sein, könnten wir sagen, sie verdiene Strafe. Und in der Tat haben wir angesichts der vergangenen Zeit Angst wegen dem, was sie uns für die Zukunft ahnen läßt. Wer weiß? Was wird geschehen? Wer weiß, was daraus wird? Wir haben Angst, weil das Geheimnis nicht froh über uns sein kann. Wer wird das wieder in Ordnung bringen, was wir zerstört haben, oder wer wird das wieder herstellen, was wir ins Nichts haben versinken lassen?

Dies ist wirklich die dritte wichtige Sache im Bewußtsein, das wir über die vergangene Zeit besitzen müssen. Und damit im Bewußtsein, das wir auch angesichts der Gegenwart und der zukünftigen Zeit haben müssen. Diese dritte Sache ist die wichtigste. Es ist die Eigenartigste und Faszinierendste von allen. Es geht dabei nicht um Schrekken, Scham, Angst angesichts unserer Schwäche und dem Bösen. Dies würde lediglich unseren Egoismus verherrlichen, dies würde nur unseren Egoismus verewigen, dies wäre die Hölle, den Egoismus zu verewigen. Wir sollen also nicht Scham gegenüber dem Bösen empfinden und Angst vor der Zeit haben, sondern wir sollten *Schmerz* darüber empfinden.

Was unterscheidet den Schmerz von der Angst? Angst empfindest du, wenn die Berge über dir zusammenstürzen und wenn die Hügel dich erdrücken, wenn die Sterne herabstürzen und das Universum im Chaos versinkt. Die Angst ist das, was dich unterdrückt und erdrückt. Der Schmerz ist hingegen für uns die konkreteste Form der Liebe. Schmerz kann man nur angesichts eines Du empfinden, angesichts einer Person, angesichts einer gegenwärtigen Person. Die menschliche Dramatik liegt also im Schmerz. In ihm vollzieht sich unablässig die Wiederaufnahme der Liebe. Der Schmerz ist Liebe zu einer Gegenwart. Was gibt es aber in der Gegenwart zu lieben? Die Vergangenheit hat es uns gelehrt und lehrt es uns immer mehr: In der Gegenwart gilt es das zu lieben, was nicht vergeht. Und was vergeht nicht? Er, der alles besitzt.

Gerade das Hervortreten eines Schmerzes, das Bewußtwerden eines Schmerzes läßt einen nach vorne schauen und jene Gegenwart wahrnehmen, die uns das Leben geschenkt hat, es uns weiterhin bewährt und für uns gestorben ist: der Retter, jene Gegenwart, die uns das endgültige Glück zusichert, jene Präsenz, in der der letzte Horizont liegt. Sie ist aber Gegenwart und gibt uns zugleich den letzten Horizont.

Schmerz, weil ich dich beleidigt habe. Schmerz, weil ich dich beleidige. Wenn ich so spreche, ist die Beleidigung bereits erlöst, gewandelt und sie trägt – im guten Sinne des Wortes –, das heißt zeugt von einer gegenwärtigen Liebe trotz des Mangels. Im Schmerz, der stärker ist als die Enttäuschung über das Böse, als die Enttäuschung über die Schwäche, stärker als die Scham über sich selbst, ist die Liebe.

Wenn wir uns treffen, dann müssen wir diese drei Dinge stets wieder neu aufnehmen und erneuern. „Oh Süße der verborgenen Liebe": Sie ist gegenwärtig und nimmt mich bei der Hand – und tatsächlich seid ihr hier, du, du, du und du; ohne sie wären wir nicht hier! – und ist dennoch verborgen, weil sie sich nur nach und nach offenbart, nur sehr langsam in der Zeit, die vergeht, damit die Geduld seiner Barmherzigkeit offenbar werden kann, *patienter agit propter vos.*[17] Sie handelt mit Geduld, da sie barmherzig ist mit euch: „O Süße der verborgenen Liebe ..."

GESPRÄCH ÜBER DAS VERTRAUEN

Das spanische Lied,[18] das Carmen dann und wann wiederholt, ist sehr schön. Aber mindestens eben so schön ist das Konzert von Beethoven[19], das wir gerade vorher gehört haben. Hat es euch gefallen? Wie ihr wißt, verbindet mich mit diesem Konzert eine besondere Geschichte. Als ich in der ersten Gymnasialklasse unterrichtete, wollte ich die Existenz Gottes aufweisen und ging oft mit einem großen Schallplattenspieler unter dem Arm von daheim in das Berchet-Gymnasium – denn damals gab es noch nicht diese kleinen, sondern nur diese großen mit einem riesigen Trichter. Ich nahm also dieses Grammophon mit, und spielte den Schülern Chopin, Beethoven und anderes vor. Und eines der ersten Stücke, die ich auflegte, war eben dieses Konzert von Beethoven. Ich spielte es ihnen vor, um zu zeigen, daß ein musikalisches Genie oder jedenfalls ein Künstler, wenn er eine schöne Sache intuitiv wahrgenommen hat, etwa eine schöne Melodie, diese unvermeidlich wiederholt. Und diese schöne Melodie wird gleichsam zu einem Refrain des ganzen Stückes. Daher muß sie zwangsläufig immer wieder erklingen, denn durch ihre Wiederholung ruft sie das Wesentliche des Stückes in Erinnerung. Deshalb nahm ich zum Beispiel auch Chopin mit und zeichnete an der Tafel das Schema des „Abschiedswalzers" auf.

Ich ließ also das Konzert von Beethoven erklingen ... An einer Stelle kommt der Refrain vor, den ich auf die Gemeinschaft bezogen hatte; es ist die Stelle, wo das ganze Orchester einsetzt und stets die gleiche Melodie spielt. Und dann hört man dreimal die Geige, welche die einzelne Person darstellt, wie sie gleichsam entflieht und auf ihre Bestimmung zugeht, bis sie – ganz ermüdet – wieder vom melodiösen Thema des ganzen Orchesters eingeholt wird (womit dieser Satz auch endet) ... Als wir also dieses Stück im Klassenzimmer jener Klasse 1E hörten, herrschte absolute Stille. Nur ein Mädchen, sie hieß Milena di Gioia und saß dort vorne rechts in der ersten Bank – ich erinnere mich noch, als wäre es heute –, brach plötzlich in Tränen aus, und konnte ihr Weinen nicht zurückhalten. Ich wartete eine Weile, dann sagte ich: „Man sieht deutlich den Unterschied, der zwischen Seele und Seele, zwischen Empfindsamkeit und Empfindsamkeit, zwischen Còre und Còre[20] besteht." Die anderen hätten gewiß nicht geweint. Daher ist für mich dieses Stück seither noch bedeutsamer geworden.

Das Verlangen, welches das Hauptthema hervorruft – ein Verlangen, das eine Empfindsamkeit wie jene von Milena zum Weinen gebracht hat –, steht für die Sehnsucht des Menschen nach Gott.

Ich wollte etwas erzählen, was mir heute passiert ist. Als ich hierher kam, war ich sehr gespannt auf diesen Augenblick. Denn ich wollte hier bei euch sein und mehr verstehen. Doch auf dem Weg hierher kam ich zu einem Unfall, bei dem ein Mädchen gestorben ist. Dies hat mich erschüttert, und es hat meine Haltung verändert. Ich habe mich also gefragt: Weshalb ist dies geschehen? Und ich verspürte etwas Angst. Dann wurde ich mir bewußt, daß ich in dieser Angst nicht alleine war: Ich hatte einen Ort, an den ich diese Frage richten konnte. Ich hatte Lust hierherzukommen, denn hier habe ich einen Ort, wo ich eine Antwort auf diese Frage erwarte.

Dieser Beitrag ruft, als hätte es die Vorsehung gewollt, genau die drei Punkte in Erinnerung, von denen wir vor dem Abendessen gesprochen haben.[21] Stellen wir uns vor, wir hätten an ihrer Stelle dieses furchtbare Schauspiel gesehen: Niemand von uns wäre in der Lage zu antworten; es ist eine Frage, die sich stellt, aber niemand könnte sie beantworten. Vielmehr wären alle dermaßen erschüttert, daß sich nicht einmal die Frage stellte. Wir hingegen sagen: Es ist wirklich wahr, daß auch dieses Mädchen, ebenso wie ich selbst, zu Christus gehört; daß sie zu jemand anderem gehört, nämlich zu dem Geheimnis, welches die Dinge hervorbringt. Unsere Antwort lautet so, und indem man so antwortet, fühlt und versteht man, daß man wirklich eine Antwort gibt, denn dies ist eine Antwort, es ist die Antwort, die einzige Antwort. Und in dieser Antwort findet das eigene Herz, wenn es auch eine tiefe Wunde empfindet, paradoxerweise eine letzte Ruhe.

Dann kommst du hierher, und die Weggemeinschaft – dies war der zweite Punkt von heute abend – ruft dir die Bestimmung in Erinnerung, das heißt, sie ruft dir genau diese Zugehörigkeit in Erinnerung.

Und so versteht man – auch dieses Mädchen verstünde dies, könnte es ins Leben zurückkehren – daß der einzige Wert des Lebens darin liegt, jemandem anzuhängen; daß man annimmt, mit dem eng verbunden zu sein, dem wir gehören. Der Schmerz dringt allmählich ein, denn ein Schmerz entsteht nur innerhalb einer Liebe.

Vor dem toten Mädchen ist man mehr von Grauen als von Schmerz erfüllt. Gerade aber sein Vater und seine Mutter sind von Schmerz erfüllt, gleichsam als letzter Versuch einer Antwort auf die Tatsache, daß das Kind nicht mehr da ist. In uns dagegen wird es zum Schmerz, wenn wir an die Geschichte dieses Lebens denken, an seinen Vater, seine Mutter, seine Freunde und an all jene, die dabeisind und es nicht verstehen können. So kann man wirklich verstehen, daß es das einzige wahre Anliegen im Leben wird, niemandem wehzutun, nicht zu sündigen; die Sünde stellt den einzigen Schaden im Leben dar. Die

Kraft, aufgrund der wir die Sünde nicht begehen und welche uns von der Sünde reinigt, ist die Kraft eines anderen, nicht unsere Willensanstrengung; wie im einzigartigen Beispiel Mariens kann sie sogar soweit reichen, die Sünde vollkommen zu tilgen.

Ich habe mir die Frage gestellt: Warum hat Don Gius, während er über das Thema „Vertrauen" sprach, etwas über die Vergebung gesagt? Als ich darüber nachdachte, kam mir in den Sinn, daß das Vertrauen (das heißt zu Christus zu sagen: „Du bist meine Stärke") ohne dieses Wort eine Abstraktion wäre, wie eine Zukunft ohne Fundament.

Es wäre eine Perspektive ohne Gegenstand und ohne Horizont; eine Öffnung ohne Horizont und ohne Inhalt. Es gab einen großen Philosophen, der besonders für sein politisches Denken berühmt geworden ist, Ernst Bloch, der gerade für dieses Konzept eingetreten ist. Bei ihm war das Konzept von Hoffnung genau dies: eine Erwartung ins Blaue hinein.

Was meint ihr: Warum kann es ohne Vergebung kein Vertrauen geben? Weil der Mensch ein Sünder und daher nicht in der Lage ist, ohne Fehler und Irrtümer zu leben. In Beziehung zu allem im Leben ist er schwach (seine Stärke liegt in einem anderen). Somit könnte keiner unserer Fehler, keine unserer Sünden, keines unserer Verbrechen zum Einwand werden gegen unsere Berufung. Hätte einer anstelle von neunzig 180 Verbrechen begangen – Mord zum Beispiel –, wäre auch dies kein Einwand gegen seine Berufung. Denn es ist die Kraft eines anderen, die meine Berufung zu ihrer Bestimmung führt. Das wahre Problem liegt nicht in dem Vorsatz: „Ich werde nie mehr töten". Vielmehr ist der wahre Vorsatz: „Ich vertraue mich ganz dir an und setze auf deine Stärke", und so töte ich nicht mehr (es ist eben nicht so, daß ich mir dabei die Hände in Unschuld wasche). Die Sicherheit, dahin zu kommen, nicht mehr zu töten, die Sicherheit, das Gute tun und das Böse meiden zu können – besonders in seinen häßlichsten Momenten –, verdanke ich der Tatsache, daß es Dich gibt, daß ich mich Dir anvertraue und ich Dich bitte. Daher sind wir unentschuldbar, wenn wir die Berufung verraten oder die Energie stillegen, welche durch die Berufung in allen Dingen aufscheint. Wir sind unentschuldbar, da es keine Schwäche gibt, welche gegenüber der Stärke dessen standhält, der uns berufen hat: „Du hast mich berufen und wirst mich zum Ziel führen." Wenn einer dies mit innerer Sicherheit ausspricht und jeden Tag den Herrn darum bittet, „so wird er Frucht bringen zu seiner Zeit".[22] Welches ist seine Zeit? Es ist diejenige, welche allein der festlegt, dem wir gehören. So wie bei den Aposteln, die Jesus fragten: „Wann wirst du das Ende der Welt herbeiführen und uns die Macht übergeben?"

„Jenen Tag aber oder die Stunde kennt niemand, auch nicht die Engel im Himmel, auch nicht der Sohn, sondern nur der Vater."[23] Wenn das schon wahr ist für das Ende der Welt, um so mehr für das kurze Aufblitzen von Heiligkeit in mir. Daher lege ich keinen Maßstab an, ich kann das nicht bemessen. In der Beziehung zu Gott legt man nie einen Maßstab an: Es wäre Moralismus. Das zeichnet den Moralismus gerade aus, daß er an alles einen Maßstab anlegt. Hier geht es nicht um ein festgelegtes Maß, sondern um einen liebevollen Blick; wie der, den die Apostel auf Jesus richteten. Die meisten von ihnen waren verheiratet und hatten Kinder.

Ich möchte einige Zeilen aus einem Zeugnis vorlesen, das eine Gruppe von Freundinnen mir vor zwei Wochen geschrieben hat, um ihre Erfahrung der letzten Zeit zusammenzufassen: „Belehrt euch gegenseitig: Dies ist wie eine Formel, welche das Ereignis der Freundschaft zum Ausdruck bringt. Welch großen Reichtum an Anregungen, lehrreichen Hinweisen und Zeugnissen beinhaltet doch unsere Freundschaft, und zwar nicht aufgrund von Worten, die man macht, sondern durch das Leben, das vorhanden ist und welches man sehen kann."

Durch das Leben, das ihr lebt; durch Fakten noch mehr als durch Worte, denn auch ein Wort ist ein Faktum: Um bestimmte Worte auszusprechen bedarf es einer gewissen Anstrengung; und in der Tat macht das auch nicht jeder.

Was bedeutet dieser Satz, den du gesagt hast: Das Vertrauen, welches die Hoffnung in ihrer Vollkommenheit darstellt ... ?

Was bedeutet, daß das Vertrauen die Hoffnung in ihrer Vollkommenheit darstellt? Nachdem man einen Satz gelesen hat, muß man vor allem zunächst versuchen, ihn zu verstehen.

Daß es die Gewißheit ist, welche ein anderer in mir verwirklichen wird.

Perfekt. Das Vertrauen ist die Gewißheit, daß ein anderer das Ideal, das richtige Vorhaben des Menschen, verwirklichen wird.

Das Vertrauen, das die Hoffnung in ihrer Vollkommenheit darstellt, macht das Ich zum Ausgangspunkt einer neuen Geschichte in der Welt, so daß aus ihm ein Volk hervorgeht.

Es macht das Ich zum Ausgangspunkt einer neuen Geschichte in der Welt, es läßt es aktiv werden. Nur eine Gewißheit bringt den Menschen zum Handeln, mehr noch: Nur eine letzte Gewißheit läßt ihn auch, wenn nötig, gegen alle und alles angehen. Nur eine letzte

Gewißheit verleiht den Mut, die Kraft und die Treue, um schöpferisch zu sein, damit man etwas Neues hervorbringen kann. Das, was eine Frau ertragen muß, um neues Leben hervorzubringen, gilt überall dort, wo Neues entsteht. Es ist aber keine dem Menschen angemessene Art und Weise, etwas hervorzubringen, wenn daraus nicht ein Volk hervorgeht; wenn sie also nicht dazu beiträgt, ein neues Volk erstehen zu sehen, somit eine neue Menschlichkeit, aber eine wirkliche Menschlichkeit.

Jemand, dem die Berufung gegeben wurde, ist derart mit menschlicher Energie erfüllt, daß er in der Lage ist, die Schönheit eines Freskos von Giotto zu entdecken, während die anderen das hundertmal oberflächlicher oder nur unter technischen Aspekten betrachten. Einer, der Giotto so betrachtet, richtet damit zugleich die Leute auf, denen er das Fresko erläutert, das heißt sie werden durch ihn anders, er trägt einen kleinen Stein bei für den Aufbau von etwas Neuem. Genau dies läßt die heutige Kultur, wie sie in Schule und Fernsehen weitergegeben wird, völlig vermissen. Es handelt sich nicht mehr um ein Volk, alles gleicht mehr einer Hammelherde. Ginge hingegen einer zum Fernsehen und hinterließe dort einen ähnlichen Eindruck, wie er Anna gelingt, wenn sie Giotto erklärt, und dauerte das auch nur fünf Minuten, so wären bereits durch diese fünf Minuten die Zuschauer verändert; sie nähmen wahr, daß sich etwas in ihnen ereignet. Und wäre das auf Dauer so, dann trüge das Fernsehen wirklich zum Entstehen eines neuen Volkes bei.

Nehmen wir an, in einem bestimmten Ort steht ein Haus der *Memores Domini*, in dem Personen gemäß ihrer Berufung leben – es kann auch Häuser geben, in denen man so bürgerlich wie alle anderen lebt, nur daß man dann keinerlei Außenwirkung mehr hat und keine Reaktion, die in ein Leben als Zeugnis einführt und es vermittelt –, dann existiert und wächst an diesem Ort etwas Neues, und dies ist an der einen oder anderen Person zu sehen, aber freilich nicht bei allen gleichermaßen.

Warum sagst du, daß es keine menschliche Art und Weise ist, etwas hervorzubringen, wenn dabei nicht ein Volk entsteht?

Vor allem gilt: Eine Zeugung ist nicht wirklich menschlich, wenn sie nicht ein Volk hervorbringt. Auch wenn es sich zunächst nur um eine einzige Person handelt, so schafft man doch die Grundlage für weitere Zeugungen. Schon von Natur aus hört eine Zeugung nie auf, sondern weitet sich stets aus. Sie ist dazu berufen, sich immer weiter auszudehnen. Deshalb schließt nur der Begriff der Familie die Idee der Zeugung ein. Das Verständnis von Zeugung ruht im letzten in der Auffassung von Familie. Die Familie ist – im kleinen – bereits ein Volk. Aber wenn sich eine Familie in sich verschließt, bringt sie nichts Neues mehr hervor, auch wenn sie neun Kinder hat. Um schöpferisch zu sein, muß eine Familie die Möglichkeit schaffen, sich anderen mitzuteilen, weitere Familien hervorzubringen. Es kann auch sein, daß keine neuen Familien entstehen. Beispielsweise können zwei verheiratet sein, ohne Kinder zu bekommen. Wenn sie aber ihre eigene Menschlichkeit so lebendig leben, daß sie dabei den anderen Familien ihres Wohnviertels etwas vermitteln, das diese zu Personen mit mehr Menschlichkeit in ihren Gedanken, Gefühlen und Handlungen macht, dann ist dies der Tagesanbruch, die Morgendämmerung eines neuen Volkes.

Der zweite Grund wird im dritten Band des *Seminars der Gemeinschaft*[24] genannt, wo ich die Frage beantworte, ob der Wert der Kirche in der Teilkirche oder in der Gesamtkirche liegt. Dort sagte ich: Entweder er liegt in der Gesamtkirche oder er liegt in gar keiner Kirche. Die Teilkirche ist nicht in der Lage, das Katholische, das heißt das Allumfassende zu gewährleisten. Sie ist nicht in der Lage, die Bedeutung des Ganzen zum Ausdruck zu bringen. Denn da sie eine Teilkirche ist, betont sie einzelne Aspekte sowie die Lebensumstände, in denen sie sich befindet. Nur die Gesamtkirche, das heißt die Kirche in ihrer Einheit mit dem Papst, bringt wahrhaft eine Kultur hervor, welche die Kultur der Welt herausfordert. Auch in der Welt erhebt eine Kultur stets den Anspruch, sie könne allen Völkern vermittelt werden. Dies ist so wahr, daß sich jede Revolution fast instinktiv anmaßt, Allgemeingültigkeit zu besitzen. „Proletarier alle Länder, vereinigt euch"; Hitler erträumte sich eine Welt arischer Rasse: Jede Revolution erhebt einen universalen Anspruch. Der einzige universale Anspruch, der sich verwirklichen läßt, auch im Leben zu dritt in einem kleinen, abgelegenen Häuschen, ist die Kirche. Deswegen kann eine Person ohne das Bewußtsein, die Auffassung oder den Sinn für die Gesamtheit kein Volk oder dessen Ursprung bilden noch den Weg bahnen für die Existenz eines Volkes. Allein aus dem Glauben heraus ist dies in angemessener Weise möglich.

Ohne ein Herz, welches bis an die entferntesten Grenzen der Erde reicht, ohne einen Sinn, welcher gültig ist für alle Menschen der Welt und der Geschichte, zu allen Zeiten, existiert keine Menschlichkeit. Ohne dies ist auch zu früheren Zeiten kein Volk denkbar, außer „das Volk des Attila"; aber da sieht man immer das gleiche Ergebnis!

Auf unserem Weg im Verlaufe dieses Jahres erwächst allmählich in mir ein neues Bewußtsein. So mache ich meine Arbeit in einer bestimmten Art und Weise, und andere sprechen mich darauf an.

Schön. Wenn das geschieht, so ist es anfänglich die Geburt eines neuen Volkes (möglicherweise bleibt es an dieser Stelle stehen, durch die Schuld anderer).

Aber heute abend, als du diese drei Punkte genannt hast, rief das in mir eine neue Auflehnung hervor.
Wenn es eine neue Auflehnung ist, könnte es durchaus der Beginn eines neuen Volkes sein!

Ich kann es nicht einmal erklären. Die Auflehnung, die in mir aufkam, führte zu der Frage: Wie komme ich dazu, daß meine Freiheit dieser Auflehnung in mir nachgibt?
Auflehnung wogegen, gegen diese drei Punkte?

Ja.
Warum Auflehnung? Zunächst einmal: Warum Auflehnung?

Auflehnung, weil mir diese drei Punkte neu vorkamen.
Das stellt nicht wirklich einen Grund für eine Auflehnung dar, die Neuheit ist kein Grund für eine Auflehnung. Aber du nennst zu Recht etwas Auflehnung, das deine Gedanken überrascht, weil du nie daran gedacht hattest, verstehst du? Nun, weil du nie daran gedacht hast, empfindest du zunächst eine Fremdheit, wie wenn jemand eine fremde Sprache spricht. Aber wenn du darüber nachdenkst: Ist es wahr oder nicht, daß wir einem anderen gehören? Ist es wahr oder nicht, daß die Weggemeinschaft, in welche er uns hineinstellt, dir das in Erinnerung ruft? Woran erinnert dich denn die Weggemeinschaft? An diesen anderen, du bist im Besitz dieses anderen, du gehörst diesem anderen, und dieser andere schenkt dir Verzeihung (Er vergibt dir, und wenn du auch hunderttausendmal etwas falsch machen solltest, er würde dir hunderttausendmal vergeben: Gerade das ist Gott! Man muß Gott sein, um so handeln zu können, in der Tat!). Ist das schwer zu verstehen?

Nein, jetzt habe ich verstanden.
Aber du hast es auch zuvor verstanden, die Überraschung über die Andersartigkeit der neuen Worte hat dich lediglich ins Stocken gebracht. Sie brachte dich zum Stillstand und sorgte bei dir für eine Anwandlung von Verweigerung oder besser Fremdheit. Du fühltest dich außerhalb dieser Worte, die ich benutzte. Hingegen, wenn du dich wieder mit ihnen beschäftigst, so sind es die Dinge, die wir uns während dieses Jahres ständig gesagt haben; und es sind die vernünftigsten Dinge, die man sagen kann. Nenne mir einen vernünftigeren

Satz als diesen: Der Mensch ist im Besitz Gottes, er gehört Gott, dem Geheimnis. Das Geheimnis bringt eine Weggemeinschaft hervor, um dem Menschen darin zu helfen, ihn vor Augen zu haben. Andernfalls zerstreut sich der Mensch. In dieser Weggemeinschaft erfährt er die Vergebung. Würde er auch eine Million Fehler machen, nicht hunderttausend, sondern eine Million, so würde ihm einemillionmal vergeben. Es gibt nichts, was vernünftiger wäre als dies, und nichts, was menschlicher wäre. Letzte Woche haben wir in einem Psalm diesen Satz gelesen: „Auch wenn Vater und Mutter dich verlassen sollten, ich werde dich nicht verlassen"[25], das heißt, es gibt niemanden, der menschlicher wäre als Ich.

Ich war letzte Woche betroffen von Ihrem Vorschlag, wir sollten Christus ins Angesicht schauen, denn es scheint mir, daß man nichts Schöneres ersehen kann. Allerdings lief ich dabei ständig Gefahr, gleichsam ein frommes Bildchen zu betrachten.
Auch ich war in der ersten Gymnasialklasse in dieser Gefahr, als ich auf meinem kleinen Tisch das Antlitz Christi von Carracci aufgestellt habe. Der war zwar kein besonders großer Maler, aber er rief mir doch Christus in Erinnerung.

Mir kam aber folgendes in den Sinn: Johannes und Andreas hatten eine Gegenwart vor sich, und sie erledigten die Dinge ihres Lebens mit dieser Gegenwart in den Augen. Ihr Glaube war die Gewißheit einer erfahrbaren Gegenwart. Daher wollte ich etwas besser verstehen, was es für uns bedeutet, Christus ins Angesicht zu schauen?
Johannes und Andreas hatten den Glauben, weil sie die Gewißheit einer erfahrbaren Gegenwart hatten. Wie es das erste Kapitel des Johannesevangeliums beschreibt, saßen sie dort in seinem Haus, gegen Abend, und betrachteten ihn, während er sprach. Es war die Gewißheit von etwas ganz Außergewöhnlichem innerhalb einer erfahrbaren Gegenwart, des Göttlichen innerhalb einer erfahrbaren Gegenwart. Danach – das ergänze ich jetzt – gingen sie zum Schlafen in ihre Häuser zurück: Andreas zu seiner Frau, Johannes zu seiner Mutter. Sie gingen also heim, jeder zu sich nach Hause; sie haben zu Hause gegessen, geschlafen, sind wieder aufgestanden und mit ihren Kameraden zum Fischen gegangen. Ihr Kopf war ganz beherrscht von all dem, was sie am Nachmittag zuvor gesehen hatten; stimmt es oder nicht? Ja. Doch sahen sie Ihn dabei? Nein.
Denn der Mensch macht nicht nur dann die Erfahrung einer Gegenwart, wenn er sie berührt, Nase an Nase. Im Gegenteil, diese Art, von etwas Erfahrung machen zu wollen, legt in der Regel den Grund-

stein für etwas Vergebliches, begründet eine Beziehung, die nicht hält – wie man bei allen Jungen und Mädchen sehen kann –, selbst wenn sie hält, so dauert sie doch nicht an. Hingegen, als die beiden mit den Booten voller Fische nach Hause kamen, setzten sie sich an den Strand und erzählten noch von den Erlebnissen am Tag zuvor. Das Segment, welches den vorhergehenden Abend mit dem nachfolgenden Tag in Verbindung bringt, nennt man Gedächtnis. Das Gedächtnis ist die Fortdauer der Erfahrung von etwas Gegenwärtigem, die Fortdauer der Erfahrung einer gegenwärtigen Person. Diese hat aber nicht mehr die gleichen Eigenschaften und nicht die gleiche Unmittelbarkeit, wie wenn einer einen anderen an der Nase packt und zieht und zieht und zieht …; oder wenn er nach den Haaren greift und an ihnen zieht, wie die Kinder das gerne bei der Mama machen. Es ist eben nicht so, daß diese Unmittelbarkeit über die Tiefe und Sicherheit innerhalb einer Beziehung entscheidet. Hätten sie ihn auch für drei Wochen nicht mehr gesehen, wäre die alles beherrschende Sehnsucht in diesen beiden geblieben, Ihn wiederzusehen. Denn es war klar, daß Er es war, Er war Er; sie wußten nicht wirklich, wer er war, aber es war Er.

Das Gedächtnis ist das lebendige Bewußtsein einer Gegenwart. Man muß aber unterscheiden, wie sich diese Gegenwart zu Beginn und wie sie sich im Folgenden zeigte. Bei der ersten Begegnung sah man beispielsweise die Haare der Person; und da der Wind sie bisweilen in die Augen wehte, lag es nahe, sie gelegentlich aus dem Gesicht zu streichen. Aber am Tag danach war kein Wind mehr, und sie hatten nicht dieses Gesicht vor sich. Dennoch war es ihnen gegenwärtig, auch nach einer Woche war ihnen diese Person noch gegenwärtig, und ebenso nach einem Monat. Hätten sie sich auch drei Jahre durchschlagen müssen, ohne ihn wiederzusehen, so wären sie doch innerlich zerrissen worden vor Sehnsucht, wiederum die Haare dieser Person im Wind wehen zu sehen: Aber dies war Er, mit absoluter Gewißheit. Die beiden wären niemals auf die Idee gekommen – wie abstrakt sind doch all jene, die allzusehr nur das Konkrete suchen –, daß es sich, auch wenn sie ihn sechs Monate lang nicht gesehen hätten, vielleicht um eine Einbildung gehandelt haben könnte. Nie wäre ihnen der Gedanke gekommen, es könnte nur eine Illusion gewesen sein: einer, der das gesehen hat … unmöglich, daß er auf diesen Gedanken käme.

Anstelle der Möglichkeit, ihn mit den Haaren im Wind zu sehen und ihn zu betrachten, wie er beim Reden den Mund öffnet und schließt, erreicht er dich heute durch die Gegenwart unserer Personen. Wir sind wie zerbrechliche Masken, wie zarte Haut, zerbrechliche Hüllen von etwas, das Er machtvoll erfüllt. Weder ich noch er noch du bist der Inhalt, dennoch geht es durch mich, durch dich und durch ihn hindurch, und die Dinge von heute wirst du von niemand anderem hören. Es sind nicht meine Worte, sondern sie kommen von dem, den Andreas und Johannes an jenem Nachmittag anschauten, als Er zu ihnen redete. Er sprach und sprach und hat Zeit und Raum überwunden, um heute vor dir zu sprechen. Und auch übermorgen und noch in zehn Jahren wird Er zu dir sprechen.

Nur dann, wenn du einen besonderen und schweren Fehler begehst und nicht die Erfahrung der Vergebung machst, wirst du in der Lage sein, von hier zu fliehen, als Versuch einer Erleichterung. Dabei müßtest du die Vorstellung haben, die Begegnung, welche du gemacht hast, sei eine Illusion gewesen. Solange du bereit bist, einen Vergleich anzustellen zwischen dem, was wir dir sagen, und all dem, was du von anderen hörst, wirst du niemals ernsthaft sagen können, daß es eine Illusion sei, was wir hier sagen. Denn es stimmt zu sehr mit deiner Existenz in Fleisch und Blut überein.

Ich wollte um Hilfe bitten, um etwas besser zu verstehen, was es bedeutet, das Bewußtsein zu haben, Sünder zu sein. Denn ich mache zwei Beobachtungen: Zum einen fällt es mir am Ende eines Tages leichter, Seine Barmherzigkeit mir gegenüber wahrzunehmen, und ich finde es schwieriger, mir meiner Schuld bewußt zu sein. Zum zweiten haben Sie uns einmal darauf hingewiesen, daß die Vergebung mit der Weggemeinschaft übereinstimmt. So weiß ich also um die Vergebung, weil mir eine Weggemeinschaft gegeben ist. Doch dies mehrt nicht in mir den Schmerz über die begangene Sünde. Dies läßt eine Ernsthaftigkeit vermissen, daher wollte ich darin eine Hilfe.

Das sind zwei verschiedene Fragen. Zur ersten: Es ist am Abend, im abendlichen Frieden, einfacher, die Erfahrung der Barmherzigkeit zu machen, als das Bewußtsein der eigenen Sünden zu verspüren. Aber wenn man die Barmherzigkeit wahrnimmt, so doch deswegen, weil man einen Fehler begangen hat. Man kann an sich selbst nicht die Erfahrung der Barmherzigkeit machen, ohne die Erfahrung eines Irrtums einzuschließen. Und je älter du wirst, meine liebe Freundin, und je mehr das Bewußtsein deiner selbst in dir reift, desto mehr wirst du wahrnehmen, wie sehr das Leben davon geprägt ist. „Die Erde ist erfüllt von der Barmherzigkeit des Herrn."[26] Du wirst diesen Satz mit der Zeit immer aufmerksamer lesen … Was bedeutet das: „Die Erde ist erfüllt von der Barmherzigkeit des Herrn"? Es meint, daß der Herr alles vergibt, was sich gegen ihn wendet, insbesondere das Vergessen. „Oh mein Gott, wie oft habe ich dich heute vergessen; was hätte ich hingeben können, habe es aber doch nicht getan ... " Und? Ich rate dir davon ab, solche Überlegungen anzustellen. Wenn du damit fortfährst, mußt du auch sagen: „Und dann habe ich auch meine Mutter nicht gerade gut behandelt, und ich war mal wieder sehr oberflächlich mit meinen Freundinnen ... " Und jeden Abend machst du dann eine sehr lange Aufzählung. Nein, besser sagst du: „Die Erde ist erfüllt von deiner Barmherzigkeit, oh Herr, danke für deine Barmherzigkeit mit mir." Allerdings mußt du dir dabei vergegenwärtigen, daß Barmherzigkeit bedeutet, daß einem etwas vergeben wird, das man begangen hat, auch wenn es dir nicht in den Sinn kommt, verstehst du? Deswegen bist du dankbar, bist demütig. Der Schmerz richtet sich nicht auf ein umschriebenes und genaues Ziel, wie wenn du zum Beispiel deiner Mutter wehgetan und sie damit zum Weinen gebracht hättest. Dies bleibt dir auch noch am Abend bewußt, und es fällt dir schwer, an die Vergebung Gottes zu denken, ebenso an die Barmherzigkeit. Um also an die Barmherzigkeit zu denken, mußt du wirklich einen Schmerz empfinden. Es muß nicht notwendigerweise diese Art Schmerz sein, sondern das Bewußtsein, voller Grenzen zu sein. Denn dein Leben könnte ein großer Lobpreis des Herrn sein. Dein Leben könnte voller Enthusiasmus für Christus sein. Dein Leben könnte ein Widerschein jenes Blickes sein, den Johannes und Andreas auf Christus hefteten. Dein Herz könnte dank dieser Gegenwart, die das Objekt des Glaubens und der Erfahrung ist, voller Schwingung sein. Es ist hingegen nicht so: Nimmst du dein Versäumnis wahr, so stellt sich zwangsläufig ein Gefühl der Demut ein, du wirst noch demütiger. Der Schmerz deutet sich gerade nur als Demut an, und du sagst: „Herr, ich danke dir, daß du mit mir barmherzig bist."

Zur zweiten Frage. Die Vergebung existiert, weil der Herr die Vergebung schenkt. Der Herr ist so sehr Freund des Menschen, er ist uns so liebevoll zugewandt, daß er uns als Hilfe und zur Unterstützung unserer Treue und unseres Vertrauens zu ihm seinen Geist geschenkt hat, während er noch das Ende der Zeiten abwartet, bevor er sich in seiner letzten Evidenz offenbaren wird; jetzt ist er noch verborgen an der Wurzel der Dinge, wie wir am Fest Christi Himmelfahrt gesagt haben. Spricht er nicht in den Kapiteln 14, 15 und 16 des Johannesevangeliums vom Heiligen Geist? „Ich werde euch nicht als Waisen zurücklassen; ich werde euch meinen Geist senden."[27] Aber was ist dieser sein Geist? Er läßt uns die Leute um uns herum nicht so wahrnehmen, wie irgend jemand anders sie sähe: Alle eure Kameraden würden sie anders sehen – alle, auch euer Vater und eure Mutter –, ich hingegen nicht. Wenn ich auch nur ein wenig aufmerksam bin, so sage ich: Diese Personen hat der Herr mir zur Seite gestellt, sie sind Teil meiner selbst (die Taufe macht uns zu Gliedern seines geheimnisvollen Leibes, sie gibt uns Anteil an seiner Person, wir sind Glieder seines Leibes). Daher bedeutet die Tatsache, in diese Weggemeinschaft hineingestellt zu sein, daß man regelrecht eingetaucht ist in die Gegenwart Christi, die mir physisch bezeugt wird. Denn jemand anders hat euch veranlaßt und bewegt, hier zu sein; kein gewöhnlicher Grund. Christus selbst hat eurem Leben eine Richtung bis hierher gegeben, Er hat euch zur Taufe berufen. Er ließ euch eine Begegnung machen, die euch berührt hat. Er hat euch zusammengestellt. Diese ganze Geschichte ist der Ausdruck von Christus selbst. Und ihr verurteilt mich nicht, weil ich Fehler mache – ich kann mich übrigens ebenso wie jeder von euch irren –, ihr verurteilt mich also nicht. Ich bin von eurer Gegenwart umarmt und erfahre an mir die Aufmerksamkeit eurer barmherzigen Augen und eures Herzens. Dies ist wirklich das Zeichen, daß er auf mich schaut, daß er mich umarmt, daß er mich trägt, daß er mich verändert, daß er sich an mich erinnert: kurzum alles Verben, die das Leben unserer Weggemeinschaft ausdrücken. In euch wird Christus fühlbar, berührbar, wie der Papst in seiner Ansprache vor den römischen Jugendlichen gesagt hat[28]: Er wird berührbar, sichtbar, hörbar. In welchem anderen Text ist dies ebenfalls schon zuvor beschrieben? Im ersten Brief des Apostels Johannes.[29] Ihr seid Teil von Christus, daher sind wir untereinander Teil des anderen. „Wißt ihr nicht, daß ihr Glieder eines Leibes seid?"[30]

Das ist die Verwirklichung jener allumfassenden Dimension, welche alle revolutionären Theorien erträumt, aber ganz sicher nie verwirklicht haben. In der Kirche hingegen ist das verwirklicht: Wir sind alle eins. „Denn ihr alle, die ihr auf Christus getauft seid, habt Christus (als Gewand) angezogen. Es gibt nicht mehr Juden und Griechen, Sklaven und Freie, Mann und Weib. Denn ihr alle seid eins, einer in Christus Jesus."[31]

Allerdings, meine Freundin, muß man das wieder von neuem leben. Daher hast du völlig zu Recht den Ausdruck benutzt: „... mehr ernst nehmen". Nicht nur, weil eine Person mir angenehm ist oder mir gefällt, sondern weil sie „ist". Dies überwiegt in unvergleichlicher Weise das Angenehmsein oder das Gefallen, auch wenn ein Rest von Angenehmsein und ein Rest von Gefallen bleibt.

Die Gnade des Heiligen Geistes gewähre uns zu verstehen, in wiefern der letzte Sinn von all dem im Wort Sakrament enthalten ist: Die Weggemeinschaft ist in ihrer geheimnisvollen Wahrheit ein Sakrament, dessen Quelle die Taufe ist und das als höchstes Ereignis einer ständigen Überprüfung die Eucharistie beinhaltet.

Ich wollte ein letztes Mal nachfragen, weshalb das Vertrauen voller Gewißheit ist.

Das Vertrauen geht aus der Gewißheit hervor, daß wir das Ziel unserer Hoffnung, nämlich das Glück, erreichen werden, denn gerade dafür ist Gott gestorben. Die Gewißheit der Hoffnung fällt in eins mit der Gewißheit, mit der man sich jemandem überläßt, was das Wort Vertrauen bezeichnet.

Ein Kind aus Sardinien versucht, während eines ganzen Jahres artig zu sein. Als Weihnachten näherrückt, schreibt es ein Briefchen an das Jesuskind: „Liebes Christkind, ich war während des ganzen Jahres soooo brav. Deshalb wünsche ich mir von dir zu Weihnachten den Fußball von Gullit[32] und den Tennisschläger von Laver."[33] Es kommt Weihnachten, und es wird nichts mit den beiden Geschenken. Also sagt es sich: „Es geschieht bestimmt am nächsten Weihnachtsfest." Das ganze Jahr über benimmt es sich wieder artig – nach seiner Meinung, versteht sich. Es kommt der nächste Dezember, und es schreibt einen Brief an Jesus: „Liebes Christkind, letztes Jahr hast du nicht auf mich gehört, dieses Jahr mußt du aber, denn ich war wieder ein ganzes Jahr brav. Kannst du mir dafür den Ball von Gullit und den Schläger von Laver bringen?" Weihnachten kommt – und bringt keineswegs die Geschenke. Das sardische Kind (sardisch, wohlgemerkt!) kocht innerlich während des ganzen Jahres. Weihnachten naht, neun Tage davor werden die Krippen vorbereitet.[34] Das Kind schaut sich um, niemand ist in der Nähe; bei der ersten Krippe, die es sieht, schnappt es sich das Jesuskind aus der Wiege, steckt es in die Tasche und schreibt dann einen Brief: „Liebe Muttergottes, wenn du dein Jesuskind jemals zurückhaben willst, dann sorg dafür, daß ich den Ball von Gullit und den Schläger von Laver bekomme."

Es ist offensichtlich das gleiche System, nur auf verschiedenen Feldern.

In die Frage des Glaubens geht die Gewißheit als ganz wesentlicher Faktor ein. In meiner Kindheit ging ich mit absoluter Gewißheit zur Schule, wartete bis vier Uhr nachmittags, um nach Hause zu gehen – damals war das so üblich, vormittags und nachmittags Schule – und meine Mutter wiederzusehen. In unvergleichlich tieferer Weise ist es gewiß, daß Gott mich so lieb hatte, daß er vor zweitausend Jahren einer wie ich wurde, um dann alle Tage bei mir zu bleiben, um bis ans Ende der Tage bei allen Menschen zu bleiben. Es ist nicht notwendig zu wissen, wie er das macht, hier zu sein und bei uns zu bleiben. Es ist lediglich wichtig, nicht vor sich selbst einen Grund zu finden, um das Gegenteil zu behaupten. Entscheidend ist, daß er da ist.

Das ist so wahr, daß sich unter dieser Annahme allmählich alles verändert, und jemand kann zu einer menschlichen Weisheit und Zuneigung finden, wie sie die anderen nur erträumen können. Ein Beispiel: Wie ihr in dem Buch von Cesbron[35] nachlesen könnt, widmete sich Albert Schweitzer von morgens bis abends seinen Mitmenschen. Es war eine ungeheure Mühe, und bis zum Abend erfüllte ihn der Tag allmählich mit Traurigkeit, und er mußte sich am Klavier Luft machen, um seine Traurigkeit etwas zu lindern. Oder aber es gab ein Gespräch mit der Krankenschwester, das ebenfalls seine Traurigkeit nicht lindern konnte, sie vielmehr noch verstärkte. Dann tauchte dort eines Tages wie ein flüchtiger Schatten Pater Charles de Foucauld auf; der lebte wie er selbst unter Eingeborenen, unter Afrikanern, den Tuareg, etwas weiter entfernt, im Süden Libyens. Schweitzer sagt zu ihm: „Aber wie schaffst du es, so froh zu sein? Und wie kommt es, daß diese Afrikaner dich so gernhaben, während hier, wo ich mein ganzes Leben ihrem Wohlergehen widme, weder bei ihnen Zuneigung zu mir noch bei mir für sie aufkommt? Du hingegen tust eigentlich nichts für sie, du bleibst einfach bei ihnen und fertig, du ißt mit ihnen, du lebst mit ihnen, wie sie selbst – tatsächlich gibt es ein Buch über seine Lebensgeschichte mit dem Titel *So wie sie*[36] –, aber wieso bist du in einer so andersartigen Lage?" Dies ist der tiefe und berechtigte Neid eines intelligenten und großen Menschen, der seinen Traum in einer anderen Person verwirklicht sieht, einen Traum, welcher sich für ihn als unerreichbar erweist.

Also, die Gewißheit der Hoffnung schlägt in der Haltung des Vertrauens um in Hingabe. Daher ist das Vertrauen voller Gewißheit. Das Vertrauen bringt eine Gewißheit mit sich, welche auch in den schlimmsten Augenblicken das Herz froh stimmt und auch noch bei den Tränen über ein Unglück Orientierung gibt (wie wir in Hunderten von Briefen gelesen haben, die uns aus so vielen Gemeinschaften erreichen: faszinierendes Zeugnis dieser außergewöhnlichen Gegenwart, die unter uns am Werk ist).

Die Gewißheit im Vertrauen ist nichts anderes als der Zusatz oder die Konsequenz, welche sich aus der Gewißheit der Hoffnung ergibt. Was ist die Hoffnung? Die Gewißheit, daß sich etwas ereignen wird; also die Gewißheit über die Zukunft. Worauf stützt sie sich? Auf die Gewißheit einer Gegenwart. „Wahrlich, wahrlich, ich sage euch: Ihr werdet den Himmel offen und die Engel Gottes über den Menschensohn auf- und niedersteigen sehen."[37] „Ich sage es euch", alles gründet und bestätigt sich somit in der Erfahrung von etwas Gegenwärtigem. Diese Erfahrung von etwas Gegenwärtigem ist gewissermaßen die Begegnung mit etwas Undenkbarem, nicht Vorstellbarem, das man nicht völlig entziffern kann. Denn Johannes und Andreas verstanden nicht genau, was dieser Mann, den sie beim Sprechen anblickten, in jenem kleinen Haus in Galiläa sagte; dennoch war offensichtlich, daß er Wahres aussprach. Und zwar so sehr, daß sie nach ihrer Rückkehr nach Hause den anderen bestimmte Dinge erzählten, welche er ihnen gesagt hatte: „Wir haben den Messias getroffen."[38] Dabei verstanden sie nicht, was Messias bedeutete; sie haben es nicht einmal nach seinem Tod verstanden. Denn die erste Frage nach seiner Auferstehung und dem ersten außergewöhnlichen Aufprall war: „Herr, wirst Du in dieser Zeit das Reich für Israel wieder aufrichten?"[39] Sie hatten noch immer die gleiche Mentalität wie alle anderen. Und Christus antwortet nicht: „Ihr wißt nicht, wovon ihr sprecht!", sondern er antwortet direkt auf ihre Frage: „Niemand weiß das, auch nicht der Menschensohn, einzig der Vater im Himmel."[40]

Dieser Tag ist ein Geheimnis – der Tag, welchen Camus erträumte:[41] jene Gnade, die alles erfüllt; jene Sonne, jene Morgendämmerung, jener Tag, der nicht aufgrund unserer Sorge eintritt, sondern wie eine große Gnade.

Entschuldigt, wenn ich das noch anfüge: aber wie kann ein kleiner Kerl wie er oder ich so etwas ein Jahr nach dem anderen durchhalten und viele Hunderte von Personen auf ihrem Weg voranbringen? Wessen Kraft ist das? Die unsere? Nein, es ist etwas anderes. Es ist eine neue Welt, die sich in die alte Welt eingefügt hat und wie ein Strom von Wasser die Erde aushöhlt und sich wie ein Bach oder gar Fluß den Weg bahnt, bis er das Meer erreicht. Und es wird toll sein, wie man dort schwimmen kann – besser noch: surfen!

Dritter Teil
Liebe

Kapitel 7
Die Liebe

Wir sprechen heute über die dritte Säule, welche den Tempel Gottes aufrechterhält, die Wirklichkeit als Tempel Gottes; die Wirklichkeit, insofern darin das Leben des Menschen zum Ausdruck kommt. Denn sie ist eben in dem Maß Tempel Gottes, in dem sich das Leben des Menschen darin mitteilt. Wir haben das gerade im Hymnus der Laudes gesungen: „ ... die Erde bejubelt voll Freude den Herrn, der vom Tode erstanden"[1]. In unserem Bewußtsein geschieht es, daß die Erde voll Freude jubelt. Die Erde selbst kann nicht berührt sein, die Erde lacht nicht, die Erde freut sich nicht.

Das tut nicht einmal ein Hund, wenn man seine aufgerissenen Augen sieht, mit einer Art Lächeln darin, welches doch keinerlei Gefühlsregung erkennen läßt (wie Miguel Manara sagt, als er unter dem Einfluß von Girolama wie neu erwacht, so als würde er nach langer Krankheit wieder zu Bewußtsein kommen; erinnert ihr euch an diesen Abschnitt aus *Miguel Manara*[2]?). Der Mensch ist nun einmal kein Hund, daher kann die Erde im Bewußtsein des Menschen voll Freude jubeln. Das menschliche Bewußtsein ist diese Fähigkeit des Menschen, alle Dinge mit ihrer letzten Bestimmung in Verbindung zu bringen, ihrem Ursprung und ihrer Bestimmung: Da es alles vereint, setzt es der Schöpfer als Instrument ein, um sein Werk zu vollenden.

1. Die Vertrautheit mit einer Gegenwart, die der Glaube anerkennt

Die Liebe, diese dritte Säule, welche den großen Tempel Gottes, nämlich die Welt, aufrechterhält, verweist auf den tiefsten Kern, enthüllt das Innerste, das Herz jener Gegenwart, welche der Glaube anerkennt.

Im Neuen Testament gibt es ein Kapitel, das, wenn ihr es zum hundertsten Mal lest, anfangen wird, euch zu berühren. Denn es bildet eine Art Zusammenfassung all dessen, was wir hier vermitteln möchten: das 17. Kapitel des Johannesevangeliums, das Testament Jesu.

Wir beginnen jetzt zunächst mit den ersten notwendigen Schritten, um allmählich etwas zu verstehen. Dann werdet ihr das Gesagte zu Hause wieder aufgreifen. Allerdings dringen diese Dinge in einer Art Osmose, wie durch osmotischen Druck in uns ein. Es wäre geradezu anmaßend, zu meinen, man könnte sie im Rahmen einer genauen Analyse klären. Sie dringen in uns ein, wenn wir auf das Geheimnis Christi schauen, so wie Johannes und Andreas ihn beim Sprechen anschauten und nicht gleich mitredeten.

Die Liebe verweist auf den tiefsten und innersten Kern jener letzten Wirklichkeit, welche wir im Glauben anerkennen. Der Glaube hat uns geradezu verpflichtet, das anzuerkennen. Warum sind wir dazu verpflichtet? Verpflichtet in dem Sinne, daß wir nicht vernünftig wären, würden wir das nicht anerkennen. Aber wieso? Weil die Vernunft das Bewußtsein der gesamten Wirklichkeit mit all ihren Faktoren ist. Wir stehen vor dem Faktor, der den tiefen Bedürfnissen unseres Herzens entspricht – mehr noch, er zieht diese noch weiter hoch – wie beispielsweise ein Mann, der sich auf die Zehenspitzen stellt, um etwas zu sehen, was er ersehnt, aber noch nicht erblicken kann. Er reckt den Hals und sieht immer noch nichts; dabei hört man doch eine Stimme. Und dieser Faktor ist unerklärbar, also nicht aus dem abzuleiten, was der Mensch in seiner Erfahrung wahrnimmt.

Aber er ist etwas innerhalb der Erfahrung, denn man spürt es. Folgt man ihm, so zeigt es Wirkung und verändert die Dinge. Besonders aber tritt es in einen gebieterischen Dialog mit dem eigenen Herzen ein und antwortet ein ums andere Mal auf die Bedürfnisse in uns: auf die Grundbedürfnisse unseres Herzens. Man kann weder verstehen wie noch wann das geschieht, aber jedenfalls steht man vor Seiner außergewöhnlichen Physiognomie, Seiner außergewöhnlichen Gegenwart. Ich ginge gegen meine eigene Vernunft vor, wollte ich Ihn nicht als gegenwärtig anerkennen, nur weil ich es nicht verstehe und nicht verstehe, wie Er das macht. Denn die Vernunft sagt „Er ist da" oder „Er ist nicht da". Zu sagen: „Er ist da" und hinzuzufügen: „Ich kann es nicht erklären", läßt die Vernunft in einer vollkommenen und ehrenhaften Weise sich selbst treu bleiben. Etwas anderes ist es, nach dem Augenblick der Begegnung anzuerkennen, daß es genau das ist, was die Vernunft am meisten verstehen möchte (könnte sie nur eintreten und eindringen!). Es ist auch nicht zu verstehen, wie das geschieht. Die Vernunft muß in Einfachheit dem folgen, was sie innerhalb der gegenwärtigen Erfahrung wahrgenommen hat, auch wenn es nicht denkbar, nicht vorstellbar, nicht logische Konsequenz vorangegangener Geschehnisse ist (wie es in dem Text *Unterwegs* heißt[3]).

„Grundlos"

Bevor wir die beiden Faktoren erläutern, welche zu einem anfänglichen Verständnis des Wortes „Liebe" notwendig sind, sollte man vielleicht zu Recht in Erinnerung rufen, daß bereits die Etymologie dieses Wortes bedeutsam ist. „Liebe" *(caritas)* leitet sich vom griechischen Wort *caris* ab, was soviel wie „gratis" oder „unentgeltlich", „umsonst" bedeutet. Die *Caritas* ruft somit die höchste Form in Erinnerung, in der sich menschliche Liebe ausdrückt. Die Unentgeltlichkeit, welche jegliche Berechnung ausschließt, jegliche Erwartung einer Belohnung, jegliche Voraussicht auf einen eigenen Vorteil, beinhaltet das völlige Fehlen von Gründen, welche für die Vernunft einsichtig und erklärbar wären. Die Liebe beinhaltet das Fehlen irgendwelcher Gründe, das heißt eines Vorteils, einer Berechung, einer Erwartungshaltung – kurz gesagt: einer Erwiderung. Der Grund einer Handlung ist die Reaktion, die aus der Handlung hervorgeht. Es ist eine Erwiderung: Wenn ich das tue, verdiene ich am Ende des Monats meinen Lohn; wenn ich dieser Person Geld gebe oder jener einige Geschenke, bewirke ich als Erwiderung ihre Verbundenheit, einmal in Form ihrer Zuneigung, ein anderes Mal in Form ihrer Mitarbeit bei bestimmten Dingen. Eben: Die Liebe hebt jede Art von Erwiderung völlig auf, aber wirklich völlig im absoluten Sinne des Wortes. Das bedeutet: Die Liebe handelt aus reiner Zuneigung zur Person, einzig und allein aus menschlicher Zuneigung.

Nur aus Zuneigung? Auch einer, welcher einem anderen in der Erwartung einer Rückzahlung Geld gibt, handelt aus Zuneigung. Die Liebe handelt aus reiner menschlicher Zuneigung, im Sinne von *gegeben, getan*. Gegeben, getan: Es gibt keinen Zusatz mehr und keinen Anhang.

Der da schenkt mir keine Anerkennung? Ganz gleich, ich tue es dennoch. In der Tat, was ist die Liebe, wenn nicht das Streben nach dem Wohl des anderen? Nicht, damit ich etwas bekomme, sondern dem anderen zugute. Und das Gute des anderen ist die Beziehung zu seiner Bestimmung. Die Beziehung zu seiner Bestimmung ist die Beziehung zu einer Gegenwart. Denn seine Bestimmung wurde zu einem Menschen, der auf den Straßen umherläuft, der die Kinder in den Arm nimmt, der die Gesellschaft betrachtet und vom Hügel herab über seine Stadt weint, den man zum Verbrecher erklärt und kreuzigt, während statt seiner ein Mörder freigelassen wird.

Die Liebe ist reine menschliche Zuneigung – so heißt es –, sie schöpft alles aus für das Gute des anderen und will nichts anderes als sein Bestes, somit seine Bestimmung, seine Beziehung zu Christus.

Eine Person kann lieben, auch ohne sich jedes einzelnen dieser Schritte bewußt zu sein, die jedoch vorhanden sind.

Der Grund der Liebe

Auch die Liebe stützt sich auf einen Grund. Denn würde sie nicht von einem Grund getragen, so wäre sie unvernünftig. Da die Liebe eine menschliche Geste ist, wäre sie unvernünftig, wenn sie nicht von einem Grund gestützt würde. Aber der Grund, welcher die Liebe trägt, ist vollkommen und ausschließlich das Ziel, worauf sich die Liebe richtet. Was ist nun aber das authentische Ziel der Liebe? Das Wohl des anderen, die Bestimmung des anderen und daher seine Beziehung zu Christus. Der Grund der Liebe, das heißt der Unentgeltlichkeit, ist allein dieser, welcher der menschlichste Grund ist, den es gibt. Denn mit Berechnung leben kann auch ein Tier.

2. Die Liebe: Gabe seiner selbst aus Ergriffenheit

Nachdem dieses Thema unser Leben beherrschen muß, machen wir, wie ich bereits sagte, heute die ersten Schritte. Ihr werdet sie dann bei euren wöchentlichen Versammlungen, euren gemeinsamen Gesprächen oder in der persönlichen Betrachtung vertiefen, ganz besonders aber in der Haltung des Bettelns vor Christus selbst.

Zwei Dinge kennzeichnen aus christlicher Sicht die Liebe. „Liebe" benutzen wir alle häufig als Wort: „Mir zuliebe, Herr Abgeordneter, geben Sie mir doch diesen Posten im Stadtrat. Mir zuliebe!" Dagegen sprechen wir heute vom christlichen und authentischen Verständnis von Liebe, also von der wahren Auffassung menschlicher Zuneigung. Warum zeigt sich in der Liebe das wahre Wesen menschlicher Zuneigung? Weil ihr Grund der einzige und erschöpfende Grund der Liebe ist: ein Grund der Liebe, bei dem das Ziel des eigenen Liebens ganz mit dem Wohl und der Bestimmung des anderen übereinstimmt. Oder wie könnte man ansonsten die Gestalt Christi verstehen oder mit angemessener Intelligenz und Zuneigung auch nur eine Seite des Evangeliums lesen, wollte man sich das nicht vergegenwärtigen? Warum war Jesus so aufmerksam gegenüber seiner Umgebung? Oder entschuldigt, wieso zeigt Carlo[4] ein solches Interesse für euch? Ich erinnere mich noch, wie er eines Tages zu mir kam und mir sagte, sein Professor würde ihm den Lehrstuhl für Chemie an der Universität in Palermo anbieten. Und er sagte: „Ich lehne das Angebot ab, da ich andernfalls, wenn ich es annehme, meine Berufung verliere." Aber was war seine Berufung wenn nicht das, wofür er sich stets vor euren Augen einsetzt. Für wen? Für euch, und wer seid ihr? Wer veranlaßt ihn, das zu tun?

a) Reine Gabe seiner selbst. Zunächst einmal, die Beziehung Gottes zum Menschen, des Geheimnisses zum Menschen – sprechen wir besser von Geheimnis, denn das Geheimnis ist Gott und Christus, ist Gott und ein Mensch: Das Geheimnis teilt sich dem Menschen völlig unverdient mit, somit als Liebe. Man kann sogar mit dem heiligen Johannes sagen: Die eigentliche Natur Gottes ist Liebe.[5] Mit Natur ist jene Eigentümlichkeit gemeint, aufgrund derer jemand in einer bestimmten Art und Weise handelt. Die Natur ist der Ursprung der Handlungen. Handelt also jemand aus Liebe, so deswegen, weil in seiner Natur der Ursprung der Liebe liegt. Und tatsächlich sagt er ja: „Deus caritas est", Gott ist Liebe, aber Liebe in ihrem umfassenden und absoluten Sinn: Sie will einzig das Wohl des anderen.

Die Natur Gottes zeigt sich als eine unentgeltliche Haltung, insofern sie sich dem Menschen hingegeben hat. Gabe: Dies ist der erste Begriff, an den Worte wie „Unentgeltlichkeit", *Caritas* oder „Liebe" gebunden sind. Es ist eine reine Gabe; wir sagten bereits: ohne jede Erwiderung. Ohne Erwiderung meint eben, daß es eine reine Gabe ist. Die Natur Gottes besteht darin zu geben; sie zeigt sich dem Menschen als eine Gabe, ohne jede Erwiderung, ein reines Geben.

Was gibt er dir nun? Sich selbst, somit das Sein. Das Sein, denn ohne ihn wurde nichts von dem, was geschaffen wurde. „Ohne mich könnt ihr nichts tun":[6] Stellt euch diese Szene am Abend des Gründonnerstags vor. Alles war gegen sie, und Jesus sprach und sprach – diese lange Rede, die wir immer zusammen am Gründonnerstag lesen[7]. Diese Männer waren daran gewöhnt, ihn reden zu hören; sie hefteten ihren Blick auf ihn, während er sprach, und beobachteten genau jede seiner Handlungen; jetzt waren sie noch aufmerksamer als üblich, ganz bedacht. Dieser Mann hatte gerade noch die Hand in die Schüssel getaucht, um gemeinsam mit ihnen zu essen, wie es üblich war. In einem bestimmten Augenblick hält er inne und sagt: „Ohne mich könnt ihr nichts vollbringen ... " Dies aber ist Gott; der einzige, der so etwas sagen kann, ist Gott!

Die Natur Gottes zeigt sich dem Menschen als absolute Gabe: Gott gibt sich, er gibt sich selbst dem Menschen. Und was ist Gott? Die Quelle des Seins. Gott gibt dem Menschen das Sein; Er gibt dem Menschen die Möglichkeit zu sein. Er gibt ihm die Möglichkeit eines „mehr", eines Wachstums. Er ermöglicht ihm, vollkommen er selbst zu sein, auf seine Vollendung hin zu wachsen. Mit anderen Worten: Er gibt dem Menschen die Möglichkeit, glücklich zu sein (glücklich, das heißt völlig zufriedengestellt oder vollkommen. Wie ich immer erläutert habe, werden im Lateinischen und Griechischen die Worte „vollkommen" und „zufriedengestellt" mit dem gleichen Wort bezeichnet: *perfectus*, das heißt vollkommen oder vollendet, zufriedengestellt ist ein vollendeter Mensch).

Er hat sich mir hingegeben und mir das Sein geschenkt, das von ihm selbst stammt: „Laßt uns den Menschen machen nach unserem Bilde, uns ähnlich."[8] Und dann, als der Mensch am wenigsten damit rechnete und es sich nicht einmal erträumen konnte, als er es nicht mehr erwartet hat und nicht mehr dessen gedachte, von dem er das Sein erhalten hatte, da kehrt dieser von neuem in das Leben des Menschen ein, um es zu retten. Er gibt sich ihm erneut hin, indem er für den Menschen stirbt. Er gibt sich völlig hin, eine vollkommene Hingabe seiner selbst, die in dem Satz gipfelt: „Eine größere Liebe hat niemand als die, daß er sein Leben für seine Freunde hingibt."[9] Eine vollkommene Hingabe.

Aber hier findet sich noch eine letzte Schattierung: Was Christus uns gibt, indem er für uns stirbt – er stirbt, weil wir Ihn verraten haben –, um uns von unserem Verrat zu reinigen. Was er uns gibt, ist noch größer, als wir erwarten konnten. Dies ist wie ein Winkel, der sich zum Unendlichen hin öffnet und den es mit der Zeit im Leben zu ergründen gilt, den man als Erfahrung ergründen muß. Christus gibt uns noch mehr, als es zu unserer Rettung bedurfte: Wo sich das Vergehen im Übermaß zeigte, da überwog noch mehr die unentgeltliche Gabe. Er tat mehr, als notwendig war, um uns zu retten. Denn um uns zu retten, hätte Christus auch nur sagen können: „Vater, vergib ihnen"; dies hätte genügt. Als er beim letzten Abendmahl zu Tisch lag, hätte er sagen können: „Vater, vergib ihnen." Dies hätte genügt. Es hätte auch genügt zu sagen: „Ja, Vater, sende mich", so daß er in den Schoß Mariens eingetreten und als Kind Mensch geworden wäre. Allein dies hätte genügt. Aber im Gegenteil: „Wo aber die Sünde sich gehäuft hatte, ist die Gnade noch überschwenglicher geworden."[10] Jedenfalls ist die grundlegende Auffassung, welche den ganzen Wert des Begriffes „Liebe" oder „Unentgeltlichkeit" aufzeigt – der die Natur Gottes beschreibt, seine Art zu handeln, die wir nachahmen sollen, da Er der Vater ist –: die Hingabe seiner selbst. Die Moralität besteht in der Hingabe seiner selbst, wie es im achten Kapitel von Band 2 des *Seminars der Gemeinschaft*[11] erläutert wird. Doch nicht nur das: Sogar der Verrat des Menschen wird verziehen, seine Verkennung, die Zerstreuung …

Um zu verstehen, was der Verrat ist, Leute, müssen wir an unsere eigene Zerstreuung denken. Denn es ist ein Verrat, wenn wir Tage, Wochen, Monate verbringen ... schaut, zum Beispiel gestern abend, wann haben wir an Ihn gedacht? Wann haben wir ernsthaft an ihn gedacht, von Herzen, während des letzten Monats, in den letzten drei Monaten, von Oktober bis jetzt? Nie. Wir haben nicht an ihn gedacht wie Johannes und Andreas, als sie ihn beim Sprechen anblickten. Und sollten wir uns doch in Bezug auf ihn Fragen gestellt haben, so allenfalls aus Neugierde, aus dem Bedürfnis heraus, zu analysieren, nachzuforschen, zu klären. Aber daß wir so an ihn dächten wie einer, der aufrichtig verliebt ist, der an die geliebte Person denkt (und sogar dort geschieht es sehr selten, weil alles auf der Grundlage einer Erwiderung berechnet wird), ganz rein, absolut und vollkommen losgelöst, als reine Sehnsucht nach seinem Wohl ... So sehr, daß er auch bei fehlender Anerkennung von seiten des anderen eine noch stärkere Sehnsucht nach dem Wohl des anderen in sich nährt!

b) Aus Ergriffenheit. Dem ersten wesentlichen Faktor gesellt sich wie ein Adjektiv gemeinsam mit einem Substantiv jetzt noch ein zweiter hinzu, der den Charakter eines Adjektivs hat. Adjektiv meint, daß es sich auf das Substantiv stützt, und somit wäre es zweitrangig im Vergleich zu ersterem. Hingegen ist es noch beeindruckender, und ich wette, daß wir nie daran gedacht haben und auch nie daran denken würden, hätte Gott uns nicht zusammengebracht.

Warum widmet Gott selbst sich mir? Warum gibt er sich mir hin, indem er mich schafft und mir das Sein schenkt, also sich selbst (er gibt mir sich selbst, also das Sein)? Warum wird er darüber hinaus Mensch und schenkt sich mir, um mir von neuem Unschuld zu verleihen – wie der Hymnus von heute es ausdrückt[12] – und stirbt für mich (was überhaupt nicht notwendig war: er hätte nur einmal mit den Fingern schnippen brauchen, und der Vater hätte zwangsläufig gehandelt)? Warum stirbt er für mich? Warum diese Hingabe seiner selbst bis an die Grenze des Vorstellbaren, bis über den Horizont des Vorstellbaren hinaus?

An dieser Stelle empfehle ich euch, diesen Satz des Propheten Jeremia im 31. Kapitel, Verse 3 ff., nachzulesen und auswendig zu lernen. Durch die Stimme des Propheten, die sich in Christus verwirklicht (stellt euch einmal lebendig die Leute vor, die mit diesem Mann zusammen waren; mit diesem jungen Mann, in welchem sich all diese Dinge verwirklichten), spricht Gott: „Ich habe dich mit ewiger Liebe geliebt, daher habe ich dich an mich gezogen (das heißt ich habe dich teilhaben lassen an meiner Natur), denn ich hatte Erbarmen mit deiner Nichtigkeit." Ich habe diesen Satz immer so übersetzt. Aber „ich hatte Erbarmen mit deiner Nichtigkeit"? Worum handelt es sich hier? Um ein Gefühl, ein Gefühl! Um einen Wert, welcher sich als Gefühl mitteilt. Denn die Zuneigung ist ein Gefühl. Eine Zuneigung zu jemand zu haben, ist ein Gefühl, zugleich ist es aber ein Wert. Es ist ein Wert in dem Maße, in dem es einen Grund hat. Wenn sie von keinerlei Grund getragen ist, stellt jedwede Zuneigung noch keinen Wert dar, weil das Ich zur Hälfte fehlt. Das Ich ist auf Nabelhöhe durchgeschnitten: Es bleibt ein Rest übrig, und zwar der untere.

Dieses Erbarmen – „denn ich hatte Erbarmen mit deiner Nichtigkeit" – im Evangelium zu entdecken, ist eine sehr schöne Erfahrung. Zum Beispiel – an zwei Stellen ist davon die Rede –, als Er an einem Abend von einem Hügel herunter auf die Stadt blickt und bei der Vorstellung ihres Untergangs zu weinen beginnt.[13] Jene Stadt sollte ihn einige Wochen später töten, aber für ihn hatte das nichts damit zu tun.

Oder an jenem anderen Abend, ganz kurz bevor er gefangengenommen wurde, im goldenen Glanz des von der untergehenden Sonne erleuchteten Tempels; *edakruse,* so sagt der griechische Text, Er schluchzte im Angesicht der Bestimmung seiner Stadt.[14] Ein Erbarmen wie das einer Mutter, die sich an ihren Sohn klammert, um ihn nicht in die tödliche Gefahr laufen zu lassen, in die er sich begibt.

Oder ich nehme eine Stelle beim heiligen Lukas, denn im Lukasevangelium tritt das noch deutlicher hervor als in den anderen Evangelien (Lukas mit Johannes und Markus mit Matthäus; Matthäus war Jude, Lukas hingegen war Heide): Er geht mit seinen Jüngern durch die Getreidefelder, und sie rupfen die Ähren ab, weil sie hungrig sind. In dem kleinen Ort in der Nähe sehen sie eine Beerdigung. Er fragt sie: „Was ist das?" „Ein junger Mann – *adulescens,* ein Heranwachsender – ist gerade gestorben, und seine Mutter ist Witwe. Sie hat ihren einzigen Sohn verloren und ist Witwe." Tatsächlich sieht man hinter dem Sarg die Mutter, wie sie ihren Schmerz hinausschreit. Jesus macht einen Schritt nach vorne und sagt zu ihr: „Frau, weine nicht", was unbegreiflich ist und daneben noch lächerlich bis absurd wirkt: wie kann man zu einer Frau, die unter diesen Umständen dem Sarg ihres Sohnes folgt, sagen: „Weine nicht"? Es war das Überfließen an Erbarmen und an Mitleid.[15]

Oder wir können uns die Szene vorstellen, als er unter dem Baum vorbeikommt, in dem oben zusammengekauert Zachäus sitzt, der Mafiaboß des ganzen nordöstlichen Gebietes von Jerusalem, nämlich Jericho. Er bleibt stehen: Dieser Gedanke wäre Zachäus nie gekommen. Er bleibt stehen und schaut ihn an: „Zachäus (er nennt ihn beim Namen), Zachäus, komm schnell herunter, ich komme zu dir nach

Hause."[16] Aber eine Zärtlichkeit wie diese ist unter uns nicht möglich; wir sind schmutzig, grob und wie Steine im Vergleich zu dieser Haltung: „Zachäus".

Oder – und das ist am symptomatischsten – als er erfährt, daß sein Freund Lazarus gestorben war: „Da weinte er"; er war weit weg, eine Reise von drei Tagen lag vor ihm. Kaum hatte er es erfahren, da weinte er. Sogar die Juden in seiner näheren Umgebung werden danach sagen: „Konnte er, der den Blindgeborenen geheilt hat, nicht verhindern, daß sein Freund starb?"[17]

Ich will damit sagen, daß diese Liebe Gottes zum Menschen, diese Gabe seiner selbst, aus einer emotionalen Ergriffenheit besteht. Für ein gequältes Tier, das stirbt, kann man Mitleid empfinden; aber man kann davon nicht ergriffen und bewegt sein; von einem Menschen aber sehr wohl.

Die Liebe Gottes zum Menschen ist eine Ergriffenheit. Sie ist Gabe seiner selbst, die sich als Emotion zeigt, sich erregt, sich in Bewegung setzt und sich verwirklicht; in der Gestalt einer Ergriffenheit: Er ist ergriffen. Gott, der ergriffen ist! „Was ist der Mensch, daß du seiner gedenkest!", so sagt es ein Psalm.[18]

Aber es gibt noch eine andere Stelle im Evangelium, die nicht sehr bekannt ist – ich habe sie während der Karwoche zum ersten Mal vorlesen lassen –, und zwar das zwölfte Kapitel des Johannesevangeliums. Kurz bevor er gefangengenommen wurde – er wußte, daß sie ihn am Abend ergreifen würden, aber noch war er unter den Leuten –, war im Tempel in Jerusalem aus Anlaß des kommenden Osterfestes eine Gruppe von Heiden, die aus Neugierde gekommen waren. „Es waren aber einige Griechen unter denen, die hinaufzogen, um am Feste anzubeten. Diese nun traten an Philippus aus Bethsaida in Galiläa mit der Bitte heran (aus einem historischen Blickwinkel hat diese Anmerkung einen enormen Wert; wenn ihr den einen oder anderen Artikel in *Il Sabato* und *30 Tage*[19] und besonders die geschichtlichen und exegetischen Bücher gelesen habt, die sich den Texten der Evangelien und ihrer Entstehung widmen, müßtet ihr das wissen – denn in Bethsaida kamen die Karawanen aus der gesamten Gegend zusammen; daher konnte in Bethsaida jeder griechisch sprechen. Aber hier wird es als selbstverständlich vorausgesetzt, man muß niemandem etwas erläutern). Diese nun traten an Philippus aus Bethsaida in Galiläa mit der Bitte heran: „Herr (auch das benutzte Wort stammte aus dem griechisch-heidnischen Wortschatz und brachte einen Respekt zum Ausdruck), wir möchten gerne Jesus sehen (wir möchten Jesus sehen? Wer ist dieser Jesus?!)". Philippus geht und sagt es dem Andreas – der auch nicht wußte, was zu tun sei. Andreas und Philippus gehen und sagen es Jesus. Jesus aber antwortet ihnen und sagt: „Die Stunde ist gekommen, daß der Menschensohn verherrlicht werde (es war das erste Mal, daß das, wofür er gekommen war – die ganze Welt, die Welt der Heiden, die nicht auf das Judentum beschränkte Wirklichkeit –, ihn zu sehen wünschte).

Wahrlich, wahrlich, ich sage euch: Wenn das Weizenkorn nicht in die Erde fällt und stirbt, bleibt es allein; wenn es aber stirbt, bringt es viele Frucht (es ist notwendig, für die Bestimmung des Menschen zu sterben, für das Wohl des Menschen). Wer sein Leben liebt, verliert es (wer sich selbst verhaftet ist, verliert sich), und wer sein Leben in dieser Welt haßt (wer sein Leben nutzt, um es hinzugeben – „haßt" ist ein hebräischer Ausdruck, der nicht die gleiche Bedeutung hat wie für uns), der wird es zu ewigem Leben bewahren. Wenn einer mir dient, folge er mir, und wo ich bin, dort wird auch mein Diener sein. Wenn einer mir dient, wird ihn der Vater ehren. Jetzt (in diesem Augenblick) ist meine Seele erschüttert (meine Seele eines Menschen ist erschüttert, sie hat Angst: Er wußte, daß sie ihn bald ergreifen sollten), und was soll ich sagen: Vater, rette mich aus dieser Stunde? Aber deshalb bin ich in diese Stunde gekommen (wenn ich doch gekommen bin, um zu sterben! Jetzt ist meine Seele erschüttert, aber was soll ich sagen? Wenn ich doch gekommen bin um zu sterben!)".

Das ist also der entscheidende Punkt: Gott war ergriffen von unserer Nichtigkeit. Aber nicht nur das: Gott war ergriffen von unserem Verrat, von unserer rohen und verräterischen Armut voller Vergessenheit, von unserer Armseligkeit. Gott war von unserer Armseligkeit ergriffen, was noch mehr ist, als von unserer Nichtigkeit ergriffen zu sein. „Ich hatte Erbarmen mit deiner Nichtigkeit, ich hatte Erbarmen mit deinem Haß gegen mich. Ich war ergriffen davon, daß du Haß gegen mich hegst", wie ein Vater und eine Mutter, die vor Ergriffenheit über den Haß ihres Sohnes weinen. Sie weinen nicht, weil sie davon getroffen sind, sie weinen vor Ergriffenheit; das bedeutet: Dieses Weinen ist vollkommen bestimmt von der Sehnsucht nach dem Wohl ihres Sohnes, nach der Bestimmung ihres Sohnes: Daß ihr Sohn sich verändern möge, um seiner Bestimmung willen; daß er sich bewahren möge. Es ist ein Mitleid, ein Erbarmen, eine Leidenschaft.

Er hatte Erbarmen mit mir, der ich voller Vergessenheit und Armseligkeit war. Wenn das Leben normal verläuft, dürfte es uns bei all dem, was uns gegeben worden ist, schwerfallen, im Verlaufe eines Tages besonders auffallende Sünden zu entdecken. Aber *die* Sünde schlechthin ist die Engherzigkeit der Zerstreuung und Vergessenheit. Die Sünde besteht in der Engherzigkeit, daß wir aus unserem Tun nichts Neues hervorbringen; es erstrahlt nicht in neuer Morgenröte und ist undurchlässig für das Licht. Alles geschieht wie zuvor. Wir tun niemanden weh, aber geben unser Handeln auch nicht dem Glanz des Seins hin.

Er hatte Erbarmen mit mir und meiner Nichtigkeit und hat mich erwählt. Er hat mich erwählt, gerade weil er Erbarmen mit mir hatte. Er hat mich erwählt, weil er ergriffen war von meiner Armseligkeit!

Was die Hingabe des Geheimnisses kennzeichnet – es geht um das höchste Geheimnis und das Geheimnis dieses Menschen, Christus, des Mensch gewordenen Gottes –, was also die Hingabe des Geheimnisses uns gegenüber kennzeichnet, die Hingabe, mit der das Geheimnis die Welt erschafft und die Armseligkeit des Menschen vergibt – und zwar vergibt es ihm, indem es ihn umarmt, so armselig und ekelhaft er auch ist –, ist eine Gefühlsregung, es ist wie eine Gefühlsregung. Es ist eine Ergriffenheit, es beinhaltet ein Ergriffensein.

Gerade diese Beobachtung stellt die Mutterschaft Gottes heraus, wie es Johannes Paul I. ausdrückt,[20] den mütterlichen Aspekt Gottes, den weiblichen Aspekt Gottes (ohne das allzu sehr zu betonen, wie man das heute gerne macht und ihm dabei seinen ernsthaften Inhalt raubt, so daß er sich im Nichts erschöpft).

Beachtet, daß die Hingabe Gottes an die Welt und den Menschen als Idee in jeder pantheistischen Religion auftaucht. In jeder pantheistischen Religion verbindet sich Gott mit dem Menschen und der Welt, um die Ordnung der Welt herzustellen, um dem Menschen eine Ordnung zu geben, um die Harmonie von allem zu vollbringen. Gerade diesen Satz hörte ich von einigen Bonzen in Nagoya in Japan, als ich für eine Konferenz mit Buddhisten dort war: „... um die Harmonie der Welt zu vollbringen". Damals hielt ich die Konferenz und habe das Verständnis von Harmonie beschrieben – das alle Einzelheiten hervorhob, sogar die Haare auf dem Kopf (sie betonen die Blumen und Pflanzen, aber nicht die Haare auf dem Kopf; dennoch sind die Haare auf dem Kopf wie die Blumen!) –, das sie mit dem Christentum gemein haben und das das Christentum versteht und bejaht. Aber in den letzten drei Minuten habe ich dann gesagt, daß diese Harmonie in den Schoß eines Mädchens einging, und daß daraus ein Mensch hervorging: ein Mensch. Ein Mensch ist die Harmonie von allem.

In jedem anderen Verständnis wird diese Einheit zwischen Gott und der Welt oder dem Menschen nüchtern und mechanisch ausgesagt. Wie im Beispiel von Dr. Schweitzer: du mußt dich widmen, du „mußt" – wie die Spezialisten für die Dritte Welt nach dem Konzil und in der Nachkriegszeit – weggehen, um dich für die Menschheit zu opfern. Du mußt weggehen – aber das ist kein Ergriffensein.

Ausgehend von einem Urteil – die Ergriffenheit

Allerdings muß man eine Einzelheit aufmerksam wahrnehmen: Diese Ergriffenheit und diese Gefühlsregung übermitteln oder bringen zugleich ein *Urteil* und ein Herzklopfen mit sich. Es ist ein Urteil, daher hat sie einen – sagen wir – vernünftigen Wert; nicht in dem Sinne, daß sie auf einen Horizont zurückgeführt oder reduziert werden könnte, zu dem unsere reine Vernunft fähig wäre, sondern vernünftig im Sinne, daß sie einen Grund hat, daß sie eine Vernünftigkeit in sich trägt. Und das *Herzklopfen* erwächst gerade aus dieser Vernünftigkeit. Die Gefühlsregung und die Ergriffenheit sind noch nicht Liebe, wenn darin nicht dieses Urteil und dieses Herzklopfen enthalten ist. Was ist der vernünftige Grund? „Mit ewiger Liebe habe ich dich geliebt, daher gab ich dir Anteil an mir, denn ich hatte Erbarmen mit deiner Nichtigkeit": Das Herzklopfen ist das Erbarmen mit deiner Nichtigkeit, aber der Grund ist, daß du teilhaben mögest am Sein.

Angesichts des Nichts, wie beispielsweise bei einem Tier, kann man den Ausdruck Mitleid benutzen. Aber angesichts eines Menschen – damit beschließen wir das zuvor Gesagte und greifen es nochmals auf – kann man von nichts anderem als von Ergriffenheit sprechen. Denn der Mensch ist zum Glück berufen, der Mensch ist groß und zum Glück berufen. Der Mensch ist groß wie Gott, und er ist zur Glückseligkeit Gottes berufen. Zu sehen, wie er von Armseligkeit erdrückt und von Zerstreuung zerstört, wie er durch eine maßlose Trägheit entleert und wieder vom Nichts ergriffen wird, das ruft wirklich Ergriffenheit hervor.

Wir haben bisher die Definition der Liebe genannt und die beiden wesentlichen Faktoren beschrieben, aus denen sie besteht. Sie gibt sich selbst (Hingabe, Selbsthingabe) bis zum Tod: Der Tod Christi enthüllt uns die Vollkommenheit der Hingabe, mit welcher sich das Geheimnis Gottes unserem Heil widmet. Diese Ergriffenheit macht diese Hingabe seiner selbst, welche das Geheimnis in Christus verwirklicht, unversehens menschlich, unversehens und gewissermaßen auf unverständliche Weise menschlich; aber auch wenn unverständlich, so doch unmittelbar menschlich. Die Ergriffenheit über unser Leben, das bestimmt ist ... wie Thomas Mann auf der ersten Seite von *Joseph und seine Brüder* sagt: „Dieses menschliche Leben, das von Natur so glücklich und entgegen der Natur doch so unglücklich ist." Es sind nicht ganz genau seine Worte, aber der Grundgedanke ist dieser.[21] Thomas Mann kann das mit ästhetischer Gefühlsregung schreiben, Gott hat es durchlebt bis zum Tod, mit der Ergriffenheit einer Mutter.

3. „Vollkommen wie euer Vater"

Aber hier gibt es einen dritten Punkt oder, wenn ihr so wollt, einen zweiten Teil unserer Betrachtung.

Wir haben gesagt, daß das Wort Liebe auf die eigentliche Natur Gottes verweist und somit auf die Natur aller Handlungen, die Gott vollbringt, und der Beziehungen, die Gott schafft: sanfte Mitteilung seiner selbst. Er gibt allem das Sein, mit Ergriffenheit.

Mir fällt die junge Katze ein, die in Varigotti vor vierzig Jahren aus dem zweiten Stockwerk stürzte, sich in einer Wäscheleine verfing und am Boden verendete. Eine Handbreit entfernt befand sich die andere junge Katze, die zusammen mit ihr geboren worden war: Sie hält einen Moment inne, fixiert sie mit den Augen und trottet dann langsam davon ... Von dieser Art ist die Beziehung unter allen Menschen. Allein Gott durchbricht diese Fremdheit und gibt sich selbst seinem Geschöpf hin. Aus Erbarmen zieht er es aus dem Nichts und bringt es stets neu hervor in einer Unschuld voll erwartungsfroher Morgenröte; und dies aus reiner Ergriffenheit.

Nun aber, erster Johannesbrief, Kapitel 4, Verse 11–21: „Geliebte, wenn Gott uns so geliebt hat, müssen auch wir einander lieben. Gott hat kein Mensch je gesehen. Wenn wir einander lieben, dann bleibt Gott in uns, und seine Liebe ist in uns vollendet. Daran erkennen wir, daß wir in ihm bleiben und er in uns, daß er uns von seinem Geiste gegeben hat. Und wir haben mit Augen gesehen und bezeugen es, daß der Vater den Sohn gesandt hat als Erlöser der Welt. Wer bekennt, daß Jesus der Sohn Gottes ist, in dem bleibt Gott und er in Gott. Und wir haben die Liebe, die Gott zu uns hat, erkannt und geglaubt: Gott ist Liebe, und wer in der Liebe bleibt, der bleibt in Gott, und Gott bleibt in ihm."

Auch wir müssen einander lieben: Die Moral besteht darin, Gott nachzuahmen; Jesus zu folgen beziehungsweise den Vater nachzuahmen.

Es ist merkwürdig, wenn es im Evangelium heißt: „Seid ihr also vollkommen, wie euer himmlischer Vater vollkommen ist."[22] Vollkommen wie unser himmlischer Vater: Aber wer ist dazu fähig? Dies als Empfehlung zu verstehen ist unbesonnen, denn als Empfehlung ruft es das Gegenteil hervor: nämlich Angst. Hingegen erklärt die Parallelstelle im Lukas-Evangelium, was damit gemeint ist: „Seid barmherzig, wie euer Vater im Himmel barmherzig ist."[23] Die Vollkommenheit ist diese aktive Ergriffenheit vor den tiefen Bedürfnissen des Menschen: Bedürfnis nach Glück, nach dem Sein; nach Glück, nach seiner Bestimmung; nach dem Sein, nach der Bestimmung, nach dem Glück.

Es ist die Ergriffenheit vor dem tiefsten Bedürfnis des Menschen: Das, „wofür" der Mensch zur Welt kommt. Es wäre ungerecht, jemanden zur Welt zu bringen, wenn nicht für die Bestimmung des eigenen Glücks. Das sagte ich bereits ab dem ersten Jahr als Religionslehrer in der ersten Gymnasialklasse, und ich forderte die Jugendlichen heraus, mir zu sagen, ob das nicht wahr sei, und alle schwiegen. Alle, auch die schärfsten Gegner; auch die hervorstechenden Persönlichkeiten von heute wie Personen aus dem Verlag Mondadori, auch Angelo Rizzoli, auch del Pennino von den Republikanern oder Strik Lievers, die alle im gleichen Alter waren. Ich sagte: „Habt ihr dazu etwas zu sagen?" – und sie schwiegen. Es wäre ungerecht, jemanden zur Welt zur bringen, wenn es nicht für sein Glück geschähe. Denn jemanden zur Welt zu bringen, würde ansonsten bedeuten, ein Kind möglicherweise den grausamsten Schmerzen auszusetzen. Der erste unter diesen Schmerzen ist die völlige Bedeutungslosigkeit seiner Existenz, aus der er nur entfliehen könnte, wenn er dumm wäre. Für den Menschen, der sich retten wollte, wäre es daher das Ideal, dumm zu sein.

Wir müssen Jesus nachfolgen und teilhaben an der Barmherzigkeit des Vaters. Der Papst beschreibt in seiner Enzyklika die Barmherzigkeit Gottes – diese Ergriffenheit, mit der Gott sich dem Menschen hingibt, und zwar bis dahin, daß er für ihn stirbt – und sagt, daß diese Barmherzigkeit in der Geschichte einen Namen trägt: Jesus Christus.[24]

Daher müßt ihr nach der zitierten Stelle aus dem ersten Johannesbrief den ersten Brief des heiligen Paulus an die Korinther lesen, und zwar das berühmte dreizehnte Kapitel: „Wenn ich mit Menschen-, ja mit Engelszungen rede, habe aber die Liebe nicht, so bin ich ein tönendes Erz und eine gellende Schelle (ich wäre kein Beitrag zu einer Universalität und zur Ökumene; auch wenn ich die Sprachen aller Menschen spräche und die Vorstellungen aller mittragen würde, so wäre ich doch nicht ökumenisch). Und wenn ich die Prophetengabe habe und alle Geheimnisse weiß und alle Erkenntnis besitze (wenn ich alles erklären könnte), und wenn ich allen Glauben habe, so daß ich Berge zu versetzen vermöchte (eine Kraft an Glauben, daß ich sogar Berge versetzen könnte), habe aber die Liebe nicht, so bin ich nichts. Und wenn ich all meine Habe zu Almosen mache und wenn ich meinen Leib hingebe zum Verbrennen (die Vorwegnahme von Jan Palach), habe aber die Liebe nicht, so nutzt es mir nicht."

Aber was ist dann das, was dir nützt? Was ist das für eine Moralität, für die auch die Hingabe deines Leibes an die Flammen um eines Ideals willen zu nichts nütze ist? Und für die es zu nichts nütze ist, einen

„auf Einstein" zu machen, und für die es zu nichts nütze ist, einen „auf Gandhi" zu machen? Was ist diese Liebe, ohne die wir nichts sind? Es geht darum, daß das erste Ziel der menschlichen Liebe einen Namen hat: Jesus Christus. Das erste Ziel der Zuneigung und der Ergriffenheit des Menschen heißt „Gott, der für uns Fleisch geworden ist". Und weil es diesen Christus gibt, existiert kein Mensch mehr, der mich nicht interessieren würde. Wie notwendig wäre es doch, bestimmte Bemerkungen von Mutter Teresa und ihren Schwestern zu lesen! Ganz besonders eine, die ich vor einigen Jahren oft las. Da erzählt eine Schwester von Mutter Teresa, wie sie in einer Kloake unter freiem Himmel einen Mann gefunden hat, der im Sterben lag. Sie nahm ihn mit, trug ihn nach Hause, wusch ihn und brachte ihn in Ordnung. Und dieser Mann sagte: „Ich habe wie ein vom Unglück Verfolgter gelebt, jetzt aber sterbe ich wie ein König." Aber nur ein Christ kann so etwas tun.

Christus lieben und in ihm, also nach seiner Art zu leben, auch die anderen Menschen lieben. Hingabe seiner selbst (Geschenk seiner selbst) und Ergriffenheit vor den anderen Menschen, vor der anderen Person. Kurz gesagt: ein Ich, das voller Bejahung vor einem Du steht; ein Ich, das sich darin erschöpft, das Du des anderen zu bejahen; ein Ich, das für das Du des anderen stirbt. So findet das Drama seine Lösung.

Coki hat mir dieses Stück von Peguy zukommen lassen, das einen beim Lesen wirklich bewegt: „Wie ihre Freiheit nach dem Bilde und Gleichnis meiner Freiheit geschaffen wurde, spricht Gott,/ Wie ihre Freiheit der Widerschein meiner Freiheit ist,/ So finde ich gern an ihnen eine gnadenhafte Freiwilligkeit, / Die gleichsam nach dem Bilde und Gleichnis meiner unverdienten Gnade erschaffen wurde (die Gnade ist eine jede Handlung, mit der Gott etwas hervorbringt, denn das Handeln Gottes ist schöpferisch). / Ich liebe es, daß sie gewissermaßen nicht nur in Freiheit beten, sondern freiwillig. / Ich liebe es, daß sie nicht nur in Freiheit hinknien, sondern freiwillig. / Ich liebe es, daß sie nicht nur in Freiheit, sondern freiwillig sich schenken, ihr Herz schenken, sich anvertrauen, sich darbringen und Achtung bezeugen. / Ich liebe es schließlich, daß sie nicht nur in Freiheit lieben, sondern freiwillig. / Damit aber, spricht Gott, bin ich gut bedient von meinen Franzosen. / Das ist ein Volk, das in die Welt kam, mit offener Hand und mit freizügigem Herzen. / Es schenkt und weiß zu schenken. Es ist von Natur aus freigiebig. / Wenn es gibt, so feilscht es nicht und verleiht nicht zu Wucherzinsen (sie erwarten keinerlei Rückzahlung, es gibt keine Rückforderung. Mehr noch: wenn etwas zurückgegeben wird, so gibt man es gleich einem anderen weiter, weil man ansonsten

Unbehagen empfindet.)/ Es gibt hin ohne Lohn. / Eigentlich heißt das schenken. Es liebt ohne Lohn. / Eigentlich heißt das lieben."[25]

Die Wahrheit des Lebens liegt also darin, das Sein zu bejahen – auch der Gegenstand jeder Philosophie ist die Bejahung des Seins, selbst wenn man es aufgrund eines zu Beginn eingeführten Vorurteils verneint. Dies bringt eine Zuneigung mit sich, eine Verbundenheit, die allerdings hart wie Stein sein kann. Diese Bejahung des Seins, diese Zuneigung zum Sein kann hart wie Stein sein: „Darum machte ich mein Angesicht zu einem harten Kiesel",[26] sagte Gott beim Propheten Jesaja. Sie ist hart wie Stein und kann doch nicht anders, als Ergriffenheit zu werden.

Eine Besonderheit noch in Klammern: Ohne vollkommen ergriffen zu sein, kann man keine Anhänglichkeit zu sich selbst haben. Die Ergriffenheit vereint und läßt zugleich einen Abstand bestehen. Wenn jemand verliebt ist, so muß er, um wirklich ergriffen zu sein, ein oder zwei Meter vom Gesicht der geliebten Person Abstand halten; während er so das Gesicht betrachtet, ist er innerlich bewegt. Es gibt keine Ergebenheit gegenüber sich selbst, wenn nicht voller Ergriffenheit, weil man sieht, wie man in gewisser Weise aus sich selbst heraustritt, sich selbst verläßt, und wie man aus Liebe handelt. Andernfalls siehst du nicht die Liebe im Antlitz der Person, in die du dich verliebt hast, nicht einmal dort.

Was ist die Quelle *(spring)* dieser Gefühlsregung und dieser Ergriffenheit, von der wir bisher gesprochen haben, und deren Notwendigkeit wir unterstrichen haben, auch um sich selbst lieben und bejahen zu können? Die Quelle dieser Ergriffenheit, in Christus wie auch in mir selbst, ist der Geist Christi. Eben der Geist Christi ist die Quelle des Mitleids und der Ergriffenheit; daher nennt ihn Christus auch den Tröster.

Hart wie Stein kann deine Ergebenheit und deine Ergriffenheit sein; hart wie Stein, und dennoch voll von einem geheimen Trost. An dieser Stelle solltet ihr das achte Kapitel des Römerbriefes lesen; und dann die Abschnitte im vierten, fünften, sechsten und siebten Kapitel des zweiten Korintherbriefes, wo der heilige Paulus sein Leben beschreibt; und dann sagt mir, ob es einen Menschen gibt, der eine solche Größe besitzt, ob es solch einen Menschen gibt. Ja, es gibt ihn! Denn Mutter Teresa ist so, einen solchen Menschen gibt es! Wenn er voller Ergriffenheit vor Christus steht, und somit den Menschen anschaut, wie Christus ihn anschaut, wenn er voller Ergriffenheit an seine Bestimmung denkt und sich selbst für seine Bestimmung hingibt, für die Bestimmung des Menschen, für deine Bestimmung.

4. Die Moral besteht darin, Gott in der Liebe nachzuahmen

Bis jetzt haben wir die Liebe in ihrem ursprünglichen Wert betrachtet, der identisch ist mit dem Blut Gottes, mit dem Leben Gottes; die Liebe ist Gott.

Wir entstehen aus Gott – erster Punkt: „In dir ist die Quelle des Seins." Versucht euch ein kleines Kind vorzustellen, dessen Existenz soeben im Schoß seiner Mutter begonnen hat, das gerade empfangen worden ist. Lassen wir uns auf ein kaum vorstellbares Paradox ein: Wäre sich der kleine Fötus der Tatsache bewußt, daß alles, was er ist, alles – jeder noch so kleine Blutstropfen, jede Zelle seines gerade angedeuteten Leibes – also alles in ihm aus dem Leib seiner Mutter hervorgeht – und er ist ja in der Tat Teil des mütterlichen Leibes, so wie die Nase der Mutter zum Leib der Mutter gehört oder wie die Lunge der Mutter zum Leib der Mutter gehört –, wenn dieser kleine Fötus also Bewußtsein hätte, so würde er spüren, wie er ganz aus dem Organismus seiner Mutter hervorströmt, aus Blut, Nerven und so weiter. Stellt euch einmal vor, welche Art von völliger Abhängigkeit – völlig im absoluten Sinne des Wortes – das Selbstbewußtsein prägen müßte, das Bewußtsein seiner selbst in diesem winzigen Klumpen von Wirklichkeit von einem Quadratzentimeter Größe: „In dir ist die Quelle des Seins", könnte er zu seiner Mutter sagen. „In dir ist die Quelle des Seins."

Da es von Gott stammt, ist das Gesetz des Ichs die Liebe

Nun, wenn die Liebe das dynamische Gesetz ist, die Dynamik jener Bewegung ohne Ende und ohne Ufer, die Gott ist – Gott ist eine Bewegung voller Hingabe seiner selbst, wobei er von einer Ergriffenheit bestimmt ist und aus ihr lebt –, dann würde alles, was aus diesem Meer an Hingabe und Ergriffenheit entstünde, sowie das Wasser, das aus dieser unendlichen Quelle hervorsprudelte, die gleiche Methode beinhalten, es hätte die gleiche Schwingung, die gleiche Bewegung, es hätte die gleiche Dynamik, es hätte das gleiche Gesetz: Es wäre Liebe.

Daher sagt der heilige Johannes in seinem ersten Brief, den wir beim letzten Mal zitiert haben: „Geliebte, wenn Gott uns so geliebt hat, müssen auch wir einander lieben."[27] Eine Beziehung, die nicht in Liebe besteht, existiert nicht. Es gibt keine wahre Beziehung, wenn sie nicht in Liebe besteht. Gerade dazu lud uns Jesus im Evangelium ein: „Seid ihr also vollkommen, wie euer himmlischer Vater vollkommen ist", wobei wir gesehen haben, daß mit „vollkommen" barmherzig gemeint ist: Seid auch ihr Hingabe von euch selbst, voller Ergriffenheit, so wie der unermeßliche Strom der Wasser Gottes Barmherzigkeit und der unermeßliche Strom des Blutes Gottes ist.[28]

Welche Erklärung gibt es für die Natur Gottes, wie wurde sie uns von Ihm erklärt, jenseits aller Vorstellungen, welche uns die Philosophien des Menschen haben konstruieren können? Eine Quelle des Seins, die sich vollkommen hingibt. Und so wird der Sohn gezeugt, und aus dieser Beziehung quillt eine Energie voller Liebe und Ergriffenheit hervor, ganz wie die ihre, die der Heilige Geist ist. Und in der Tat sagt der heilige Johannes, daß Gott die Liebe sei, *Deus caritas est*.[29]

Was bedeutet für uns, die wir aus Gott geboren sind – in dem die Quelle unseres Seins unendlich viel mehr ist als das, was ein kleines Kind im Schoß seiner Mutter als Quelle des Seins hat, nämlich seine Mutter –, was bedeutet, daß auch wir einander lieben müssen? Wenn die Liebe als Hingabe seiner selbst beschrieben werden kann, welche unter dem Druck einer Ergriffenheit geschieht, also Hingabe seiner selbst voller Ergriffenheit, dann muß es für uns ebenso sein.

Das Gesetz des Ichs: Ein Gesetz ist die Beschreibung der stabilen Dynamik, mit welcher eine bestimmte Wirklichkeit ihrer Bestimmung entgegengeht; das Gesetz ist die Beschreibung des stabilen Mechanismus, durch den etwas, was in Bewegung ist, auf sein Ziel zusteuert. Das Gesetz des Ichs, die eigentliche Dynamik des Ichs, die also direkt der Dynamik Gottes entstammt, ist es, zu lieben, das heißt sich dem anderen hinzugeben, und zwar mit Ergriffenheit. Ohne dies gibt es keine Dynamik des Ichs.

Erinnert ihr euch an den Satz von Seneca? „Wenn du für dich selbst leben willst, mußt du für einen anderen leben." Das bedeutet: Wenn du für dich selbst leben willst, wenn du die dir eigene Dynamik verwirklichen willst, mußt du für einen anderen leben, mußt du dich für einen anderen hingeben, voller Ergriffenheit, nicht *aus Zwang*. Es war die wahre Intuition eines Heiden.

Dies ist das grundlegende Verständnis; ist das klar oder nicht? Der Mensch stammt von Gott – „in dir ist die Quelle des Seins" –, unendlich mehr noch als das Kind, das aus dem Inneren seiner Mutter hervorgeht. Und wenn sich seine Existenz soeben im Inneren seiner Mutter andeutet, so ist seine Mutter alles, wirklich alles, im ganz wörtlichen Sinn. Hätte das kleine Kind Selbstbewußtsein, so würde es sagen: „Du bist für mich alles."

Da es also aus Gott stammt, trägt das Ich als Gesetz die Liebe in sich. Es existiert kein anderes menschliches Gesetz: das Göttliche am Evangelium sieht man daran, daß es als einziger Text eine Moral ausdrückt ... Es ist kein Text über Moral, sondern es erscheint wie der einzige Text einer Moral, in dem die ganze Moral in der Liebe mündet. „Meister, was muß ich tun?", fragt ihn ein Gesetzeslehrer. Und Jesus darauf: „Was steht im Gesetze geschrieben?" „Liebe deinen Nächsten wie dich selbst."[30] Das Ich hat nur ein einziges Gesetz: zu lieben. Und dies ist verständlich, da es das Gesetz der Quelle selbst ist, aus welcher es stammt: „In dir ist die Quelle des Seins." Gott, der die Quelle des Seins ist, zeichnet sich durch eine einzige Dynamik aus, die man ausschließlich als Gabe seiner selbst aus Ergriffenheit beschreiben kann.

So haben wir Anteil und Zutritt und berühren fast schon die Schwelle des Geheimnisses, das alle Dinge hervorbringt; das Geheimnis von Gott Vater, der in seiner Liebe den Sohn zeugt und in dieser Beziehung die Wirklichkeit des Heiligen Geistes entspringen läßt, die mit beiden eins ist.

Das Gesetz des Ichs ist die Liebe, das Gesetz des Ichs ist die Hingabe seiner selbst.[31] Als ich vor Jahren im Gymnasium des Priesterseminars als Präfekt vor der Klasse stand, die ich betreute, waren da zwei Jungen, die mir sehr am Herzen lagen – zwei Beispiele einer Vorliebe –, und ich schrieb über diese Dinge ganze Hefte voll. Zu sagen, das Gesetz des Ichs ist die Liebe, bedeutet: nur in der Liebe existiert das Ich und verwirklicht sich. Und in der Tat: Wenn es sich nicht in der Liebe verwirklicht und als Liebe ausdrückt, ist das Ich unzufrieden, wütend mit sich selbst, den anderen gegenüber feindselig. Es ist unfähig, die Schönheit der Wirklichkeit in sich aufzusaugen und sie sich anzueignen. Es ist gelangweilt, leicht gereizt und so weiter ... Ihr könnt ja im Wörterbuch nach weiteren Synonymen für diese Worte suchen!

Selbsthingabe bis zum Letzten

Zweiter Punkt: der Maßstab dieses Gesetztes. Die Liebe ist Selbsthingabe bis zum letzten. Wenn die Bereitschaft fehlt, sich bis zum letzten hinzugeben, entfaltet das Gesetz keine Wirkung.

Daher ist die Liebe dann wahr, wenn sie ewig ist, wenn sie als ewig verstanden, angenommen und ersehnt wird: „Niemand liebt so sehr wie derjenige, der das Leben für seine Freunde hingibt." Wenn also jemand das Gesetz der Liebe in der Beziehung mit einem anderen authentisch und wahr anwendet, das heißt, wenn er bereit ist, bis zum letzten zu gehen, offen für den letzten Grund, offen für den Tod und somit die Ewigkeit, wenn sich einer derart für den anderen hingibt, so ist er für den anderen alles, alles. Wüßte der andere das recht zu bedenken, wenn er den Freund in dieser liebevollen Bereitschaft sich selbst gegenüber anschaut, so würde er zu ihm sagen: „Aber du bist alles für mich." Genau dies sagte der heilige Paulus zu Christus: „Ich lebe, doch nicht mehr ich, sondern du, der du in mir lebst."[32]

Sich für den anderen einsetzen

Drittens. Aber die Liebe zum anderen ist nichts Allgemeines, wie ein unerwartet warmer Wind, der dich an gewissen Frühlingstagen veranlaßt auszurufen: „Oh, das ist ja schon wie im Sommer!" Die Hingabe seiner selbst für einen anderen ist nichts Allgemeines, sondern etwas sehr Konkretes. Warum? Weil das Ich lebendig ist, nicht wie eine abstrakte Wolke, es lebt, indem es handelt. Das Ich lebt, indem es handelt, es bewegt sich innerhalb einer Handlung. Mein Ich steht morgens auf, betet, ißt, geht zur Arbeit. Eine Wirklichkeit in der Natur, die „ich" sagen kann, befindet sich in Bewegung. Wenn es aber in Bewegung ist, so ändert es seine Position, es begeht eine Handlung und legt seine weitere Entwicklung fest.

Wenn es also das Gesetz des Ichs ist, sich hinzugeben, die Liebe als Selbsthingabe für den anderen, dann bedeutet diese Hingabe für den anderen, sich für den anderen einzusetzen.

Einer könnte ganz verzaubert das schöne Gemälde des heiligen Dominikus von Fra Angelico betrachten, das dort hinten an der Wand hängt. Aber säße dieser Ordensmann hier vor uns, und unser Freund Lukas liefe beim Fußballspiel rückwärts und wäre nahe dran, den heiligen Dominikus in seiner Meditation umzurennen, so werde ich, wenn ich diesem guten Mann wohl gesonnen bin, schnell hinlaufen, um Lukas festzuhalten, versteht ihr? Es mit jemandem gut zu meinen bedeutet, sich für ihn in Bewegung zu setzen. Nehmen wir eine Mutter, die ihr Kind „gern hat". Aber wenn das Kind krank wird, ist ihr jeder Schritt zuviel, denn sie ist „ein bißchen bequem": Das Kind könnte verrecken ... bei einer Mutter, die es „so gern hat"! Um sich für die anderen hinzugeben, muß man sich für sie einsetzen.

Um das Sein zu ermöglichen, um zu retten

An dieser Stelle fällt es leichter, die grundlegende Frage zu verstehen: Wofür soll man sich einsetzen? Im Fall von eben ging es darum, zumindest den Rücken des heiligen Bruders Dominikus vor den Ausbrüchen von Lukas zu retten. Wofür soll man sich in Bewegung setzen?

Wofür gibt sich jemand einer anderen Person hin? Wie sagte doch Seneca? „Man muß für einen anderen leben, wenn man für sich selbst leben möchte." Was bedeutet: Für einen anderen leben? Und weshalb überhaupt *für einen anderen leben?* Und auch *für sich selbst:* Was ist damit eigentlich gemeint? Ich verstehe noch, wenn einer sagte: Für einen anderen leben in dem Sinne, daß mir pro Monat eineinhalb Millionen in die Tasche fließen ... mal ganz abgesehen von der Tatsache, daß ich nach einigen Monaten nicht mehr weiß, was ich damit machen soll, außer nachts aufzubleiben und das Geld zu zählen!

Wofür gibt sich eine Mutter ihrem Kind hin? „Du mußt mehr essen, iß mehr Obst ..." Um ihrer Hingabe gegenüber dem Kind Bestand zu geben, aber wofür im letzten? Damit es wachsen kann, nicht wahr? Aber wofür wachsen? Damit das Kind ganz es selbst werden kann, damit es im vollen Sinn Mensch werden kann! Und dann? Im religiösen Sprachgebrauch würde man sagen: Um es zu erlösen. Was bedeutet, daß eine Mutter ihr Kind erlöst? Erlösen meint: jemandem die Möglichkeit geben, zu sein, das heißt, ihn zu retten. Im Lateinischen bedeutet das Wort „retten" „bewahren". Bewahren: Wofür? Für seine Vollendung, damit es vollkommen es selbst sein kann, und damit es somit ewig sein kann. Ohne das Wort „ewig" kann ein Ich nicht mehr es selbst werden und noch weniger kann es seine Vollendung erlangen.

Fassen wir zusammen, was wir in all diesen Punkten gesagt haben, von denen uns ein jeder einlädt, einen bestimmten Schritt zu tun. Der Mensch hat sein Dasein, um darin einen anderen zu bejahen, der Gott heißt. Diese Wahrheit bewegt das Herz, sie macht es ergriffen und veranlaßt es zum Handeln. Die wahre Liebe, in der sich das Gesetz des Menschen wahrhaft verwirklicht und die das Ziel des Lebens darstellt, besteht darin, das Sein zu bejahen, den anderen zu bejahen, „Dich, oh Gott, bejahen". Wenn sich in Analogie hierzu jemand für seinen Bruder hingibt oder seinen Mitmenschen; wenn er für einen anderen da ist, für ihn handelt, von dessen Existenz ergriffen ist, so ist es in dem Maße wahre Liebe, in dem er den Wunsch verspürt, der andere möge die Wahrheit kennenlernen, und er möge die Wahrheit seiner Existenz vollkommen leben. Das bedeutet: Die wahre Liebe besteht darin, im Blick und Handeln gegenüber dem anderen den tiefen Wunsch zu empfinden, daß sich seine Bestimmung verwirklichen und erfüllen möge. Ohne Liebe zur Bestimmung existiert keine Liebe; ohne Liebe zur Bestimmung des anderen existiert keine Liebe zu einer anderen Person.

Wir haben uns schon oft etwas wirklich Bewegendes in Erinnerung gerufen: Denken wir an eine Mutter, die nie ihr Kind aus einer Entfernung von ein paar Metern angeschaut hat, und die nie – wenn es ihm zusah, wie es spielte oder in der Bank die Schulaufgaben machte – auf den Gedanken kam: „Was wartet wohl auf dieses Kind? Wofür habe ich dieses Kind geboren? Wofür lernt dieses Kind? Wofür spielt dieses Kind? Wofür ißt dieses Kind? Wofür ziehe ich dieses Kind groß?" Und wenn sie nie mit einem inneren Beben wahrgenommen hat, daß sie all das für das Glück des Kindes tut, das heißt für die ewige Bestimmung dieses Kindes, dann hat sie ihr Kind nie wahrhaft als Frau und als Mensch geliebt.

Etwas für deine Bestimmung zu erwünschen: Wie viele Abstufungen kann die Gefühlsregung haben, mit der man das ausspricht. Aber alle haben sie ein gemeinsames Ziel: Die Sehnsucht nach der Bestimmung des anderen. Dies gilt so sehr, daß derjenige, der die Menschen am meisten geliebt hat, für ihre Bestimmung am Kreuz gestorben ist.

In den Mitschriften, die im letzten Jahr von dieser Lektion gemacht wurden, steht ein Satz, der geändert werden muß. In dem Satz hieß es: „Eine Person hat eine andere Person dann wahrhaft gern, wenn sie sich von ihr loslöst und wahrnimmt, daß diese von einem anderen in Besitz genommen ist, nämlich Gott." Anstatt „… wenn sie sich von ihr loslöst" sollte es heißen: „… wenn sie ihr ganz auf den Grund geht". Denn in dem Maße, in dem die Liebe auf das Ewige zielt, verliert sie nichts, nicht einmal ein einziges Haar auf dem Kopf, wie Jesus sagte, nicht einmal einen ganz schwachen Lufthauch.

Man liebt dann wirklich, wenn man irgendwie die Sehnsucht nach der Bestimmung empfindet. Wenn du beispielsweise dem Afrikaner am Straßenrand fünf Euro gibst, und zwar für seine Bestimmung, indem du seine Bestimmung im Kopf hast. Und wenn du am Abend an einem Platz vorbeikommst und eine Rose kaufst, dann eben nicht – wie es der Verkäufer listig annimmt – um sie einfach der Fahrerin im Auto zu überreichen, sondern um ihm Geld zu geben … natürlich auch, um der Frau am Steuer eine Rose in die Hand zu drücken – mit Dornen!

Eine andere Art von Leben

Wendet man das Gesetz der Liebe an, diese höchste Form der Nachahmung Gottes, so wird dies früher oder später über eine andere Art von Leben entscheiden.

Mit dieser anderen Art von Leben ist nicht tadelloses Verhalten gemeint: Einer kann tausendmal Fehler machen, und doch ist sein Leben anders. Insbesondere empfindet er einen Schmerz über das, was er falsch gemacht, oder über seine eigene Oberflächlichkeit und Vergessenheit. In all seinem Tun deutet sich schon eine Veränderung an, die sich besonders deutlich im Schmerz über den eigenen Mangel an Liebe zeigt. Für andere ist dieser Schmerz unbekannt, nur für die nicht, die ein klares Bewußtsein davon haben, was Jesus uns gebracht hat, und was sich mit den Aposteln in der Welt verbreitet hat; sonst kennt tatsächlich niemand diese Art von Schmerz.

Zählen wir kurz die verschiedenen Aspekte dieser neuen Art von Beziehungen unter den Leuten auf, die Aspekte dieser möglichen Veränderung, dieses andersartigen Lebens, welches sich einstellt.

Erstens: *Die Bejahung des anderen, weil es ihn gibt – und zwar so wie er ist:* Nicht wegen unseres eigenen Vorteils, aus unserer Berechnung heraus oder so, wie wir ihn gerne hätten. Die Bejahung des anderen, so wie er ist, weil es ihn gibt: Dies ist die wahre Wertschätzung des anderen Menschen.

Zweitens: *Das Teilen der Bedürfnisse.* Durch ein Bedürfnis hindurch bewegt sich der Mensch auf seine Bestimmung zu; in der Wahrnehmung eines Bedürfnisses lernt er, daß ihm etwas fehlt. Das Bedürfnis mit einem anderen zu teilen, bedeutet, sich selbst erstaunt als eine liebende Gegenwart zu entdecken, die an der Bestimmung des anderen ebenso interessiert ist wie an der eigenen.

Drittens: *Die Vergebung, die Fähigkeit zur Vergebung.* Das bedeutet: In sich selbst dem anderen wieder Raum und Freiheit geben. Zum Beispiel, einer hat dich beleidigt, und du schließt ihn aus deinem Kreis aus. Die Vergebung läßt ihn wieder eintreten: Du gibst ihm wieder Raum und Freiheit.

Viertens: *Verbundenheit mit dem anderen,* Zuneigung zum anderen Menschen; sowohl als Hingabe (Achtung vor dem anderen) wie auch als Treue (Fortdauer dieser Achtung).

In dem Maße, in dem diese neuen Verhaltensweisen in einem Menschen zum Tragen kommen, ereignen sich noch zwei andere Dinge, die zusammenfassend die mögliche Veränderung des Menschen zum Ausdruck bringen.

Vor allem zeigt sich eine *Veränderung der Mentalität.* Jemand, der diese Dinge lebt, sei es in der Straßenbahn, hinter dem Schalter eines Beamten, am Pult eines Lehrers, als Vater oder Mutter: der zeigt eine Mentalität, die sich von der der anderen unterscheidet. Wer so handelt, bewirkt eine Veränderung der Mentalität, wie sie sehr schön im zwölften Kapitel des Römerbriefs, Verse 1–2, beschrieben ist. Wir Älteren rufen uns diesen Text mit Ergriffenheit in Erinnerung, denn der Kommentar zu diesen zwei Versen des heiligen Paulus war Inhalt für einen „offenen Brief an die Christen des Abendlandes" eines großen tschechoslowakischen Theologen mit Namen Zverina.[33] Er wurde vom Regime verfolgt und war zwölf Jahre im Gefängnis. Er analysiert in diesem Text auch die Tragweite der Verben im Griechischen: Verändert euch – so sagt er –, verändert euch vom Kopf her, verändert das *nous*, die Art zu denken, die Kategorien des Denkens; bis dahin, daß sich euer Herz ändert: Es wird eine Metamorphose eures Herzens eintreten.

Die wichtigste Frucht dieser veränderten Mentalität – wie ist denn die normale Mentalität von tausend auf tausend Menschen? Verdienen, Unangenehmes beiseite schieben, genießen, Spaß haben, Erfolg haben –, der Gipfel dieser veränderten Mentalität ist die *Hingabe des eigenen Lebens:* Wenn die Liebe das Gesetz ist, so ist der Gipfel die Hingabe des Lebens.

GESPRÄCH ÜBER DIE LIEBE

Um unsere bisherigen Lektionen wieder aufzugreifen, ist folgendes notwendig: Man muß die Gesamtheit des Gesagten erfassen, nicht in analytischer Weise, sondern in der Gesamtheit der Worte; man muß die Gründe für die einzelnen Passagen verstehen, dann Satz für Satz verstehen und dann zurückblicken und sagen: „Wie schön ist doch das! Niemand spricht diese Dinge so aus."

Wenn ihr euch hingegen hinsetzt, auch gemeinsam, um einen Text zu lesen, und einfach nur Satz für Satz lest oder einer bei einem bestimmten Satz die Hand hebt, um einen Einwand vorzubringen, dann zerstückelt ihr das Ganze; anstatt zu vereinen, lauft ihr Gefahr, ihn zu zerstückeln. Anstatt eine Welt hervorzubringen, anstatt vor einer neuen Welt in Staunen zu geraten, erzeugt ihr so viel Schutt, daß es schwierig wird, ihn wieder wie ein Puzzle zusammenzusetzen. Hingegen ist das Wort etwas, das viele verschiedene Dinge gleichsam umarmt, und es wird zu einer eigenen Stimme.

Du hast von der Ergriffenheit gesprochen, die Gott vor dem Menschen empfindet, und davon, daß diese Ergriffenheit ein Urteil in sich trägt. Ich wollte besser verstehen, was genau dieses Urteil ist.

Erster Teil der Antwort: Gott weiß, daß wir, daß der Mensch für sein Glück geschaffen ist. Es ist, als ob man in einen Krankensaal ginge und ein Kind im Bett liegen sähe, dessen Beinchen von einem Auto zerquetscht wurde: Dieses Kind ist dafür geschaffen, mit zwei Beinen auf der Straße herumzurennen. Einer geht also an diesem Bettchen vorbei und ist davon ergriffen. Und dies ist der Grund, auch wenn er nicht einmal direkt genannt wird, aber es ist dieser Grund: Dieses arme Kind hatte zwei Beine, um herumzurennen und zu spielen, und jetzt müssen sie ihm eines amputieren. Die Ergriffenheit Gottes für den Menschen hat einen Grund, und der Grund ist dieser: Der Mensch ist für sein Glück geschaffen, und sein kläglicher Zustand, seine Sünde, seine Mühe oder seine Unwissenheit hindern ihn daran, neigen zumindest dazu, ihn daran zu hindern. Somit hat Gott ein Erbarmen voller Gründe. „Gott hat Erbarmen mit dem Menschen", die Liebe Gottes für den Menschen ist voller *Ergriffenheit*. Diese Ergriffenheit hat einen Grund: Gott sieht, daß der Mensch, welcher für sein Glück geschaffen ist, Opfer von Versuchungen, Schwächen und Verwirrung ist, die ihn daran hindern, die ihn auf dem Weg aufhalten und den Weg erschweren. Daher wird das Mitleid mit dem Menschen zur Ergriffenheit. Er nähert sich ihm und sagt: „Komm, hab Mut, denn auch ich komme mit dir."

Aber ist das nicht auch bedingt durch die Tatsache, daß die Ergriffenheit die ursprünglichste und daher vernünftigste Haltung bezüglich der Wirklichkeit ist?
Wenn eine Haltung vernünftig ist, dann muß sie einen Grund haben. Welches ist nun dieser Grund? Du sagst – nicht im Widerspruch, aber mit einem anderen Ausdruck als dem von uns benutzten –, daß die Ergriffenheit der erste Gefühlszustand ist, den man in Anbetracht der Wirklichkeit empfindet. Ich dagegen sage, daß der erste Gefühlszustand, den man in Anbetracht der Wirklichkeit hat, die Neugier ist, nicht ein Mitleid. Gegebenenfalls ist es das Staunen vor etwas Größerem; nicht so das Mitleid, welches sich auf etwas Geringeres richtet.

Was muß geschehen, damit das Staunen sich in Ergriffenheit wandelt?
Das Staunen – es ist erstaunlich, daß der Mensch für sein vollkommenes Glück geschaffen wurde – wird dann zur Ergriffenheit, wenn etwas existiert, das genau dieses Glück verhindern könnte, das ihm feindlich gegenübersteht (und so wird es Mitleid, welches dem Menschen hilft, das Hindernis zu überwinden).
Das Staunen wird zur Ergriffenheit, wenn das Herz Gottes oder dessen, der urteilt, eins wird mit dem Herzen des Menschen und in sich die tiefe Sehnsucht nachempfindet, die der Mensch in sich trägt. Es ist nicht eben mal Staunen, sondern die Gefühlsregung, an einer Sehnsucht teilzuhaben, die dem Menschen eine berechtigte Mühe abverlangt oder ihn mit Geduld auf etwas warten läßt.
Du siehst einen Bettler am Straßenrand, an einer Kreuzung, und er ist immer dort, stützt sich mit einem Bein an der Mauer ab und streckt die Hand aus ... Du gehst am Morgen vorbei und siehst ihn dort, am Abend kommst du vorbei und siehst ihn dort. Am Morgen sagst du dir: „Armer Mensch, auch er hätte das Recht etwas zu verdienen." Aber wenn du am Abend vorbeikommst, hast du vor Ergriffenheit einen Kloß im Hals im Gedanken daran, daß er den ganzen Tag da verbracht hat. Versteht ihr, was ich meine?
Der Mensch schlägt einen Weg ein, und dieser Weg ruft Staunen hervor, denn sein Ziel ist das Glück, die Bestimmung. Die Tage gehen vorbei und auch die Monate und Jahre, und dieser Mensch muß so viele Mühen überwinden, so viele Verwicklungen, so viele Verwirrungen und Irrtümer, er muß ständig sich selbst überwinden. Deshalb empfindest du nicht nur Bewunderung, weil er für eine ewige Bestimmung gemacht ist, sondern du fühlst auch Ergriffenheit, weil er dafür so viele Mühe aufbringen muß.
Als ich in der Kindheit meine ersten Zeichnungen machte, die mir nie gelingen wollten (im Gegensatz zu den Genies, die sie sofort

hervorzaubern), hat mein lieber Vater, wenn er von der Arbeit nach Hause kam, sich hingestellt, hochaufgerichtet hinter mir, und mir beim Zeichnen zugeschaut ... Sein erstes Gefühl war gewiß dieses: „Er muß es schaffen; denn wenn ihm die Aufgabe gegeben wurde, dies zu tun, muß er das schaffen." Ich zeichne also, wische es wieder weg, zeichne, wische weg und wieder und wieder ... Wenn mein Papa mich mag, denkt er: „Armer Junge!" Schließlich schreitet er ein und sagt: „Ziehe diese Linie mal hier rüber und nicht dorthin", versteht ihr? Er schreitet ein, wenn er Mitleid hat, während die erste Haltung die eines Urteils war: „Er muß es selbst machen."

Sie haben gesagt, daß die Liebe (carità) aus reiner Zuneigung (amore) zum anderen und seiner Bestimmung handelt. Ich bringe ein sehr einfaches, sehr banales Beispiel. In der Arbeit habe ich es mit Leuten zu tun, die etwas älter sind als ich. Ab und zu nutzen sie mich ein bißchen aus, da ich jünger bin, und so kommt es vor, daß sie sagen: „Mach das", weil einer keine Lust hat, es selbst zu tun. Und genau da denke ich mir: Wie verhält sich nun die Liebe gegenüber einer solchen Person während der Arbeit?

Nicht nur genau da, immer!

Denn das erste Gefühl ist zu sagen: „Nein, keinesfalls."
Und das wäre die menschliche Gerechtigkeit.

Andererseits denke ich mir: Was bedeutet für mich reine Zuneigung zum anderen, also die Liebe zu seiner Bestimmung? Ich bemerke, daß es nicht immer leicht ist, die Gründe klar vor Augen zu haben, wenn solche Dinge geschehen ...

Im Gegenteil, es gibt keine Gründe, es gibt nicht einen Grund, weshalb jemand, dem eine bestimmte Aufgabe zukäme, sagen könnte: „Mach du das." „Warum? Für wen hälst du mich?" Und gerade weil es keine Gründe dafür gibt, wird es, wenn du es tust, Liebe. Es kann Blödsinn werden, oder es kann Liebe werden.

Die Liebe stellt sich in der Beziehung zu einer anderen Person dann ein, wenn keinerlei Grund vorliegt, keinerlei Vorteil, keinerlei Berechnung – wie es normalerweise in jeder Initiative eines Menschen gegenüber einem anderen geschieht –, sondern wenn der einzige Grund der ist, daß er ein von Gott geliebter Mensch ist. Dieses „von Gott geliebt" kann explizit oder implizit sein, aber jedenfalls ist er ein Mensch, der zum Opfer seiner Trägheit geworden ist.

Nun gut, bis zu einem gewissen Punkt unterstütze ich ihn. Wenn er mich zum zweiten Mal darum bittet, sage ich ja; auch beim dritten

Mal sage ich ja; bei mehr als dreimal muß einer Pater Maximilian Kolbe sein: Da braucht man einen Heiligenschein! Aber könnte einer grenzenlos so weitermachen? Ja, wenn er in der Lage ist, den Weg Christi zu wiederholen.

Die Liebe ist ein Dienst ohne Berechnung und ohne eigenen Vorteil, den du verrichtest, um der anderen Person ihren Weg leichter zu machen. Wenn beispielsweise das, was einer von dir verlangt, den Grund hat, daß er in einen Film gehen möchte, dann sagst du ihm: „Hör mal zu, das mußt du selbst machen!" (andernfalls würde man ihm nicht den Weg leichtermachen).

Einer Person den Weg leichter zu machen bedeutet, ihr zu helfen, ihre Bestimmung deutlicher wahrzunehmen; ihr dabei zu helfen, sich in den Mühen des Lebens nicht allein zu fühlen. Ein Beispiel: Gestern abend starb eine Frau, die viele von uns gut kennen (sie war eine der ersten von *Gioventù Studentesca),* sie war immer von zahlreichen Freunden umgeben. Was hatten diese Freunde davon? Nichts, es ist Unentgeltlichkeit, versteht ihr? Das ist die Liebe. Hätte ihr Mann, ein Rechtsanwalt, einem jeden, der eine Stunde da gewesen wäre, 35.000 Lire gegeben, so hätten sich die Kennzeichen des Wertes ihrer Gegenwart völlig verändert.

Sie sagten, der erste Gegenstand, auf den sich die Nächstenliebe, die Zuneigung und die Ergriffenheit des Menschen richten, sei „Gott, der für ihn Fleisch angenommen hat"; und weil es diesen Christus gibt, existiere kein Mensch mehr, an dem ich nicht interessiert sei. Ich möchte etwas besser verstehen, was es bedeutet, daß Christus der erste Gegenstand der Liebe ist.

Welches Gegenüber, welche Begegnung stellt einen angemessenen Grund dar für die völlige Selbsthingabe? Würde einer sagen: „Könnte ich einem schönen Mädchen begegnen, so schön, so wunderschön, daß es keine schönere geben kann, dann wäre es richtig zu sagen: „Madame, wertes Fräulein, ich weihe Ihnen mein Leben" – das wäre ein Hund an der Leine! Aber es handelt sich nicht um ein Fräulein, das nach vier Jahren verblüht und „in dessen Runzeln wir lesen müssen", wie Clericetti in einem seiner traurigsten Ausdrücke formuliert.[34]

Die Bekehrung des heiligen Francesco Borgia in Spanien kam so zustande: Kaiserin Isabella, die Frau von Karl V., eine der intelligentesten und mächtigsten Frauen der damaligen spanischen Welt, war gestorben. Man mußte ihren Leichnam wieder ausgraben, um ihn in die Kathedrale zu überführen, und Francesco Borgia mußte dem beiwohnen: beim Anblick dieses Siebes aus Würmern hat er sich bekehrt.

Würde statt einer Isabella von Portugal Gott selbst – die Schönheit mit großem „S", so würde Leopardi sagen,[35] die Quelle jeglicher Schönheit – Mensch werden, ja welcher Mensch wäre dann noch würdig, eine Aufmerksamkeit zu erregen, welche unser Staunen aktiv wecken könnte bis zur extremen Sehnsucht, ihm das Leben zu weihen, daß das ganze Leben für ihn sei; welcher andere Mensch als einer von dieser Art? Das war es, was bestimmte Personen empfanden, als sie Christus anschauten; im Blick auf ihn konnte einem das in den Sinn kommen. Daher ist er der erste Gegenstand der Liebe, verstanden als Selbsthingabe und Ergriffenheit ... Denn es ist bewegend, sich dessen bewußt zu werden, daß unter uns eine Person ist, die die schönste der Welt ist (lest einmal den ersten Teil von Psalm 45 nach); und nicht nur die größte Schönheit, die Mensch geworden ist, der man auf der Straße begegnen kann, die bei uns bleibt und uns täglich Gesellschaft leistet ... Über die Schönheit hinaus besitzt sie auch eine derartige Güte, daß sie das Leben für die Menschen hingibt. Sie gibt das Leben für mich und ebenso wie für mich auch für dich hin. Sie gibt das Leben für den Straßenbahnschaffner hin, den ich nicht einmal kenne; sie gibt das Leben auch für den deutschen SS-Soldaten hin, der die Partisanen in den Ardeatinischen Gräben umgebracht hat: kurz, sie gibt das Leben für alle dahin.

Einerseits gilt unsere Liebe zu allererst Ihm. Andererseits neigt diese Liebe zu ihm dazu, jeden Menschen zu berühren: Es wird leichter, für jedweden Menschen Mitleid zu empfinden.

In der letzten Zeit mußte ich oft bei der Arbeit an die Dinge denken, die ich hier gehört habe, und das hatte zwei Folgen: einerseits eine verschärfte Energie innerhalb der Arbeit; andererseits war es, als hätte sich in meinem Leben ein einziges grundlegendes Kriterium gezeigt, nämlich mein Ich mit all seinen menschlichen Bedürfnissen, das in diesem Augenblick und an dem konkreten Ort, wo ich gerade war, im Mittelpunkt stand. Das hat mich wirklich sehr erstaunt.

Was unser Freund gerade gesagt hat, ist ein schönes Zeugnis. Denn diesen Gedanken zu bewahren, oder noch besser gesagt, das Gedächtnis Christi zu leben, verleiht zunächst einmal Freude am Leben – er hat ein übertriebenes Wort benutzt, als er „verschärfte Energie" sagte –, eine intensive Freude am Leben. Zum zweiten bringt das eine Einheit im Leben hervor. Denn das Leben gewinnt eine Einheit, wenn es ein Ziel hat: Ein Weg setzt sich aus Millionen von Schritten zusammen, doch er wird zu „einem" Weg, wenn er „ein" Ziel hat. Daher ist es ein Zeugnis dafür, daß ein bestimmter Gedanke, wie wir ihn über die Bedeutung Christi für den Menschen zum Ausdruck gebracht haben, und was die größte Tugend für den Menschen darstellt – nämlich die Liebe – vor allem anderen das Leben reicher an Zuneigung macht. Dieses „verschärft" bedeutet „mit einer affektiven Ladung". Und zum zweiten macht dieser Gedanke das Leben vernünftiger, denn es ist ein einziges. Tatsächlich führt unser gesamter Vorschlag – der Vorschlag, den wir mit dem *Seminar der Gemeinschaft* machen, aber auch der gesamte Vorschlag der Bewegung seit vierzig Jahren – genau auf diesen Punkt zurück: Indem man Christus folgt, erfährt man das ewige Leben und das Hundertfache hier auf Erden, hier auf Erden das Hundertfache an Zuneigung und das Hundertfache an Vernunft, an Einheit in unserer Vernunft.

Meine Frage bezieht sich auf den Brief an die Korinther. Ich möchte besser verstehen, was gemeint ist, wenn Christus sagt: „Ohne die Liebe bin ich nichts, ohne die Liebe nützt mir alles andere nichts." Ach nein, das sagt ja der heilige Paulus!

Das ist das Gleiche.

Wenn ich nicht in mir diese Öffnung voller Staunen habe, die mich zum Schenken und Hingeben bewegt, voll intensiver Ergriffenheit vor dem Sein, das ein Mensch geworden ist – vor dem Geheimnis des Seins, das die Sterne, das Meer und alles andere hervorbringt und das Mensch geworden ist –, wenn mir diese tiefe Gefühlsregung fehlt, dann ist alles nichtssagend, nichts ist mir mehr dienlich. Allenfalls kann mich ein bestimmter Augenblick treffen, oder ein Augenblick später ..., wie jene Schriftstellerin sagte, die ich so oft zitiere: „Was ich mit großer Gier ergriff, zerging im festen Zugriff meiner Hand, ganz wie die abendliche Rose unter dem Gewölbe der Ewigkeit."[36] Wie die Rose unter dem Gewölbe der Ewigkeit von Tag zu Tag vergeht und am Abend nicht mehr so ist wie am Morgen, so ist das, was ich voll Gier ergriff, unter dem festen Zugriff meiner Hand zergangen; ich habe es nicht wirklich besessen, ich habe es zerstört. Um es dagegen nicht zu zerstören, wäre es notwendig, eine Rose an ihrem Stiel zu halten, so daß du sie mit Augen voller Bewunderung betrachten könntest, wie sie vom Tau benetzt und von geheimnisvollen Strömen aus dem Geheimnis des Seins genährt wird. Dann bleibt jene Rose für immer, als Ideal bleibt sie für die Ewigkeit, sie nutzt sich nicht ab. Nun, wenn einer in Anbetracht all der Mühen, die wir auf uns nehmen – und ein jeder Tag ist voller Mühen – all das Gesagte bedenkt und dabei die anderen anschaut, versteht er, welches Leid sie tragen müssen: Er versteht es, während sie sich dessen nicht bewußt sind! Wenn du in der Straßenbahn oder im Zug die Leute betrachtest und die Schwere wahrnimmst, die auf ihnen lastet, so siehst du das, und sie sind sich dessen nicht einmal bewußt, sie denken nicht einmal daran. Denn dächten sie daran, so würden sie zwangsläufig fluchen.

Als Sie uns die Liebe und die Unverdientheit, die Unentgeltlichkeit erklärt haben, mußte ich, während Sie redeten, daran denken, daß mich das am tiefsten von all dem betroffen hat, was ich in diesem Jahr gehört habe. Denn genau das möchte ich wirklich während meines Tages: Mit Personen und Dingen auf diese unentgeltliche Art und Weise in Beziehung treten. Allerdings habe ich in dieser Woche zugleich gesehen, daß ich genau dazu am wenigsten fähig bin. Denn es ist, als ob ein unentgeltliches Geben für mich im letzten zu einem Mangel an Liebe würde, zu einem Weniger an Zuneigung: gleichsam eine Haltung der Kälte, um unentgeltlich zu handeln. Hingegen ist mir klar, daß Sie gerade die Fähigkeit meinten, die Person vor mir stärker zu lieben; und gerade dazu bin ich nicht fähig.

Niemand von uns ist fähig, er selbst zu sein, also wahr zu sein, wenn er nicht die Hand ausstreckt und von Gott erbittet, daß er ihn, nachdem er ihn geschaffen hat, auch zur Vollendung führt: „Herr, der Du das gute Werk begonnen hast, das meinen Namen und Vornamen trägt, führe mich zu meiner Vollendung."[37] Denn zur Liebe fähig zu sein, bedeutet, fähig zu sein, die Personen und die Dinge so zu betrachten und zu behandeln, wie Gott sie betrachtet und behandelt; und daher ist es schwierig. Du hast zwei sehr richtige und schöne Dinge gesagt. Zum einen, daß das Thema der Liebe das schönste in diesem ganzen Jahr ist (auch wenn, noch tief unten in der Finsternis, in der es geschieht, das beeindruckendste Thema der Glaube darstellt: Du nimmst im Dunkeln eine Gegenwart wahr. Wenn du diese Gegenwart im Dunkeln annimmst, so kommst du allmählich auch auf die Idee der Liebe). Allerdings sind wir nicht zur Liebe fähig, nur mit Gottes Hilfe. Daher ist die größte Handlung, welche der Mensch vollbringen kann, die, in der Haltung des Bettlers zu leben: Wie der am Straßenrand, das Bein an die Mauer gestützt und die Hand ausgestreckt, den ganzen Tag, von morgens bis abends (ein bißchen so, wie es das Gedicht *Der Blinde* von Pascoli ausdrückt, wenn auch als negative Antwort; erinnert ihr euch daran etwas?[38]).

Ich muß etwas besser verstehen.

Ah, gut! Wenn man darum bittet, etwas zu verstehen, ist das ein Zeichen von Intelligenz; eine Gans beispielsweise bittet nicht darum, zu verstehen.

Es geht um den Punkt, als Sie uns sagten, daß die Hingabe frei von Berechnung ist. Mir kam dabei etwas aus der Lektion über den Gehorsam in den Sinn. Da war uns gesagt worden, daß daraus die Erfahrung eines „mehr" für mein ganzes Leben folgen würde. Dann sollten wir die Stelle im Evangelium nachlesen, die das Gebet Christi beinhaltet, wo er um seine Verherrlichung bittet. Ich wollte jetzt besser verstehen, was das mit dem Ausbleiben einer Berechnung zu tun hat.

Was du aus Liebe tust, tust du nicht aus Berechnung – du denkst dabei nicht einmal an Berechnung; du tust es als Hingabe deiner selbst und aus Ergriffenheit, aus Staunen und Ergriffenheit. Die Berechnung kommt erst ganz am Ende, und sie zeigt die Vernünftigkeit und Berechtigung der Liebe auf: Zu lieben ist richtig, daher schenkt sie dir sogar das Hundertfache auf Erden. Doch du tust es nicht, um das Hundertfache zu erlangen. Wenn du Berechnungen anstellst, um das Hundertfache zu bekommen, verlierst du auch das Wenige, das du hast. Jedenfalls war der Beweggrund für die Bitte Christi seine Liebe zur Wahrheit, welche der Vater festgesetzt hatte, nicht seine vergängliche Ehre.

Worin liegt der Unterschied zwischen Mitleid und Ergriffenheit?

Ich habe einen Vergleich gebracht. Als ich sofort nach meiner Priesterweihe für insgesamt drei Jahre erkrankt war, wohnte ich in einem von Ordensschwestern geführten Wohnheim, gemeinsam mit einem Freund, der ein schlauer Typ war, dennoch ist er Priester geworden; gemeinsam jagten wir damals die Katzen! Einmal sah ich zwei junge Katzen, die gerade erst geboren worden waren. Eine war unten im Garten, während die andere oben in der Höhe war, und sie stürzte herunter – aber wir konnten nichts dafür! – und verendete am Boden. Die andere junge Katze, ihr Gefährte, blieb ganz still für vielleicht sieben oder acht Sekunden – ich weiß es nicht mehr genau. Dann ging sie langsam davon. Das ist das Mitleid im Sinne einer reinen Betroffenheit. Es ist wie eine Wechselwirkung angesichts eines Unglücks. Du kommst auf der Autobahn mit 170 Stundenkilometern angerast und siehst am Straßenrand, wo viele Leute versammelt sind, eine Frau auf der Erde ausgestreckt, blaß, sie ist bereits tot. Du bist betroffen, empfindest Mitleid: Es ist eine Reaktion, gewissermaßen eine Wechselwirkung angesichts eines schlimmen Geschehens.

Die Ergriffenheit ist etwas, das dich berührt, dich in Bewegung setzt und dich im Rahmen des Möglichen veranlaßt, etwas zu tun. Dann hättest du das Auto angehalten und wärst hingelaufen, um zu fragen: „Kann ich helfen? Ich bin Arzt, kann ich etwas tun? Haben Sie die Polizei gerufen?" „Nein." „Hat niemand ein Handy? Ich habe eines." Du nimmst also dein Telefon und bleibst dort; du verlierst eine, zwei, drei Stunden. Das ist eine wirkliche Ergriffenheit. Daher habe ich gesagt – um die Sache ein bißchen abzukürzen – Mitleid gegenüber Tieren und Ergriffenheit gegenüber einem Menschen. Kann man angesichts eines Hundes, der unter ein Auto gerät, von Ergriffenheit reden? Nein, aber wohl von Mitleid.

Sie haben uns gesagt: Das Herzklopfen ist ohne die Vernunft noch keine Liebe, und die Vernunft besteht darin, daß ich am Sein teilhabe. Was bedeutet es, am Sein teilzuhaben?
Teilhabe am Sein ist der Gegenstand eines Bewußtseins, denn du bist da, du existierst. Zu existieren bedeutet, am Sein teilzuhaben: Du hast dir die Existenz nicht selbst gegeben, sie ist dir gegeben, du bist eine Gabe des Seins. Als deine Mutter mit dir schwanger war und deine Geburt erwartete, wird sie wahrscheinlich – ich sage wahrscheinlich, weil in dieser auf das Animalische reduzierten und zynischen Welt alles möglich ist – mehr oder weniger deutlich gesagt haben: „Es ist eine Gabe Gottes." Wenn sie es nicht gesagt hat, weil sie vielleicht – verzeihe mir die Hypothese – nicht an Gott glaubt, so war doch die Anerkennung von etwas Größerem in ihr, gegenüber dem Universum, gegenüber dem Geheimnis der Dinge. Du hast am Sein Anteil; du existierst, weil du als Teilhabe an etwas geschaffen wurdest, das bereits da ist. Wie war noch deine Frage?

Ich wollte eben gerade verstehen, was es bedeutet, daß ein Herzklopfen ohne Vernunft noch keine Liebe ist, und daß die Vernunft darin besteht, daß ich am Sein teilhabe.
Sobald ich mir der Tatsache bewußt bin, daß du teilhast am Sein, bin ich in der Lage, eine Gefühlsregung und Ergriffenheit zu verspüren, wenn ich dir begegne oder dir etwas zustöße. Die Gefühlsregung und die Ergriffenheit richten sich auf etwas, das bereits existiert; wenn es aber existiert, dann nur dank etwas anderem. Von allein ist die Existenz nicht gegeben, und genau das ist der vernünftige Grund zum Leben: Der wahre Grund unseres Lebens ist das, wofür wir geschaffen sind, woraus wir hervorgebracht sind, der Grund des Lebens ist ein anderer. Im normalen Sprachgebrauch sagst du zu diesem anderen „Du". Im Wort „Du" ist in höchster Ausdrucksweise das Bewußtsein einer Gegenwart zusammengefaßt, die dich hervorgebracht hat. Denn du hast früher nicht existiert, und du schaffst dich auch jetzt nicht selber: „Ich bin Du, der Du mich schaffst", so heißt es im zehnten Kapitel von *Der Religiöse Sinn*.[39] Das ist die größte und schönste Entdeckung, die der Mensch machen kann; die ihm am meisten Ruhe schenkt, am meisten berührt und Staunen hervorruft.

Sie sagten, daß ...
Dieses „Sie" ist in Wirklichkeit ein „Du". Wenn das „Sie" nicht stellvertretend für das „Du" steht, führt es zu einer Trennung, es würde nie den anderen erreichen, und daher kann es ihn nicht wirklich verstehen.

Sie sagten: die Liebe ist der tiefste und geheimnisvollste Kern jener Gegenwart, welche wir im Glauben anerkennen. Und da man das nicht verstehen kann, ist es notwendig zu folgen. Sofort danach sagten Sie: in der Erfahrung zeigt die Liebe Wirkung und verändert die Dinge. Besonders aber tritt sie in einen gebieterischen Dialog mit dem eigenen Herzen ein und antwortet auf die Grundbedürfnisse unseres Herzens. Ich wollte nun folgendes verstehen: Welches ist die Erfahrung, die uns im höchsten Maße diese Liebe verstehen läßt? Und dann, was bedeutet es, daß die Vernunft dem folgen muß, was sich in dieser Erfahrung zeigt?

Wir verstehen in höchstem Maße, was die Liebe ist, wenn wir in das Geheimnis vordringen; dies geschieht mit einer Wellenlänge, welche man Ewigkeit nennt. Tatsächlich wird das Paradies in der Ewigkeit nicht eine tödliche Langeweile darstellen, in der man sich ständig die gleichen Dinge wiederholen wird. Vielmehr wird es ein langer Weg sein, auf welchem sich jeder Augenblick vom anderen unterscheidet. Jeder Augenblick ist neu, wie es ein Kommentator des Schriftstellers Péguy ausdrückt, wenn er vom Ereignis spricht: Das Ereignis stellt eine Neuheit dar, und für das Erkennen ist das Ereignis grundlegend: Man erkennt dann etwas, wenn man dabei etwas Neues wahrnimmt.[40]

Somit ist die Liebe in höchstem Maße eine Erfahrung, welche auf das Unendliche und Ewige zielt: Du beginnst damit als kleines Kind, und es endet nie. Tatsächlich stellt die Liebe das Maß deiner Bestimmung dar; dafür bist du geboren worden.

Wie war noch einmal die zweite Frage?

Ich wollte gut verstehen, was in diesem Fall damit gemeint ist, daß die Vernunft folgen muß.

Was ist die Vernunft? Sie ist die Fähigkeit des Menschen, die Wirklichkeit mit Bewußtheit wahrzunehmen. Meint das nun, daß die Wirklichkeit von ihm kommt; daß er in der Lage wäre, sie hervorzubringen? Nein, vielmehr sich etwas bewußt zu werden, das man nicht selbst geschaffen hat. So ist es auch hier. Der Gehorsam verleiht dir das Bewußtsein einer Gegenwart, welche so geheimnisvoll ist, daß du, willst du sie verstehen und kennenlernen, jemandem folgen mußt, der sie bereits kennt; und zwar Schritt für Schritt, für immer. So ist der Gehorsam gegenüber demjenigen, der sich auskennt, ein Ausdruck von Intelligenz: In die Berge zu gehen und dabei einem zu folgen, welcher sich nicht auskennt, ist hingegen ein Fall für Dummköpfe.

Aber wer kennt bereits jene unendliche Perspektive, mit der man das Wort „lieben" wahrhaft in Verbindung bringen kann (in reiner Weise zu lieben, ohne Berechnung, ohne Erwiderung, ohne eigenes Maß)? Allein Gott, der Mensch wurde; allein Christus und diejenigen, welche Christus dir zur Seite gestellt hat, damit du ihm nachfolgen kannst; die er erleuchtet hat, damit sie dir helfen, ihm nachzufolgen.[41]

Du hast gesagt: Die Wahrheit des Lebens besteht darin, das Sein zu bejahen. Dies bringt eine Zuneigung und Anhänglichkeit mit sich, welche hart wie Stein sein kann, die aber gar nicht anders kann, als sich in Ergriffenheit zu wandeln.

Was für ein wunderschöner Satz!

Aber warum lacht ihr? Weil ich ihn selbst gesagt habe? Aber nein: Nicht ich habe ihn gesagt! Er wurde mir gleichsam diktiert. Wenn man größer wird, versteht man mit der Zeit, daß alles Wahre im Leben gegeben ist. Was bleibt, ist der große Auftrag: Die Freiheit muß es annehmen, und zwar mit allen Konsequenzen, die damit verbunden sind und die sich erst ganz allmählich zeigen. Du kannst beispielsweise eine Person gern haben, auch voller Begeisterung, in reiner und angemessener Weise. Doch mit zunehmender Zeit bringt das ein Opfer mit sich, das sich immer mehr aufdrängt. Das kann so weit gehen – wenn Gott will –, daß es alles überschattet. In diesem Augenblick ist die Auferstehung greifbar nahe, das heißt eine Standfestigkeit, welche ganz auf das Wahre baut, dessen sie sich sicher ist.

Ich wollte verstehen, was es bedeutet, daß die Anhänglichkeit, welche hart wie Stein sein kann, gar nicht anders kann, als sich in Ergriffenheit zu wandeln.

Die Wahrheit des Lebens besteht darin, das Sein zu bejahen: zu bejahen, daß diese schöne Chrysantheme existiert. Diese schöne Chrysantheme ist vor dir, etwas größer als deine Hand, und ihr Stengel kann sie kaum tragen, so groß ist sie und so wahr und so schön. Du betrachtest sie voller Ergriffenheit. Würdest du diese Chrysantheme anschauen und dabei sagen: „Na ja, aber vielleicht existiert sie doch nicht wirklich, sondern nur in meiner Vorstellung", „vielleicht ist das meine Mutter", „vielleicht ist das mein Sohn", dann liebst du schließlich gar nichts mehr ... Nur eine „Doktrin", eine intellektuelle Gelehrtheit, kann immer sagen: „vielleicht"!

Meintest du das auch, als du von der heutigen Philosophie sprachst, welche die Gegenständlichkeit des Seins verneint, die Konkretheit der Wirklichkeit, und sie daher in die Sphäre des Traumes verschiebt, weil die Wirklichkeit als feindselig wahrgenommen wird?
Ganz genau. Wenn die Wirklichkeit anders sein kann, als sie sich ganz offensichtlich vor unseren Augen zeigt, dann ist sie eine Lüge, ein Feind. Ein Beispiel: 1912 in Libyen, als die Araber noch nicht unsere Kanonen hatten, gruben sie tiefe Löcher und bedeckten sie mit Laub. Unsere Soldaten fuhren mit ihren Fahrzeugen darüber und stürzten in die Tiefe. Etwas, das offensichtlich vor unseren Augen steht und doch nicht wahr ist, ist ein Betrug. Und ein Betrug entsteht im letzten aus einer Feindschaft.

Die Zuneigung kann anfänglich trocken und daher hart wie Stein sein. Die Anhänglichkeit kann hart sein, aber mit der Zeit wird sie zu Ergriffenheit. Folglich: ist einer nicht besorgt, wenn er nicht sofort bewegt ist?
Vor allem anderen sorgt er sich darum, ob etwas liebenswert erscheint oder nicht. Ist es eine Lüge, dann kann ich es nicht lieben. Da gibt es kein hart oder weich; im Gegenteil: Angesichts einer Lüge wird einer eher weich, da die Lüge sich als der leichtere Weg darstellt. Erteilt dir beispielsweise deine Mutter, die dich gerne hat, berechtigte Aufträge, die dir auf die Nerven gehen, so ist dein Gesichtsausdruck vor ihr hart wie Stein. Tust du jedoch, was sie dir sagt, so lernst du mit der Zeit und sagst: „Mama, wie recht du doch hattest" (besonders jetzt, da sie tot ist).

Ich wollte von einem kleinen Erlebnis ausgehen, das ich hatte. Vor ein paar Tagen kam ich etwas zu spät zur Arbeit. Daher hat mir meine Kollegin einen Zettel auf den Schreibtisch gelegt, auf dem stand: „Ein guter Tag beginnt für mich mit der Tatsache, daß wir uns begegnen und sehen. Da ich dich heute nicht sehen kann, schreibe ich es dir." Da die Gespräche unter uns fast immer etwas leer sind, war ich sehr froh darüber, daß sie die Möglichkeit einer tieferen Entsprechung in einer Beziehung erahnen konnte. Aber ich wollte verstehen, nachdem Sie die Definition der Liebe gegeben haben, nämlich aus reiner Zuneigung zu handeln, wie es sein kann, daß jemand nicht diese Entsprechung in einer Beziehung ersehnt. Für mich hingegen ist es wichtig, daß der andere das anerkennen möge.
Du kamst zu spät, und sie hat dich nicht gesehen.

Nein, sie hat mir auf einen Zettel geschrieben: „Einen guten Tag, denn für mich beginnt ein guter Tag mit der Tatsache, daß wir uns sehen und uns begegnen"...

Weil du zu spät kamst, hat sie dich nicht gesehen!

Ja, aber das ...
  Doch, das hat mehr zu sagen, als es dir scheinen mag. Und in der Tat, wie sagt sie zu dir ...?

Sie hat mir also einen Zettel hingelegt, auf den sie schrieb: „Ich möchte dir das sagen." Ich war davon bewegt, da ich verstand, daß in unserer Beziehung die Möglichkeit einer tieferen Entsprechung lag. Denn ich weiß, daß dies möglicherweise der Beginn einer wahreren Beziehung und Entsprechung darstellt, auch wenn sie das vielleicht nicht anerkennt oder ganz versteht.
  Es war die Entdeckung, daß eine Entsprechung möglich wurde zwischen dir und einer Gefährtin, von der du es nicht erwartet hättest. Die Gelegenheit, um dir das zu sagen, rührte von dem Umstand her, daß du zu spät kamst, und das ist hingegen ein extrem wichtiger Hinweis. Es ist, als hätte deine Freundin zu dir gesagt: „Du kannst tausend Gründe haben, um zu spät zu kommen. Jedenfalls, wenn du zu spät kommst, hinderst du mich daran, den Tag gut zu beginnen." Die Art und Weise, um besser auf diese Entsprechung zu antworten, die sie dir gegenüber zum Ausdruck gebracht hat, hätte darin bestanden, zu zeigen, daß auch du darum besorgt warst, sie wiederzusehen, das heißt pünktlich dort zu sein. Deine Freude ist nur halb gültig, denn es fehlt jenes Opfer seiner selbst, welches sie erst vollkommen und nützlich macht, und wodurch deine Freude übereinstimmt mit der reinen Zuneigung.

Sie hatten uns gesagt: „Wenn jemand zu einem anderen gehört, dann ist das Leben dramatisch." Ich wollte besser verstehen, was hier mit dramatisch gemeint ist.
  Mal abgesehen von der Tatsache, daß es ein Wort ist, als sagte man zum Beispiel „Stuhl". („Ich möchte gerne verstehen, was ein Stuhl ist." – „Ein Stuhl ist dieser Gegenstand, auf dem du sitzt, und auf dem du auch ständig nach hinten schaukelst!")
  Mit „dramatisch" ist ein genau umschriebenes Phänomen angesprochen, nämlich daß ein Ich sich an ein anderes Ich wendet und zu ihm „Du" sagt. Ein Ich, welches zu einem anderen „Du" sagt, muß die ganze Verschiedenheit überwinden, um den Fuß in die Tür einer anfänglichen Seligkeit zu stellen. Die Freude darüber, innerhalb einer Beziehung zu stehen, muß zunächst die Beziehung von dem reinigen, was ihr nicht entspricht.
  Da nun einmal das Fehlen einer Entsprechung ganz normal ist – es ist absolut normal, daß zwischen zwei Personen nicht gleich eine Ent-

sprechung besteht –, muß eine derartige Entsprechung gewollt sein, damit man in die Freundschaft und in den Frieden der Beziehung mit einem anderen eintreten kann. Diese Entsprechung bewußt zu wollen, stellt einen Kampf dar, eine Mühe. In diesem Sinne ist jede Beziehung zwischen einer Person und einer anderen dramatisch, und der schwierigste Inhalt dieser Dramatik besteht in der Verschiedenheit, die man aufrichtig anerkennen muß, die es jedoch anzunehmen und mit dem Willen der Liebe zu verbrennen gilt. Es geht es also um mehrere Phänomene: anerkennen, annehmen, verbrennen (sogar ein Brand kommt dabei vor!).

Zwischen Gottvater, dem göttlichen Wort und dem Heiligen Geist gibt es hingegen keine Dramatik, nur unter dem Gesichtspunkt der Auswirkung auf die Schöpfung, ihrer Beziehung mit der Schöpfung. Unter ihnen existiert keine Dramatik, denn die Einheit der Liebe ist so vollkommen, daß sie keinerlei Verschiedenheit zulassen kann: identisch mit dem Vater, identisch mit dem Sohn. Sobald sich die göttliche Energie in der Schöpfung ausdrückt, beginnt die Dramatik, nicht zwischen ihnen, sondern auf der Ebene von uns Menschen. Alle hatten den Mund offen vor Staunen, als sie dem Sohn nachgingen, voller Sehnsucht nach einem kleinen Wunder. Doch das Wunder geschah oder geschah nicht, je nach dem, ob der Vater es wollte oder nicht. Die Beziehung zwischen Vater und Sohn ist in unseren Augen und für unsere Erfahrung dramatisch, da diese Beziehung anstelle einer Entsprechung einen Gegensatz provoziert und hervorbringt.

Man muß eine Entsprechung ersehnen, so wie sie zwischen Vater und Sohn besteht. Die Existenz des Menschen ist dramatisch, sowohl in ihrem Ursprung als auch in ihrem Zugehen auf die Bestimmung. Erst im Erreichen der eigenen Bestimmung kommt diese Dramatik zur Ruhe.

Wie ist die Liebe zu sich selbst möglich? Denn wenn man anerkennt, daß Christus mich so sehr geliebt hat, daß er für mich starb, steht der nächste Schritt unmittelbar an. Doch für mich ist es eine große Schwierigkeit, mich selbst zu lieben.

Erinnert ihr euch an den Satz von Dante: „Dieses teure Kleinod, / Auf welchem alle Tugenden stehen begründet, / Wer gab es dir?"[42] Um tugendhaft zu sein, um innerhalb der Beziehungen die Dramatik des Kampfes zu bestehen, muß man in sich eine letzte Freude empfinden. Ohne die Erfahrung einer Freude bringt man nichts Gutes hervor. „Dieses teure Kleinod, / Auf welchem alle Tugenden stehen begründet, / Wer gab es dir?" In dir findest du eine Freude vor, die aus etwas stammt, das deine Tugend in Bewegung versetzt und deine Sehnsucht nach dem Guten antreibt. Was ist diese Freude, und woher kommt sie zu dir? Diese Freude ist die Sehnsucht nach Glück, und woher stammt sie? Sie kommt von deinem Ursprung selbst; von dem, der dich hervorbringt. Daher gründet sich die Sehnsucht nach Glück in dir auf die Tatsache, daß du für das Glück geschaffen wurdest. Derjenige, der dich geschaffen hat, hat dich für dein Glück gemacht. Somit kannst du gar nicht anders, als dein Glück zu ersehnen.

Ich wollte verstehen, was es bedeutet, daß „die wesentliche Frucht einer veränderten Mentalität die Hingabe des eigenen Lebens" ist. Denn in meinem Alltag laufe ich entweder meinen Illusionen nach, oder aber ich stehe vor Christus.

Sie beobachtet, daß sie in jedem Augenblick ihres Lebens entweder ihren Illusionen hinterher läuft – was sie denkt und tut, ist somit falsch, vergeblich, leer – oder aber es geschieht für Jesus. Das bedeutet: entweder ist das, was sie tut, unnütz, oder es hat einen Wert. Wenn es Wert hat, wenn es Bestand und Bedeutung hat, und zwar im Jahr 1220 ebenso wie im Jahre 1994, dann deswegen, weil es zu Jesus gehört. Entweder ist es unnütz – denn es hatte vielleicht einen Wert für den Dezember 1111, aber schon nicht mehr für den Februar 1112 – oder es geschieht für Jesus. Etwas kann dann standhalten und dem Menschen dienen, seinen Weg erhellen und ihm einen Vorgeschmack auf die endgültige Freude verleihen, wenn es für Jesus geschieht.

Also, was war deine Frage?

Daß Sie mir diesen Satz aus der Lektion erklären ...
Aber nicht so wie damals!

Nein, das wollte ich absolut nicht!
Du brauchst dich nicht zu verbessern, denn es ist völlig berechtigt. Wozu wären ansonsten die Zeit und die Wiederholung der Dinge gut? Für gar nichts. Wenn es für Jesus geschieht, dienen die Zeit und die Wiederholung dazu, daß etwas Neues entsteht.

Die wesentliche Frucht dieser veränderten Mentalität ist die Hingabe des eigenen Lebens.
Die Veränderung der Mentalität ist das, was sich am meisten aufdrängt und Bedeutung erlangt, wenn man das Leben als Durchgang betrachtet, als etwas Vorübergehendes. Als mein lieber Vater mich einst durch die verschiedenen Kirchen der Lombardei schleppte, wo

am Sonntag polyphone Musik aufgeführt wurde (von Palestrina oder irgendwelchen anderen), ging ich wirklich sehr ungern mit. Denn die polyphone Musik – ich hoffe, ihr wißt, was das ist: Die Musik, in der alles durcheinandergeht! – schien mir damals ein wirres Gemisch aus Worten und Noten zu sein. Als ich dann in der dritten Gymnasialklasse im Priesterseminar am Karfreitag die ersten Töne des *Caligaverunt* von Da Victoria hörte – dieses Stück wird jetzt auch unter uns regelmäßig gesungen – da habe ich beim Einsetzen der zweiten Stimme nichts Wirres mehr wahrgenommen; ich verstand, was polyphone Musik ist. Und je mehr sich dann auch die anderen Stimmen hinzugesellten, die dritte und die vierte, desto schöner wurde das Ganze, es war kein Notensalat mehr: Das ist mit Veränderung der Mentalität gemeint.

Wenn du auf unreife Art und Weise Musik hörst, verstehst du gar nichts. Hört man sie in reiferer Haltung, so beginnt man, etwas zu verstehen. Und je mehr du dranbleibst, desto mehr verstehst du. Das ist wirklich etwas Wunderbares: Wenn du bei einem komplexen Stück dranbleibst und dich damit beschäftigst, dann öffnet und enthüllt es sich dir immer mehr. Wenn es aus sechs Stimmen besteht, und du dich darübermachst und nachdenkst, so löst sich allmählich der Schleier von den sechs Stimmen. Du hörst zunächst die erste Stimme, dann die zweite, die dritte, die vierte, welche sich ständig wiederholt, dann die fünfte – das ist Reife, ein Musiker geht so vor. Aber lassen wir den Musiker beiseite: ein erwachsener Mensch, für den die Musik gemacht ist (denn die Musik ist für den Menschen gemacht, nicht für den Musiker), versteht das!

Die Veränderung der Mentalität bedeutet, immer mehr die Natur eines Phänomens zu begreifen, die Wesensfaktoren eines Phänomens – und zugleich klarer wahrzunehmen, wie all diese Faktoren einem letzten Ziel zustreben. Einen Sinn für das Ziel zu haben, ist der höchste Gipfel des menschlichen Geistes. Alles ist auf das Ziel ausgerichtet, wie der ganze Montblanc: Dieser riesige Haufen aus Erdmaterial endet in einer Bergspitze, alles hängt von jener Bergspitze ab. Das ist also das erste, was ich sagte: Veränderung der Mentalität meint eine Vertiefung, eine ausführliche und genaue Erkenntnis aller Faktoren, die den Bestand einer Sache ausmachen, sowie deren Ausrichtung auf ihre einzige und letzte Bedeutung. Stellt euch mal die Weltkarte eines Ptolemäus vor und dann die ausgeklügelte Weltkarte von heute: Es sind zwei extrem verschiedene Dinge; die Karte von heute stellt eine Weiterentwicklung der Mentalität dar. Veränderung der Mentalität bedeutet daher, sich bis in die Einzelheiten in das Herz der Faktoren zu begeben, welche ein Phänomen ausmachen. Es ist die schärfere

Wahrnehmung des einzigen Ziels, auf das alles zustrebt und wofür all diese Faktoren gemacht sind (denn alles, was nicht auf ein einziges Ziel hinführt, ist wie Unrat, wie eine Ablehnung; man muß es wegwerfen).

Was bedeutet es, den Tagesablauf Gott hinzugeben? Der Mensch, das heißt der höchste Ausdruck der Natur – der höchste Ausdruck der Natur, einbegriffen Himmel und Sterne, einbegriffen die Gärten von weißen und zerknitterten Rosen, Himmel und Erde –, der Mensch ist der Gipfel des Himmels und der Erde. Wenn wir singen, besonders in den liturgischen Texten der Präfation: „Die ganze Erde ruft deine Herrlichkeit aus", wo ist dann die Erde, welche ausruft? Es ist der Mensch, welcher das ausruft, welcher der ganzen Erde die Stimme verleiht und ihr Bewußtsein darstellt. Indem der Mensch also seinen Tagesablauf hingibt, zeigt er zunächst einmal, daß er ein tieferes Verständnis der Faktoren erreicht hat, welche die Wirklichkeit ausmachen, und ein tieferes Verständnis der einzigartigen Bestimmung, wofür sie gemacht sind. Die einzigartige Bestimmung, für die sie gemacht sind, ist die Ehre Christi: „Vater, die Stunde ist gekommen" – das ist auch einer der schönsten Abschnitte des Evangeliums. Stellt euch vor, daß er das eine Stunde vor seiner Festnahme sagte –, „Vater, die Stunde ist gekommen. Verherrliche deinen Sohn."[43] Die Größe der gesamten Wirklichkeit, die wie der Gipfel des Montblanc ist, liegt in der Ehre Christi. Wenn du dir aller Faktoren der Wirklichkeit bewußt wirst, und je reifer du wirst, desto mehr verstehst du, daß das einzige Ziel für alle diese Faktoren die Bejahung Christi ist.

Denn die Bejahung Christi ist das einzige Ziel für alle Faktoren, aus denen die Wirklichkeit besteht. Daher ist, wie es im Hohen Lied heißt, auch schon ein Haar von Bedeutung: „Mit einem einzigen deiner Haare hast du mich getroffen."[44] Warum ist es so wichtig? Warum ist die Ehre Christi Ziel von allem? Als Junge staunte ich immer, wenn ich in den Bergwäldern war und mir dachte: „Wie viele Nadeln doch diese Kiefer hat!" Und ich zählte sie: zehn, zwanzig, vierzig, hundert (ab hundert wurde ich der Sache überdrüssig), aber bei hundert war man schon bei einem kleinen Ast. Also, allein auf einem Baum gab es Tausende davon, und dann noch alle Tannen auf der Welt? Milliarden und Abermilliarden von Nadeln. Und das ist nun erst ein Faktor, ein einziger. Denkt mal an die Sandkörner des Meeres ... Warum haben alle Dinge, aus denen die Realität gemacht ist, als Gipfel von allem, als Endpunkt und letztes Ziel die Ehre Christi? Weil alle Dinge ihren Bestand in Christus haben. Deine Haare gab es einmal nicht, noch weniger jenes Haar, von dem dein Herz getroffen wurde, auch wenn es nur ein einziges ist. Deine Haare gab es einmal nicht und auch nicht deine Augen – und wenn es also deine Augen nicht gab ...! Vor allem aber gab es einmal auch dein Herz nicht, es gab also nichts: Alles, aus dem du bestehst (alles!), alles hat in Ihm Bestand. Es besteht aus etwas, das nicht etwa dem Nichts entstammt. Außerhalb des Nichts gibt es das Sein, und das Sein ist ein einziges: das Geheimnis Gottes, das Mensch geworden ist. Deswegen stellt alles die Ehre Christi dar, weil alles aus Christus gemacht ist. Wir haben immer gesagt, daß die Hingabe von etwas vor Gott bedeute: „Gott, ich gebe dir diese Stunde meines Studiums hin" (wie unsere ganz liebe Freundin Anna beispielsweise, deren Leben darauf reduziert ist, im Zug zu lernen, oder in Kirchen, oder in Kneipen während der Wartezeit auf den Zug. Im übrigen macht sie noch 24 Stunden in der Schule und studiert Medizin, wird Schlag auf Schlag befördert, eine Prüfung nach der anderen, auch in Physiologie). Nun gut, was heißt es also zu sagen: „Ich gebe dir diese Stunde hin, die ich im Zug lerne" (immer der gleiche hin- und herschwankende Zug)? Daß das, was ich gerade tue, in dir seinen Bestand hat, aus dir gemacht ist, aus etwas anderem gemacht ist. Alles besteht aus etwas anderem. Alles besteht aus einem Du, und das Ziel von allem ist die Ehre dieses Du, daß dieses Du sich in der Form meiner Handlung selbst zeigen möge. Ehre bedeutet, das Antlitz dieses Du widerzuspiegeln. Um das Antlitz Christi zu enthüllen, sind die Sterne da. Um das Antlitz Christi zu enthüllen, gibt es, Gott sei Dank, nicht nur verwelkte und weiße Rosen!

Die Veränderung der Mentalität ist dieses Ereignis eines Reifens, wodurch es mit der Zeit immer mehr zur Gewohnheit wird, ein Bewußtsein zu haben, woraus die Dinge bestehen (je schöner sie sind, desto mehr ist ihr Bestand dieses andere) und für welches Ziel sie gemacht sind (nämlich die Enthüllung des Antlitzes Christi, das Antlitz des göttlichen Wortes in ihnen). Ein Kind hat noch keine Gewohnheit, Musik zu verstehen, sie ganz zu verstehen; ein Heranwachsender schon. Was den Vater bewegt, sagt dem Kind noch nichts; wenn das Kind aber groß wird, ist es auch selbst davon bewegt. So liegt der höchste Wert dieser veränderten Mentalität also gerade in der Hingabe von allem an Christus. Das bedeutet: Ich erkenne an, daß alles aus Dir besteht und daß alles dazu gemacht ist, um Dich darin zu zeigen. Tatsächlich kann nur dies das Herz erfüllen und die Seele froh stimmen, auch im Schmerz, auch angesichts des Todes. Wie beispielsweise der Vater meines Freundes Vannini, welcher im Sterben lag und in Anwesenheit aller Angehörigen mühsam die Hand erhob und sagte: „Auf Wiedersehen." Aber wie viele Beispiele gibt es davon unter uns!

Veränderung der Mentalität bedeutet, daß einer vom Kind zum Erwachsenen wird, daß er die Welt begreifen kann, daß er sich an der Welt und dem Sein erfreuen kann. Die Hingabe hilft uns wie nichts anderes, die Wahrheit der Welt zu verstehen und sich an ihr zu erfreuen: den Gipfel der Reife zu erlangen, welcher in der Hingabe an Gott liegt. Etwas Gott hinzugeben bedeutet, anzuerkennen, daß etwas, was wir gerade in den Händen haben, aus ihm besteht; daß unser Tun von jemand anderem gemacht ist und aus jemand anderem besteht. Die Handlung ist nicht von mir gemacht, der ich ein Nichts bin, denn alles ist mir ja gegeben. Es ist mir gegeben „für", damit die Stimmen der polyphonen Musik zutage treten, damit sich die Gesichtszüge Christi einer nach dem anderen enthüllen.

Solange man klein ist, versteht man nichts, und alles erscheint abstrakt: Für das kleine Kind ist alles abstrakt, abgesehen von der Nahrung und der Person, die sie ihm gibt. Dann erreicht man das Alter von sechs, zehn, vierzehn Jahren, von zwanzig Jahren, von vierzig Jahren – bis dahin kann man immer noch ein bißchen Kind bleiben; ich gehe mal von der Erkundung meiner Leute aus, bis zu vierzig Jahren können sie immer noch wie Kinder sein! – und danach bricht man ein. Entweder einer entzieht sich selbst den Boden, das heißt er schläft (und das allerdings ständig!) und die Dinge hobeln ihn ab, die Zeit und die Ereignisse hobeln ihn ab, oder er beginnt zu verstehen.

Sie sagten, daß das Gesetz des Ichs die Liebe ist. Das Ich ist nicht abstrakt, sondern bewegt sich in Form einer Handlung. Sich für einen anderen hinzugeben, bedeutet also, sich für den anderen in Bewegung zu setzen. Mir stellte sich folgende Frage: Wann besteht die Gefahr, daß dies als Moralismus gelebt wird, das heißt, nach dem eigenen Maß, als eine Anstrengung?

Wenn das Motiv deines Tuns nicht die Liebe des anderen ist, sondern ein Gesetz, das sie dir beigebracht haben, ein Gesetz oder eine Formel, die du erlernt hast. In meiner Kindheit kam meine liebe Mutter jeden Abend herbei, um mir die Bettdecke einzuschlagen. Und jeden Abend, aber wirklich jeden, bis ich mit zehn Jahren ins Knabenseminar ging – da gab es dann keine Mutter mehr, die darauf Wert legte; Priester sind nicht wie Mütter –, sagte sie mir, während sie mir das Bett in Ordnung brachte, immer auf unterschiedliche Weise: „Denk daran" – wenn es zum Beispiel draußen regnete –, „daß es Kinder gibt, die kein Dach über dem Kopf haben wie wir; die kein warmes Zimmer haben" oder „die heute unter die Straßenbahn gekommen sind" und so weiter. Indem sie mir ständig solche Sätze sagte (die ich aus dem Augenblick heraus mit Reue wiederholte, ohne tieferes Verständnis), erlangten diese ganz allmählich im Verlaufe der Zeit Intensität, eine Intensität an Bedeutung. Und ich empfand, noch bevor ich den Sinn dieser Sätze begriff, die Gefühlsregung, welche sie vermittelten. Danach habe ich dann auch verstanden, was sie aussagten; allerdings später, mit der Zeit.

Folgt also dein Tun einer Vorschrift, dann ist das etwas für Kinder. Entstammt es hingegen der mit Ergriffenheit gemachten Wahrnehmung, daß du einen Menschen vor dir hast, der auf eine ewige Bestimmung zugeht, dann ist es keineswegs mehr eine Angelegenheit von Kindern. In den letzten Jahren konntet ihr eine tragische Beobachtung: all die Leute, die in die Dritte Welt gingen, um Leidenden, Leprakranken und Aidskranken zu helfen. Auch Mutter Teresa war aus diesen Gründen in die Dritte Welt gegangen. Man fragte sie: „Warum widmen Sie sich auf diese Weise den Schmerzen der Menschen?" „Aus Liebe zu Jesus", war ihre Antwort zu dem verblüfften Journalisten. Denn Jesus ist das Ziel, wofür dieser Mensch existiert.

Nun gut, meine Antworten sind der Ausdruck einer reifen Erfahrung, wie ihr sie noch nicht gemacht habt. Daher bleibt in euch eine Spur des Eindrucks, es handle sich um abstrakte Begriffe. Von dem, was ich euch sage, verbleibt in euch ein letzter Rest an Abstraktem. Wenn ihr allerdings ständig das wieder aufgreift, was ich euch sage, verschwindet mit der Zeit das Abstrakte. Dann versteht man, daß gerade das, was zuerst konkret zu sein schien, tatsächlich abstrakt war.

Was bewirkt, daß die Selbsthingabe in den Dingen, die es jeden Tag zu tun gilt, nicht in einer Haltung der Großzügigkeit geschieht, sondern wirklich voller Ergriffenheit?

Ein Handeln aus Großzügigkeit geht immer von dir selbst aus. Es ist eine Aktivität, welche in dir selbst ihren Ausgangspunkt hat. Ihr Existenzgrund ist es, etwas von deinem Inneren auszudrücken. Eine Handlung aus Liebe entsteht außerhalb von dir. Sie entsteht aus der Gegenwart vor deinen Augen und ergibt sich gleichsam aus der Gefühlsregung und Ergriffenheit, welche diese Gegenwart in dir weckt.

Die Großzügigkeit entsteht aus deinem Inneren als dein eigener Impetus. So kann sie eine Art Ausgleich werden: Zwei junge, artige Brautleute kommen sich geizig vor, wenn sie nicht ein Almosen für das Rote Kreuz oder irgendwelche Pflegeheime geben. Daher spenden sie etwas; und wenn sie statt – wie gefordert – hundert Lire sogar tausend Lire geben, erscheint ihnen das noch besser. Etwas aus Liebe zu tun, hat dagegen einen genau entgegengesetzten Ursprung. Es entsteht von außen, aus einer Gegenwart vor deinen Augen, die dich betroffen macht und berührt, während sie dich um etwas bittet. Am Ende wirst du – mit mehr Mühe, vielleicht sogar mit sehr viel Mühe und nach langem Zaudern – etwas geben.

Aus diesem Grund stellen die *Memores Domini* eine viel komplexere und mühseligere Lebensform dar als das Leben in einem Kloster, auch wenn man das Leben der *Memores Domini* bürgerlich und gewohnheitsmäßig abspulen kann: Die Gewohnheit zerfrißt den Lack der Angelegenheit.

Aber nochmals: Um welch eine hervorstechende Unterscheidung geht es hier! Ich kann – so beschrieb es der heilige Paulus mit einem der schrecklichsten Vergleiche – ich kann meinen Leib den Flammen übergeben und mich ganz geringachten, wenn ich jedoch die Liebe nicht habe ... [45] Seinen Körper in Flammen zu setzen, kann ein Impetus sein – wie bei Jan Palach in Prag nach der russischen Invasion –, während die Liebe eine Gegenwart ist, für die ich das Leben gebe, für die ich auch das Leben gebe: Es ist wirklich der Unterschied zwischen Nordpol und Südpol, eine Umkehrung, eine beeindruckende Umkehrung. Bitte, versteht ihr, was für eine Art von geistigem Unterschied zwischen uns und anderen besteht? Es genügt, in gewissen Augenblicken in uns selbst den geistigen Unterschied zu anderen festzustellen.

Oft kommt es mir so vor, als hätte der Satz „Christus ist für die Menschen gestorben" nichts mit mir zu tun.

Weil es abstrakt ist. Zu sagen, daß Christus für die Menschen gestorben ist, ist ein abstrakter Ausdruck. Daß Christus für mich gestorben ist, ist so konkret, daß es mich zwingt, alles für ihn zu tun. Es zwingt mich zu verstehen, daß alles aus ihm entsteht. Es zwingt mich zu verstehen, daß er das Ziel all meines Tuns ist; daß er der Gipfel der Berge ist. Was unser Ich nicht zu berühren vermag, ist weder Geheimnis noch nichts; besser: Es ist nichts, aber noch nicht einmal das Nichts im ontologischen Sinne. Bei den Exerzitien der *Fraternität*[46] hatte ich gesagt, daß das Ich den Scheidepunkt darstellt zwischen einer Beziehung zum Geheimnis und einer Beziehung zum Nichts.[47]

Es könnte Ausdruck einer Ideologie sein zu sagen, daß Christus für alle gestorben ist. Doch er ist für mich gestorben, und das ist ein ganz anderes Thema: Das Problem stellt sich auf der existentiellen Ebene; nicht theoretisch, sondern existentiell. Wenn ich am Ende bestraft werde, dann werde ich bestraft, weil ich dir im Leben nicht geantwortet habe, der du für mich gestorben bist; nicht der du für die Menschen gestorben bist. Sobald ich verstehe, daß er für mich gestorben ist, verstehe ich, daß er auch für meine Mutter gestorben ist. Ich verstehe, daß er auch für den Mann oder die Frau gestorben ist, die ich gern habe; für den eigenen Sohn, für den Freund; dann verstehe ich auch alles andere.

Wenn uns das, was schon Jahrhunderte im Gedächtnis bewahren und was schon von Jahrtausenden gestützt wird, abstrakt erscheint, dann liegt das an unserer inneren Leere. Wir sind Kinder, die nicht sprechen können: *infans* (unfähig zu reden). Es gibt eine Unfähigkeit zu reden, wie sie dem Kind zu eigen ist, welches nichts in sich trägt. Und es gibt eine Unfähigkeit zu reden, wie sie dem Gesicht eines Menschen zu eigen ist, der erfüllt ist von der Größe dessen, was ihn hervorbringt. Spricht er, so muß er stottern, weil er es nicht in Worte fassen kann, wie Dionysios Areopagita sagte: „Wer wird je von der vor Frieden überfließenden Liebe Christi zum Menschen sprechen können?"[48] Das ist eine übergroße Fülle. Das Kleinkind von drei Jahren hingegen kann auch nicht reden, aber wegen einer übergroßen Leere. Zu hundert Prozent ist der Eindruck einer Abstraktion bezüglich der Dinge, welche die Jahrhunderte uns in Herz und Gedächtnis überliefert haben, Symptom einer Entleerung. Er ist Beleg für ein leeres Herz und einen versteiften Geist, welcher sich noch nicht entwickelt hat.

Bei der Einführung zum Thema der Hoffnung war erklärt worden, inwiefern sich die Hoffnung auf den Glauben stützt. Inwiefern stützt sich nun die Liebe auf den Glauben?

Was ist der Glaube? Er ist die Anerkennung einer Gegenwart. Auf diese Gegenwart gilt es alles zu stützen, was du tust, was du bist und was du sein wirst. Und was ist diese Gegenwart? Genau das ist die Liebe. Man versteht daher nicht, was wirklich der Gegenstand des Glaubens ist, ohne bis zur Liebe zu gelangen. Der Glaube bejaht eine Gegenwart. Er macht dir eine Gegenwart bewußt und gestattet dir, sie zu bejahen, so daß du das ganze Leben darauf stützen kannst, das gegenwärtige und das zukünftige (Hoffnung). Aber wie ist diese Gegenwart? Die Antwort auf diese Frage ist die Liebe: Diese Gegenwart besteht aus reiner Zuneigung. Bedenkt einmal beispielsweise, wie aus dieser Antwort klar wird, daß die Großzügigkeit eine Sache ist – sie ist dein Bedürfnis, dich selbst auszudrücken –, und die Liebe eine andere Sache ist. Sie ist ein Bedürfnis, das von einer Gegenwart aufgedrängt und auferlegt wird (da kannst du nicht untätig bleiben). Im Handeln aus Großzügigkeit wirst du, wenn du nicht hysterisch bist, an einem bestimmten Punkt haltmachen. Doch angesichts einer Gegenwart fährst du fort, auch wenn du sterben müßtest.

Der gute Don Zeno hat einmal diese sehr richtige Beobachtung gemacht. Stellt euch den Naviglio[49] vor. Der Naviglio ist eine Art offener Kanal neben einer Autostraße, auf der Busse vorbeirollen. Nehmt einmal an, ein Bus habe zu spät gebremst, und einer, der auf ihn gewartet hatte, stürzt ins Wasser. Da beginnen die Leute im Bus zu schimpfen:

„Da sieht man es wieder, die Regierung hat dies versäumt, die Regierung hat das versäumt, man hätte einen größeren Platz für die Haltestelle einrichten müssen, man hätte ein Wartehäuschen aufstellen müssen, man hätte ... " Jeder sagt seine Meinung. Und inzwischen krepiert der dort. Angesichts des Lebens gibt es keine Theorie oder Abstraktion mehr. Die Abstraktion drängt sich wegen des Bedürfnisses in den Leuten nach einer abstrakten Gerechtigkeit auf. Daher forderten die einen ein Wartehäuschen, die anderen eine breitere Straße, andere dies und jenes ... Alle dachten nach und stellten sich vor, wie man es verhindern könnte, daß einer in den Naviglio stürzt. Doch wenn einer nahe an der Tür sitzt, läuft er raus, springt hinunter in den Naviglio und rettet ihn. Vor einer Gegenwart besteht keine Theorie mehr, da gibt es nur noch Fakten.

Was meint ihr, von hundertfünfzigtausend Personen eures Alters, wie viele hören diese Dinge? Wißt ihr, wie viele? Zwei. Ihr könnt ja nachrechnen.

Kapitel 8
Das Opfer

Man möchte am liebsten alles auf einmal verstehen. Man möchte sofort verstehen. Man will alles unmittelbar verstehen und sofort empfinden. Doch man muß die Dinge wiederholen. Und selbst wenn man sie wiederholt, scheint man sie nicht zu verstehen. Ja oft meint man, daß man sie beim Wiederholen noch weniger versteht. Dies ist aber ein Ausdruck von Ungeduld. Denn wenn jemand gezwungen ist, Dinge zu wiederholen, um sie zu verstehen, dann wird er entweder leidenschaftlich die Wahrheit ersehnen (wenn er eine Leidenschaft für den Gegenstand seiner Studien hat), oder er stöhnt – an einem bestimmten Augenblick stöhnt er. Und dies entspricht seinem mangelnden Verständnis.

Ist die Sache aber wahr, dann hält man durch, wiederholt und spitzt die Ohren. Plötzlich scheint sich dann, völlig unvorhergesehen, die Luft zu klären „und das Morgenrot bricht herein". Man beginnt die Dinge zu verstehen. Ab diesem Augenblick wird es dann ein Triumph. Denn es ist wie die Sonne nach ihrem Aufgang: Sie triumphiert. Auch wenn es noch viele Vorbehalte, viele dunkle Stellen, viele Trennwände gibt, die die unmittelbare Sicht auf die Dinge verdunkeln, so triumphiert doch die Wahrheit in der Tiefe des Herzens. Denn man versteht, daß dort die Wahrheit ist – man versteht sie.

Dann gibt es weitere Entwicklungsstufen. Aber diese liegen in der Hand Gottes, und es ist unnütz, sie vorweg zu beschreiben. Die Entwicklungsstufen können auch ein Auskosten, eine Rührung, eine Zuneigung gegenüber der Wahrheit einschließen, so daß sie sich nicht von der Liebe zu Christus unterscheidet – oder nur insofern, als diese tiefer geht, mehr ergreift als die Zuneigung gegenüber der einen oder anderen Person, die man kennt. Doch diese Entwicklungen kommen später.

Das Entscheidende ist, sich auf den Weg zu machen. Und der Aufbruch ist so bedeutend, daß er Gott zukommt. Wenn ihr hier seid, dann deswegen, weil Gott den ersten Schritt getan hat. Vor fünf oder zehn Jahren hätte sich niemand von euch vorstellen können, daß er einmal hier wäre. Und noch weniger konnte er sich vorstellen, den nötigen Widerstand zu leisten, um hier zu bleiben.

Doch die Sache – so wie ich sie dargestellt habe, und ich hoffe, daß ihr sie alle versteht, weil sie alle betrifft – die Sache trifft mich noch schlimmer; dreizehn Mal schlimmer, um eine magische Zahl zu gebrauchen! Weshalb? Weil man es am liebsten unmittelbar verständlich machen möchte, weil man sofort helfen will, es nachzuempfinden; weil man direkt aufhellen will; weil man möchte, daß der andere sich nicht diese Mühe machen muß, die er sich macht. Weil man sich wünscht, er könne die Anstrengungen überspringen. Gerade dies ist dem großartigsten Aspekt der Zuneigung zu eigen, jener Zuneigung einer Mutter oder eines Vaters. Denn das Ideal der Zuneigung besteht nicht zwischen Mann und Frau. In der Beziehung zwischen Mann und Frau bewahrheitet es sich am Ende, wenn man den Weg gut zurücklegt. Ursprünglich aber erwächst in einem die Zuneigung als Vater oder als Mutter. Und der Vater oder die Mutter möchten, wenn sie auf den Dreikäsehoch blicken, daß er seinen Weg ohne Mühe gehen kann. Sie wünschen sich, daß er nicht alle Schritte machen muß, die sie getan haben. Ja, es tut ihnen leid, daß er sie machen muß.

Doch man tut das, wozu man in der Lage ist. Aber dabei tut man nicht einmal das, was man kann; eher das, was Gott einem erlaubt, mit Blick auf die Verfügbarkeit der eigenen Freiheit. Doch mit eurer Treue, wenn ihr bleibt, und mit meiner Treue, wenn ich das tue, was Gott mir aufträgt, können wir gemeinsam den Weg beschreiten.

1. Der Wert des Opfers

Ich habe diese Einleitung zum heutigen Thema gemacht, weil es sehr wichtig ist. Alle anderen Themen versteht man auch aus menschlichen Erwägungen heraus – den Glauben, die Hoffnung, die Liebe. Aber dieses Thema stößt „menschlich gesehen", zunächst einmal ab. Außerdem erscheint es ungerecht; es scheint, als müsse man Blut spucken. Und eine Mutter und ein Vater würden bei diesem Gedanken sagen: „Wie gerne würde ich doch für dich Blut spucken!" Aber nein, was einen jeden betrifft, betrifft eben ihn. Was Gott von dir will, mußt du schon selbst tun. Dennoch wird man unvermeidlich mitarbeiten, mithelfen, gleich was es koste.

Watershed

Das heutige Thema erscheint in der Tat unter allen bisher behandelten am wenigsten menschlich. Doch es ist der *watershed,* die Wasserscheide: der Ort, wo alle Wasser zusammenfließen. Es ist der Ort, wo alles, alles zusammenfließt: Es gibt weder Glaube, noch Hoffnung, noch Liebe; es gibt weder Schönheit, noch Güte, noch Gerechtigkeit, ja es gibt nichts, ohne dieses eine: Es heißt Opfer. Das Opfer ist der *watershed* aller bisher behandelten Themen. Es ist der Ort, wo alle Wasser in einem Strudel zusammenkommen: Es wird ein Erdbeben, dröhnend und gefahrvoll wie ein großer Wasserfall. Das Opfer ist in unserem Leben ein dröhnender und gefahrvoller Augenblick, wie ein großer Wasserfall, in dem die Strömungen unterschiedlicher Flüsse aufeinanderprallen.

Ich mache drei Punkte – um aber nicht an der Zahl drei zu sterben oder an der Zahl drei zu ersticken, füge ich noch einen Zusatz hinzu.

a) *Das Opfer scheint im Widerspruch zur Natur zu stehen.* Das Opfer ist aus einer rein natürlichen Sicht vor allem etwas Unbegreifliches. Natürlicherweise strebt nichts das Opfer an; zumindest scheint es so, daß nichts das Opfer ersehnt oder das Opfer verlangt: Es scheint wider die Natur zu sein. In der Tat ist unsere Natur für das Glück geschaffen, für die Vollkommenheit, für die Schönheit, für die Wahrheit. Die Natur ist für das Glück geschaffen, und das Opfer widerspricht dem. Und deshalb, so sagen wir, ist es zumindest unverständlich. Aus einem rein natürlichen Blickwinkel ist das Opfer unverständlich. Und wenn man sich etwas reizen läßt, dann wird es auch unerträglich. Denn es handelt sich um etwas, das dem widerspricht, wofür wir geschaffen sind: Es scheint eine Ungerechtigkeit zu sein. Deshalb schrieb Pavese in seinem Tagebuch, als er noch ein Jugendlicher von siebzehn Jahren war, daß das Opfer etwas Unbegreifliches sei, er nennt es „bestialisch".[1]

b) *Wann es interessant wurde.* Wann beginnt ein Opfer, einen Wert zu bekommen? Wert ist das, wofür sich die Mühe lohnt. Der Begriff Wert bringt das Vorläufige – die vorläufige Zeit, die vorläufigen Umstände – in Beziehung zu seiner Bestimmung. Und deshalb ist es nicht mehr vorläufig, es vergeht nicht mehr: Es lohnt die Mühe. Wert bedeutet, daß es die Mühe lohnt. Was nicht mehr vergeht und deshalb bleibt, was dich mit deiner Bestimmung verbindet, ist der Mühe wert; denn gerade der Begriff der Bestimmung dominiert souverän überall und allerorten, er gilt für jedes Haar und für jede Faser des Herzens.

c) Wann ist das Opfer nicht mehr etwas Unerträgliches, Unverständliches, „Bestialisches", sondern wird zu einem Wert? Wann ist dies eurer Meinung nach der Fall?

Wenn es sich um einen Akt der Liebe handelt.
Nun ja, eine schöne Pusteblume!

Wenn es ein freier Akt ist.
Ein freier Akt ist auch ein Hieb, der dein Auge blau schlägt!

Wenn es für ein Ziel ist.

Wenn es für einen anderen getan wird.

Ja, wir nähern uns der Sache: „Wenn es für einen anderen getan wird" – was aber kein Grund ist, denn der andere verschwindet, wie die trokkenen Blätter im Herbst verschwinden. Die Blätter verschwinden, die schönen Blumen verschwinden, und auch der andere verschwindet: Wenn du ihn fünf Tage später im Sarg siehst, dann nimmst du aus verschiedenen Gründen Reißaus. „Für einen anderen gemacht", hat ein Ziel, es kann eine gute Sache sein, aber es ist traurig; eine gute, aber traurige Sache. Wenn ich bei Redipuglia[2] vorbeikomme, und dort die Tausenden von toten Soldaten sehe, gestorben „für das Vaterland"! Es gab ein Ziel; wenn auch ungewollt, aber das Ziel war da. Aber letztlich, im allerletzten ist es ein Ziel, das dazu führen könnte, jenen an die Gurgel zu gehen, die sie umbringen ließen.

Das Opfer lohnt sich, wenn es für etwas hingegeben wird, das nicht wie ein Herbstblatt verwelkt und nicht fault wie ein Mensch nach dem Tod. Es lohnt sich für etwas anderes, das die Zeit herausfordert, für etwas, das mit der Zeit schöner wird, das widerstandsfähig ist und das auch dich so widerstandsfähig macht. Ansonsten ist es eine „bestialische" Sache, oder um weniger im Jugendjargon zu bleiben, etwas Trauriges; traurig aber im negativen Sinne des Wortes, etwas Bitteres.

Also, was habt ihr für andere Vorschläge? Hier geht es um die größten Dinge des Lebens, und dabei gehen die Leute zur Bar um die Ecke, um ein Glas Wein zu trinken. Und dies ist die höchste Befriedigung, die sie am Tag haben, oder sie gehen Arm in Arm durch das Land spazieren, und das ist für ein oder zwei Stunden alles. Alles wird von einem schrecklichen Sturm durcheinandergewirbelt, der alles vernichtet, der es zu nichts macht. Es ist ein so starker Sturm, ein so siegreicher, daß er alles vernichtet.

Das Wort Opfer begann, historisch gesehen, zum ersten Mal zu einem großen Begriff zu werden, als Gott Mensch wurde. Er wurde von einer jungen Frau geboren, er war klein, lief mit kleinen Schritten, dann begann er zu sprechen (er sprach Hebräisch). Dann half er seinem Vater, der Schreiner war. Und als er älter wurde, verließ er das Haus, ohne daß seine Mutter verstand weshalb. Er sagte ihr: „Ich gehe." Und sie sagte: „Geh." Sie wußte nicht warum ... Dann hörte sie, wie die Menschen auf den Plätzen schrieen. Es waren viele, die gegen ihn aufbegehrten, weil er gesprochen hatte. Einige weinten, und wieder andere waren voller Haß gegen ihn. Dann kehrte er nach Hause zurück und war traurig. Doch seine Mutter wagte es nicht einmal, ihn zu fragen: „Weshalb? Wieso? Was hast du denn gesagt?" – möglicherweise hat sie ihn manchmal gefragt, aber es war sinnlos, ihn zu fragen, denn auch sie hätte ihn nicht verstanden. Seitdem Gott Mensch geworden ist ... Später hat er dann zum Volk gesprochen. Und es schien, als würde ihm das Volk folgen, nachdem er eigenartige Taten vollbracht hatte (oder Wunder). Doch schon am folgenden Tag hatte es ihn wieder vergessen. Er war allein. Und so wuchs die Zahl derer, die gegen ihn waren, bis sie ihn schließlich ergriffen und umbrachten. Seitdem dieser Mensch umgebracht, an ein Kreuz genagelt wurde und schrie: „Vater, warum hast du mich verlassen?" – es war ein Schrei der Verzweiflung tiefster Menschlichkeit, wie man ihn nie zuvor auf Erden je gehört hatte –, und dann sagte: „Vergib ihnen, denn sie wissen nicht, was sie tun"; schließlich schrie: „In deine Hände lege ich mein Leben"; seit diesem Augenblick, seitdem dieser Mensch auf das Kreuz gestreckt und angenagelt wurde, seit diesem Augenblick wurde das Wort Opfer zum Mittelpunkt nicht nur für das Leben dieses Mannes, sondern für das Leben jedes Menschen. Und die Bestimmung jedes Menschen hängt von jenem Tod ab. Es wurde also zum Zentrum der Geschichte. Deshalb zählen wir sogar die Jahre von dem Zeitpunkt an, als er geboren wurde: „vor" oder „nach". So werden die Jahre der Geschichte gezählt. Das ist nicht absolut wesentlich, aber bemerkenswert.

Seitdem dieser Mensch am Kreuz starb, wurde der Begriff Opfer zu einem Begriff von riesiger Bedeutung. Er ist zu einem großartigen Begriff geworden und hat enthüllt – wie eine aufgehende Sonne –, daß das Leben aller Menschen aus Opfern gewoben ist. Es ist voller Opfer, bei denen es uns kalt überläuft; es ist gleichsam beherrscht von der Notwendigkeit, Opfer zu bringen: Eine Mutter, um ein Kind zu gebären; der Vater, um den Lebensunterhalt für Mutter und Kind zu sichern; um wirklich mit einer anderen Person befreundet zu sein; um den Weg mit einer geliebten Person weiterzugehen; um zur Arbeit zu gehen und das Monatsgehalt zu bekommen; um auf den Mont Blanc zu gehen und eines der großartigsten Naturschauspiele anzuschauen, die es gibt; um dort hinaufzusteigen. So gibt es Opfer, soweit das Auge reicht – um jetzt eine Stunde aufmerksam zu sein, um jetzt eine Stunde zu euch zu sprechen ... Es ist unmöglich, das Opfer zu vermeiden. Und bei all dem steht das das größte Opfer, das man sich vorstellen kann, noch bevor: nämlich zu sterben.

Das Wort Opfer ist ein ekelhaftes Wort. Dies galt auch für die Griechen. Sie hatten als höchsten Kult den Kult der Schönheit des Leibes.

Da sie an nichts glaubten, war das einzig Schöne, was es in dieser Welt gab, und was würdig war, verehrt und bewundert zu werden, die Schönheit des Leibes. Da sie also nur an die Schönheit des Leibes glaubten, sprachen sie auch nie das Wort aus, das auf die Götter verwies, wenn nicht mit Haß. Denn es waren jene eigenartigen Mächte, die die Quelle des Todes sind. Der Tod war das Schlimmste, was man sich vorstellen konnte und wogegen man auch nicht ankam. Das Opfer war unfaßbar, widerlich. Aber es gibt einen Augenblick in der Geschichte, in der dieses Wort interessant wurde, das heißt, es weckte das Interesse des Menschen, weil es die Bestimmung des Menschen betraf: Es war der Augenblick, als Christus am Kreuz starb, damit die Menschen vom Tod gerettet werden könnten, das heißt damit die Dinge vor der Verwesung gerettet werden könnten, davor bewahrt werden könnten, zu kleinen, zahllosen Würmern zu werden. Von diesem Augenblick an wurde das Wort Opfer interessant. Während er alle Vorbehalte beibehielt, die wir zuvor erwähnt haben, verstand der Mensch zugleich auch, daß sein gesamtes Leben dem Opfer nicht ausweichen kann.

Jesus hat durch seinen Tod nicht nur deutlich gemacht, daß das Opfer interessant ist, daß es eine Bedeutung für die Bestimmung des Menschen hat. Er starb, damit die Menschen zu ihrer Bestimmung finden und vom Tod gerettet werden könnten, damit sie den Tod durchschreiten könnten. Christus hat auch offenbart und deutlich gemacht, daß uns dies nicht fremd ist. Es war interessant, aber nicht fremdartig. Denn dein ganzes Leben ist davon durchdrungen. Wenn du auf dein ganzes Leben schaust, dann besteht dein ganzes Leben aus Opfern, angefangen beim Aufstehen am Morgen.

Das Kreuz Christi hat auf der einen Seite die Herrschaft offenbart, die das Opfer über das Leben aller Menschen besitzt. Auf der anderen Seite zeigte es aber, daß die Bedeutung des Opfers nicht notwendigerweise negativ ist, ja daß es auf geheimnisvolle Weise eine positive Bedeutung besitzt: Es war die Bedingung, damit die Menschen zu ihrer Bestimmung gelangen können: „Mit deinem Kreuz hast du die ganze Welt erlöst." Mit deinem Kreuz, o Christus, hast du die ganze Welt erlöst.

c) *Wann das Opfer einen Wert für das Leben des Menschen gewinnt.*
Hier müssen wir einen eigenen Gedankengang machen: Wann wird das Opfer in uns – in mir oder in dir – zu einem Wert? Los, antwortet mir, denn es ist nicht dieselbe Logik wie vorher. Vorher sagte ich, daß das Opfer einen Wert gewann, als Christus starb. Aber er war es, der starb.

Das Opfer wird zu einem moralischen Wert, das heißt zu einem Wert für das Leben des Menschen, wenn es zur Entsprechung wird, das heißt zur Mitverantwortung, zur Antwort auf den Tod Christi, um das eigene Leben zu retten und das Leben der Menschen. Es gewinnt einen Wert, wenn ich akzeptiere, daß der einzige Weg, um die Bestimmung zu erreichen und den Tod zu besiegen, darin besteht, daß auch wir das Kreuz Christi besteigen: Anteil am Kreuz Christi haben. Mitverantwortung, bewußte Verantwortung, bewußte Antwort auf den Tod Christi: „Du, Christus, stirbst für mich. Ich hänge dir in deinem Tod an." Aber wie? Durch die Opfer, die er mir auferlegt. „Mein Leben nimmt die Opfer an, die zu vollbringen du mir aufgibst, damit ich darin deinem Tod anhänge." Deshalb spricht man auch von Hingabe. Die Hingabe des eigenen Lebens an Christus, als Teilnahme an seinem Tod. Dadurch wird auch mein Opfer, wenn ich am Morgen aufstehe, wenn ich meinen Vater, meine Mutter, meine Frau, meinen Mann, die Kinder ertrage ... auch dies wird zu einem Gut.

Am Karfreitag singen wir den Hymnus des Kreuzes, *Crux fidelis inter omnes*, treues Kreuz, unter allen Bäumen der wahre Baum, der Baum, der nicht stirbt. So wird das Opfer Jesu – der große Wert, der die Welt aus ihrem Elend und vor dem Tod errettet – zu einem Wert für uns, wenn wir daran teilhaben, wenn wir von Christus die Form annehmen, die er festlegt, um uns an seinem Opfer teilhaben zu lassen: Wenn er mir etwa eine Krankheit schickt, wenn er zuläßt, daß ich auf ungerechte Art und Weise behandelt werde, wenn er die Enttäuschung in einer affektiven Beziehung zuläßt, wenn er mir auferlegt, die Zuneigung zu einer Person aufzuopfern.

Das Opfer wird zu einem moralischen Wert für den Menschen, wenn der Mensch dadurch an der Initiative teilnimmt, welche Gott ergreift, um uns vom Bösen und vom Tod zu befreien. Worin besteht aber die Initiative, die Gott ergreift, um uns vom Tod und vom Bösen zu retten? Im Tod Christi. Machen wir uns einmal klar, daß Gott Mensch geworden ist und ermordet wurde, um dem, der ihn ermordet hat, die Möglichkeit des Glücks wiederzugeben!

Wenn das Opfer darin besteht, die Umstände des Lebens so anzunehmen, wie sie geschehen, weil sie uns erlauben, den Tod Christi zu erwidern und an ihm teilzuhaben, dann wird das Opfer zum Schlüsselpunkt des ganzen Lebens – das Leben gewinnt seinen Wert durch das Opfer, das es lebt. Es wird aber auch der Schlüsselpunkt zum Verständnis der gesamten Geschichte des Menschen. Die ganze Menschheitsgeschichte hängt vom Tod dieses Menschen am Kreuz ab. Und ich kann auf die Geschichte des Menschen Einfluß nehmen – ich kann jetzt auf die Menschen Einfluß nehmen, die in Japan leben; auf die

Menschen, die in Seenot sind; ich kann den Frauen in ihrem Schmerz helfen, die jetzt, in diesem Augenblick, ihr Kind verlieren – wenn ich das Opfer annehme, das mir der jetzige Augenblick auferlegt.

Aufgrund der Erbsünde

Weshalb ist nun aber das Opfer das Gesetz der Dynamik des Lebens? Die Dynamik des Lebens hat als tiefstes Gesetz das Opfer. Sie hat als Ziel das Glück und als Bedingung das Opfer. Um die Prüfung zu überstehen, mußt du dich anstrengen, du mußt dich bemühen oder Opfer bringen, was dasselbe ist. Aber warum? Ist es richtig, daß Gott Mensch geworden ist und am Kreuz starb, gerade um allen Menschen zu offenbaren, daß die Opfer des Lebens die Bedingungen sind, damit das Leben wachsen kann, damit das Leben wahr werde? Weshalb ist das so?

Zunächst kann man zu Gott niemals sagen: „Du irrst dich!" Welcher Mensch kann zu Gott sagen: „Du irrst dich!"?

All dies ist wahr: Christus ist am Kreuz gestorben, zur Erlösung der Menschen. Und jeder von uns kann an der Erlösung der Welt mitarbeiten, indem er das Opfer der Umstände annimmt, durch welche er hindurchgeführt wird. Denn die Existenz des einzelnen und die Geschichte aller Menschen tragen von Anbeginn an gleichsam ein enormes Gewicht mit sich, sie stehen gleichsam von Anfang an vor einem riesigen Berg, der auf allen lastet und alles hemmt, vor einer Tragik. Aufgrund dieses schrecklichen Anfangs, der sich Erbsünde nennt, ist die Natur des Menschen tragisch. Es ist eine Tatsache, die wir nicht erklären können. Aber ohne dieses geheimnisvolle Phänomen läßt sich nichts mehr erklären. Das Opfer läßt sich dann nicht mehr erklären, aber auch alles andere fände keinerlei Erklärung mehr. Dann hätte eben der eine mehr Glück als der andere. Dies wäre aber eine unannehmbare Ungerechtigkeit. Weshalb sollte der eine mehr Glück haben als der andere?

Lest zur Frage der Erbsünde das 7. Kapitel des Briefes an die Römer.

2. Worin das Opfer besteht

Zweiter Schritt. Der erste Schritt sollte darauf hinweisen, daß das Opfer zunächst einmal unverständlich ist, weil es scheinbar der Natur widerspricht. Es erhält erstmals eine Bedeutung, als Gott am Kreuz stirbt. Und damit zeigt sich nicht nur, daß das Wort Opfer eine Bedeutung gewinnt. Es zeigt sich auch, daß alles, unser ganzes Leben, all unsere Tage, erfüllt sind von unzähligen kleinen oder großen Opfern. Und wenn jemand all diese Opfer annimmt, um dem Tod Christi zu entsprechen und am Tod Christi für die Rettung der Welt mitzuwirken, wenn er hier und jetzt ein Opfer bringt, hilft er damit vielleicht, ohne sich dessen bewußt zu sein, einer armen Mutter, die in Jugoslawien gerade ihren Sohn durch eine Granate verliert. Denn es gibt hier weder Zeit noch Raum. Für etwas, das jenseits von Zeit und Raum ist – wie der Wert des Opfers, sei es das Opfer Christi oder unser Opfer –, existiert weder Zeit noch Raum. Zeit und Raum stellen keine Grenzen mehr da. Das Opfer, das ich jetzt aus Liebe zu Christus bringe, kann einem Menschen oder vielen Menschen helfen, die sich jetzt vielleicht im Golf von Tonkin in Seenot befinden, wer weiß?

Schauen wir also in einem zweiten Schritt, worin das Opfer besteht. Worin besteht also das Opfer? Es besteht nicht im Tod am Kreuz. Denn es ist auch ein Opfer für mich, jetzt bei euch zu sein und zu sprechen, da ich todmüde bin (und das ist nicht nur so dahingesagt …), und es ist ein Opfer für euch, hierzubleiben und mir zuzuhören. Es ist ein Opfer, das Gebetbuch in die Hand zu nehmen, um zu sagen: „O Gott, komm mir zu Hilfe." Es ist meist kein Opfer, aber nur weil wir schrecklich zerstreut sind. Wenn wir aber das, was wir sagen, erwägen und bedenken! Machen wir uns also bewußt, worin dieses „Monstrum" besteht, das wir Opfern nennen.

Die Bibel hat ein bestimmtes Wort – wie es in *Der Religiöse Sinn*[3] heißt –, um etwas zu bezeichnen, das der Mensch wie Gott verehrt, obgleich es nicht Gott ist: der Götze. Wenn ich die Wahrheit dort suche oder dort bejahe, wo sie nicht ist, dann bejahe oder suche ich den Götzendienst. Und das ist eine Lüge, ein Schwindel. Das, was wir Sünde nennen, ist eine Lüge. Es ist eine Sünde, weil es eine Lüge ist: Es ist nicht wahr! Und der Psalm sagt sehr treffend: Achtet auf die Kennzeichen der Götzen: „Sie haben Augen, die nicht sehen, Ohren, die nicht hören und einen Mund, der nicht spricht."[4] Was heißt das? Der Götze hält sein Versprechen nicht, für das es gemacht zu sein scheint. Etwas, das sein Versprechen nicht einhält, ist eine Lüge. Mein Gott, welche Traurigkeit bei den meisten Trauungen, die ich halte: Die meisten Ehen sind von einer unendlichen Traurigkeit, denn sie sind (abgesehen von einem zarten Faden, den Gott aufrechterhält) falsche Versprechen.

Das Opfer besteht darin, gegen die Lüge anzugehen. Das Opfer besteht darin, gegen die Lüge vorzugehen; die Dinge in wahrer, redlicher, aufrichtiger, rechter Weise zu tun: Das ist das Opfer. Um das Wahre zu tun, bedarf es des Opfers: Du mußt dich von der Lüge losreißen, du mußt die Lüge ausreißen, du mußt dem Strom oder besser der Lawine der Lüge standhalten, du mußt ausharren, bis alles Geröll vorübergegangen ist.

In der Tat kann es ohne Opfer keine Wahrheit in einer Beziehung geben. Erinnert euch daran: Diese Aussagen bestimmen das ganze Leben, sie sind wichtig für das ganze Leben, denn sie sind unbesiegbar. Hier kann kein Donadoni[5] mithalten – zu meinen Zeiten war es noch Meazza![6] –, selbst eine Atombombe kann da nicht mithalten. Ohne Opfer bleibt eine Beziehung unwahr.

Denkt einmal an eine Person, mit der ihr in Zuneigung verbunden seid. Wenn diese Beziehung nicht ständig durch das Opfer geleitet wird, dann folgt Lüge auf Lüge. Ohne das Opfer gibt es keine wahre Beziehung. Das bedeutet, der andere – gleich ob ein Objekt oder eine Person – wird nicht gemäß seiner Natur bewertet. Im Gegenteil, der Sinn der Natur wird ins Gegenteil verkehrt. Du bejahst ihn nur auf Grund deines Geschmacks, deines Instinktes, weil du ihn ergreifen möchtest, so wie ein Geizhals das Geld an sich rafft. Was für Lügen! „Weil er *schön* ist ... ": Ich denke, daß dies das normalste Adjektiv für die Lüge ist ... kurz, reiner Vorwand.

Für uns ist es dasselbe, etwas zu bejahen oder etwas zu ergreifen. Doch etwas zu bejahen, ist Liebe, es ist die Bejahung des anderen. Etwas zu ergreifen bedeutet, es dir zu unterwerfen, es dir zu versklaven.

Deshalb bedeutet das Opfer nicht, den Willen nach etwas aufzugeben, auf die Liebe zu jemandem oder zu etwas zu verzichten. Es bedeutet nicht, irgendetwas zu streichen, sondern den Willen davon abzuhalten, sich in seinem Verhalten gegen die Natur der Dinge zu richten. Wenn du eine Sache nicht entsprechend ihrer Bestimmung nutzen kannst, wenn du eine affektive Beziehung nicht gemäß ihrer Bestimmung leben kannst, dann bist du ein Verbrecher: Es ist ein Verbrechen! „Aber das Opfer ist unmöglich!" Das Opfer ist notwendig, ebenso wie es notwendig ist, ein Verbrechen zu unterlassen.

Das Opfer besteht nicht darin, den Willen nach etwas aufzugeben, sondern den Willen abzuhalten, insofern er nicht der Natur der Dinge gemäß handelt. Deshalb sind alle vorehelichen Beziehungen falsch, alle. Sie drängen krumme Wege auf, die sich nie mehr geraderichten lassen. Und sie behaupten einen Egoismus als letztes Kriterium der Beziehung. „Was Lust und Laune macht" wird zum letzten Kriterium der Beziehung – wovon man sich nie mehr befreien kann. Lest hierzu die Seiten 453 und 454 in *Un avvenimento di vita, cioè una storia*.

3. Das wahrste Opfer ist die Anerkennung einer Gegenwart

Dritter Schritt. Worin besteht das wahrste Opfer? Welches Opfer verbindet sich am engsten mit der Wahrheit? Welches Opfer entfernt einen am weitesten vom Irrtum, vom Bösen, von der Lüge? Welches Opfer führt uns am nächsten zur Wahrheit? Hier versteht man, daß alles miteinander zusammenhängt. Die Antwort auf diese Frage ist der Punkt, an dem man versteht, daß das Opfer identisch ist mit der Dramatik und Größe des Liebens. Das wahrste Opfer besteht darin, eine Gegenwart anzuerkennen. Ich verstehe sehr gut, daß ihr nichts versteht. Aber wenn ihr weiter nichts verstehen werdet, welch ein armseliges Leben! Doch ihr werdet verstehen, seid getrost, ihr werdet verstehen! Das wahrste Opfer besteht in der Anerkennung einer Gegenwart. Was aber heißt, eine Gegenwart anzuerkennen? Das Ich bejaht dich, anstatt sich selbst zu behaupten. Darin liegt die größte Hingabe: „Niemand liebt seine Freunde so sehr wie der, der sein Leben für den Freund hingibt."[7] Es ist dasselbe wie die Hingabe des Lebens. Dich zu bejahen, um so das Ich zu bejahen, um das Ich neu zu beleben. Es meint, dich zu bejahen als das Ziel all meines Handelns; Dich bejahen; es ist Liebe zu Dir. Deshalb ist es tatsächlich das Opfer seiner selbst: nicht eines Fingers oder meiner Haare oder des Ergebnisses eines ganzen Schuljahres ... Nein, nein, nein! Es ist das vollkommene Opfer seiner selbst. Den anderen zu bejahen beinhaltet, sich selbst zu vergessen. Es ist das Gegenteil davon, daß man ganz sich selbst verhaftet ist; so opfert man sich ganz für den anderen.

Das wahrste Opfer besteht in der Anerkennung einer Gegenwart; das heißt, das wahrste Opfer besteht darin zu lieben.

Traurigkeit und Bitte

Welches aufrichtige Gefühl bringt das Opfer als stärkstes Gefühl des Lebens zum Ausdruck? Das Opfer unterstreicht als stärkstes, schwerstes und größtes Gefühl des Lebens die Traurigkeit. Denn es gelingt mir nicht, die Gegenwart, welche ich bejahen will, zu bejahen. Ich liebe eine Person, ich möchte sie mit meinem ganzen Selbst bejahen, doch es gelingt mir nicht: Sie stirbt, zwei Tage später stirbt sie. Es gelingt dir nie, den Gegenstand der Liebe angemessen und vollkommen zu bejahen – die Gegenwart ist der eigentliche Gegenstand der Liebe: Deshalb gehört die Traurigkeit zwangsläufig zur menschlichen Beziehung.

Aus dieser Traurigkeit angesichts einer unvollkommenen Gegenwart erwächst die letzte Bitte der Bibel: „Komm, Herr Jesus."[8] Komm, du, weil du am Kreuz gestorben bist, nur du kannst glücklich machen – nur du kannst die vollkommene Bestimmung sein. Nur Du kannst die Person glücklich machen, die ich liebe; und so auch mich glücklich machen, aber als Folge daraus!

Ich möchte euch ein beeindruckendes Erlebnis aus meinem Leben erzählen. Ein Junge und ein Mädchen, die sehr tüchtig und jung waren, hatten sich in einem Dorf in den Abruzzen verlobt. Sie sollten in wenigen Monaten heiraten. Damals ging ein gewisser Pater Sémini von dem Comboni-Missionaren in den Ort, er veranstaltete eine Woche über die Erfahrung in der Mission. Eines Abends sagt der Junge zu dem Mädchen auf dem Nachhauseweg: „Hör zu, wenn ich mich nicht opfere und in die Mission gehe – es gibt so viele Menschen, die Gott nicht kennen und unglücklich sind –, wenn ich mich nicht opfern würde, würde ich mich deiner nicht würdig fühlen; ich würde mich dir gegenüber schämen, ich würde mich schämen, dir zu sagen: ‚Ich liebe dich'." Und „hier tönten Seufzer, Schluchzen, laute Klagen / Erschütternd durch die sternenlose Luft"[9]. Der Schluß der Geschichte jedoch war beeindruckend: Er ging tatsächlich in die Mission, und wenige Monate später trat sie in ein Kloster ein, um Missionsschwester zu werden. Heute sind sie beide Missionar und Missionarin an verschiedenen Orten. Übrigens liegen die Familien immer noch im Streit, weil die Verlobung aufgelöst wurde!

So etwas geschieht selten im Leben. Es ist aber die Verwirklichung des Ideals. Die Idealvorstellung bezüglich einer bestimmten Sache – hier ist sie verwirklicht. Denn in diesem Opfer geschieht das, was ich in meinem Kommentar zu dem Lied der *Sevillanas*[10] sagte. Das menschliche Schicksal besteht darin, daß sich der Freund entfernt, das Schiff wird immer kleiner und kleiner, und schließlich verschwindet es am Horizont. Hier geschieht aber das Gegenteil: Es gibt einen Punkt am Horizont, der immer größer und größer wird und immer näher kommt.

4. Das Opfer des Glaubens und das Charisma

Noch eine Ergänzung. Lest das Johannesevangelium, das ganze erste Kapitel. Die erste Hälfte ist die erhabenste Theorie, die zweite Hälfte die beeindruckendste Tatsache, die man erzählen kann, nämlich die von Andreas und Johannes ... Ich war froh, als man mich am Ende der letzten Exerzitien der Fraternität, an denen 150 spanische Arbeiter teilnahmen, am Abend aus Madrid anrief und Carmen mir sagte: „Hier sprechen alle von Johannes und Andreas, Andreas und Johannes, Andreas und Johannes!" In der Tat hatte ich damals fast eine halbe Stunde auf diesem Thema insistiert.

Wie kann ich – achtet auf die Fragestellung! – wie kann ich diese Gegenwart Christi erkennen und bis zum Opfer lieben (dies ist der Glaube als Opfer, es ist das Opfer des Glaubens)? Weshalb sind wir zusammen, meine Freunde? Wir sind hier, weil Christus unter uns ist. Christus hat dich nach zweitausend Jahren hierhergebracht, so wie mich, den du nicht kanntest. Deshalb sind wir hier. Wir wissen nicht wie, aber deshalb sind wir sind zusammen. Und alle Gründe, die wir haben, um hierzusein, können dies nicht erschöpfend erklären ... Sie ergeben nicht einmal den Anflug einer Lösung auf die Frage: „Wie ist es möglich, daß wir hiersind? Wie ist es möglich, daß Christus hier unter uns ist?" Doch die Liebe, die jeder von uns für den anderen hat, das Interesse, das er für die Bestimmung des anderen hat, entstehen wegen Christus, der unter uns ist, durch *Christus, der unter uns ist*. Es ist die Bejahung Christi, der unter uns ist.

Wir wissen aus vielen Gründen, daß Christus hierist. Sie würden aber keine ausreichende Erklärung geben, wenn sie nicht die Hypothese der großen Möglichkeit eröffnen würden, daß etwas anderes unter uns ist, das uns alle übersteigt. Es ist für die Welt unbegreiflich, daß es eine Gruppe von Menschen gibt, die sich an einem Samstagnachmittag so wie wir versammelt. Es gibt etwas unter uns, das größer ist als wir. Und wenn man etwas anerkennt, das größer ist als man selbst, das die Vernunft nicht hinreichend in all seinen Gründen erfassen kann, das man dennoch nicht negieren kann, will man nicht das Risiko einer extrem unvernünftigen Haltung eingehen, dann heißt dies zu glauben: „Ich glaube, Herr."

Christus bleibt unter uns gegenwärtig: „Ich bleibe bei euch alle Tage bis ans Ende der Welt." Deshalb kenne ich Maria, Genoveffa, Sylvia, und deshalb kenne ich all jene, die ich kenne, und ich kenne alle jene, die ich noch nicht kenne. Christus bleibt gegenwärtig unter uns alle Tage bis ans Ende der Welt, innerhalb der geschichtlichen Umstände, die das Geheimnis des Vaters festlegt. Durch diese geschichtlichen Umstände läßt dich das Geheimnis des Vaters die Gegenwart von etwas anderem, die Gegenwart Christi, anerkennen und lieben. Diese geschichtlichen Umstände, durch die der Vater uns die Präsenz einer anderen Gegenwart verstehen läßt, von etwas anderem, das größer ist, gehören zu jenem Phänomen, das man *Charisma* nennt: die geschichtlichen Umstände, die unsere Bewegung oder die *Memores Domini* hervorbringen.

Charisma bedeutet Gnade, Gabe; die Gabe, die das Unendliche aus sich selber macht. Und es verweist auf die existentielle Weise von Temperament, Mentalität und Lebensumfeld, auf Grund derer diese Gabe für dich eine bestimmte Gestalt, einen Akzent, einen besonderen Blick gewinnt. In Asien mögen sie dick, dünn, klein, lang oder breit sein, eine Erkältung oder eine schwache Stimme haben, ein häßliches oder schönes Gesicht besitzen ... Und dennoch kann man sagen: „Das ist nicht wichtig!" Und für jeden, der den anderen wirklich liebt, bei dem geschieht dies wirklich auf diese Weise! So gehen beispielsweise Leute von uns nach Kampala inmitten unter Nashörner und Krokodile oder unter Aidskranke, wie unsere Freundin Rose, die sie versorgt, als wären sie ihre Brüder. Dafür ist sie mindestens in halb Kampala bekannt.

Wer durch das Charisma erreicht wurde, kann Christus nur folgen, wenn er dem Charisma treu bleibt. Ansonsten wäre es ein Verrat. Alle Leute, die mir gesagt haben: „Die Bewegung hat all diese Fehler, ich gehe", alle diese Leute sind gegangen und haben alles verloren. Sie haben nichts mehr verstanden. Und so kehren viele von ihnen auch nach einer bestimmten Zeit wieder zurück. Wenn jemand von euch wegginge, würde er nichts mehr verstehen. Wenn du durch diese Umstände berufen wurdest, so wirst du durch diese Umstände dein Glück finden. Du wirst den Menschen helfen, die Menschen lieben, und du wirst Christus lieben. Wenn Christus sich dir durch diese Umstände, die durch diese Gesichter geprägt sind, kenntlich gemacht hat, dann wird er dich durch diese Gesichter, durch diese Umstände verändern, er wird dein Herz, deine Seele, deinen Geist weiten.

„Wenn sie Jesus aus der Nähe berühren könnten!", so sagte der Papst unlängst. Berühren, aber wo? Sehen, aber wo? „Wenn sie ihn in euch sehen werden, dann werden sie sagen: ‚Mein Herr und mein Gott', wie es der heilige Thomas sagte."[11] In euch: Christus ist durch uns gegenwärtig, man berührt Christus durch uns und man sieht Christus durch uns. Wenn du uns aber verläßt, dann siehst du nichts mehr! „Wenn du fortfährst, wirst du große Dinge sehen wie diese – sagte Jesus – und noch viel größer."[12] Ich denke stets an diese Worte Jesu, wenn ich mich daran erinnere, wie ich anfing, als Priester zu arbeiten und Religionsunterricht im Berchet-Gymnasium zu geben. Es gab dort drei oder vier Jugendliche, die mir hinterherliefen. Der letzte Gedanke, den ich hatte, war, dies auszuweiten ... Jetzt ergreift mich ein Schauder des Schreckens, wenn ich nur daran denke!

„Wer in mir bleibt, wer mir treu angehört ... (und ihr gehört mir an durch die Einheit unter euch, durch die Weggemeinschaft unter euch, denn da bin ich gegenwärtig), der wird ebenso große Dinge vollbringen wie ich, und er wird noch größere vollbringen."[13]

„Berühren, aber wo? Sehen, aber wo? Wenn sie ihn in euch sehen werden, dann werden sie sagen: ‚Mein Herr und mein Gott'." Das Opfer hat den Anschein des Todes – Abtötung – und es ist gerade der Anfang des Lebens. Es ist der Anfang des wahren Lebens; jenes Lebens, das Zeit und Raum besiegt; des Lebens, das vor der Lüge nicht zurückweicht. In der Tat gibt es keine Erfahrung des Opfers, die einen nicht bessert, soweit sie bewußt angenommen wird: „Er ist, da er verändert."[14]

Um das zu verstehen, muß man begnadet sein, Gott muß einem helfen. Gott, Gott allein kann uns das Sein verstehen lassen, so wie es ist. Und das Opfer ist die Grundvoraussetzung des Seins in Zeit und Raum.

Gut, daß es außerhalb von Zeit und Raum den vollkommenen Genuß gibt: „Das himmlische Reich / das alles Feiern vollendet / nach dem das Herz sich gesehnt":[15] Das Paradies erfüllt die gesamte Vorstellung eines Festes, nach dem sich das Herz sehnt. Deshalb sagte ich bei den Exerzitien in Rimini,[16] daß das menschliche Ich, also das menschliche Herz, den Scheidepunkt darstellt zwischen der Beziehung mit dem Ewigen (mit dem Unendlichen) und dem Nichts. Es gibt keine Alternative. Sicherlich ist die Schwierigkeit verständlich, die große Schwierigkeit – die man mit Furcht und Zittern leben muß –, daß man sich nur schwer vorstellen kann, wie die Unendlichkeit ist. Aber das Nichts ist in keinem Fall verständlich.

Wo wird dies im *Religiösen Sinn* gesagt? Es ist die schönste Seite:[17] das Gedicht von Montale.[18] Es ist überflüssig, wenn er sagt, er wende sich um und nehme das Nichts wahr; daß also die Dinge keinen Bestand haben, daß sie sterben und verschwinden. Er kann nicht sagen: „Also ist alles nichts", denn die Dinge sind ja da. Wenn also die Dinge auch nur einen Augenblick sind, dann kann man nicht sagen: „Alles ist nichts." Auf diese Weise läßt sich die Frage nicht auflösen. „Alles ist Nichts" ist eine Metapher voller Verzweiflung.

EIN GESPRÄCH ÜBER DAS OPFER

„Ich bin müde zu leiden, Herr, gib mir das Leben gemäß deinem Wort."[19] Wie ist es möglich, jede Woche derartige Sätze zu lesen, ohne etwas zu lernen? „Ich bin müde zu leiden", damit sind wir alle einverstanden, oder? Alle empfinden Überdruß, am Abend, mittags und auch nachmittags um 15 Uhr sind alle der Mühe überdrüssig. Also: „Laßt uns nicht mehr leiden!" Nein, denn nicht mehr zu leiden bedeutet, nicht mehr zu leben; im Sinne, daß man tot sein muß, um nicht mehr zu leiden. Das Leid ist unvermeidlich. Es ist so, als würde ich sagen: „Man muß essen, um zu leben." Das ist ganz offensichtlich! Man ist stets müde zu leiden, weil das Leid nicht der Natur der Bestimmung des Menschen entspricht. Es entspricht nicht „Seinem Wort". Nach Seinem Wort ist der Mensch nicht für das Unglück geschaffen. So heißt es auch im Buch der Weisheit: „Gott hat den Menschen für das Glück geschaffen."[20] Wenn ihr einen solchen Satz lest – das würde mich wirklich interessieren – was denkt ihr euch da? Und was antwortet ihr auf diesen Widerspruch? „Wir sind es müde, zu leiden." Zu Recht, denn das Leiden entspricht nicht der Bestimmung des Menschen. „Nach deinem Wort", das heißt nach der Bestimmung, die du dem Menschen gegeben hast. Seinem Wort entspricht vielmehr das „Schenke mir Leben", laß mich leben. Wo liegt die Zweideutigkeit? Darin, daß man das Leid in einen Widerspruch zum Leben stellt, während das Leid eine Bedingung des Lebens ist. Und je mehr ein Mensch in der Lage ist zu leiden, je mehr er fähig ist zu leiden, desto mehr ist sein Leben wirklich Leben. Das beste Beispiel hierfür ist allen bekannt, auch wenn man nie daran denkt: Es ist Jesus, der mehr als alle gelitten hat, weil er sein Leben für alle hingegeben hat.

„Ich bin müde zu leiden", deshalb laß mich den Grund und die Liebe verstehen, die im Leiden liegen. Laß mich die Menschlichkeit verstehen, die im Leid liegt. Laß mich die Liebe zum Sein verstehen, die im Leiden zum Ausdruck kommt. Laß mich die Liebe zu Christus verstehen, die im Leiden liegt, laß mich die Liebe zu dir, oh Geheimnis, verstehen, die im Leiden liegt. Dann empört man sich nicht mehr über das Leid. „Ich bin müde zu leiden" ist das Ärgernis des Leids, das scheinbar im Gegensatz zum „Schenke mir Leben" steht. Stattdessen ist es aber eine Bedingung für das Leben.

Das „Nach deinem Wort" verändert also seine Bedeutung: nach deinem Plan (Wort), das Opfer wird zum Beweggrund des Lebens. In welchem Sinn wird das Opfer zu einem Motiv des Lebens, wie dies für Jesus der Fall war? Weshalb hat Jesus gelitten? „Denn einen anderen Grund vermag niemand zu legen als den, der gelegt ist, und das ist Jesus Christus."[21] Wie für Jesus, so kann auch unser Leben nur intensiv und nützlich sein – nur lebendig für uns selbst und nützlich für andere –, wenn es Jesus nachahmt. Am Grund unseres Lebens liegt der Schmerz Christi – wie die Herrlichkeit Christi so auch der Schmerz Christi: „Umsonst habt ihr empfangen, umsonst sollt ihr geben."[22] So versteht man, wenn es im Tagesgebet heißt: „Damit wir der Gemeinschaft der Menschen mit der Erfahrung des Heiligen Geistes zum Aufbau des Reiches Gottes dienen können."[23] Der Aufbau des Reiches Gottes: Um die Welt zum Reich Christi zu machen, um die Welt zum Haus Christi zu machen, muß das Leben aus dem Opfer erwachsen. Das Opfer ist der Dünger – so wie meine liebe Mutter, die immer, wenn wir in Ferien waren und über die Felder liefen, täglich die Beobachtung wiederholte: „Schaut, welch ein Wunder! Wie wächst das Brot, wie wächst die Nahrung? Auf der Erde, die gedüngt wurde." Das war kein banaler Vergleich, es war eine Beobachtung, die niemand mehr von uns macht – der Dünger ist das Opfer; das Leben, das nicht mehr Leben zu sein scheint.

Sie haben gesagt, daß der wahre Gefühlsausdruck des Opfers in der Traurigkeit liegt. Ich habe bei der Arbeit über die Lektion mit diesem Teil am meisten Verständnisschwierigkeiten gehabt, denn ich sagte mir: Wird dann der, der immer weiter voranschreitet, immer trauriger? Dann dachte ich an die Beziehungen zu meinen Freunden, und dabei kam mir folgende Überlegung in den Sinn: Wenn ich die Beziehung zu meinen Freunden lebe und versuche, ihnen von mir aus zu sagen, worin ihr Glück besteht, dann irre ich mich in doppelter Weise, denn einerseits bin ich nicht in der Lage, zu sagen, was das Glück für meine Freunde ist; andererseits wäre ich gewalttätig, weil ich gleichsam versuchen würde, ihnen die Freiheit zu nehmen, sich mit dem auseinanderzusetzen, was sie haben.

Sehr richtig.

So wie ich also die Traurigkeit verstehe, liegt sie darin zu sagen: „Herr, ich schaffe es nicht, erfülle du, wozu ich nicht in der Lage bin." Und diese Traurigkeit ist gut, weil sie mich erneut in die Beziehung zum anderen stellt. Die Beziehung zum anderen beginnt auf eine andere Art und Weise von neuem.

Die Traurigkeit ist eine unvermeidliche und bedeutsame Note des Lebens. Denn du hast im Leben und allen seinen einzelnen Momenten – um so stärker, je intensiver der Moment ist – die Wahrnehmung von etwas, das dir noch fehlt. Die Traurigkeit ist eine Abwesenheit, unter der man leidet.

Was macht die Traurigkeit zu etwas Gutem? Daß ich sie als ein bedeutendes Mittel im Plan Gottes anerkenne. Der Plan Gottes schließt folgendes ein: Er schließt ein, daß das Leben stets, in jedem Augenblick, der Wahrnehmung eines Mangels unterliegt – um so mehr, je engagierter und scheinbar zufriedener es ist. Und dies ist von der Vorsehung gegeben, weil es uns verstehen läßt, wie Pär Lagerkvist sagte, daß es niemanden gibt, der auf die Stimme antwortet, die in der Leere der Welt aufschreit. Aber weshalb gibt es diese Stimme, weshalb gibt es diesen Schrei?[24] Daß das Leben traurig ist, ist das faszinierende Argument, um uns verstehen zu lassen, daß unsere Bestimmung etwas Größeres ist, das größere Geheimnis. Und wenn uns dieses Geheimnis entgegenkommt, wenn es Mensch wird, dann wird diese Faszination noch hundertmal größer. Sie nimmt dir dann nicht die Traurigkeit, denn die Art und Weise, mit der Gott Mensch wird, ist so, daß du ihn hast, ohne ihn zu haben. Du hast ihn bereits und zugleich noch nicht. Uns scheint dies so zu sein, weil wir ihn nicht sehen – so wie ich dich sehe, so sehe ich ihn nicht. Ich weiß, daß er hier ist, weil du da bist, weil wir zusammen sind. Aber auch für die ersten Jünger war dies der Fall. Für die ersten Jünger war Christus eben ein Mensch, ein Mensch wie alle anderen. Die Traurigkeit ist die Bedingung, die Gott in das Herz der menschlichen Existenz hineingelegt hat, damit der Mensch sich niemals ruhig der Illusion hingibt, daß das, was er hat, ihm genügen kann.

Auf diese Weise hatte ich das Thema erklärt. Alles Übrige, wie etwa die Überlegungen, die du gemacht hast, sind richtig. Aber der wirkliche Grund für die Beziehung zwischen der Traurigkeit und dem Leben liegt darin, daß die Traurigkeit integraler Bestandteil nicht etwa der Natur der Bestimmung des Menschen ist, sondern der Existenz des Menschen, das heißt des Weges zur Bestimmung. Und sie ist bei jedem Schritt gegenwärtig. Je mehr du diesen Schritt liebst, je schöner dieser Schritt für dich ist, je bezaubernder er für dich ist, je mehr er deiner ist, desto mehr verstehst du, daß dir das fehlt, was du am meisten erwartest.

Du hattest vergangenes Jahr gesagt: Wenn jemand nicht die Angst des Opfers empfindet – weshalb er sich auch Christus als seiner einzigen Hoffnung zuwendet –, was für ein Mensch ist er dann? Mich hatte das überrascht, weil die Angst vor dem Opfer in den Gesprächen mit den Leuten nie herausgekommen ist. Deshalb habe ich mir gesagt: Ist das vielleicht deshalb so, weil wir so abstrakt sind, daß wir etwas entfernt von der Wirklichkeit leben?

Das ist vollkommen zutreffend. Etwas erscheint abstrakt, wenn du bereits mit dem Willen ausgeschlossen hast, es anzunehmen; wenn du nicht fähig bist, es zu schätzen; wenn du in deiner Beurteilung die Zuständigkeit zurückgewiesen hast. Wenn ich dich frage: „Ist das, was ich sage, richtig oder nicht?", dann bedeutet „richtig oder nicht": Hat es seinen Grund oder hat es keinen Grund? Und du antwortest: „Ja, es hat seinen Grund, aber er ist abstrakt." Dann verweist das auf einen Betrug in dir. Wenn es einen Grund gibt, dann kann man nicht sagen: „Es ist abstrakt." Denn der Grund ist das, was auf das Bedürfnis des Herzens antwortet und der Bestimmung der Person entspricht. Ich habe diese Antwort schon einmal gegeben, und sie stieß bei allen auf Skepsis – zu Recht! –, weil sie eure Oberflächlichkeit verurteilt. Wenn man einen Wert, dessen Grund man einsieht und gegen den man nicht angehen kann, für abstrakt hält; wenn man ihn für abstrakt hält, weil man ihn nicht wie die Haare oder die Nasenspitze berühren kann, weil man ihn nicht wie ein Gesicht berührt, das man streichelt, dann ist dies trügerisch. Denn es bedeutet, daß man die Beziehung zum eigenen Herzen verneint, zum Sinn der eigenen Bestimmung, den die Sache offenbart. Denn der Grund offenbart die Verbindung zwischen einer Sache und der eigenen Bestimmung. Der Grund ist das, was in Beziehung zu unserem Herzen steht, zu den Bedürfnissen unseres Herzens und deshalb zu unserer Bestimmung.

Wir dürfen keine Angst vor dem Opfer haben: wir müssen vielmehr Angst vor der Abstraktion haben. Die Abstraktion ist die Verurteilung unserer menschlichen Würde. Die Abstraktion ist das, was der Beziehung zur Bestimmung ausweicht. Daher weicht die Abstraktion dem aus, wofür dein Herz geschaffen wurde. Und sie neigt dazu, das Konkrete mit der Nasenspitze zu identifizieren, die man berührt; mit den Haaren, die man kämmt; mit dem Bauch, der schmerzt, mit dem wohlschmeckenden Eis. Und all das ist ironischer Weise so konkret, daß es schließlich im Moder des Grabes endet.

Die Abstraktion ist also eine Zerstreuung?

Ja, die Abstraktion ist eine gewollte Zerstreuung. Deshalb sprach ich auch vom Betrug. Es ist eine Ablenkung von der Vernunft, das heißt von deiner Natur. Diese ist als Bedürfnis nach einer Bestimmung gemacht und kommt in der Vernunft zum Ausdruck.

Mit Blick auf die Traurigkeit hatten Sie uns aufgetragen, den Abschnitt im Buch von Il Sabatto zu lesen, wo es heißt, daß man „keine Angst vor dem Opfer haben muß, weil es die Bedingung für die Fortdauer der Zärtlichkeit und der Freude ist".[25] Ich habe diese Beziehung zwischen der Traurigkeit und der Freude nicht recht verstanden.

Für die Fortdauer der Zärtlichkeit und somit der Freude, die daraus hervorgeht – die Zärtlichkeit ist die Dämmerung des Besitzes, die Morgendämmerung oder die Abenddämmerung –, für die Fortdauer der Zärtlichkeit bedarf es einer wahren Zärtlichkeit. Es muß eine wahre Zärtlichkeit sein, soll sie widerstandsfähig und von Dauer sein. Um eine wahre Zärtlichkeit zu sein, muß sie den Gegenstand in wahrer Weise lieben. Und der Gegenstand muß als das wahrgenommen werden, was er wirklich ist. Wie könntest du es schaffen, wirklich Zärtlichkeit gegenüber einem Wesen zu empfinden, das dir das Leben geschenkt hat wie deine Mutter, das dich dann aber verläßt, weil es an einem bestimmten Punkt stirbt? Es ist eine Zärtlichkeit, die schon heute in einem Faß von Traurigkeit untergeht, wenn du daran denkst. Nehmen wir an, du hast eine Person besonders gern. Wie schaffst du es aber, eine Person besonders gern zu haben und ihr gegenüber Zärtlichkeit zu empfinden, wenn du daran denkst, daß du sie morgen nicht mehr siehst, daß sie morgen stirbt oder daß sie morgen nach Kamtschatka im Osten Rußlands geht? Wie wäre dir das möglich? Nur indem du die Ewigkeit der Gemeinschaft mit dieser Person wahrnimmst. Nur wenn du wahrnimmst, daß die Beziehung zu dieser Person, das, was sie in dir hervorruft, Zeichen für deine Beziehung mit dem Ewigen ist. Dann aber ist die Beziehung mit dieser Person eine ewige Beziehung, die Liebe für diese Person ist eine ewige Liebe.

Das im gegenwärtigen Augenblick gelebte Opfer erlaubt die Fortdauer der Zärtlichkeit. Wenn du eine Person liebst und denkst, daß du diese Person morgen verlieren könntest – denn welcher Unterschied besteht zwischen einem Mann, der seine Frau sitzen läßt, und einer Mutter, die vor dir stirbt? –, dann bleiben von der Zärtlichkeit nur schöne Worte, sie ist traurig. Wenn du dies jedoch als Bedingung des Weges annimmst – ihr beide, du und deine Mutter, seid dazu bestimmt, die Schwelle eures Glücks zu überschreiten, auch wenn ihr einen unterschiedlichen, aber gleichermaßen schmerzhaften, harten und arbeitsreichen Weg voller Opfer geht –, wenn du dieses Opfer annimmst, wenn du akzeptierst, daß dieser Weg so hart ist, wenn du akzeptiert, daß es so mühsam ist, die notwendige Entfernung zurückzulegen, wenn du dies akzeptierst, dann erlaubt dir dies die Erfahrung der Zärtlichkeit; es erlaubt dir die Evidenz der Liebe, die bleibt. Kein Umstand wird dich dann überwältigen.

Aber sind diese Dinge so schwer zu verstehen? In zwei Fällen ist das schwer zu verstehen: entweder man hat nie jemanden besonders geliebt, oder man hat mit jemandem Schluß gemacht (oder man hat so geliebt, daß die Liebe enden mußte, das heißt, es war keine wirkliche Liebe: Es ist nicht vorstellbar zu sagen: „Ich liebe dich für 23 Jahre." Deshalb ist die Scheidung eine obszöne Verkürzung der Liebe zwischen Mann und Frau: „Ich liebe dich zutiefst und leidenschaftlich, solange ich Lust dazu habe, das heißt für drei Jahre." Na wunderbar!).

Sie hatten das letzte Mal gesagt, daß für uns das Opfer zu einem moralischen Wert wird, wenn es zu einer Erwiderung wird, das heißt zu einer Mitverantwortlichkeit, einer Antwort auf den Tod Christi. Ich wollte fragen: Könnte es auch passieren, daß diese Antwort nicht aus der Freiheit hervorgeht?

Wenn die Freiheit nicht im Opfer und mit dem Opfer zu einer Übereinstimmung oder Gemeinschaft mit Christus führt, zu einer Antwort auf Christus, der mich ruft, dann gibt es nichts, was dümmer und bestialischer wäre – wie Pavese sagte – als das Opfer. Wenn du aber andererseits systematisch und unter allen Umständen das Opfer vermeidest, dann mußt du in der Pfütze bleiben, in der du bist. Denn sobald du den Bug in Fahrt bringst, hast du einen Stein vor dir, und das Opfer besteht darin, diesen zu umgehen.

Deshalb bedeutet das Opfer als erstes, Zeit zu verlieren, unvollständige Dinge zu verwirklichen. Und zweitens ist es wirklich etwas Bestialisches, wie Pavese sagte; das Tierische, also das Bestialische, ist etwas Unvernünftiges.

Wann aber wird die Akzeptanz und Umarmung des Opfers vernünftig? Wenn es angenommen wird, weil es in Gottes Plan für dein Leben eingeschrieben ist, weil es Teil des Planes Gottes für dein Leben ist. Der Plan, den Gott für dein Leben hat, nennt sich Christus: Es ist Teil der Weggemeinschaft Christi. Indem du Christus folgst, nimmst du Teil an seiner Weggemeinschaft und nimmst die Opfer an, die diese auferlegt. Mit seinem Opfer erlöst Christus die Welt: Du hast mit der Erlösung der Welt zu tun. Was bedeutet es dann aber, wenn dein Vater oder deine Mutter oder besser noch ein Freund, die alle wissen, daß du auf diesem Weg bist, zu dir sagen: „Komm, bete auch einige Gegrüßet-seist-du-Maria für mich"? Das heißt, sie erkennen wohl oder übel an, daß du mit dem Weg zu ihrer Bestimmung zu tun hast, mit ihrem Glück. Du hast mit ihrem Glück allerdings auf andere Weise zu tun, als der ein oder andere dachte, als er dich ergreifen wollte. Auf andere Weise bedeutet, du hast wahrhaft mit ihm zu tun.

Weshalb sprichst du in der Lektion über das Opfer vom Charisma?

Wenn das Leben, geschichtlich gesehen, ein Charisma ist – das heißt ein Geschenk des Heiligen Geistes und damit Teilnahme am Geheimnis des Seins, Teilnahme an der schöpferischen Seele des Kosmos, Teilnahme am Glück jedes einzelnen Menschen als höchster Bestimmung der Geschichte –, welches ein Opfer (das Kreuz) einschließt, so schließt es dies gerade insoweit ein, als es vom Charisma selbst verlangt ist: Das heißt, das Werk des Heiligen Geistes ist ein dramatischer Plan, und das Opfer ist unvermeidlich Teil dieses Dramas.

Was ist das Charisma? Charisma ist ein Wort aus dem Griechischen und heißt Gabe. Und die Gabe ist die Mitteilung des Seins, des Geheimnisses des Seins an unser Leben. Deshalb ist das Charisma ein Geschenk des Heiligen Geistes, *donum Dei Altissimi*. Der Heilige Geist teilt sich etwa dem Leben der Anna durch bestimmte Umstände mit. Deshalb ist der Heilige Geist immer ursprünglich, denn er folgt nicht unserer Logik, sondern führt uns zu einer Logik, die zehntausendmal schöner ist als alle unsere Logiken. Der Heilige Geist teilt sich dem Leben des Herrn Lukas mit, er teilt sich dem Leben des Herrn Guido mit. Der Heilige Geist teilt das Sein mit als das Leben von Anna, von Guido, als mein Leben; auf eine Art und Weise, die sich jeweils unterscheidet. Bei ihm gleicht kein Gesicht dem anderen – unsere Gesichter sind alle aus dem Geschenk der Schöpfung entstanden, und der Gestus der Schöpfung bringt stets unterschiedliche Gesichter hervor. Es gibt kein „ich", das dem anderen gleicht (und kein Selbstbewußtsein, das dem anderen gleicht). Wodurch hat Gott mich und dich geschaffen? Durch unterschiedliche Umstände, unter denen Vater und Mutter das Epiphänomen und den Aspekt darstellen, welche in gröbster Weise offensichtlich sind.

Er hat in unterschiedlichen Umständen Cecca hervorgebracht, und in wieder anderen Umständen hat er mich geschaffen, damit sich aus all diesen Unterschieden das große Gedicht seiner Schöpfung zusammensetzen möge.

Charisma werden jene Umstände genannt, durch die der Heilige Geist mir und dir die Erkenntnis Christi mitteilt, und zwar so, daß er sie mir und dir durch ganz bestimmte Umstände mitteilt. Das Charisma ist die Methode, mit der der Heilige Geist – durch die Umstände des Lebens, des Temperaments, der Unterweisung, der Gemeinschaft, der unmittelbaren Hinweise, der unmittelbaren Entdeckungen – mich und dich verstehen läßt, wer Christus ist. Wenn also Christus alles in unserem Leben ist, dann bindet uns nichts mehr als das Charisma. Denn es ist das Wichtigste, was es gibt: Durch das Charisma kannst du dich selbst anerkennen, durch das Charisma erkenne ich mich selbst, durch das Charisma erkenne ich, wer du bist. Das Charisma stellt den ersten Raum dar, in dem das Geheimnis Gottes zu einem Geschenk für den Menschen wird. Es ist ein Raum, der von Christus einbezogen und durch bestimmte Umstände gekennzeichnet ist. Sie geben dem Ich und der Umgebung, in der das Ich lebt, ihren Bestand; sie bringen stets eine Gemeinschaft hervor, das heißt ein Stück Kirche: Die Kirche besteht aus vielen Teilen, die viele Charismen darstellen.

Da du aber zur christlichen Lehre und zur Erkenntnis Christi Stellung beziehen mußt, kannst du nicht einfach sagen: „Ich erfinde mir dies, ich wähle mir jenes, wann ich will." Nein! „Ich wähle mir diesen Priester aus, weil er schön und anregend ist; er spricht gut und hat Gel im Haar, und er hat eine schöne Stimme." Das kannst du nicht ernsthaft sagen. Der Heilige Geist kann dich in eine Reihe von Umständen stellen, in denen es dir nicht möglich ist, die Last des Weges durch eine schönere und einfachere, leuchtendere und durchsichtigere Wegbegleitung zu erleichtern oder freudiger zu gestalten. Es kann sein, daß dir gerade dieser Weg durch die Gemeinschaft mit einem alten, nachlässigen Pfarrer, der stottert, und durch die Gemeinschaft mit groben und oberflächlichen Gemeindemitgliedern zugewiesen wird.

Kurz, wenn alles aus der Art und Weise hervorgeht, mit der der Heilige Geist eure Physiognomie, euer Leben, euren Weg umgibt, dann müßt ihr euch diesen Umständen anpassen. Dieses Anpassen an die Umstände ist ein Opfer. Es ist der Verzicht auf die von euch gewünschten Umstände. Deshalb kann jemand, der CL begegnet ist, nicht weiterhin ein guter Christ sein, wenn er dies vergißt. Theoretisch ist er frei zu gehen, wohin er will. Aber objektiv, existentiell, geschichtlich gesehen, wird er nie ein ernster Christ sein, wenn er nicht der Art und Weise, mit der Christus ihn ergriffen hat, den Umständen einer bestimmten Begegnung folgt, wenn er diesen nicht gehorcht und sie nicht beachtet; wenn er sie nicht in Betracht zieht und sich nicht davon erleuchten läßt, wenn er all dem nicht zustimmt. Er wird dann nie zufrieden sein und nie eine angemessene Haltung erlangen, um anderen nützlich zu sein. Einfacher gesagt: Er wird stets unzufrieden sein, weil es sich um einen Verrat handelt. Wenn man dir in der Armee einen Flammenwerfer gibt, weil du zur Kompanie der Flammenwerfer gehörst, und du sagst: „Ich einen Flammenwerfer? Nicht im Traum! Ich nehme ein Messer", und wenn du in der Kompanie der Flammenwerfer mit einem Messer vorangehst, dann verbrennen sie dich als ersten! Wenn du also der Kompanie der Flammenwerfer zugeteilt bist, dann werfe Flammen.

Weshalb ist also das Opfer jedem Charisma eigen? Weil das Charisma ein Zusammenhang von Umständen ist, die nicht du festlegst, denen du folgen und die du wertschätzen mußt. Wenn eine Blume mit hohen und sehr schmalen Blütenblättern wächst, dann erhält sie eine herrliche und glänzende Blütenkrone, wenn sie ihrer Natur folgt und nicht sagt: „Ich möchte kleine Blütenblätter, die nach außen wachsen ... !" Du mußt Umständen folgen, die du nicht selber festlegst. Wenn ihr wüßtet ... wenn ihr es wißt, dann werdet ihr es einsehen! Man kann eine Person nicht lieben, ein Mann kann eine Frau nicht lieben, ohne diese Umstände zu berücksichtigen, unmöglich. In der Tat, wer eine Frau lieben will, wie es ihm beliebt, der zerstört sie oder er verliert sie, was dasselbe ist. Allerdings ist es heilsamer, wenn er sie verliert, weil er sich dessen zumindest bewußt wird! Denn man kann eine Person zerstören, ohne sich dessen bewußt zu werden.

Was bedeutet es, daß das wahrste Opfer darin besteht, eine Gegenwart anzuerkennen? Daß nicht ich mich durchsetze, sondern Dich bejahe, Dich liebe? Was bedeutet es, daß das wahrste Opfer darin besteht, zu lieben?

Die entscheidende Frage ist folgende: Das Phänomen des Opfers gewinnt seine höchste Intensität, es ist einschneidend und gewichtig, aber auch nützlich für die Welt, in der Anerkennung einer Gegenwart.

Ich mache zwei Beispiele – ich glaube nicht, daß man drei machen kann! – auf diese Beispiele kann man, wie mir scheint, alles zurückführen.

Wenn ein Junge ein Mädchen liebt – es hilft nichts: Die Beispiele, die man machen kann, führen letztlich stets auf die Beziehung zwischen dem Kind und den Eltern oder zwischen Mann und Frau zurück. Denn es sind die zwei ursprünglichen Bilder, in denen die Heilige Dreifaltigkeit im Leben des Menschen und in der Schöpfung widerscheint. Wenn also ein Mann eine Frau liebt, dann denkt er entweder nicht darüber nach; dann ist er allerdings ein armer Kerl, weil er nur ein Hundertstel der Sache genießt und sie verkürzt. Alle Menschen sind so sehr damit beschäftigt, daß sie sich dabei um den Verstand bringen; dabei verkürzen sie nur und lassen nichts wachsen und größer werden; nein, alles geschieht nur, um es zu reduzieren, um es zu verkleinern, um es besser verzehren zu können; und sie glauben, dabei mehr zu besitzen. Oder aber er denkt darüber nach: Dann versteht er, daß er bei allem, was er tut, ob zu Hause oder in den Beziehungen, gezwungen ist, dies entsprechend dem Temperament und dem Willen der geliebten Person zu tun und umzusetzen. Er ist gezwungen, alles so zu tun, wie es ein anderer will. Wenn ihm scheint, daß dies kein Opfer ist, dann deshalb, weil er eine gedämpfte Wahrnehmung hat, die durch ein kurzlebiges Vergnügen verdunkelt ist, durch einen kurzlebigen Geschmack, durch den verfliegenden Genuß einer Zärtlichkeit, die sich ihrer selbst nicht bewußt ist, die sich ihrer Wurzeln, ihrer Motive und ihrer Bestimmung nicht bewußt ist. Scheint euch, daß jemand eine andere Person lieben kann, wenn er nur das tut, was ihm gefällt und beliebt? Scheint euch dies der Fall zu sein? Nein! Also dann? Also dann gibt es keine größere Quelle des Opfers als die Anerkennung einer Gegenwart.

Dies ist aber nur das Vorgefecht – das natürliche, menschliche und deshalb kurzlebige Vorgefecht – vor der großen Frage, die vom Geheimnis Gottes zum Geheimnis Christi führt. Weshalb war Christus ein großartiger Mensch? „Aber die Welt soll erkennen, daß ich den Vater liebe und so handle, wie mir der Vater aufgetragen hat."[26] „Mein Vater wirkt bis jetzt, und auch ich wirke."[27] „Ich suche nicht meinen Willen, sondern den Willen dessen, der mich gesandt hat."[28] „Er wurde gehorsam bis zum Tod, bis zum Tod am Kreuz."[29] Versetzt euch in das Bewußtsein Christi, ein Mensch, wie Mario ein Mensch ist, so wie ich ein Mensch bin, ein Mensch wie wir! Er ist ein Mensch! Die Größe des Menschen Christus besteht darin, daß er in seinem Leben anerkannt hat, daß der Wert einer jeden Sache im Willen eines anderen besteht, im Willen „des Vaters, der mit mir ist".[30] „Der Vater ist stets bei mir." „Vater, die Stunde ist gekommen, verherrliche deinen Sohn, damit der Sohn dich verherrliche"[31] (aber das ist das Zeichen für das Ende der Zeiten). Die Aussage: „... den anderen verherrlichen", ist sehr schön, um auszusagen, daß der andere das Kriterium meines Handelns ist. Wenn das Kriterium meines Handelns ein anderer ist, dann muß ich das opfern, was mir gefällt und beliebt: „Vater, wenn es möglich ist, laß mich nicht sterben, aber nicht mein Wille geschehe, sondern dein Wille."[32] Dies ist der Augenblick, in dem, wenn auch nur an der Oberfläche, die ganze Maße an Schmerzen, die Christus gewollt und umfaßt hat, noch eindrücklicher erscheint. Für Christus stellte die Anerkennung der Gegenwart des Geheimnisses des Vaters die stärkste Quelle des Leidens in seinem Leben dar, das Opfer seiner selbst. Stellt euch vor, daß er gekommen war, um die Welt zu retten – „Ich bin gekommen, um Feuer auf die Erde zu werfen, und wie wünschte ich, daß es schon entfacht wäre!"[33] Und dennoch hat ihm der Vater befohlen, nur unter den Juden zu bleiben. Wenige Kilometer entfernt gab es Städte wie Tyrus, mit einer größeren heidnischen Bevölkerung, die ihn hundertmal besser empfangen hätten.

Er ist nicht dorthin gegangen. So sagte er auch jener Frau, die die Quaste seines Mantels berührte, um geheilt zu werden: „Wer hat mich berührt?" Darauf sagten die Jünger: „Du siehst doch, wie das Volk dich umdrängt und fragst: ‚Wer hat mich berührt'?" Er sagte darauf: „Nein, aber ich habe gefühlt, wie eine Kraft von mir ausging." Und die Frau, die sich auf frischer Tat ertappt fühlte, warf sich vor ihm nieder und sagte: „Ich war es, Meister."[34] Seine Unterweisung wird vollständig, wenn man an die Kananäerin denkt: „Gib etwas Brot auch den anderen deiner Kinder." Und er antwortete: „Ich bin zu den Söhnen Gottes, den Juden, gesandt worden." Sie erwidert darauf: „Gibt zumindest von den Krümeln, die man auch den Hündchen nicht verwehrt." Und er sagte: „Frau, dein Glaube ist groß, und ich heile dich."[35]

Entschuldigt: Anzuerkennen, daß in der fünfzig Meter entfernten Kirche Christus gegenwärtig ist, der Mensch, der in Palästina vor zweitausend Jahren gelebt hat, gestorben und auferstanden ist; anzuerkennen, daß er dort, im Brot, unter der Gestalt des Brotes, im Zeichen des Brotes gegenwärtig ist; dies anzuerkennen: Ich fordere euch heraus, ein größeres Opfer seiner selbst zu finden (der eigenen Intelligenz, der eigenen Verpflichtung zu lieben, der eigenen Leidenschaft, ihn der ganzen Welt kund zu tun).

Wenige Monate nach dem Beginn von *Gioventù Studentesca* kam ein Vater zu mir, dessen Tochter das Vergil-Gymnasium besuchte.[36] Es war ein äußerst kultivierter Herr, der schon auf der Türschwelle zu schluchzen begann und sagte: „Pater, helfen Sie mir, retten sie mir meine Tochter, denn ich kann nicht mehr. Wenn mir meine Tochter die Hand drückt – seine Tochter war 17 Jahre alt und lag aufgrund eines Krebsleidens im Sterben – und wenn sie mir sagt: ‚Weshalb machst du mich nicht gesund?', dann zerreißt es mir das Herz, nicht nur, weil ich nicht zu antworten weiß, sondern weil ich dann nicht mehr existieren möchte." Und ich muß ihm antworten: „Der Herr weiß, warum dies geschieht. Es geschieht zu Ihrem Wohl und zum Wohl Ihrer Tochter, weil dies dem Plan Gottes entspricht." So verlange ich von ihm, die Gegenwart eines anderen zu akzeptieren und ihn zu bejahen, ihn, der wichtiger und entscheidender ist als die Liebe zu seiner Tochter, als der Wunsch sie zu retten, als sein eigenes Leben.

Die Anerkennung der Gegenwart eines anderen ist stets der Beginn einer Geschichte von Opfern, immer. Wenn eine Mutter ein Kind zur Welt bringt, dann ist das der Beginn einer Geschichte von Opfern. Wenn ein Junge ein Mädchen heiratet, dann ist das der Beginn einer Geschichte von Opfern. Doch das ist erst wie die Morgendämmerung eines noch weitaus erfüllteren Tages: Nämlich wenn der Mensch anerkennen muß, daß der menschgewordene Gott gegenwärtig ist, eine Gegenwart in seinem eigenen Leben. Erinnert ihr euch an den Vergleich, den ich gemacht habe? Wenn der italienische Staatspräsident Scalfaro in eines unserer Häuser in der Via Monte Rosa gehen würde, dann würde sich zunächst das ganze Haus vorbereiten, alles auf Hochglanz bringen und so weiter. Wenn er dann käme, würde sich alles nur um ihn drehen.

Wenn Gott Mensch geworden ist und mir und dir gegenwärtig ist, dann bestimmt und definiert diese Gegenwart mein ganzes Leben, meine ganzen Beziehungen, alles was ich tue – ja sie hat das Recht, mein ganzes Leben danach auszurichten und zu bestimmen. Hier bricht die Wahrnehmung meiner Unverhältnismäßigkeit aus. Aber diese Unverhältnismäßigkeit wird durch seine Hilfe, dessen bin ich mir sicher, berichtigt werden. Und das ist die größte Freude, die man im Leben wahrnehmen kann: Die Gewißheit, daß meine Schwäche gerade durch denjenigen überwunden wird, dem mein Wille und meine Freiheit dienen müßten.

Das größte Opfer besteht darin, eine Gegenwart anzuerkennen. Das ist eine Sache, oder besser: es ist die Sache „aus einer anderen Welt". Entweder wird der ganze Einsatz der Person auf diesen Punkt des Opfers zurückgeführt oder ... alles geht zugrunde: Man kann nirgends mehr von neuem beginnen; du ergreift es an der einen Seite, und es entwischt dir zur anderen Seite.

Es gibt keine größere Quelle des Opfers als die Beziehung mit einer Person, die Anerkennung einer Person. Das gilt auch für den Blickwinkel der Mutter gegenüber dem Kind, des Mannes gegenüber der Frau, des Freundes gegenüber dem Freund. Deshalb sagte ich im ersten Jahr im Berchet-Gymnasium, in den ersten Tagen in der Schule: „Ihr seid bereits seit fünf Jahren zusammen, ihr sitzt seit fünf Jahren in derselben Bank, aber ihr seid keine Freunde, sondern bestenfalls lebt ihr in einem gewissen Einvernehmen."[37] Damit die Beziehung unter uns nicht nur ein Einvernehmen ist, sondern eine wirkliche Freundschaft wird, muß sie zunächst durch Christus hindurch gehen; muß sie zunächst Christus anerkennen, der die größte Quelle des Schmerzes, des Opfers in unserem Leben ist: Wie er starb, so müssen auch wir sterben. Und dennoch ist der menschliche und existentielle Widerschein dieses Opfers eine Freude, wie er gesagt hat: „Ich habe zu euch geredet, damit meine Freude in euch sei und eure Freude vollkommen werde."[38]

Kapitel 9
Die Jungfräulichkeit

Ich zähle euch zunächst die wesentlichen Punkte auf, um die herum sich das ganze Thema der Jungfräulichkeit entfaltet.

1. Zu einer Aufgabe berufen

a) Die Erwählung von einigen. Wir beginnen mit einer Vorbemerkung, welche keineswegs unbedeutend ist: Gott ist Mensch geworden. Ihr erinnert euch doch an die Episode mit Msgr. Manfredini, meinem Weggefährten, als wir an jenem Abend auf dem Weg zur Kirche waren. Da wir verspätet waren, stürzten wir die Treppen hinunter, es waren drei oder vier Treppenrampen. Er war hinter mir; mit einem Ruck ergriff er mich plötzlich am Arm und sagte zu mir: „Hör mal – wir waren etwa zwanzig Jahre alt, vielleicht nicht ganz – hör mal, wenn man bedenkt, daß Gott ein Mensch geworden ist, das ist etwas aus einer anderen Welt." Diese andere Welt hat sich wirklich ereignet und seither die Welt zweigeteilt. Die erste Erwählung Gottes ist die von Menschen, welche zu diesem Verständnis berufen sind; und das ist der Inhalt der Taufe. Aber das ist wie die Vorgeschichte.

Der erste Punkt von heute: Christus erwählt einige Personen, um sein Werk in der Welt zu verwirklichen. Stellt euch die Szene an jenem Abend im Fackellicht vor, kurz bevor er starb. Er und die zwölf – wenn man von etwas noch keine Erfahrung gemacht hat, muß man versuchen, es zum Gegenstand der eigenen Phantasie und Vorstellungskraft zu machen: Sich dessen bewußt werden. Er und die zwölf, welche in tiefem Schweigen um den Tisch versammelt waren und diesen Menschen anblickten, während er sprach. Er sagte: „Ohne mich könnt ihr nichts tun." Ein Mensch, einer ihrer Tischgenossen, der sagte: „Ohne mich könnt ihr nichts tun."[1] „Aber das ist …", sie sagten nicht laut: „Das ist Gott", aber sie spürten, daß er Gott war: Sie dachten es nicht, sie verstanden es nicht, aber sie spürten es. Um es zu verstehen, sollte es noch des Heiligen Geistes bedürfen.

Um sein Werk zu vollenden, hat er einige erwählt. Denen hat er im Verlaufe der Zeit unseren Namen hinzugefügt und euren. Wenn ihr heute hier seid, so hat er euch irgendwie bei den Haaren herbeigezogen; auf irgendeine Weise hat er zumindest eure Kleidung gestreift. Wenn ihr hier seid, so hat er euch berührt. Wie auch immer er es getan hat, er hat euch berührt, er hat euch berufen.[2]

b) Um Zeugnis für ihn zu geben. Wofür hat er euch berufen? Damit sein Zeugnis in der Welt widerhallt, damit er in der Welt gegenwärtig bleibt. Damals, als Manfredini mich an jenem Abend um halb elf auf der Treppe des Seminars am Arm faßte, machte er mir Christus gegenwärtig. Es war etwas anderes, das mich am Arm faßte; es war keine menschliche Logik, keine Logik, wie sie mein Freund vorhergesehen hatte. Denn wer kann etwas derartiges sagen? Gewiß ist es etwas aus einer anderen Welt, wenn Gott ein Mensch geworden ist. Es ist etwas aus einer anderen Welt, was jetzt hier unter uns ist. Und das muß jemand sagen! In dieser Müdigkeit oder in dieser Wortfolge gibt es etwas anderes. Wenn es nichts anderes gäbe, könnte man nicht einmal diese Worte aneinanderreihen. Wir sind berufen, um für ihn Zeugnis zu geben.

c) Indem man mit ihm zusammenlebt. Wie gibt man Zeugnis für ihn? Indem man mit ihm zusammenlebt. Einer, der jeden Tag im Evangelium liest, der jeden Tag zur Kommunion geht, der sagt: „Komm, Herr", der auf bestimmte Freunde schaut, für die das schon mehr zur vertrauten Gewohnheit geworden ist, eine solche Person kann anfänglich spüren, was es bedeutet, mit ihm zusammenzuleben. Mit ihm zusammenzuleben, kann man auch anders ausdrücken: so wie er leben.

d) Für die Bestimmung der Menschen. Wie hat er gelebt? Er verstand das Leben als etwas, das für die Welt gelebt wurde, für den Plan Gottes in der Welt und somit für alle Menschen. Und das Leben ist jede Handlung, auch das Schlafen, auch das Erwachen (heute morgen kamen sie um neun, um mich aufzuwecken), auch das Essen und Trinken, und schließlich das ganze Leben und Sterben. Es ist für die Menschen; für die Leute in Japan, für die Leute in Australien, für die Leute am Nordpol; für die Leute, die wir nicht kennen und doch anfänglich als Teil unserer selbst wahrnehmen, so daß man bereit sein muß, für diese Leute das Leben hinzugeben. All unser Tun ist für das Leben der Menschen, für die Bestimmung der Menschen; dafür, daß sie ihre Bestimmung erlangen können. Diesen Gedanken haben wir bereits betrachtet, als wir über das Thema der Liebe sprachen. Du stehst am Morgen um neun auf ... (allerdings bin ich erst um halb sechs eingeschlafen; ich sah noch, daß es halb sechs war, dann schlief ich ein!). Also das eigene Leben aufzufassen als etwas, das der Bestimmung der anderen dient. Das ist etwas, das zumindest anfänglich nicht mehr abstrakt ist. Denn es geht um die Bestimmung deines Vaters, deiner Mutter; des Mädchens, das du gerne hast; des Jungen, der dir gefällt; der Gefährten an deiner Seite; es geht um die Bestimmung dieser Personen. Wenn ein Mann die Frau, in die er sich verliebt hat und die er heiratet, anschaut, ohne jemals an ihre Bestimmung zu denken, ist er ein armer Geistesgestörter, der sein Leben und das der anderen Person in Schizophrenie lebt; tatsächlich werden sie wie Schizophrene leben. Und wie viele sind so!

2. Durch das Opfer hindurch zum Hundertfachen

Das Opfer des Verzichtes auf die unmittelbare Reaktion

Um an dein Leben denken zu können (du, den ich nicht kenne), um an dein Leben im Sinne deiner Bestimmung denken zu können, muß ich etwas opfern. Um an dein Leben zu denken (du, dessen Gesicht ich kenne), um deine Bestimmung zu lieben, um dein Glück zu lieben, um deine Freude zu lieben, um das Ewige deines Lebens zu lieben, um dich so zu behandeln, muß ich etwas opfern. Was muß ich opfern? Ich muß die unmittelbare Reaktion opfern, sei es die einer Zustimmung oder eines Bedauerns, einer Sympathie oder einer Antipathie. Ich muß den unmittelbaren Eindruck opfern. Der unmittelbare Eindruck beim Anblick einer schönen Frau ... hm? Das muß ich opfern. Der unmittelbare Eindruck, wenn einer an ein Leben „in dem kleinen Haus hinter dem Blattwerk" denkt ... Aber Peter von Ulm steht hochaufgerichtet auf dem Fundament seiner Kathedrale, welche sich allmählich von der Erde erhebt, und leitet die Bauarbeiten; dabei denkt er an die kleine Hütte zu Hause, aus der Rauch aufsteigt: mein Gott, was für ein Abstand! Zu einem solchen Abstand hat Gott uns berufen; dazu, alles in der Welt mit diesem Abstand zu leben. Somit ist die Hütte wirklich Hütte, der Tempel wirklich Tempel und das Volk ist wirklich Volk (zu dem auch die Frau gehört, welche in jener Hütte seine Frau wäre).[3]

Es bedarf eines Opfers, nämlich des Verzichtes auf das Unmittelbare. Das Unmittelbare ist nicht wahr, vielmehr bricht es auseinander und läßt Risse entstehen. Besonders läßt es altern, hemmt die Zunge und bringt Rheumabeschwerden mit sich; einer hält sich nur noch mit Mühe auf den Beinen: Es bewirkt ein Sterben. Das Unmittelbare läßt ersterben, es stirbt dir unter den Fingern. Am Morgen bist du noch begeistert von deiner Frau, am Abend würdest du sie am liebsten zum Kuckuck schicken. „Zum Kuckuck schicken" meint: Am Abend möchtest du sie von dir wegstoßen: „Könnte ich mich nur von ihr befreien!"

Das Unmittelbare bindet fest, es fesselt, im Extremfall wird einer erwürgt – denkt an die Filmszenen, in denen man sieht, wie einer erwürgt wird; man sieht, wie sich der andere mit allen Kräften windet, bis ... wusch!: Das Unmittelbare erwürgt dich. Es bedarf dieses eigenartigen Phänomens, nämlich eines Loslassens. Um eine Person wirklich zu lieben, muß man sie loslassen. Wann bewundert ein Mann die von ihm geliebte Frau mehr: Wenn er sie aus einem Meter Abstand anschaut, voller Staunen angesichts des menschlichen Wesens vor seinen Augen; gleichsam auf den Knien, auch wenn er steht, gleichsam auf den Knien vor ihr; oder wenn er sie ergreift? Nein! Nein, wenn er sie ergreift, endet alles.

Wer besaß das Straßenmädchen Magdalena am Ende mehr: Christus, der sie im Vorbeigehen einen kurzen Moment anblickte, oder all die Männer, die zuvor von ihr Besitz genommen hatten? Als ein paar Tage später gerade sie ihm die Füße wusch und dabei weinte, war das ihre Antwort auf diese Frage.

Ohne innerlich loszulassen, kann man zu nichts eine Beziehung aufbauen: nicht zu den Menschen, noch zu den Blumen des Feldes, noch zu den Sternen des Himmels. Wenn du dich nicht von den Sternen loslöst, begreifst du nicht, worum es geht. Wolltest du einen Stern fixieren ohne dieses Loslassen, so würdest du nicht begreifen, daß er ein Stern inmitten der Unendlichkeit der Sternenwelt ist. Gerade das Opfer erlaubt, daß sich die Wahrheit von etwas enthüllen kann, seien es Dinge oder Personen.

Eine Vorwegnahme der ewigen Zärtlichkeit

Letzter Punkt. Diese wahre Art und Weise, mit der Christus zu lieben vermochte, erstaunte diejenigen, die ihn anschauten: Sie blieben gleichsam mit offenem Mund zurück. Ohne die Leute anzurühren: Nur um zu heilen, berührte er die Augen des Blinden, den Mund des Stummen, die Ohren des Tauben, nur dies. Und doch, wenn einer bis auf zwanzig Meter an ihn herankam, war er von dieser Gegenwart durchdrungen. Und er ging nach Hause und trug dieses Bild in sich, das er nur mühsam nach einigen Tagen abstreifen konnte; ja, er mußte sich geradezu anstrengen, um es abzustreifen. Auf diese Art brachte sich Christus mit den Personen in Beziehung und lebte eine Liebe vor, welche nützlicher war und mehr Begleitung auf dem Weg. Eine Liebe, die den Weg leichter machte, und die, wie mit einem Beben, die ewige Zärtlichkeit vorwegnahm. Eine Liebe, welche in allem die Beziehung vorwegnahm, die er kurz vor seinem Tod mit Johannes hatte, als dieser beim letzten Abendmahl den Kopf an seine Schulter lehnte.

Diese Vorwegnahme bereits in dieser Welt, dieser Vorgeschmack in meiner Beziehung mit dir – wären wir uns auch nur ein einziges Mal begegnet –, diese Vorwegnahme stellt in der Beziehung mit dir eine Vorahnung dar, wie ich dich für immer im klaren Licht der Ewigkeit sehen werde, in der ewigen Verklärung, im Ernst der Ewigkeit. Sie ist das Hundertfache. Wir sind am Abend eines jeden Tages dazu aufgerufen, uns zu fragen, wie viel des Hundertfachen wir gelebt haben. Und es kann nicht sein – wie manche sich bei mir beklagen –, daß man keine Erfahrung des Hundertfachen gemacht hat. Natürlich erfährst du es nicht, wenn du es dir nach deiner Phantasie vorstellst; du stellst dir das Hundertfache als Ausbreitung des rein instinktiven Verlangens. Es ist hingegen etwas ganz anderes; etwas anderes, das schöner ist, das sicherer ist, das faszinierender ist, das menschlicher ist. Es macht dich zum Bruder oder zur Schwester eines armseligen Menschen, welcher gleichsam zum Aas verkommen ist, wie er so in der Kloake am Straßenrand liegt, kurz vor dem Sterben. Eine der Schwestern von Mutter Teresa in Kalkutta nimmt ihn, ohne Ekel zu empfinden, mit und bringt ihn nach Hause. Sie baden ihn und geben ihm frische Kleider. Und dieser Mensch sagt kurz danach, vor seinem Tod: „Ich habe immer wie ein vom Unglück Verfolgter gelebt, doch jetzt sterbe ich wie ein König." Behandelt wie ein König: Das ist das Hundertfache auf Erden.

Es ist denkbar, daß ihr alles, Wort für Wort und Satz für Satz, verstanden habt. Was euch aber gewiß fehlt, ist die Erfahrung davon, wie diese Dinge mit dem Fleisch und Blut eures Lebens zusammenhängen. Es fehlt die Erfahrung des Lebens. Mögen diese Worte Inhalt dessen werden, was man fühlt, was man lebt, was einen Menschen in Bewegung setzt und ihn ergriffen macht.

GESPRÄCH ÜBER DIE JUNGFRÄULICHKEIT

Heute sollt ihr nicht nur eure Überlegungen über die Lektion von heute morgen, sondern über das ganze vergangene Jahr mitteilen; über das, was diese Worte aufwerfen und worauf sie verweisen: eure Schwierigkeiten; die Einwände, die ihr empfindet; was ihr nicht verstehen könnt ... Und ich werde euch sagen: „Das kann man gar nicht verstehen!" Aber, liebe Freunde, da ist noch etwas anderes: Was muß man tun? Er ist, wenn Er wirkt. Und in der Tat bewirkt Er eine Veränderung, Er verändert dich. Du verstehst es nicht, doch Er verändert dich.

Die Lektionen über das Opfer und über die Jungfräulichkeit habe ich wie einen wuchtigen Aufprall empfunden, da sie einen tiefen Widerspruch zum Ausdruck bringen. Daher fragte ich mich nach dem Grund für diesen geheimnisvollen Umstand, welcher eine gegenüber dem Üblichen so entgegengesetzte Haltung erfordert.

Damit die Welt leben kann, und zwar hundertmal mehr. Deine Frage ist die schönste, welche man stellen kann. Daß Gott in diese Welt gekommen ist, stellt etwas aus einer anderen Welt dar, Jesus ist etwas aus einer anderen Welt. Nimm Jesus weg, so prallen die Dinge ebnso aufeinander, nur wird alles nivelliert; und wenn es entflammt, so brennt es ab, und es bleibt nur verbranntes Stroh zurück .

Mit Jesus dagegen verliert man nichts mehr, auch das eigene Böse verbleibt wie mit einer letzten Dankbarkeit. Würde man das Böse in sich auch hundertmal wiederholen, so bewirkt das hundertste Mal lediglich, daß es dich auf das hundertste Mal öffnet in der Hoffnung auf eine Überwindung. Denn die Überwindung unseres Bösen geschieht dann, wann Gott es will. Du kannst nicht antworten: „Nun gut, also dann mache ich, was mir paßt; Gott verändert mich, wann er will." Nein, ich muß mich danach sehnen, ich muß immer mehr Sehnsucht danach haben. Kurz und gut: Ein Mann kann nicht eine Frau anschauen und sagen: „Wie schön sie doch ist!", und Sehnsucht nach ihr haben, wenn er nicht zugleich ersehnt, so vollkommen zu sein wie ihre Schönheit. Wenn er sich nicht zutiefst wünscht, so vollkommen zu sein wie ihre Schönheit, so ist es nicht wahr, daß er sie liebt. Er würde sie nur mißbrauchen und fertig.

Eines der bewegendsten Dinge in diesem Jahr war meine Arbeit im Krankenhaus. Die Krankenpfleger und auch die anderen Ärzte sagten mir ständig: „Wie hast du dich verändert", und sie fragten mich nach dem Grund.

Ihr müßt zugeben, daß dies wirklich das Zeichen für das Geheimnis ist. Das Zeichen, daß in diesem Menschen ein Geheimnis liegt, besteht darin, daß die anderen gezwungen sind zu sagen: „Wie hast du dich verändert." Das Geheimnis ist gerade eine Andersartigkeit. Einer ist beispielsweise blind; da keine Behandlung hilft, geht er in das Wasser von Lourdes, und er kann wieder sehen: Es ist anders als zuvor. Nichts kann mehr trösten, mehr Begeisterung und Staunen hervorrufen, und nichts ist geheimnisvoller als die Tatsache, daß die anderen sagen: „Warum bist du so verändert? Du bist ganz anders."

Und das hat mich sehr berührt, besonders weil viele sagten: „Mit den anderen Ärzten müssen wir eben zusammenarbeiten, bei dir jedoch ist es wie mit einem Freund."
Dieses „Du bist anders" betrifft seine Menschlichkeit, seine gesamte Person, nicht nur eine Operationstechnik. Unser Freund Enzo aus Bologna[4] ist ein phantastischer Chirurg, besonders auf dem Gebiet einiger schwieriger Operationen. Aber niemand sagt aus diesem Grund: „Du bist anders." Sie sagen: „Du bist anders", weil er sich in anderer Weise verhält. Das Andersartige betrifft das Ich, den Menschen. Die Schwestern von Mutter Teresa konnten diesen armen Kerl nicht heilen; sie konnten ihn nicht heilen, und doch waren sie anders. Er sagte es so: „Ihr seid anders, und ich sterbe wie ein König." Eben die Menschlichkeit ist eine andere; die Menschlichkeit Christi ist eine andere. Als Johannes und Andreas an jenem Nachmittag zusammen mit ihm weggingen und ihn betrachteten, während er sprach, in irgendeiner verlassenen Hütte eines Ortes in Judäa, sagten sie sich: „Niemand ist wie dieser Mensch." Es ist die Stimme des Volkes: „Es ist ein Mensch, ein Mensch." Um die Existenz des Jenseits zu begreifen, bedarf es einer Erfahrung im Diesseits; nicht eines Traumes, nicht eines Bildes (vom Jenseits), sondern einer Erfahrung im Diesseits. Genauer gesagt geht es um die Erfahrung der Unvollkommenheit im eigenen Handeln, was ohnmächtige Wut hervorriefe, gäbe es keine Hoffnung und keine sanfte Hingabe.

Wollt ihr im Ernst sagen, es gäbe einen schöneren und großartigeren Beruf als diesen: Eben diese Zärtlichkeit und diese Gewißheit unter die Menschen zu bringen? Sagt mir das, sagt es mir! Der Beruf der Mutter? Der Beruf einer Mutter ... in den meisten Fällen heute schauen sie ihr Kind nie, nicht ein einziges Mal, im Gedanken an seine Bestimmung an. Aber ist das denn Liebe? Das ist lediglich instinktive Anhänglichkeit. Und dann, wenn eine Mutter aufmerksam für ihr Kind ist, wenn sie nie schläft und immer wachsam dem geringsten Anzeichen nachgeht: Vor allem geht sie dann selbst zugrunde, ganz plötzlich. Aber davon abgesehen, das Kind wird groß und pfeift auf seine Mutter. Es hat anderes zu tun. Was ihm am Herzen liegt, ist etwas anderes. Und die Frau verzweifelt. Sie ist verbittert und ist aus Groll zu unvorstellbaren Handlungen fähig.

So kam vor Jahren in Mailand ein Mann von dreißig Jahren zur Beichte: „Seit zehn Jahren stehe ich mit einem Mädchen in Beziehung." „So heiraten Sie sie doch, nach zehn Jahren!" „Schon, aber meine Mutter ..." „Was ist mit Ihrer Mutter?" „Meine Mutter bezahlt mir sogar die Straßenmädchen, die ich will; sie läßt sie nach Hause kommen. Alles, damit ich ja nicht heirate, damit sie nicht ihren Sohn verliert. Dabei ist sie eine Frau, die jeden Tag zur Anbetungsstunde vor dem Allerheiligsten geht." Für diese Frau wird Jesus bestenfalls wie der Klang eines Cembalo gewesen sein, falls sie Phantasie und musikalischen Geschmack hatte. Doch es ist unwahrscheinlich, daß sie das hatte, denn jemand mit musikalischem Geschmack kann die grobe Dissonanz seines Verhaltens einfach nicht überhören. Und in der Tat, in der Beziehung mit Jesus wird man entweder am Ende singen, oder die Beziehung ist zu Ende! Mit Jesus muß man einfach beim Gesang enden, selbst wenn man schief singt. Wenn das Gaumenzäpfchen versagt, dann singt man eben mit dem Herzen!

Sie sagten, die Wahrheit einer Beziehung decke sich damit, die Anziehungskraft dieser Beziehung zu bewahren. In der letzten Zeit verstand ich, daß in der Beziehung zu den Dingen oder in der Arbeit in mir der Aspekt des Verzichtes vorherrschen kann. Dann ist es mir, als sei etwas nicht in Ordnung, als sei ein Irrtum dabei; denn Sie sagen, daß die Wahrheit einer Beziehung gerade den Geschmack an dieser Beziehung bewahrt.

Nicht in gleicher Weise.

Ich wollte verstehen, wieso sich also eine Art Versuchung zeigen kann, die beiden Dinge als getrennt aufzufassen.

Weil man an eine Beziehung in einer Tonart denkt, welche man nicht aufgeben möchte (wer von uns hätte das noch nie an sich erfahren?). Hingegen muß man sie aufgeben – und das ist ein äußerst dramatischer Moment –, damit die Beziehung wirklich bleibt. Somit bleiben die Wertschätzung und die Liebe nur erhalten, wenn du dich von der unmittelbaren und gewohnten Weise trennst, mit der du die Dinge empfindest. Willst du fortfahren, die Dinge in gewohnter Weise wahrzunehmen, so verlierst du sie. Aber das ist nicht meine Schuld, es ist ganz einfach so! Auch natürlicherweise ist es so: Willst du den Gipfel des Monte Rosa erklimmen, so mußt du das Tal hinter dir lassen, das doch so wunderschön ist! Du bewahrst den Blick auf die Schönheit des Tales gemäß einer andersartigen Tonart des Ganzen, welche auch das Tal anders erscheinen läßt. Du gibst es nicht auf, du steigst auf. Auf dem Weg zu deiner Bestimmung gibst du überhaupt nichts auf, du ziehst auf dem Weg zur Bestimmung alles mit: „Mit einem einzigen deiner Haare hast du mich getroffen", würde das Hohelied der Liebe es ausdrücken.[5] „Aber auch die Haare eures Hauptes sind alle gezählt."[6] Mir fällt die Erzählung von Guareschi ein, die in der Nachkriegszeit in der Wochenzeitschrift *Il Candido* stand. Sie erzählt von einem alten Ehepaar, beide um die achtzig Jahre alt; sie sitzen auf dem Balkon des Hauses und betrachten die Leute, wie sie nach dem Mittagessen spazierengehen. Er sagt: „Wie schön sind deine Haare!": Sie hatte noch drei! „Wie schön sind deine Haare!": Damit drückte er etwas von einer Wahrheit, von einer Poesie und einer Dauer aus, wie er sie nicht einmal damals besaß, als er sich verliebte und sie ganz blond war. Damals war das noch klein und verkrampft.

Wenn man die Treue hält, bewahrt man damit alles. Allerdings ist es ein Opfer, die Treue zu bewahren. Nehmen wir an, einer verliebt sich: Er ist mit seiner Frau unterwegs und sieht eine bestimmte Frau auf der anderen Straßenseite, er schaut sie an.[7] Er muß verzichten, er muß sich losreißen, und die Treue zu seiner Frau wird belohnt; nicht sofort, aber über einen langen Zeitraum hinweg schon. Wäre er dagegen der anderen gefolgt, so hätte sich diese über einen langen Zeitraum wieder verflüchtigt, und zwar 34 Jahre zuvor!

Ich wollte etwas erzählen, was mich auf dem Weg dieses Jahres bezüglich der Frage der Berufung sehr getroffen hat. Ich bin eng mit jener Frau befreundet, die wegen eines Krebsleidens im Sterben liegt, und die geschrieben hatte: „Ohne euch hätte ich nicht das gütige Antlitz des Geheimnisses kennengelernt, das alle Dinge hervorbringt." Mich hat dies gerade in Bezug auf die Berufung sehr getroffen. Denke ich in der letzten Zeit an meine Berufung, so muß ich zwangsläufig an sie denken und an das, was sie durchlebt. Und denke ich an sie, so muß ich zwangsläufig wie an eine Berufung denken. Mir wurde klar, daß eine solche Person eine bestimmte Vorstellung von ihrem Leben hatte, sie hat eine Familie gegründet. Doch an einem bestimmten Punkt ist ihr etwas geschehen, vor dem man entweder standhält, indem man wie auf eine Berufung antwortet, die der Herr ihr gegeben hat ...

Entweder man verbleibt vor etwas in der Haltung der Jungfräulichkeit, denn die Jungfräulichkeit ist gerade das Leben als Berufung ...

... oder es bleibt nur die Verzweiflung. Das wurde mir richtig klar, als du sagtest, es gäbe zwischen Christus und dem Nichts keinerlei Alternative.

Wir können unser Leben auf verschiedenste Weise auffassen. Doch nur, wenn wir auf das Leben als Berufung antworten; nur, wenn wir diese Berufung bejahen, können wir unser Leben vollenden.

Die Jungfräulichkeit ist das Bekenntnis der Gegenwart Gottes in der Welt; von Christus, diesem Menschen, hier und jetzt. Jenseits davon bleibt nur das Nichts, alles endet im Nichts. Die Briefe von Mounier an seine Frau[8] sind Seiten der Jungfräulichkeit, in denen sich die Jungfräulichkeit als das Ideal der Ehe zeigt. Deshalb spricht man ja auch von ehelicher Keuschheit, nicht wahr? Also, die Berufung des Menschen ist ihrem Wesen nach die Jungfräulichkeit. Dieser Haltung der Jungfräulichkeit vertraut Gott verschiedene Aufgaben an; die Berufung ist aber eine einzige. Gibt er einem eine bestimmte Aufgabe, die der Familie, so sagt der heilige Petrus, indem er alles bedenkt: „Wenn die Sache des Mannes gegenüber der Frau so steht, dann ist es nicht gut zu heiraten."[9]

Es kann sein, daß sich einer auf diesem Weg befindet und das ganze zurückliegende Jahr mitgegangen ist, daß sich aber dennoch in ihm beharrlich die Hypothese eines anderen Weges aufrechterhält oder erhebt, beispielsweise die eines Klausurordens. Ich wollte verstehen, welche Bedeutung eine solche Idee hat.

Gibst du dir selbst die Berufung? Man muß gut unterscheiden zwischen der Anerkennung einer Berufung – und das ist eine objektive Tatsache – und dem Nachgeben gegenüber einem eigenen Bild, der eigenen Vorstellung. Das erste Kennzeichen davon, daß man einem eigenen Bild nachfolgt, ist sein schwankender Charakter. Das zweite Kennzeichen besteht darin, daß es nicht schlagartig und mit klarer Kontur auftritt, sondern in Gestalt eines Widerspruchs. Ihr seid hier: Keine Idee und keine andere Tatsache kann klarer und einfacher sein als diese Gegebenheit: Ihr seid gerufen worden. Wo sind eure Kameraden und wo eure Freunde? Sie sind nicht hier, wieso nicht? Die Floriana hatte an der Katholischen Universität viele Freunde, wo sind sie? Eben an der Uni! Das ist eine Gegebenheit, die Beziehung mit Christus ist immer eine Gegebenheit, ein Faktum. Das kann sofort umgeben sein von einem Saum aus Lichtschein, aus Gefühl, aus Zärtlichkeit, aus Kraft, aus Treue, aus Opfer. Das Opfer wird wie zu einer Poesie, es nimmt den Rhythmus einer Poesie an, eines Gesanges. Aber das erste Wort, das grundlegende Wort, der Fels des Fundamentes ist eine Gegebenheit: Wenn du hier bist, dann bist du auf irgendeine Art und Weise von etwas berührt worden; tut mir leid, es ist nicht meine Schuld! Es wäre dann meine Schuld, wenn ich nichts dazu beitrüge, um euch in eurer Erfahrung hier zu bewahren. Deswegen werden wir hin und wieder für unseren portugiesischen Arzt, der in England arbeitet, ein „Gegrüßet seist du Maria" zur Gottesmutter richten.

So wie dir die Berufung gegeben wurde, so wird sie dir auch aus dem gleichen Ursprung vor der Welt bewahrt, also aus der gleichen Hand, aus dem gleichen Antlitz Christi, der zu dir gesagt hat: „komm"; und dieses „komm" hat er zu Leuten gesagt, die normal sind wie alle anderen.

Hör mal, gestern Abend haben wir diesen Abschnitt über Violaine gelesen, die ganz bereit war, der Hand zu folgen, welche sie führte.[11] *Genau dies ersehne ich auch mir zutiefst, doch zugleich macht es mir Angst. Was muß ich tun?*

Beseitige die Angst, so gut es dir gelingt. Gelingt es dir nicht, so folge der Hand dennoch. Der Hand mit Angst im Herzen zu folgen, hat die gleiche Wirkung, wie ihr ohne Angst zu folgen. Das Wesentliche in dieser Frage ist es, der Hand zu folgen. Während du der Hand folgst, sagst du: „Hör zu, laß mich weniger Angst haben, laß mich weniger Angst haben, laß mich weniger Angst haben!" Nach dem fünfzehnten Mal entdeckst du, daß du keine Angst mehr hast. Angst wovor? Vor dem Nichts; aber das Nichts ist nicht das Nichts, es ist reine Lüge.

Wißt ihr, daß all diejenigen, die zu einer Frau sagen: „Ich habe dich gern", mindestens in einem Aspekt lügen? Hingegen ist es für jemanden, der sagt: „Herr, ich habe dich gern", viel schwieriger, dabei zu lügen. Denn einer, der das sagt, nimmt sehr viel leichter all die Fehler wahr, die er mit sich trägt. Wie sehr hatte doch Petrus alle Fehler vor Augen, die er begangen hatte, als er auf die verstohlene Frage Jesu: „Simon, liebst du mich?" in verstohlener Weise geantwortet hat: „Ja Herr, du weißt, daß ich dich liebe!"[11]

Sie haben uns einmal gesagt, daß das menschliche Ich den Scheidepunkt darstellt zwischen der Beziehung zum Unendlichen und der Beziehung zum Nichts, welches eine Abstraktion ist. Ich erbitte mir am meisten, daß diese Worte zum Inhalt meines Lebens werden mögen.

Ich sagte in Rimini, daß das Ich den Scheidepunkt darstellt zwischen dem Ewigen und dem Nichts, und daß sich das existentiell und geschichtlich als Anerkennung oder Ablehnung Christi zeigt.[12] Das „Nein" vor Christus beziehungsweise die Entscheidung, nicht von Christus zu reden, ist gleichbedeutend damit zu sagen: „Alles ist nichtig." Sagt mir, wie das im Sinne der Logik anders sein könnte, sagt es mir! Dies gilt so sehr, daß das höchste Ideal für den Menschen – wie es das für die Buddhisten zu sein scheint – darin besteht, die Lösung des ganzen Problems zu verstehen wie einen Tropfen, der ins Meer fällt, der sich mit dem Meer vermischt; das harmonische Meer des Ganzen. Was für eine tolle Harmonie! Wo das Ich verschwindet! Es wird zu deinem größten Anliegen, zu verschwinden.

Sie haben uns am letzten Samstag gesagt: etwas erscheine dann abstrakt, wenn es als ausschlaggebendes Urteil bereits beseitigt wurde.
Ja, wir empfinden das als abstrakt, wozu wir bereits zuvor nein gesagt haben. Denn habe ich noch nicht davor nein gesagt, so verstehe ich, auch wenn es mir abstrakt erscheint, daß ich alle Mühe aufbringen muß, um es konkret zu machen, um es zu einer Erfahrung werden zu lassen. Ich schwöre euch, daß alles, was wir euch gesagt haben, zur Erfahrung werden wird. Für uns ist es das geworden; das ist das Motiv, wofür wir hier sind. Wir müßten ganz schön Mut haben, so viele Leute in dieser Art zusammenzubringen, um Lügen zu erzählen. Den Mut, so zu handeln, kann man gar nicht haben, außer wenn man Politiker oder Schutzherr ist: Im letzten ist es immer eine Frage des Geldes, denn die Macht hat immer das Geld im Sinn.

Entweder ist etwas wahr, oder es ist eben nicht wahr. Wenn du von etwas Wahrem sagst, es sei abstrakt, so bedeutet dies, daß du bereits ein „Nein" ausgesprochen hast: Abstrakt erscheint uns das, was wir bereits abgelehnt haben. Sagt dir jemand etwas, das dir abstrakt erscheint, so mußt du dich darum bemühen zu verstehen, wie es konkret werden kann. Bei diesem Versuch, es erfahrbar zu machen, lernst du zu verstehen. Verstehst du mich?

Es ist wie der Unterschied zwischen einer Drohung und einer Verheißung.
Euch etwas Abstraktes zu sagen, das nicht wahr ist, ist wie eine Drohung; es bedeutet, euch in der Furcht vor einer Drohung zu lassen. Die Mehrheit des Klerus handelt so, ohne sich dessen bewußt zu sein: Man hält die Leute unter einer Drohung. Das gilt für die Mehrheit des Klerus, der Eltern, der Politiker, von allen: Wer nicht deine Person mit ihrer Bestimmung liebt, setzt dich einer Drohung aus.

Was dir dagegen abstrakt erscheint, ist eine Verheißung, keine Drohung. Es ist nicht die Drohung, daß die Beziehung zu dem Jungen oder dem Mädchen, das du gern hast, abnimmt. Es ist die Verheißung eines „mehr" in dieser Beziehung.

Es ist schön, all diese Dinge aus der Höhe von siebzig Lebensjahren zu sehen wie ich jetzt ... das lärmende Volk von Leuten, die du mit fünfzehn Jahren und später getroffen hast; genau unter den Umständen, unter denen du ihnen begegnet bist, mit den erwachten Wünschen, mit allen Fehlern, die man begangen hat; und wie viele Fehler hat man gemacht ... Diese ganze lärmende Menge, deren Gesichter man wieder erkennt und die man nicht mehr vergißt. Und du bemerkst, wie du, ohne dir dessen voll bewußt zu sein, sagst: „Oh Vater, mögen wir alle zusammen kommen" – du bittest für sie, während du einige wesentliche Dinge begreifst –, „mögen auch sie ihre Bestimmung erlangen." Und so kommt man wieder zusammen, und zwar hundertmal besser als zu der Zeit, da man zwanzig war.

Nun, die Fragen, die man stellen könnte, sind so zahlreich, daß wir noch bis Juni nächsten Jahres hier zusammenbleiben könnten. Unser ganzes Leben ist eine Frage, *quaestio,* Suche nach der Antwort. Welches ist die wichtigste Bedingung auf der Suche nach einer Antwort? Kein Vorurteil zu haben. Wenn einer auf diesen Weg gestellt wurde und weiterhin andauernd Zweifel hegt, ob sich nicht doch ein anderer Weg finden ließe (und das ist gewiß nicht gemeint, wenn man davon spricht, um die eigene Veränderung zu bitten!), so begeht er insoweit einen grundlegenden Fehler, als eine Vorstellung zu einem Vorurteil wird, auch angesichts objektiver Gegebenheiten in der Wirklichkeit. Eben diese Wirklichkeit entnimmt alle Gründe aus ihrem letzten Grund, alle! Und jetzt nennt mir einen einzigen Grund, der dem widersprechen würde, sagt es mir! Seit ich vor vierzig Jahren angefangen habe, in der Schule Religionsunterricht zu erteilen, habe ich nie einen Einwand vernommen, der mir nicht selbst schon gekommen wäre und auf den ich nicht schon geantwortet hätte. Ich mag zwar ein Einfältiger sein, aber in einem bestimmten Sinne, das heißt ein Einfältiger Christi. Im Priesterseminar hatten wir eine Gruppe gebildet, zusammen mit Manfredini und Biffi[13], mit dem Namen „die Einfältigen Christi", in Anlehnung an einen Ausdruck aus der russischen Frömmigkeit des neunzehnten Jahrhunderts. Jedenfalls kann ich das wirklich bezeugen: Ich bin nie einer Frage begegnet, auch nicht in der Schule, die ich mir nicht selbst schon gestellt und auf welche ich mir nicht schon eine Antwort gegeben hätte. Hätten sie mir eine Frage zum *De magnetite*[14] gestellt, so hätte ich es nicht gewußt. Auf die unwahren Dinge hätte ich keine Antwort geben können. Weiter, los geht's!

Heute Morgen wurde gesagt, daß Christus uns erwählt hat, damit wir bei ihm bleiben. Ich habe den Eindruck, daß ich die Erfahrung der ersten Jünger mache, welche sagten: „Es ist schön, hierzubleiben; wir gehen nicht mit den anderen Leuten." Was hat aber dann die Welt damit zu tun, wo bleibt da das „für die Welt"?

Sehr richtig, und tatsächlich dürfen wir nicht hierbleiben, sondern müssen in die ganze Welt gehen. Allein unsere Freunde aus Italien sind bereits in 26 verschiedenen Ländern in der Mission. Du kannst dich also schon in die Schlange stellen, um in die Mission zu gehen.

Du hast gesagt, daß uns dann etwas abstrakt erscheint von dem, was uns gesagt wird, wenn wir es schon zurückgewiesen haben. Ich möchte den Grund dafür verstehen.

Wenn ich dir etwas sage, was dir abstrakt vorkommt, müßtest du nach den Gründen dafür suchen und nicht einfach sagen: „Es ist abstrakt." Zu sagen: „Es ist abstrakt", bestätigt lediglich ein Gefühl, aber keinen Grund; ist das nicht klar? Wenn wir euch etwas scheinbar Abstraktes sagen, so müßtet ihr bei uns und mit uns nach den Gründen dafür suchen. Denn es sind die Gründe, welche eine Aussage mit dem Leben in Verbindung bringen; ein Grund stellt einen Zusammenhang zum Leben und zur Wirklichkeit her. Sucht nach den Gründen. Dies bringt allerdings Arbeit mit sich, eine dauerhafte Arbeit, Geduld, Nachdenken, täglich eine halbe Stunde der Stille.[15] Es bringt mit sich, den Text des *Seminars der Gemeinschaft* zu erarbeiten, unsere verschiedenen Texte zu lesen. Kurz, es bedarf einer Arbeit: Gründe zu finden, bringt eine Arbeit mit sich. Bezeichnet man dagegen etwas, das wir sagen, als abstrakt, ohne diese Arbeit der Suche nach Gründen auf sich zu nehmen, so bestätigt man damit nur ein Gefühl beziehungsweise einen Gefühlszustand; es ist eine rein sentimentale Reaktion. Christus ist gegenwärtig, wo ist Er gegenwärtig? Hier, hier und jetzt.

Christus ist hier gegenwärtig.

Die sentimentale Reaktion sagt: „Aber nein, aber nein!" Das ist der Prozeß der Abstraktion.

Wenn ich dir sage, daß er hier ist, und du mir dagegen die Frage stellst: „Warum sagst du, daß er hier ist? In welchem Sinne ist er hier? Wie macht er es, hier zu sein?", so nenne ich dir eine Reihe von Gründen, und der Grund erlaubt dir, die Wirklichkeit mehr zu entdecken. Eben der Grund läßt dich die Wirklichkeit mehr entdecken, und nicht das Gefühl einer mehr oder weniger ausgeprägten Abstraktheit.

Wenn man den Einwand bringt: „Es ist abstrakt", weist man dann nicht auch etwas ganz Evidentes zurück?

Die Evidenz ergibt sich aus den Gründen, die man wahrnimmt, die man versteht, und welchen man intuitiv folgt. Die Evidenz ist nichts anderes als das Ergebnis des Mechanismus im eigenen Herzen, welchen man Vernunft nennt. Die Evidenz ist das Endergebnis aus vernünftigen Gründen. Die Vernunft ist der Scheidepunkt des Wahren, sie ist die Mine der Wahrheit. Nennt man die Dinge, die wir sagen, abstrakt, so bestätigt man damit lediglich eine eigene Vorstellung;

man gibt einer psychologischen Reaktion den Vorzug gegenüber einem Grund.

So war es auch damals in der Schule, als ich sagte: „Habt ihr etwas einzuwenden, habt ihr entgegengesetzte Gründe? Sagt sie mir!" Sie schwiegen. „Also, warum kommt ihr dann nicht mit mir?" Dies ist die Unehrlichkeit des Menschen: der Verrat am Wahren. Die Volksmenge, die Jesus folgte, wollte ihn sieben Tage zuvor zum König machen, weil er sie kostenlos gesättigt hatte. Doch schon sieben Tage danach schrieen sie: „Kreuzige ihn!", und folgten somit dem Rat der Pharisäer: Es ist unvernünftig, es geschieht ohne Grund.

Entweder Christus oder das Nichts. Wenn Christus nicht wahr ist, bleibt nichts mehr, alles fällt ins Nichts. Es ist die buddhistische Vorstellung einer pantheistisch verstandenen Wirklichkeit, in der alles zurückströmt und sich dabei auflöst. Das ist die schöne, oder besser, die häßliche Phantasie. Das erklärt nichts, außer daß es die Vergänglichkeit von allem wieder betont. Ohne Christus ist alles vergänglich; ohne eine Gegenwart bleibt nur die Leere.

Alle Dinge, die wir gesagt haben, erwecken in mir eine immer tiefere Sehnsucht. Dennoch fragte ich mich: „Wie stelle ich es an, Christus mehr zu antworten, damit ich selbst mehr Mensch werde?"

Hör mal, folge uns einfach! Gott selbst hat dich mit uns zusammengeführt, der heilige Gott! Es ist nicht unsere Schuld, daß er dich mit uns zusammengestellt hat. Im Gegenteil, wir sind sogar verlegen darüber, wir als erste. Auch Carlo,[16] der anfangs an nichts Interesse hatte und nur seinen eigenen Zielen nachging und weggehen wollte, irgendwohin, wo es ihm besser gefiel, er ist gezwungenermaßen hier, gezwungen! Ich dagegen, Gott sei Dank dafür, bin immer froh gewesen, denn das hier ist wahr. Carlo, erzähl noch mal deinen ersten Eindruck in der Religionsstunde.

Ich hielt es damals nicht für möglich, daß man die Vernunft in dieser Art und Weise einsetzen könnte. Ich stellte keinen bewußten Vergleich mit früher an, sondern diese Anwendung der Vernunft ließ mich verstehen, daß ich sie bis jetzt nie wirklich eingesetzt und sie auch bei anderen nicht im Einsatz erlebt hatte. Und ich erinnere mich noch, daß ich mir damals sagte: „Wenn der daran glaubt, dann muß auch ich daran glauben, dann muß auch ich das ernst nehmen." Seit meiner Kindheit war ich von dem Eindruck durchdrungen, daß alle größtenteils Unsinn redeten, und eine andere Art konnte ich mir gar nicht vorstellen.

Schon als kleiner Junge war er böse. Es ist schon beeindruckend, die Intelligenz eines Jungen wahrzunehmen, dessen Gefühl nach alle Unsinn reden, leeres Geschwätz. Daß ein Junge diesen Eindruck gewinnt ... das wäre wirklich ein intelligenter Bursche.

Oft will es mir scheinen, als seien die Dinge, die ich höre und die meine Freunde mir bezeugen, noch nicht Teil meiner eigenen Erfahrung, und das hemmt mich irgendwie. Sie haben uns aufgefordert, am Abend eines Tages noch einmal zurückzublicken und uns zu fragen, wie sehr wir das Hundertfache an diesem Tag gelebt haben. Ich neige dazu, ein eigenes Maß anzulegen. Aber es scheint mir, daß es bei dieser Frage nicht darum geht, ein eigenes Maß anzulegen. Sie haben hingegen auf die Haltung der Apostel vor Christus als die wahre Haltung hingewiesen. Ich wollte fragen, wie man in dieser Haltung der Apostel verbleiben kann.

Stellt euch die Haltung der Apostel einmal konkret vor. Stellen wir uns vor, Jesus wäre hier, und wir alle würden ihm zuhören: Man versteht nicht, was er sagt; ich verstehe nicht, was er sagt. Aber ich höre aufmerksam zu, denn die Art, in der er spricht, läßt verstehen, daß er das sieht, daß er das weiß, daß er das fühlt, daß er das lebt. So höre ich ihm also aufmerksam zu, denn ich will auch etwas davon mitnehmen. Den einen oder anderen Teil eines Satzes verstehe auch ich, einige Wortfetzen bekomme auch ich mit, und am Ende bitte ich ihn: „Jesus, erkläre mir, was du gerade gesagt hast." Bei den Gleichnissen haben sich die Jünger so verhalten. Sie begriffen nicht, was die Gleichnisse sagen wollten. Da drängten sie sich um ihn und sagten: „Meister, erkläre uns den Sinn dieses Gleichnisses."

Also, am Abend sollst du kein eigenes Maß aufstellen, sondern drücke die Bitte aus: „Dein Reich komme, dein Wille geschehe." „Komm, Herr Jesus", mit diesem Ruf endet die gesamte Bibel.[17] Die gesamte Bibel endet mit diesem Ruf; sollte dann nicht auch mein vergangener Tag mit diesem Ruf enden? Wer das jeden Abend tut, ist lebendig (im Gegensatz zu uns, ganz häufig), und er ist verändert. Wenn du das jeden Abend tust, bist du verändert. Du mußt dich darum bemühen, ohne einen Anspruch zu erheben. Denn du weißt nicht, wann der Menschensohn in dein Leben eintreten wird, wann er dich am Hals packen und dich verändern wird, oder wann er dir den unwiderstehlichen Charme verleihen wird, um dich zu verändern.

Wofür lebst du denn, wenn nicht für diesen immer tieferen Blick, für diese faszinierende Hoffnung? Fändest du auch das in deinen Augen schönste Mädchen der Welt – ich mache den Vergleich, den der Herr uns nahe gelegt hat, indem er Adam und Eva schuf: Er hatte Mitleid mit Adam, denn es war nicht gut, daß er allein bliebe, und so gab er ihm Eva zur Gefährtin – ja und dann? Und dann? Und dann?

Dann wünsche ich dir, daß du hundert Jahre alt wirst. Und dann? Streicht man dieses „… und dann?", so gibt es keine Menschlichkeit mehr, man verzichtet auf den Einsatz des Gehirns, man schafft die Vernunft ab und läßt das Herz verdorren. Wer diese Hoffnung nicht in sich trägt, dessen Herz ist verdorrt. Deswegen ist der moderne Europäer, dessen Geschichte doch ganz vom Christentum geprägt ist, in der Lage, Dinge zu tun, wie er sie in Bosnien getan hat, oder wie er sie in Ruanda getan hat, oder wie in Vietnam oder wie in Korea: mit Haß und Gewalt; seine Waffen haben möglichst alles zerstört. Ohne Christus bleibt nichts als Zerstörung.

Eine wahre Betrachtung des Lebens muß auch die Wunden des Lebens mittragen. Man kann im Leben nicht eine Antwort geben und es sich in der eigenen Vorstellung ohne Wunden ausmalen, wenn es doch voller Wunden ist. Dagegen ist ein Wort oder ein Blick auf das Leben wahr, wenn er es mit all seinen Wunden zu umarmen vermag. So kann eine Frau, Mutter von drei Kindern, in der letzten Phase ihres Krebsleidens kurz vor ihrem Tod schreiben: „Ohne Sie und die Bewegung[18] hätte ich niemals das gütige Antlitz des Geheimnisses kennengelernt, das alle Dinge hervorbringt." Es wäre nur die Verzweiflung geblieben, doch sie ist nicht verzweifelt. Oder wie im Beispiel der Mutter eines meiner Freunde, die ganz unerwartet ihren Sohn verlor. Sie schrieb einen Brief voller grober Schreibfehler, da sie fast Analphabetin ist. An einem bestimmten Punkt hält sie inne und sagt wie ohne Logik: „Aber dennoch bin ich froh, denn Gott ist groß."

Die Jungfräulichkeit bekennt das überall in der Welt, sie geht mit der Unwahrheit und dem Bösen keinen Waffenstillstand ein. Da aber wir die Unwahrheit und das Böse in uns tragen, ist das erste Ergebnis unsere eigene Veränderung: Er ist, da Er wirkt, Er ist, da Er verändert; Er ist da, indem Er verändert.

Daher ist die angemessene Antwort für unseren Freund aus England nochmals die Betonung der Vernunft. In Anbetracht von Unsicherheiten und Gegensätzen gilt es, nach Gründen zu suchen: „Du sagst mir, daß Christus hier ist; welche Gründe bringst du dafür vor?" Und du hörst dir aufmerksam meine Gründe an und sagst nicht gleich „nein" zu einem Grund, den du noch nicht verstehst. Du kannst sagen: „Ich verstehe das nicht", und ich erwidere dir: „Bitte darum zu verstehen, bettle darum zu verstehen." Das ist die richtige Haltung für den Menschen. Denn der Mensch, der eigentlich ein Nichts darstellt, wurde als ein Wesen geschaffen, das nach dem Sein dürstet, das gleichsam um das Sein bettelt, das um das Leben bettelt, er ist Durst nach Leben.

Was hat die Verheißung des Hundertfachen mit der Erfahrung zu tun, daß ich in meinen klarsten Momenten einen Schleier aus Traurigkeit in mir spüre?

Woraus stammt dieser Schleier aus Traurigkeit? Dies ist eine vernünftige Frage. Stammt der Schleier aus Traurigkeit von der Verheißung des Hundertfachen, oder stammt er von etwas, das du noch vermißt? Wenn du zum Beispiel nicht die Haltung des Bettelns lebst, wenn du nicht nachfolgst, wenn du in deinem Leben nicht Christus folgst, wenn du nicht uns folgst, wenn wir die Dinge nicht zusammen tun und uns nicht gemeinsam auf die Suche begeben, wie willst du dann die Erfahrung des Hundertfachen machen? Was ist schuld an diesem Schleier aus Traurigkeit? Er entsteht, weil du an eine unmittelbare Art und Weise gebunden bleibst, mit der du etwas haben und besitzen willst, abhängig von deinem Gefühl. Stattdessen müßtest du den Wunsch haben, etwas in angemessener Weise zu empfinden; zu empfinden, wie es wirklich ist, was sein wahrer Kern ist; und dabei müßtest du dein Kreuz auf dich nehmen, wie Christus und wie alle Menschen. Mit zehn Jahren habe ich ein Gedicht gelernt, das so begann: „Als ich geboren wurde, sprach zu mir eine Stimme: Du bist geboren, um dein Kreuz zu tragen."[19] (Heute läßt man euch solche Gedichte nicht mehr lernen, doch es war ein wirklich schönes Gedicht.) Das Wort Kreuz ist aber hier nicht als *finis rei* gemeint, als Ziel der Fragestellung. Die Frage endet nicht bei dem Kreuz, sondern sie beginnt damit: Das Kreuz ist eine Bedingung. „Du willst den Monte Rosa besteigen? Gut, dann mußt du diesen Weg einschlagen und an diesen Punkten vorbeigehen." „Ich habe Angst." „Wenn du der Angst nachgibst, wirst du nie auf dem Monte Rosa ankommen!"

Lieber Freund, komm und folge uns. Da wir aus dem gleichen Fleisch und Blut gemacht sind, mit dem gleichen Herzen, da wir Menschen sind, kannst auch du das Gleiche tun, was wir getan haben, oder nicht? Und ich versichere dir, daß alles, was wir getan haben, hundertmal schöner ist als das, was wir bei anderen sehen. Wie wahr das ist, erkennt man daran, daß am Ende alle zu uns überlaufen werden.

Als ich damals gerade mit dem Unterrichten in der Schule begonnen habe, gehe ich zur ersten Stunde in die Klasse und trete an das Pult. Während ich noch dahin gehe, hebt schon einer in der hinteren Reihe die Hand. Ich sage mir: „Oh mein Gott, ich habe noch kein Wort gesagt, da kommt schon einer mit dem ersten Einwand!" Er hieß Pavesi. Aus Anlaß seiner Hochzeit hat er mir geschrieben, daß der Name seines Religionslehrers ihm zwanzig Jahre lang stets geläufig war. Bei der Hochzeit habe ich ihm gesagt: „Worin ihr mir bis heute noch nicht gefolgt seid, darin solltet ihr mir ab jetzt folgen. Denn ihr werdet Kinder haben, und denen solltet ihr die Mühen ersparen, die ihr euch selbst nicht erspart habt."

In der letzten Zeit kam es manchmal vor, daß ich gleichsam wie gezwungen war, und zwar mit Eindringlichkeit, alle Geschehnisse mit dem zu vergleichen, was ich von Ihnen gehört hatte. Mir wurde bewußt, daß es nicht genügt, alles für Christus anzunehmen, wenn es nicht einen Fixpunkt gibt, an dem man genau davon Erfahrung machen kann. Ich fragte mich, ob ich diesen Fixpunkt habe.

Ich kann die Frage nicht teilen. Denn um das Opfer anzunehmen, bedarf es eines Fixpunktes, aber nicht einer Sicherheit bezüglich des Opfers! Man kann sich nicht des Opfers sicher sein; man ist sich der Person Christi sicher, nicht des Opfers. Wenn du dir der Person Christi sicher bist, ist die Sache einfach: Wenn du glaubst, wirst du die Erfahrung des Hundertfachen machen.

In Anbetracht eines Opfers besteht deine einzige Ressource darin, dein Opfer als Teilhabe an Christus wahrzunehmen, der ans Kreuz hinaufsteigt und für die Welt stirbt. Dein Opfer hat einen Wert für den Schmerz aller Menschen in der Welt, es lindert den Schmerz all der anderen Menschen. Es mag eine Person geben, die gerade in Japan einen besonderen Schmerz durchlebt. Diese Person wird dir am Ende der Welt sagen: „Danke!", denn dein Opfer war in jenem Moment eine Hilfe für sie. Jede einzelne Geste von uns hat etwas mit der ganzen Welt zu tun. Dafür steht man am Morgen auf: Um Christus dabei zu helfen, die Welt zu retten; mit der Kraft, die wir haben; mit dem Licht, das wir besitzen, während wir Christus bitten, er möge uns mehr Licht und mehr Kraft verleihen.

Heute morgen haben wir ein wunderbares Gebet gelesen: „ ... gib uns ein Herz, das dich in allem und über alles liebt."[20] Diesen Menschen, Christus, in allem und über alles lieben: „in allem" ist klar (in allem: auch ein Haar auf dem Kopf zählt). Und „über alles ...", wie es auch in dem Text *Qui salvandos salvas gratis*[21] heißt. Dies bedeutet nicht, daß Christus über den Dingen ist. „Über" bedeutet in allen wahrnehmbaren Aspekten der Wirklichkeit; er ist; mehr darin enthalten als wir sehen können; tiefer als alles Sichtbare, tiefer als jeder sichtbare Grund und Bestand. Eine Prophezeiung davon zeigt sich in der Liebe, die eine Mutter zu ihrem Kind hat, und in der Liebe eines Mannes zu einer Frau, wenn sie in wahrer Weise gelebt wird. Wenn diese Liebe wahr ist, zeigt sich in ihr eine Vorahnung davon. Sie wüßten es allerdings nicht in Worten zu fassen, rein menschlich wäre die Vernunft nicht in der Lage, das zu sagen: Erst mit dem Kommen Christi hat der Mensch das verstanden.

Was mich in diesem Jahr am meisten berührt hat, war, mit Staunen wahrzunehmen, wie sehr mein Leben wirklich dem Herrn am Herzen liegt. Dies konnte man während der gemeinsamen Tage ebenso verstehen wie bei den Treffen mit den größeren Personen unter uns. So wurde es allmählich leichter, am Ende eines Tages zu Christus du sagen zu können. Vor einiger Zeit sagte ich vielleicht noch zu meinen Freunden: „Sprechen wir ein Gebet zum Herrn." Aber jetzt wird es am Abend leichter zu sagen: „Herr, ich danke dir, weil du mir diese Freunde zur Seite gestellt hast."

Am Abend wurde es für dich leichter, du zu sagen. Zu wem könnten wir mehr du sagen als zu diesem Du? Allein in diesem Du bekommt auch das Du vor der geliebten Person und vor allen anderen einen Bestand, nur so wird unsere Beziehung mit allen eine persönliche.

Richten wir ein Gebet an die Gottesmutter, sie möge euch in diesen Ferien behüten: Daß die Eitelkeit nicht über die Vernunft siege; daß der äußere Anschein nicht Oberhand gewinne über das Wahre; daß der Ungenannte nicht siege über den einzigen klaren, reinen und sieghaften Namen, nämlich den Namen Christi. Wir sind alle ohne Namen; wenn es Christus nicht gäbe, wären wir alle ohne Namen: Alles wäre nur ein Lufthauch.

Anmerkungen

Einleitung und Kapitel 1 (S. 9–54)

1. **Giussani, L.: *Der Religiöse Sinn*.** Grundkurs Christliche Erfahrung Bd. 1, Paderborn 2003.
2. Es handelt sich um Treffen mit jungen Leuten, die die Möglichkeit eines Lebens in den evangelischen Räten für sich ernsthaft überprüfen wollen.
3. Siehe auch Giussani, L.: *Der Religiöse Sinn*, S. 35–37.
4. Ebd., S. 140–143.
5. Vgl. ebd., S. 41–42.
6. Teil des offiziellen täglichen Stundengebetes der Kirche.
7. Vgl. Psalm 119 (Alle Bibelzitate aus: *Die Bibel. Deutsche Ausgabe der Jerusalemer Bibel*, Freiburg 1968; Anm. des Übers.).
8. Anm. des Übers.: So der masoretische Text, dem auch die italienische Bibel folgt.
9. Vgl. Giussani, L.: *Der Religiöse Sinn*, S. 33–44.
10. Vgl. **Giussani, L.: *Am Ursprung des christlichen Anspruchs*.** Grundkurs Christliche Erfahrung, Paderborn 2004, S. 51–55.
11. Joh 1,35 ff.
12. Vgl. Giussani, L.: *Am Ursprung des christlichen Anspruchs*, S. 56–66.
13. Giussani, L.: *Der Religiöse Sinn*, S. 15–17.
14. Thomas von Kempen: *Das Buch von der Nachfolge Christi*, Stuttgart 1989, S. 46.
15. Giussani, L.: *Am Ursprung des christlichen Anspruchs*, S. 67–74.
16. **Pascoli, Giovanni: *Tutte le poesie*,** Mailand 1974, S. 232–233.
17. Vgl. Mt 16,26.
18. Kol 1,17.
19. Mt 28,20.
20. Vgl. Mk 9,14–28.
21. Vgl. Mt 11,25–26.

Kapitel 2 (S. 55–98)

1. Joh, 11,45–46
2. Vgl. Giussani, L.: *Der Religiöse Sinn*, S. 39 f.
3. Lk 21,34–36.
4. Vgl. Giussani, L.: *Der Religiöse Sinn*, S. 104–111.
5. Vgl. **Giussani, L.: *Il senso di Dio e l'uomo moderno*,** Mailand 1994, S. 65.
6. **Dante Alighieri: *Die Göttliche Komödie*,** Stuttgart 1987, Der Läuterungsberg, XVII. Gesang, Verse 127–129.
7. „Das verlorene Gut: / plötzlich zerfiel eine Rakete in Tränen / Das, was ich mit heftigem Verlangen / mit der Hand umklammert hielt, zerging / wie am Abend die Rose / unter dem Gewölbe der Ewigkeit. / Alles erbleichte, verstummte, / verlor Farbe und Geschmack, / (und am meisten das, was mir am meisten gefiel). / Aber erschreckt von der Angst / erneut das Geschenk, das nicht überdauert, zu verlieren / entsagte ich des Glücklichseins. / Aber ein Glück / bleibt mir, worum ich dich bitte, Herr / eines, welches Du / für die Auserwählten Deiner Liebe bereitest / jenes – ja – mit den Märtyerern zu singen." (**Mazzoni, Ofelia: *Noi peccatori: liriche 1883–1936*,** Bologna 1930, S. 72).

8   Vgl. Mt 11,25.
9   1 Tim 4,4.
10 Mt 10,30.
11 Mt 18,6.
12 Wie man bei dem Bild auf S. 60 beobachten kann, hat kein „Segment", auf den der Mensch trifft, die Weite des Winkels, der seinen Wunsch zum Ausdruck bringt.
13 Der heilige Thomas schreibt: „Das Leben des Menschen besteht in der Zuneigung, die ihn am meisten trägt, und in der er seine größte Befriedigung findet", in: **Giussani, L.**: *Un avvenimento di vita, cioè una storia,* Rom 1993, S. 408. Vgl. Thomas v. Aquin: *Summa Theologiae,* II–II , q. 179, a. 1, *Respondeo:* „Unde etiam in hominibus vita uniuscuiusque hominis videtur esse id in quo maxime delectatur et cui maxime intendit."
14 2 Kor 5,16–17. Antiphon der Mittagshore am Mittwoch (des italienischen Stundenbuches; Anm. des Übers.), in: *Il Libro delle ore,* Mailand 1978, S. 101.
15 Moeller, Charles: *Saggezza greca e paradosso cristiano,* Brescia 1978.
16 Vgl. Giussani, L.: *Il senso di Dio e l'uomo moderno,* S. 93.
17 Lk 22,42.
18 Grossmann, Vasilij: *Leben und Schicksal,* München 1984.
19 Vgl. Mt 19,29, Mk 10,29–30.
20 Clericetti, Guido: *Clericettario.* Mailand 1993, S. 30.
21 Die Brücke auf dem Meer ist der bekannte Widerschein der Sonne auf dem Meer.
22 Vgl. Gal 3,26–28; 2 Kor 5,17.
23 *The Unwritten Gospel. Ana and Agrapha of Jesus.* Hrsg. v. Roderic Dunkerley, London 1925, S. 84.
24 Kol 1,17.
25 Vgl. Psalm 115,5–6; 135,16–17.
26 **Péguy, Charles: *Das Mysterium der Hoffnung,*** Wien 1952, S. 170 f.
27 Vgl. 2 Petr 3,9.
28 Vgl. Joh 5,17
29 Gen 3,19.
30 Vgl. 2 Thess 3,10.
31 Giraud, Sylvain Marie: *Sacerdote e ostia,* Mailand 1953.
32 **Giussani, L.: *Perché la chiesa*, Bd. 2,** Mailand 1992, S. 43 (Anm. des Übers.: **Warum die Kirche?**, Unveröffentlichtes Manuskript).
33 „Ich schaffte es nicht, dir zu sagen, wie sehr ich dich liebe, Gott, / an den ich glaube, Gott, der du das lebendige Leben bist, / das auch bereits gelebte und jenes / welches noch zu leben ist: jenseits der Grenzen / der Welten, und wo die Zeit nicht existiert. Ich schaffte es nicht: – aber dir bleibt nichts verborgen / von dem, was in der Tiefe schweigt. Jeder Akt / des Lebens, in mir, war Liebe. Und ich glaubte / aufgrund der Menschen, oder der Werke; oder des irdischen / Vaterlandes, oder den aus meinem gesunden Stamme Geborenen, / oder den Blumen, den Pflanzen, den Früchten, die von der Sonne / Bestand, Ernährung und Licht erhalten; / aber es war Liebe zu Dir, der Du in jedem Ding und jeder Kreatur gegenwärtig bist. Und nun / da an meiner Seite einer nach dem anderen / der Weggefährten fiel, und verhaltener die Stimmen / der Erde werden, erstrahlt / dein Antlitz in größerem Glanz, / und deine Stimme ist Lobgesang. / Nun – Gott, der du immer liebst – ich liebe dich im Bewußtsein / dich zu lieben; und die unaussprechliche Gewißheit / daß alles Gerechtigkeit war, auch der Schmerz, / daß alles gut war, auch mein Böses, alles / warst Du für mich und bist es, du läßt mich erzittern /

Kapitel 2 (S. 55–98)

von einer Freude, die größer ist als der Tod. / Bleib bei mir, damit der Abend / mit Barmherzigkeit von Schatten und Sternen / auf mein Haus herabkomme. Was ich dir hinreiche, auf der bescheidenen / Tafel, das wenig Brot und das reine Wasser / meiner Armut. Bleib Du allein / bei mir, deiner Magd; und, in der Stille / der Wesen, höre mein Herz Dich allein." (Negri, Ada: „Atto d'amore", in: Dies., *Il dono*, Mailand 1936).
34 Im Original: „a me la vita è male" (Anm. des Übers.). **Leopardi, Giacomo:** „**Nachtgesang eines Wanderhirten in Asien**", in: *Italienische Gedichte von Kaiser Friedrich II. bis Gabriele D'Annunzio*, Zürich 1953, S. 281.
35 Dante Alighieri: *Die Göttliche Komödie*, Der Läuterungsberg, IV. Gesang, Vers 114.
36 Joh 6,68.
37 Vgl. Giussani, L.: *Der religiöse Sinn*, S. 152–153.
38 Mt 7,28–29.
39 Joh 7,46.
40 **Péguy, Charles:** *Das Mysterium der unschuldigen Kinder*, Wien 1958, S. 54 ff.
41 Gen 1,26.
42 Giussani, L.: *Der religiöse Sinn*, S. 42.

Kapitel 3 (S. 99–130)

1 Vgl. Mk 6,30–44; Joh 6.
2 Vgl. Mt 9,36.
3 Vgl. Giussani, L.: *Der religiöse Sinn*, S. 15–17.
4 Vgl. Phil 2,5–11.
5 Vgl. Joh 17,1 ff.
6 Vgl. die Unterscheidung von „partieller Verwirklichung" und „vollständiger Verwirklichung" in Giussani, L.: *Il senso di Dio e l'uomo moderno*, S. 88–91.
7 Vgl. Eliot, Thomas Stearns: Chöre aus „The Rock", in: ders.: *Gesammelte Gedichte 1909–1962*, Frankfurt a. M. 1988, S. 261.
8 Anm. des Übers.: Das italienische Wort „sequela" erscheint in oftmals verbrauchter und mißbrauchter Weise innerhalb der (italienischen) Kirche, bei der es fast zu einer (kirchlichen-geistlichen) Sondersprache gehört, die sofort an geistliche Exerzitien, geistliche Begleitung usw. erinnert.
9 Vgl. **Giussani, L.:** „**Unterwegs**", in: Ders.: *Er ist, er wirkt*, Beilage zu *30 Tage*, 7/8, 1994, S. 19 f.
10 Anm. des Übers.: Übersetzung des Liedes „Arm ist die Stimme" von Adriana Mascagni: „Arm ist die Stimme des Menschen, / der nicht lebt, wenn unsre Stimme / gar keinen Sinn mehr sieht: // dann soll sie schreien, dann soll sie flehen, daß unser Lebensatem niemals zu Ende gehe. / Sie soll aber singen, weil es das Leben gibt, / das ganze Leben sich nach Ewigkeit; / sie kann nicht sterben, sie kann nicht enden, / unsere Stimme, die die Liebe um Leben bittet. // Sie ist nicht arme Stimme des Menschen, / der nicht lebt: unsere Stimme singt nicht mehr ohne Sinn."
11 Vgl. Phil 2,8.
12 Vgl. 1 Joh 4.
13 Sir 6,14.
14 Mt 11,25.
15 Vgl. Mt 10,39.

16 Vulgata, Spr 21,28. Jerusalemer Bibel: „Bestand hat das, was der Mann sagt, der hört."
17 Vgl. Joh 14,6.
18 „Schließe deine Augen Liebste / daß die Welt sich drin nicht spiegle / Allzu nah sind uns die Dinge / jene Dinge, die nicht wir sind // Wir alleine müssen bleiben / alle Welt um uns verschwindet / Liebe offenbart uns alles – schließe deine Augen." (**Lagerkvist, Pär Fabian**: „Chiudi i tuoi occhi, cara" in: Ders.: *Poesie*, Forlì 1991). Vgl. Giussani, L.: „L'io e la grande occasione", in: *Dalla fede il metodo*, Beilage zu *Tracce – Litterae Communionis*, Nr. 2, April 1994.
19 Zitat bei Rondoni, Davide: „Un' amicizia appassionata", in: *Tracce – Litterae Communionis*, N. 1, Januar 1994, S. 44–46.
20 Gen 2,18.
21 Vgl. Ps 113,9; 1 Sam 2,5.
22 Vgl. Gen 12,2.
23 Vgl. Giussani, L.: „Un caffé in compagnia", in: *Dalla fede il metodo*, S. 25–24.
24 Joh 3,35.
25 Novaro, Angiolo Silvio: „Che dice la pioggerellina di marzo", Verse 5–6, in: Ders.: *Il cestello*, Mailand 1910.
26 Publius Vergilius Maro: *Aeneis. Epos in zwölf Gesängen.* Stuttgart 1998, VI, Verse 700–703.
27 Joseph Ratzinger beim Interview anläßlich der Vorstellung des neuen Katechismus, in: *L'Osservatore Romano*, 20.1.1993.

Kapitel 4 (S. 131–192)

1 Hab 2,4 (Nach der Vulgata, die der Septuaginta folgt: „iustus autem in fide sua vivet", Anm. des Übers.).
2 Vgl. Röm 1,17; Gal 3,11; Hebr 10,38.
3 „Und was will / dies ungeheure Schweigen mir verkünden? / Und ich – wer bin ich? / So red ich mit mir selbst und finde nicht den Grund / für diesen unermeßlichen und stolzen Raum / und das, was ihn bewohnt, / für all dies Drängen und dies Kreisen / am Himmel und auf Erden, das nie ruht / und immer in sich selbst zurückkehrt." (Leopardi, Giacomo: „Nachtgesang eines Wanderhirten in Asien", S. 287).
4 „Bruder, langweile ich dich, wenn ich jetzt rede?" / „Rede: Ich kann nicht schlafen." „Ich höre etwas / nagen ..." „Es ist vielleicht ein Holzwurm." / „Bruder, hast du nicht auch ein langes Stöhnen im Dunkeln gehört?" „Es wird vielleicht ein Hund gewesen sein ..." / „Es sind Leute an der Tür ..." „Es ist wohl der Wind ..." / „Ich höre zwei Stimmen, leise, leise, leise ..." / „Vielleicht ist es der Regen, der so stark rauscht." / „Hörst du die Schläge?" „Es sind die Glocken." / „Läuten sie zum Tod? Läuten sie Sturm?" / „Vielleicht ..." „Ich habe Angst ..." „Ich auch." „Ich glaube, es donnert. / Was sollen wir machen?" „Ich weiß nicht, Bruder. / Bleib bei mir. Bleiben wir ruhig, ganz friedlich." / „Ich rede weiter, wenn du einverstanden bist. / Erinnerst du dich, daß durch das Schlüsselloch / Licht kam?" „Und jetzt ist es aus." / „Auch damals hatten wir Angst; aber nicht so viel." „Jetzt tröstet uns nichts mehr, / und wir sind alleine in der finsteren Nacht." / „Erinnerst du dich? Damals waren wir nicht sehr friedlich / miteinander ..." / „Jetzt sind wir braver ..." / „Jetzt ist keiner mehr da, der Gefallen an uns hat ..." / „Es ist keiner mehr da, der uns vergibt." Pascoli, Giovanni „I due orfani" (Die zwei Waisen), in: Ders.: *Tutte le poesie*, S. 294.

Kapitel 4 (S. 131–192)

5   Predigt am 30.4.1983, veröffentlicht von *Insieme notizie*, Zeitung der Erzdiözese Bologna.
6   Péguy, Charles: *Das Mysterium der Hoffnung*, S. 22.
7   Hymnus der Laudes vom Donnerstag, *Il Libro delle ore*, S. 144.
8   Mk 3,21.
9   Vgl. Phil 1,6.
10 Ps 4,9.
11 Vgl. Giussani, L.: *Der Religiöse Sinn*, S. 15–17.
12 Vgl. Joh 21,15–17.
13 Hier wird Bezug genommen auf ein Treffen des Mailänder Erzbischofs und damaligen Vorsitzenden der Italienischen Bischofskonferenz, Kardinal Dionigi Tettamanzi, mit dem italienischen Unternehmerverband *Compagnia delle opere*, den Mitglieder von *Comunione e Liberazione* gegründet haben. Die Begegnung fand am 12. Februar 1994 in Mailand statt.
14 Vgl. Thomas v. Aquin: *Die deutsche Thomas-Ausgabe. Vollständige, ungekürzte deutsch-lateinische Ausgabe der Summa Theologiae*. Bd. 17, Heidelberg 1959, II–II , q 17, a.
15 Vgl. Joh 1,35 ff.
16 Lk 7,36–50.
17 Lk 19,1–10.
18 Vgl. Ps 18,2
19 Phil 4,13.
20 Vgl. Joh 14,15–18.
21 Lk 21,19.
22 Vgl. Giussani, L.: *Der religiöse Sinn*, S. 73.
23 Siehe Mann, Thomas: *Frühe Erzählungen*, Frankfurt/Main 1981, S. 97–98.
24 Siehe Peguy, Charles, *Das Mysterium der Hoffnung*, S. 155–157.
25 Röm, 4,18.
26 Giussani, Luigi: *Der religiöse Sinn*, S. 46–47.
27 Lied von Pater A. M. Cocagnac (Anm. des Übers.): Refr. // Oh! doux pays de Chanaan, / qu'il est long le chemin vers toi! / Oh! doux pays de Chanaan, / doux pays de notre espoir. // Le temps me semble long et gris / au souvenir de ce doux pays, / Mais cette nuit nous partirons / vers le pays de la moisson. // Rit. // J'entends le son des tambourins / menant la dance jusqu'au matin, / en souvenir de doux agneau / dont le sang pur coula à flots. // Refr. // Nous passerons des nuits d'effroi / dans un desert glacé des vents froids; / mais la Nuée est à l'entour / pour nous bruler d'un feu d'amour. // Refr. // Dans le matin d'un jour radieux / salut enfin, o porte de cieux, / la pour toujours nous chanterons / le grand Hallel de la moisson. // Refr.
Übers.: Refr. // O liebliches Land Kanaan, / ach, der Weg zu dir ist so weit. / O liebliches Land Kanaan, / in dir endet unser Leid. // Refr. // Der Tag erscheint mir grau in grau / Denk ich an deine blühende Au. / Doch ziehn wir aus noch heute nacht / Ins Land, da Große Ernte lacht. // Refr. // Ich hör der Tamburinen Klang / bei Erntetanz und Erntegesang. / Das Blut des Osterlamms allein / macht uns zur Freude frei und rein. // Refr. // Es wird noch manche Schreckensnacht / in Angst und Not und Tränen durchwacht. / Doch auch in Nacht und Sturm und Eis / brennt Gottes Liebe hell und heiß. // Refr. // Bald bricht hervor der Morgenstrahl / das Tor geht auf zum himmlischen Saal. / Dann ist der Tag der Ernte da. / Gelobt sei Gott! Halleluja! // Refr.
28 Vgl. Gen 15,2

29 Delafosse, Maurice: *Les Noir de l'Afrique*, Paris 1922, S. 153.
30 Eliade, Mircea: *Geschichte der religiösen Ideen*, Freiburg 1978.
31 Vgl. Gen 14,28.
32 Platon: *Phaidon*, Werke in acht Bänden, Darmstadt 1990, 3. Bd.
33 Vgl. Ps 74,9.
34 Lagerkvist, Pär Fabian: *Mariamne*, Mailand 1991.
35 Vgl. Joh. 11,45–46.
36 Vgl. Mt 18,3; Mk 10,15; Lk 18,17; Joh 3,3.
37 Vgl. Apg 1,6–7.
38 Vgl. Phil 4,4.
39 Joh 15,11.
40 Lk 7,9.
41 Aurelius Augustinus: *Bekenntnisse*, Frankfurt/Main 1978, S. 13.
42 Joh 14,6.
43 Joh 15,5.
44 Anm. des Übers.: Gemeint ist ein bestimmtes Haus der *Memores Domini*, in welchem einmal wöchentlich alle Frauen von drei Häusern dieser Gemeinschaft zum „Treffen des Hauses" zusammenkommen. Don Giussani nahm an diesen Treffen in einer bestimmten Periode regelmäßig teil.
45 Lk 10,21.
46 Anm. des Übers.: Das vorliegende Buch beinhaltet den Stoff des 1. Jahres im Noviziat der *Memores Domini*. Dann folgen 4 weitere Jahre im Noviziat vor dem endgültigen Eintritt in Form einer „Profeß".
47 Vgl. *Katholische Aktion:* kirchlicher Verein (Anm. des Übers.).
48 Vgl. Phil 1,6.
49 Vgl. Ibsen, Hendrik: „Brand", Akt V. in: Ders.: *Dramen*. Düsseldorf 2005.
50 *Didache* IV, 2. In: *Didache (Apostellehre), Barnabasbrief, Zweiter Clemensbrief, Schrift an Diogenet*, Darmstadt 1984.
51 Vgl. Joh 14,9.
52 „Von fern dem Liebenden / erscheinst du bald, das Antlitz bald versteckend / und nur den Schlummernden / als holder Schatten schreckend, / bald machst du in der Flur / den Tag noch heller, froher die Natur. / Verschöntest du die Zeit / der Unschuld, die vom Gold den Namen leiht, / und schwebst als leichte Seele / jetzt unter uns? bereitet das Geschick / durch dich, mißgünstig uns, erst künftiges Glück? // Dich lebend zu erschauen / treibt keine Hoffnung mich; / war's doch an jenem Tag, da ich allein, / ein armer Geist, den Weg zu fremder Kammer / auf neuer Gasse suchte. Schon im Grauen / des dunklen Lebenstages dacht ich dich / als Weggefährtin mir auf dürrem Grunde. / Und doch ist nichts auf diesem Erdenrunde / dir gleich; ja, wäre ähnlich dir zum Schein / von einer Frau die Stimme, Gang, Gesicht, / an Schönheit doch erreichte sie dich nicht. // Inmitten aller Schmerzen, / mit denen das Geschick die Menschen schlägt, / könnt einer, der dich liebte — dich, die Wahre, / so wie ich dich gemalt in meinem Herzen – / des Daseins doch sich freun: / und ich, dem Drange meiner ersten Jahre / nach Ruhm und Größe könnt ich wieder folgen, / geführt von deiner Liebe. Doch es trägt / der Himmel keinen Trost in unsre Pein; / vergänglich, würde mit dir dieses Leben / dem ewigen gleich, das Göttern nur gegeben. // Im Tale, wo das Lied / des arbeitsamen Landmanns widerhallt / und wo ich sitze, klage / um meiner Jugend Wahn, der mir entflieht; / und auf den Höhen, wo ich still beweine / verlornes Wünschen, meiner Erdentage / verflognes Hoffen: denk ich da an dich, / erbebt mir neu das Herz. Ach, könnt ich / im argen Dunstkreis dieser düstern Zeiten / das hohe Bild bewahren; nur das Bild, / da du mir selbst mein Sehnen nicht gestillt. // Der ewigen Ideen /

Kapitel 4 (S. 131–192)

magst du wohl eine sein, vom ewigen Willen / zu körperlosem Dasein ausersehen, befreit von sterblichen Hüllen / und von der Last des todgeweihten Lebens; / ein andrer Stern auch mag in höheren Sphären / dich tragen, unter Welten ohne Zahl, / wo heller einer nähern Sonne Strahl / dir leuchtet und dich reinere Lüfte nähren; so nimm aus dieser Unglücksjahre Lauf / das Preislied unbekannter Liebe auf." (**Leopardi, Giacomo**: „An die Geliebte", in: *Canti – Gesänge*, München 1989, S. 125 ff.).
53 Vgl. Mann, Thomas: *Joseph in Ägypten*, in: ders., *Joseph und seine Brüder 2*, Frankfurt a. M. 1990, S. 714.
54 Vgl. v. Speyr, Adrienne: *Das Wort und die Mystik*. II. Teil: *Objektive Mystik*. Einsiedeln 1970.
55 Vgl. Giussani, Luigi: „Unterwegs", S. 25 f.
56 Ratzinger, Joseph: „Che cosa crede la Chiesa", in: *Il Sabato*, Nr. 5, 30.1.1993.
57 Vgl. Phil 4,13.

Kapitel 5 (S. 193–204)

1 Vgl. Lk 12,19–21.
2 Vgl. Phil 1,6.
3 Mauriac, Francois: *Leben Jesu*, Freiburg 1947, S. 63 f.
4 1 Kor 7,29–31.
5 Straße in Mailand mit teuren Modegeschäften (Anm. des Übers.).
6 Franz von Assisi: *Fioretti*, Zürich 1979, Kap. VIII.
7 Giussani, Luigi: *Der religiöse Sinn*, S. 138.
8 Giussani, Luigi: *Un avvenimento di vita ...* , S. 143–44.
9 Giussani, Luigi: *Der religiöse Sinn*, S. 149 f.
10 Salvaneschi, Nino: *Sorella Chiara*, Mailand 1954, S. 5.

Kapitel 6 (S. 205–241)

1 Vgl. Mt 7,11; Lk 11,13.
2 „Wenn du an Gott glaubst und Gott nicht existiert, / dann ist dein Glaube ein noch größeres Wunder. / Dann ist er wirklich etwas unverstehbar Großes. / Warum liegt ein Geschöpf in den Tiefen der Finsternis und ruft etwas an, was nicht existiert? / Weshalb geschieht so etwas? / Es gibt niemanden, der die rufende Stimme in der Finsternis hört, aber warum gibt es die Stimme?" (Lagerkvist, Pär Fabian: „Se credi in Dio e non esise un Dio", in: Ders., *Poesie*, S. 63).
3 Joh 14,6.
4 Kundera, Milan: *Die unerträgliche Leichtigkeit des Seins*, Frankfurt am Main 1984.
5 1 Kor 7,29–35.
6 Vgl. Ps 49.
7 Giussani, Luigi: „Laie, das heißt Christ", Beilage zu *30 Tage*, Nr. 8, 1987.
8 Giussani, Luigi: „L'idea di Movimento", in: *Un avvenimento di vita ...*, S. 346.
9 Vgl. Phil 4,13.
10 Giussani, Luigi: „L'io e la grande occasione", in: *Dalla fede ...*, S. 14.
11 1 Joh 1,8–9.
12 Ps 119,45–48.

13 Ps 128.
14 Vgl. Mk 13,32.
15 Dante Alighieri: *Die Göttliche Komödie*, Die Hölle, XXXIII. Gesang, Vers 42.
16 Vgl. 2 Petr 3,9.
17 2 Petr 3,9.
18 Como busca el tierno infante / afligido y pesaroso, / el descanso y el reposo / en el seno maternal, / asi yo, desde que brilla / la luz blanca de la aurora / vengo a buscar, oh Senora, / tu protection celestial. (So wie das zarte Kind, aufgeregt und voller Sorgen, im Schoß der Mutter Ruhe und Frieden findet, ebenso komme auch ich beim glänzenden Licht der Morgenröte zu dir, o Jungfrau, um deinen mütterlichen Schutz zu erflehen.)
19 Beethoven: *Konzert für Violine und Orchester*, op. 61.
20 Còre bedeutet „Herz". Durch die Verwendung der süditalienischen Form, wie sie beispielsweise in neapolitanischen Liebesliedern benutzt wird, spielt der Autor besonders auf den affektiven Aspekt des Wortes an (Anm. des Übers.).
21 Vgl. in diesem Kapitel: 4. „Im Bewußtsein der Zeit", S. 219.
22 Vgl. Ps 1,3.
23 Mk 13,32.
24 **Giussani, L.: *Perché la Chiesa*, Bd. 1,** Mailand 1990, S. 106-109 (Anm. des Übers.: *Warum die Kirche?*, unveröffentlichtes Manuskript).
25 Vgl. Jes 49,14; Ps 27,10.
26 Vgl. Ps 33,5.
27 Vgl. Joh 14,18.
28 **Johannes Paul II., „Ansprache an die römische Jugend",** 24.3.1994, Beilage zu *30 Tage*, Nr. 4, April 1994.
29 Vgl. 1 Joh,1,1.
30 Vgl. Eph 4,25; Röm 12,5.
31 Gal 3,27-28.
32 Ruud Gullit, bekannter früherer holländischer Fußballspieler bei der Mannschaft des AC Mailand (Anm. des Übers.).
33 Rod Laver, geb. 9.8.1938, früherer australischer Tennisspieler, Gewinner mehrerer „grand slams" (Anm. des Übers.).
34 In bestimmten Gegenden Italiens gibt es eine lange Tradition dieser weihnachtlichen Krippen mit künstlerisch oft sehr wertvollen Darstellungen sowie Ausstellungen und Theateraufführungen (Anm. des Übers.).
35 Cesbron, Gilbert: *È mezzanotte dottor Schweitzer*, Mailand 1993.
36 Voillaume, René: *Mitten in der Welt. Charles de Foucauld und seine Kleinen Brüder*, Freiburg 1960. Die italienische Fassung, auf die Giussani sich bezieht, heißt: *Come loro* (wörtl.: „So wie sie", Anm. des Übers.). *La vita religiosa dei Piccoli Fratelli di padre de Foucauld*, Rom 1979.
37 Joh 1,51.
38 Joh 1,41.
39 Apg 1,6.
40 Vgl. Apg 1,7.
41 „Nicht aufgrund seiner eigenen Skrupel wird der Mensch groß. Die Größe zeigt sich, wenn es Gott will, wie ein schöner Tag." Camus, Albert: *Tagebuch. März 1951 - Dezember 1959*, Reinbek 1997.

Kapitel 7 (S. 242–288)

1 „Im glänzenden Lichte des Morgens", Hymnus der Laudes vom Sonntag, in: *Il libro delle ore*, S. 34–35.
2 „Ja, Ihr sprecht wahr, Girolama; ich bin nicht, der ich war. Ich sehe klarer: und doch war ich nicht blind; aber mir fehlte wohl das Licht; denn das äußere Licht ist ein armseliges Ding, unvermögend, unser Dasein zu erleuchten. Ihr habt ein Feuer entzündet in meinem Herzen; und nun bin ich wie der Kranke, der im Finstern einschläft, Fieber auf der Stirn gleich einer glühenden Kohle, und im Herzen die eiskalte Verlassenheit; dann wacht er jäh auf im hellen Zimmer, worin alle Dinge verschwimmen in der verschwiegenen Musik des Lichts; und neben ihm der Freund, den er seit langen Jahren beweinte, und der zurück ist aus den Überseeländern, und der lächelt, mit ruhigeren, klügeren Augen denn je; und die ganze Familie ist da, Greise mit weißen Häuptern, und Kinder, hell gekleidet wie die Sommerernte; und der große, alte Hund ist da, die weiten Augen vesteckt in zärtlichem Lachen, das Maul breitoffen und erfüllt von lärmender Freude, weil der Mensch hier der Sintflut der Finsternis entronnen ist! Einen solchen Frieden habt Ihr meinem Herzen bereitet, Girolama. Dank Euch, Girolama, innigsten Dank!" Milosz, Oscar Vladislas: *Miguel Manara. Gedichte*, Luzern 1944, S. 57.
3 Giussani, L.: „Unterwegs", in: Ders.: *Er ist, er wirkt*.
4 Der Autor bezieht sich auf einen Verantwortlichen der *Memores Domini* (Anm. des Übers.).
5 1 Joh 4,16.
6 Joh 15,5.
7 Der Autor bezieht sich auf ein großes Treffen der Studenten von CL, das schon mit einer gewissen Tradition am Gründonnerstag in der Certosa von Pavia stattfindet. Im Verlaufe des Vormittags werden die Kapitel 14–17 aus dem Johannesevangelium vorgelesen.
8 Gen 1,26.
9 Joh 15,13.
10 Röm 5,20.
11 Vgl. Giussani, L.: *Am Ursprung des christlichen Anspruchs*, S. 90–114.
12 „Wir preisen in Lobliedern Christus, der uns neue Unschuld verliehen ..." (Im glänzenden Lichte des Morgens) Hymnus der Laudes vom Sonntag in: *Il libro delle ore*, S. 35.
13 Lk 13,34–35.
14 Lk 19,41–44.
15 Vgl. Lk 7,11–17.
16 Vgl. Lk 19,1–10.
17 Vgl. Joh 11,1–44.
18 Ps 8,5.
19 Die Wochenzeitschrift *Il Sabato* und die Monatszeitschrift *30 Tage* haben seit 1991 in zahlreichen Artikeln das Problem der Geschichtlichkeit der Evangelien sowie des Apostolischen in der römischen Tradition aufgegriffen.
20 Vgl. Johannes Paul I., Angelus vom 10.9.1978, in *Avvenire*, 29.9.1978, Beilage, S. 4.
21 Mann, Thomas: *Joseph und seine Brüder. Die Geschichten Jakobs. Der Junge Joseph*, Frankfurt a. M. 1990, S. 9: „Tief ist der Brunnen der Vergangenheit. Sollte man ihn nicht unergründlich nennen? Dies nämlich dann sogar und vielleicht eben dann, wenn nur und allein das Menschenwesen es ist, dessen Vergangenheit in Rede und Frage steht: dies Rätselwesen, das unser eigenes natürlich-lusthaftes und übernatürlich-elendes Dasein in sich schließt ..."

22 Mt 5,48.
23 Lk 6,36.
24 Johannes Paul II., *Redemptor Hominis*, 4.3.1979, Kap. 9.
25 Peguy, Charles: *Das Mysterium der unschuldigen Kinder*, S. 61 f.
26 Vgl. Jes 50,7.
27 1 Joh 4,11.
28 Vgl. Mt 5,48; Lk 6,36.
29 1 Joh 4,16.
30 Vgl. Lk 10,25–27.
31 Vgl. L. Giussani, *Am Ursprung des christlichen Anspruchs*, S. 105–108.
32 Vgl. Gal 2,20.
33 „Paßt euch nicht an!" Auf griechisch: „mè syskematìzesthe". Das Wort enthält die Wurzel vom Wort „Schema". Kurz gesagt: jedes äußere Modell, jedes Schema ist leer! Wir müssen nach viel mehr streben. Der Apostel fordert uns dazu auf: „Gestaltet euch um durch die Erneuerung des Geistes". In seiner plastischen Ausdrucksweise sagt uns Paulus: man verändert sich nicht, wenn man irgend einem Modell folgt (was immer außer Mode gerät), sondern indem wir den Reichtum einer substantiellen Neuheit in uns einführen (Zverina, J.: „Offener Brief an die Christen des Abendlandes", in: *Tracce – Litterae Communionis*, Nr. 9, September 1992.
34 Clericetti, Guido: *Clericettario*, Mailand 1993, S. 30.
35 Anspielung auf ein Gedicht von Giacomo Leopardi: „Auf das Bildnis einer schönen Frau an dem Grabmal derselben", in: Ders.: *Canti – Gesänge*, S. 219. Im Italienischen wird das Wort „bellezza" (Schönheit) klein geschrieben.
36 „Das verlorene Gut: / eine schnelle Rakete in Tränen zerfallen. / Das, was ich gierig ergriffen hatte, / zerbrach in der geschlossenen Hand, / wie am Abend die Rose / unter dem Gewölbe der Ewigkeit. / Alles erbleichte, schwieg, / verlor Farbe und Geschmack, / (und am stärksten das, was mir am meisten gefiel). / Aber terrorisiert von der Angst / das Geschenk, welches nicht dauert, erneut zu verlieren, / entsagte ich dem Glück. / Aber ein Glück / bleibt mir dennoch, Herr, um das ich dich bitte, / eines, welches Du ersehnst / für die Auserwählten Deiner Liebe: / das – ja – mit den Märtyrern zu singen." (Mazzoni, Ofelia: *Noi peccatori*, S. 72).
37 Vgl. Phil 1,6.
38 „Der ihn zuerst belauschte, war der Morgen. / Er schluchzte laut. Auf eines Astes Knoten / hielt sich ein Frosch, um ihn zu sehn, verborgen. / Es umflogen ihn, als einen Toten, / zwei finstre Geier – ihn im Kreis und stiegen; / daneben lag ein toter Hund, die Pfoten / von sich gestreckt in einem Schwarm von Fliegen. // ‚Von woher komm ich? um wohin zu ziehen? / Ich weiß es nicht. Der Faden der Gedanken, / die mir des Weges blinde Richtung liehen, / von Laut zu Laut, vom schwanken Tag zur schwanken / Nachteinsamkeit – Ich schlief, ich sah im Traum, / daß ich das Wahre sah; erwacht, versanken / die Traumgestalten, und ich weiß es kaum – // der dünne Faden ging im Schlaf entzwei. / Ich komme, nun ich meinem Traum verwinde, nicht mehr dem Haupte meines Hundes bei. / Und rühre mich und taste schwarz im Winde / herum und auf dem Boden überdies, / trachtend, daß ich die Fessel wiederfinde, / die meine Hand im Schlummer fahren ließ. // Ach! ich vermute nicht, daß mein Begleiter / noch schlafe, hinter einem Wild im Gang, / traumbellend manchmal durch die Wiesen weiter. / Er ist entflohn, und meiner Worte Klang / wird ihn im Schatten nimmer erreichen, / im Schatten nimmer, der ein Leben lang / sich nicht erbarmt, dem Morgenrot zu weichen, // das drüben glänzt. Kein Schrein, kein Seufzen glückt! / Der

Kapitel 7 (S. 242-288)

Letzte bin ich derer, die da leben, / allallen fern und auch mir selbst entrückt. / Ich weiß, daß über mir die Winde schweben / und wehn und gehen und nicht ihr Echo finden / und keines finden, dem sich hinzugeben, / dem zu vertraun das Murmellied des Blinden. // Und doch hört Eine mich vielleicht, die sich / in sich verbirgt. Sie sitzt mir gegenüber. / Verhöhnst du? weinst du? liebst du mich? / Wer du auch seist, erleuchte mich darüber, / ob sich dein Herz in Scheelsucht zu mir neigt, / ob es beim Anblick meines Wehes trüber? / Sie schaut mich an bewegungslos und schweigt. // Doch sieht vielleicht mich Einer ungesehen. / Groß ist er, grauenhaft. Im Haare drin / beginnt der Wind mit wilder Wucht zu wehen. / Er schaut mich an. So sage, wo ich bin, / du, den ich ahne; was mich so verbaut, Fluch, Segen, oder was? Er sitzt, das Kinn / auf seine Hand gestützt; er schweigt und schaut. // Wer du auch seist, der du von mir gewähnt, / mich sieht, so sprich: wo bin ich denn? Ich will / den Abgrund fliehn, der mir zu Füssen gähnt. / Ich höre dessen ewiges Gequill, / von allen Seiten scheint es rings zu quellen; / und stehe hier, gleich einer Klippe still, / in eines Meeres schwarzen Riesenwellen.' // Dies war sein Weinen. Mit dem Abend fielen / die letzten goldnen Strahlen, schräg bemessen, / auf seiner Hände braungefurchte Schwielen. / Und er stand unentschieden unterdessen / am Saum des Abgrunds, der im Nichts verglomm, / bis ihm, dem Blinden, der den Weg vergessen, / ‚Ich weiß den Weg' der Tod ins Ohr blies: ‚Komm.'" (Pascoli, Giovanni: „Il cieco" (Der Blinde), in: *Tutte le poesie*, S. 278-281).

39 Giussani, L.: *Der Religiöse Sinn*, S. 127.
40 Finkielkraut, Alain: *Péguy: Die Kraft des Ereignisses*. In: *30 Tage*, November 1992, S. 62-65.
41 Giussani, L.: *Perché la Chiesa*, Bd. 2, S. 13 ff. *(Warum die Kirche?)*.
42 Dante Alighieri, *Göttliche Komödie*, Paradies, XXIV. Gesang, Verse 89-91.
43 Joh 17,1.
44 Vgl. Hld 4,9 nach der *Vulgata*.
45 Vgl. 1 Kor 13,1-13.
46 Zur *Fraternität* siehe Anhang S. 350 (Anm. des Übers.).
47 **Giussani, L.: *Il tempo si fa breve*.** Mitschrift der Meditationen von Luigi Giussani bei den Exerzitien der Fraternität. Beilage zu *Tracce - Litterae Communionis*, Nr. 7, Juli-August 1994, S. 9.
48 Pseudo Dionysius Areopagita: *De divinis nominibus*, 953 A10.
49 Alte Mailänder Wasserstraße (Anm. des Übers.).

Kapitel 8 (S. 289-315)

1 Pavese, Cesare, *Das Handwerk des Lebens*, Frankfurt 1987, S. 191
2 Anm. des Übers.: Die Gedenkstätte von Redipuglia liegt im Gemeindegebiet von Gorizia. Sie ist das größte Kriegerehrenmal Italiens. Eingeweiht im Jahre 1938, birgt es die Gebeine von ca. 100.000 Gefallenen des Ersten Weltkrieges.
3 Vgl. Giussani, L.: *Der religiöse Sinn*, S. 170.
4 Vgl. Ps 115,4-8
5 Fußballspieler des AC Mailand in den 90er Jahren (Anm. des Übers.).
6 Der Stürmer Giuseppe Meazza: In den Jahren 1934 und 1938 wurde Italien mit ihmWeltmeister (Anm. des Übers.).
7 Joh 15,13

8   Offb 22,20
9   „Hier tönten Seufzer, Schluchzen, laute Klagen / Erschütternd durch die sternenlose Luft, / So daß zu Anfang ich mitweinen mußte." Dante Alighieri: *Die Göttliche Komödie,* Die Hölle, III. Gesang, Verse 22–24.
10 Anm. des Übers.: Sevillanas: „del adios": „1. Etwas stirbt in der Seele / wenn ein Freund weggeht ... / Wenn ein Freund weggeht / und eine Spur hinterläßt, / die man nicht verwischen kann. *Geh noch nicht weg, bitte geh nicht, / geh noch nicht, / denn meine Gitarre weint, / wenn sie Abschied nimmt.* 2. Ein Moment Stille / zum Zeitpunkt der Abfahrt, / denn es gibt Worte, die weh tun / und die man nicht aussprechen kann. 3. Das Boot wird kleiner, / während es sich auf dem Meer entfernt. / Während es sich auf dem Meer entfernt und am Horizont verschwindet, / wie groß ist da die Einsamkeit! 4. Der Freund der weggeht, / ist wie ein Brunnen ohne Grund, / den man nicht auffüllen kann."
11 Vgl. Johannes Paul II.: „Ansprache an die römische Jugend".
12 Joh 14,12.
13 Vgl. Joh 14,12 und 15,5-16
14 Vgl. Giussani, L.: *Er ist, da er wirkt,* Beilage zu *30 Tage,* Nr. 2, Februar 1994.
15 Jacopone da Todi, „O novo canto", in: Ders.: *Laudi, Trattati e detti,* Firenze 1953, Vers 74, S. 264.
16 Giussani, L.: *Il tempo si fa breve,* S. 9
17 Giussani, L.: *Der religiöse Sinn,* S. 90.
18 Montale, Eugenis: „Forse un mattino", in: Ders.: *Tutte le poesie,* Mailand 1977, S.61
19 Vgl. Ps 118, 107
20 Vgl. Weish 1,13–15
21 1 Kor 3,11
22 Mt 10,8
23 Tagesgebet der Mittagshore am Samstag, in: *Il libro delle ore,* S. 163.
24 Lagerkvist, Pär Fabian: „Wenn du an Gott glaubst und Gott nicht existiert", *Poesie,* S. 63.
25 Giussani, L.: „Un inizio e una storia di grazia", in: *Un avvenimento di vita ...,* S. 453.
26 Vgl. Joh 14,31.
27 Joh 5,17.
28 Joh 5,30.
29 Phil 2,8.
30 Joh 16,32.
31 Joh 17,1.
32 Vgl. Mt 26,42 Mk 14,36 Lk 22,42.
33 Lk 12,49.
34 Vgl. Mt 9,20-21; Mk 5,25-27; Lk 8,43-44.
35 Vgl. Mt 15,21-28; Mk 7,24-30.
36 Name eines Gymnasiums in Mailand (Anm. des Übers.).
37 Vgl. „La comunione come strada", in *Tracce – Litterae Communionis,* Nr. 7, Juli–August 1994, Beilage, S. 5.
38 Joh 15,11.

Kapitel 9 (S. 316–335)

1 Joh, 15,5.
2 Vgl. Mk 3,13–18.
3 Im Werk von Claudel ist Peter von Ulm der Architekt, das Genie, das dem Ausdruck verleiht, worin das Volk seine Einheit wiederfindet, das heißt sein Zuhause. In diesem Zuhause liegt das Ideal, und im Zuhause wird jeder Irrtum aufgenommen (ricoverato). Und das ganze Volk, jeder gleich, steht vor dem unendlichen Ideal und vor dem Elend seiner Fehler. So ist der Architekt, welcher Kathedralen errichtet, das Genie par excellence. Denn die Kathedrale stellt das größte Zeichen der Einheit unter den Menschen dar, das jemals erdacht worden ist. Peter von Ulm, der ebenso intensiv und leidenschaftlich wie genial ist, erfährt angesichts der von Gott gegebenen Berufung wie einen Moment des Stillstandes (un momento di sospensione): „Soviel erhabne Giebel! Werd ich niemals den meines kleinen Hauses durchs Blattwerk ragen sehn? Soviel Glockentürme, deren kreisender Schatten ganzen Plätzen die Stunde vorzeichnet! Werd ich niemals den Plan eines Herdes und des Kinderzimmers verwirklichen?" (**Claudel, Paul:** *Verkündigung*, Köln 1956, S. 25).
4 Enzo Piccinini (1951–1999) Facharzt für Chirurgie an der Universitätsklinik von Bologna. Er war verantwortlich für die Gemeinschaft in Bologna und ein Leiter der Studentenschaft der Bewegung. Er kam am 26. Mai 1999 bei einem Autounfall ums Leben (Anm. des Übers.).
5 Vgl. Hld 4,9.
6 Lk, 12,7.
7 Giussani, L.: *Der Religiöse Sinn*, S. 39.
8 Mounier, Emmanuel: *Lettere e dirari*, Reggio Emilia 1981.
9 Mt, 19,10.
10 „Violaine zögerte nicht und ergriff die dargebotene Hand" (Claudel, Paul: *Verkündigung*, S. 146).
11 Joh, 21,15 ff.
12 Giussani, L.: *Il tempo si fa breve*, S. 9.
13 Giacomo Biffi, Kardinal, emeritierter Erzbischof von Bologna und bekannter Theologe und Buchautor (Anm. des Übers.).
14 Anspielung auf ein Werk über dem Magnetismus (Anm. des Übers.).
15 Die halbe Stunde der Stille pro Tag ist Teil der Regel während des ersten Noviziatsjahres der *Memores Domini* (Anm. des Übers.).
16 Einer der Verantwortlichen der *Memores Domini* (Anm. des Übers.).
17 Offb. 22,20.
18 Gemeint ist die Bewegung *Comunione e Liberazione* (Anm. des Übers.).
19 „Als ich zur Welt kam, sprach eine Stimme zu mir:/ Geboren bist du, um dein Kreuz zu tragen. / Weinend nahm ich das Holz auf die Schulter, /das der Himmel gewiesen. / Doch ich blickte rings um mich und sah, / alle hernieden tragen das Kreuz./ Zwischen Edelleuten und Rittern erspähte ich selbst einen König / unter der Last dunkler Gedanken, und fragt den Knappen: / Was denkt dein König hernieden? / Er gab mir zur Antwort: Das Kreuz trägt er, das der Herr auf dem Thron ihm verliehen!" (Panzanese, G. in: *Per la scuola per la vita*, Lektürebuch für die erste Gymnasialklasse).
20 Tagesgebet des Stundenbuches vom 20. Sonntag im Jahreskreis.
21 Giussani, L.: „Qui salvando, salvas gratis,", in: *30 Tage*, Okt. 1991, S. 50–56.

Anhang 1
Einige Hinweise für die Lektüre

Das vorliegende Buch gibt Gespräche zwischen Don Luigi Giussani und einer Gruppe junger Leute wieder, die ihren Berufungsweg in der kirchlichen Vereinigung **Memores Domini** beginnen. Dabei geht es um die Erfahrung einer vollkommenen Hingabe an Christus, die aus der Bewegung *Comunione e Liberazione* entstand (siehe Anhang 2).

Die Treffen fanden vom Oktober 1993 bis Juni 1994 wöchentlich statt, und zwar abwechselnd in Form von Lektionen und Gesprächen (Versammlungen).

Die Referate folgen dem Themengerüst der theologischen Tugenden. Sie wollen den Zuhörern dazu verhelfen, sich die grundlegenden Begriffe der christlichen Persönlichkeit wieder anzueignen, die auch kennzeichnend für die wahre menschliche Persönlichkeit sind. Die Aussprachen geben authentisch das aufrichtige Bemühen und die Schwierigkeiten beim Verständnis des Dargelegten wieder. Dabei ist eine unmittelbare, nicht immer ganz treffende Wortwahl unvermeidlich. Solche Ungenauigkeiten wurden soweit geduldet, wie sie nicht das Grundverständnis des Glaubens betreffen.

Jedes Treffen wird mit dem Stundengebet und einem Lied eingeleitet. Die Gespräche nehmen hierauf nicht selten Bezug.

Das **Seminar der Gemeinschaft** ist die Katechese der Bewegung *Comunione e Liberazione*. Sie besteht in der Auseinandersetzung mit ausgewählten Texten, der persönlicher Betrachtung und einem gemeinschaftlichen Treffen.

Das Osterplakat besteht aus einem Bild und einem kurzen Betrachtungstext. Die Bewegung *Comunione e Liberazione* bringt solche jeweils neu gestalteten Plakate seit 1982 jedes Jahr zu Ostern heraus.

Caritativa
Die *Caritativa* ist ein wesentlicher Bestandteil der Erfahrung von „*Comunione e Liberazione* – Gemeinschaft und Befreiung" und soll der Person helfen, die Nächstenliebe als Grunddimension des eigenen Menschseins zu begreifen. Um dies zu lernen, wird ihr vorgeschlagen, das eigene Leben für eine bestimmte Spanne der freien Zeit ausdrücklich und gewollt mit anderen zu teilen. Der Vielfalt an Initiativen sind dabei keine Grenzen gesetzt, soweit sie das pädagogische Anliegen nicht verdunkeln: von der Hausaufgabenhilfe bis zum Besuch alter oder behinderter Menschen. Indem man diese Haltung lernt und einübt, wird das ganze übrige Leben befreit und zur Verfügbarkeit für andere erzogen. Die *Caritativa* ging aus der Erfahrung von Jugendlichen und Studenten hervor, die in diesem Anliegen während der ersten Jahren der Bewegung regelmäßig Kinder sozial schwacher Familien im südlichen Umland von Mailand, der sogenannten Bassa besuchten.

Fondo comune
Hiermit ist der eigene finanzielle Beitrag zu einer Gemeinschaftskasse gemeint. Er wird von der einzelnen Person völlig frei festgelegt. Sein Wert liegt nicht in der Höhe der Geldsumme, sondern in der Erziehung der Person. Mit dem regelmäßig entrichteten Beitrag bringt sie zum Ausdruck, daß sie einem konkreten lebendigen Ort zugehört, mit dem sie auch die materiellen Aspekte des Lebens teilt.

Verifica
Man könnte den Begriff mit „Überprüfung" übersetzen. Er bezeichnet die Zeit und den Zeitpunkt, da eine Person durch konkrete Umstände oder Begegnungen vor der Frage steht, ob sie zum Weg der Ganzhingabe der eigenen Existenz an Christus berufen ist. Die Kirche nennt dies den Weg der Berufung zur Jungfräulichkeit. Damit sich verifiziert also bewahrheitet oder klärt, ob dieser Vorschlag der eigenen Bestimmung entspricht, wird die Person von Freunden begleitet, die diese Erfahrung bereits leben.

Noviziat
Das Noviziat ist ein Zeitabschnitt von mehreren Jahren, in dem der Novize die Berufung zur Jungfräulichkeit im Zusammenleben mit anderen Freunden, ab dem zweiten Jahr in der Regel in einem Haus der *Memores Domini,* vertieft. Am Ende des Noviziats wird die Person in einem besonderen Moment, der sogenannten „Profeß", endgültig in die Berufungsgemeinschaft aufgenommen.

Gioventù Studentesca (GS)
Übersetzt heißt *Gioventù Studentesca* „studentische Jugend". Der Name bezeichnet die von Don Giussani geleitete Gemeinschaft von Jugendlichen und Studenten. Während der Studentenrevolte von 1968 folgten viele Mitglieder den Verheißungen der sozialen und gesellschaftlichen Revolution. Jene, die dem ursprünglichen Vorschlag treu blieben, schlossen sich daraufhin unter dem neuen Namen *Comunione e Liberazione* zusammen. Er brachte zum Ausdruck, daß sich die wirkliche Befreiung des Menschen nicht in einer Sozialrevolution ereignet, sondern in der christlichen Gemeinschaft, der Communio.

Die Fraternität
Von Comunione e Liberazione ist ein freier Zusammenschluß von Laien, die den pädagogischen Vorschlag der Bewegung als verbindliche Form ihrer Zugehörigkeit zur Kirche leben. Sie wurde am 11. Februar 1982 vom Papst Johannes Paul II. als Laienvereinigung päpstlichen Rechts anerkannt. (Erg. des Übers.)

Anhang 2
Die Memores Domini

Die Vereinigung der *Memores Domini* ist ein gesamtkirchlicher privater Verein, der durch Dekret des Heiligen Stuhls zu einer juristischen Person in der kanonischen Rechtsordnung erhoben wurde.

Diese Vereinigung ist in der Diözese Mailand als Vereinigung von Laien entstanden. Dort besteht sie seit 1964 und entfaltet gemäß der Radikalität, welche die Hingabe an Christus in der Jungfräulichkeit fordert, die Erfahrung der Bewegung von *Comunione e Liberazione*. Da sie sich in mehreren Diözesen ausgebreitet hatte, wurde sie vom Ortsordinarius von Piacenza, Bischof Enrico Manfredini, am 14. Juni 1981 durch Dekret kanonisch als „Fromme Vereinigung von Laien" errichtet.

Die Vereinigung, die ihre rechtliche Grundlage im kanonischen Recht (siehe cc. 298-311; 321-329 CIC) und in ihren vom Heiligen Stuhl genehmigten Statuten findet, besteht aus Laien, die sich vor Gott dazu verpflichten, die eigene Arbeit im Gedächtnis an Christus zu leben. Daher lassen sich zwei Faktoren im geistlichen Programm der *Memores Domini* herausstellen:

a) die Betrachtung, verstanden als tendenziell ununterbrochenes Gedächtnis an Christus. Christus ist nämlich der Bestand aller Dinge (vgl. Kol 1, 17) und ist in der Geschichte gegenwärtig durch die Persönlichkeit des Getauften und die *Communio* unter den Brüdern (siehe Gal 3, 26-28);

b) die Mission, das heißt die Leidenschaft, Träger der christlichen Verkündigung zu sein durch die eigene, vom Gedächtnis an Christus veränderte Person.

Die Vereinigung setzt sich zum Ziel, einen missionarischen Einsatz zu verwirklichen, um den Glauben wieder in das Leben der Menschen zu bringen; es handelt sich um ein Zugehen auf den Menschen, wo immer man ihm begegnet, insbesondere aber in dessen Arbeitswelt: sei es in Schule, Büro oder Fabrik.

Der Bereich des Apostolates ist somit im Grunde die Welt der Arbeit. Die Vereinigung sieht in der Arbeit den normalen Umstand des Lebens eines jeden Menschen. In der Arbeitswelt herrscht eine tendenziell atheistische Mentalität, die aus der Arbeit ein rein egoistisches Werkzeug zur Selbstbehauptung macht. Das Werk Gottes in diesem allen gemeinsamen Umstand der Arbeit zu vollbringen („Das ist das Werk Gottes, daß ihr an den glaubt, den Er gesandt hat." Joh 6, 29), stellt somit den wichtigsten Aspekt der christlichen Mission und die Antwort par excellence auf die Zeichen der Zeit dar.

Jedes Mitglied verpflichtet sich zur Mission, indem es die eigene Arbeit als Ort des Gedächtnisses an Christus lebt, das heißt jede Tätigkeit zu einer Hingabe macht gemäß der Lehre des Zweiten Vatikanischen Konzils. „Durch die Wiedergeburt und die Salbung mit dem Heiligen Geist werden die Getauften zu einem geistigen Haus und einem heiligen Priestertum geweiht, damit sie in allen Werken eines christlichen Menschen geistige Opfer darbringen und die Machttaten dessen verkünden, der sie aus der Finsternis in sein wunderbares Licht berufen hat" (Lumen Gentium, Nr. 10; vgl. Nr. 34).

Papst Benedikt XVI.

Christus und seine Kirche
Das Fundament der Apostel

Papst Benedikt XVI. hat über mehrere Monate die Ansprachen seiner Mittwochsaudienzen in Rom dem Geheimnis der Beziehung zwischen Christus und seiner Kirche gewidmet. In eindrucksvollen Texten erschließt der Papst dieses Geheimnis von der Erfahrung der Apostel her sowie im Licht der ihnen anvertrauten Aufgabe. „Die Kirche ist auf dem Fundament der Apostel als Gemeinschaft des Glaubens, der Hoffnung und der Liebe gegründet. Über die Apostel gelangen wir zu Jesus selbst", sagt Benedikt XVI.

SANKT ULRICH VERLAG

ISBN 978-386744-010-3
geb., 200 Seiten